MIL A MWY O WEDDÏAU

Hefyd gan yr un awdur:

Duw ar Waith – Y Newyddion Da yn ôl Marc
Mudiad Addysg Gristnogol Cymru (1990)

Mil a Mwy o Ddyfyniadau
Gomer, Llandysul (2007)

Mil a Mwy o Weddïau
Casglwyd gan: Edwin C Lewis
® Cyhoeddiadau'r Gair 2010
Golygydd Cyffredinol: Aled Davies

Mae'r cyhoeddwyr yn dymuno cydnabod yn ddiolchgar gymorth
Adrannau Golygyddol ac Ariannol Cyngor Llyfrau Cymru

ISBN: 978 1 85994 648 8

Argraffwyd yng Nghymru

Cyhoeddwyd gan:
Cyhoeddiadau'r Gair, Cyngor Ysgolion Sul,
Ael y Bryn, Chwilog, Pwllheli LL53 6SH
www.ysgolsul.com

Cyhoeddiadau'r Gair

Mil a Mwy o Weddïau

Golygwyd gan

Edwin C. Lewis

RHAGAIR

Ffydd ar waith yw gweddi, y berthynas addolgar rhwng dyn a Duw, rhwng y lleiaf un a'r Mwyaf oll, rhwng y pitw bach a'r Anfeidrol Fawr. Mae i'r weddi le canolog ym mywyd pob Cristion. Mae'n rhan hanfodol o'i addoliad beunydd a beunos. Gweddi yw'r hyn a ddigwydd pan fydd person yn cyfathrebu â Duw drwy feddwl, gair neu weithred **a** chlustfeinio am ei ateb ef. Yn ei Ragair i *Gweddïo yn y Gynulleidfa* cyfeiria Maurice Loader at yr elfennau hanfodol a berthyna i bob gweddi ac yna dywed, 'Mae un o weddau gweddi na ellir mo'i mynegi mewn geiriau ar bapur. Onid teg yw cydnabod mai'r ffurf aruchelaf ar ein haddoliad o Dduw yw mudandod sanctaidd?' Yr un trywydd a geir yn emyn Emily May Grimes: '*Speak, Lord, in the stillness . . .*' a gyfieithwyd gan Nantlais:

> '*Yn y dwys ddistawrwydd*
> *Dywed air, fy Nuw . . .*'

Trwy weddi, erfynia'r gweddïwr am faddeuant ei holl bechodau bwriadol ac anfwriadol. Trwy weddi, uniaetha â'r holl ddynoliaeth yn ei hing a'i thrallod, ac yn ei gorfoledd hefyd. Trwy weddi, enilla'r Cristion nerth i wrthsefyll treialon a helbulon bywyd.

Y weddi yw man cychwyn y weithred gariadus. Dechreua nid gyda ni a'n gofynion ond gyda Duw. Plygwn o'i flaen yn ostyngedig, mewn arswyd a rhyfeddod. Dyma'n hymateb ni a'n cydnabyddiaeth ohono, yr hwn a'n creodd ar ei lun a'i ddelw ei hun, er mwyn i ni adlewyrchu ei lun a rhannu ei ogoniant. Halelwia!

Yn y gyfrol hon ceir trawsdoriad o weddïau Cristnogol o gyfnod y Testament Newydd hyd y presennol, mewn trefn amseryddol. Cynhwysir gweddïau'r enwog a'r llai enwog ar amryw o destunau. Mae'r casgliad o ddefnydd i'r un sy'n chwilio am weddi addas ar gyfer achlysur arbennig neu i'r un sy'n chwilio am ysbrydoliaeth i'w weddi greadigol fyrfyfyr. I'r naill a'r llall rhydd gyfle i'w arfogi ei hun ar gyfer y bererindod.

Edwin C. Lewis

CYNNWYS

Yr Eglwys Geltaidd a'r Oesoedd Tywyll

O'r Oesoedd Canol i'r Dadeni

Cyfnod y Diwygiad Protestannaidd

Y Ddeunawfed Ganrif

Yr Emyn Gweddigar

Y Bedwaredd Ganrif ar Bymtheg   157

Yr Ugeinfed Ganrif ac Ymlaen   217

Mynegeion *et cetera*

GWEDDÏAU O'R TESTAMENT NEWYDD

Yr Ymgnawdoliad*

Yn eu Hefengylau rhydd Mathew a Luc le priodol yn y penodau cyntaf i'r Geni Gwyrthiol. Ceir Marc yn cydamseru dechrau ei fersiwn ef â chychwyn gweinidogaeth Iesu yng Ngalilea. Ym mhrolog y bedwaredd Efengyl fe â Ioan yn ôl i gyfnod y creu: 'Yn y dechreuad yr oedd y Gair . . .'

Mae Cristnogion yn mynnu, medd C. S. Lewis yn ei lyfr *Miracles* (1947): . . . mai'r Ymgnawdoliad yw'r wyrth ganolog. Dywedant i Dduw ddod yn Ddyn. Mae pob gwyrth arall yn paratoi ar gyfer hyn, neu'n dangos hyn, neu'n deillio o hyn.

*Cuddir anagram ystyrlon yn
YR YMGNAWDOLIAD –
'DYMA YW'R NADOLIG'.

Efengyl Luc (Ail hanner y ganrif gyntaf O.C.)

Mae'r Awdur yn ei Efengyl am bortreadu Iesu fel Gwaredwr yr holl ddynolryw, gan gynnwys cleifion, tlodion, gwragedd a phlant – yn aml 'pobl yr ymylon'.

EMYN MAWL MAIR (*Magnificat*)

'Y mae fy enaid yn mawrygu yr Arglwydd,
a gorfoleddodd fy ysbryd yn Nuw, fy ngwaredwr,
am iddo ystyried distadledd ei lawforwyn.
Oherwydd wele, o hyn allan fe'm gelwir yn wynfydedig
gan yr holl genedlaethau,
oherwydd gwnaeth yr hwn sydd nerthol bethau mawr i mi,
a sanctaidd yw ei enw ef;

1

y mae ei drugaredd o genhedlaeth i genhedlaeth
i'r rhai sydd yn ei ofni ef. Gwnaeth rymuster â'i fraich,
gwasgarodd ddynion balch eu calon;
tynnodd dywysogion oddi ar eu gorseddau,
a dyrchafodd y rhai distadl;
llwythodd y newynog â rhoddion,
ac anfonodd y cyfoethogion ymaith yn waglaw.
Cynorthwyodd ef Israel ei was,
gan ddwyn i'w gof ei drugaredd —
fel y llefarodd wrth ein tadau —
ei drugaredd wrth Abraham a'i had yn dragywydd.'

Luc 1: 46 –55
Y Beibl Cymraeg Newydd (2004)

PROFFWYDOLIAETH SACHAREIAS (*Benedictus*)

'Bendigedig fyddo Arglwydd Dduw Israel
am iddo ymweld â'i bobl a'u prynu i ryddid;
cododd waredigaeth gadarn i ni yn nhŷ Dafydd ei was —
fel y llefarodd trwy enau ei broffwydi sanctaidd yn
yr oesoedd a fu —
gwaredigaeth rhag ein gelynion ac o afael pawb sydd yn
ein casáu;
fel hyn y cymerodd drugaredd ar ein tadau,
a chofio ei gyfamod sanctaidd,
y llw a dyngodd wrth Abraham ein tad,
y rhoddai inni gael ein hachub o afael gelynion,
a'i addoli yn ddi-ofn mewn sancteiddrwydd a chyfiawnder
ger ei fron ef holl ddyddiau ein bywyd.
A thithau, fy mhlentyn, gelwir di yn broffwyd y Goruchaf,
oherwydd byddi'n cerdded o flaen yr Arglwydd i baratoi
ei lwybrau,
i roi i'w bobl wybodaeth am waredigaeth
trwy faddeuant o'u pechodau.
Hyn yw trugaredd calon ein Duw —
fe ddaw â'r wawrddydd oddi uchod i'n plith,
i lewyrchu ar y rhai sy'n eistedd yn nhywyllwch cysgod angau,
a chyfeirio ein traed i ffordd tangnefedd.'

Luc 1: 68–79
ibid.

GLORIA IN EXCELSIS

' **G** ogoniant yn y goruchaf i Dduw
ac ar y ddaear tangnefedd, ewyllys da i ddynion.'

Luc 2: 14
ibid.

Moliannwn di, bendithiwn di, addolwn di, gogoneddwn di,
diolchwn iti am dy fawr ogoniant,
Arglwydd Dduw, Frenin nefol, Duw Dad Hollalluog.
O Arglwydd, yr unig genedledig Fab, Iesu Grist;
O Arglwydd Dduw, Oen Duw, Fab y Tad,
sy'n dwyn ymaith bechodau'r byd,
trugarha wrthym.
Tydi sy'n dwyn ymaith bechodau'r byd,
derbyn ein gweddi.
Tydi sy'n eistedd ar ddeheulaw Duw Dad,
trugarha wrthym.
Oblegid ti yn unig sy'n sanctaidd;
ti yn unig yw'r Arglwydd;
ti yn unig, O Grist, gyda'r Ysbryd Glân,
sydd oruchaf yng ngogoniant Duw Dad.

O'r *Cyfansoddiadau Apostolaidd*

CÂN SIMEON (*Nunc Dimittis*)

' **Y** n awr yr wyt yn gollwng dy was yn rhydd, O Arglwydd,
mewn tangnefedd yn unol â'th air: oherwydd y mae fy
llygaid wedi gweld dy iachawdwriaeth,
a ddarperaist yng ngŵydd yr holl bobloedd:
goleuni i fod yn ddatguddiad i'r Cenhedloedd
ac yn ogoniant i'th bobl Israel.'

Luc 2: 29–32
Y Beibl Cymraeg Newydd (2004)

Efengyl Mathew (Ail hanner y ganrif gyntaf O.C.)

Thema Mathew yn ei Efengyl yw dangos i'w gyd-Iddewon taw Iesu yw'r Meseia, 'Yr Hwn sydd i ddyfod', 'Yr Hirddisgwyliedig Un'.

GWEDDI'R ARGLWYDD

E in Tad
yn y nefoedd,
sancteiddier dy enw;
deled dy deyrnas;
gwneler dy ewyllys,
ar y ddaear fel yn y nef.
Dyro i ni heddiw
ein bara beunyddiol;
a maddau inni ein troseddau
fel yr ŷm ni wedi maddau
i'r rhai a droseddodd
yn ein herbyn;
a phaid â'n dwyn i brawf,
ond gwared ni rhag yr Un drwg.
Oherwydd eiddot ti
yw'r deyrnas
a'r gallu a'r gogoniant
am byth.* Amen.

E in Tad,
yr hwn wyt yn y nefoedd,
sancteiddier dy enw.
Deled dy deyrnas.
Gwneler dy ewyllys,
megis yn y nef, felly ar y
ddaear hefyd.
Dyro i ni heddiw
ein bara beunyddiol.
A maddau i ni ein dyledion,
fel y maddeuwn ninnau
i'n dyledwyr.
Ac nac arwain ni i
brofedigaeth;
eithr gwared ni rhag drwg.
Canys eiddot ti yw'r deyrnas,
a'r nerth a'r gogoniant,
yn oes oesoedd.* Amen.

Mathew 6: 9–13
Y Beibl Cymraeg Newydd (2004)

Mathew 6: 9–13
Y Beibl Cysegr-lân (1960)

* Ni chynhwysir y fawlgan ym mhob llawysgrif.

Efengyl Marc (65–70 O.C.)

GWEDDI IESU YNG NGETHSEMANE

'Abba! Dad! Mae popeth yn bosibl i ti. Cymer y cwpan yma oddi wrthyf fi. Ond eto dydy fy ewyllys i ddim yn cyfrif, dy ddymuniad di sy'n bwysig.'

Marc 14: 36
Duw ar Waith – Y Newyddion Da yn ôl Marc (1990)

GWEDDI IESU O'R GROES

' *Eloï, Eloï, lema sabachthani?*' 'Fy Nuw, fy Nuw, pam rwyt ti wedi fy ngadael i?'

Marc 15: 34
ibid.

Efengyl Ioan (tua 90 O.C.)

Mae Efengyl Ioan ychydig yn wahanol i Efengylau Marc, Mathew a Luc. Dywed Ioan ei bwrpas yn eithaf pendant wrth ei ddarllenwyr:

> Eithr y pethau hyn a ysgrifennwyd fel y credoch chwi mai Iesu yw Crist, Mab Duw, a chan gredu y caffoch fywyd yn ei enw ef.

Ioan 20: 31
Y Beibl Cysegr-lân (1960)

GEIRIAU IESU WRTH FEDD LASARUS

' Rwyf yn diolch i ti, O Dad, am wrando arnaf. Mi wn i'n iawn dy fod ti'n fy ngwrando bob amser, ond rwyf yn dweud hyn oherwydd y bobl yma o'm cwmpas i, er mwyn iddyn nhw gredu mai ti sydd wedi f'anfon i.'

Ioan 11: 41–42
Y Ffordd Newydd – Y Newyddion Da yn ôl Mathew, Marc, Luc a Ioan (1969)

GWEDDI IESU

Wedi dweud y pethau hyn, fe edrychodd Iesu i fyny i'r nef, ac meddai, 'Fy Nhad, daeth yr awr, rho'r bri i'th Fab fel y bydd i'r Mab roddi'r bri i ti. Rhoddaist lywodraeth y byd iddo, fel y gallo roddi bywyd nefol i bawb a roddaist ti iddo. A hyn yw'r bywyd nefol: dy nabod Di, yr unig wir Dduw, ac Iesu Grist, yr hwn a anfonaist.

'Fe ddangosais i dy fri ar y ddaear; gorffennais y gwaith a roddaist ti i mi i'w wneud. Ac yn awr, O Dad; rho'r bri i mi yn dy ŵydd – yr anrhydedd aruthrol oedd gennyf fi gyda Thi cyn i'r byd gael ei lunio.

'Fe ddangosais i di yn eglur i'r rhai a roddaist i mi o'r byd. Dy eiddo di oedden nhw, ac fe'u rhoddaist nhw i mi; maen nhw wedi bod yn ufudd i'th neges. Bellach maen nhw'n gwybod bod popeth wedi dod i mi oddi wrthyt ti; fe roddais y geiriau iddyn nhw a roddaist ti i mi; maen nhw wedi eu derbyn, ac maen nhw'n berffaith siŵr eu meddwl i mi ddod oddi wrthyt ti ac maen nhw'n credu i ti f'anfon i.

'Rwyf yn gweddïo ar eu rhan. Dwyf i ddim yn gweddïo dros y byd, ond dros y rhai a roddaist i mi, oherwydd dy eiddo di ydyn nhw. Mae popeth sydd gennyf fi yn eiddo i ti, a phopeth sydd gennyt ti yn eiddo i mi; drwyddyn nhw y cefais fy anrhydeddu.

'Fyddaf i ddim yn y byd mwyach, ond fe fydd rhaid iddyn nhw fod yn y byd; yn awr rwyf yn dyfod atat ti. O Dad Sanctaidd, cadw nhw'n ffyddlon i'th enw a roddaist i mi, fel y byddan nhw'n un, fel rydym ni'n un. Pan oeddwn i gyda nhw, fe gedwais i nhw yn ffyddlon i'th enw a roddaist i mi a'u cadw nhw'n ddiogel. Does yr un ar goll, dim ond hwnnw oedd i fynd ar goll, er mwyn i'r Ysgrythur ddod yn wir.

'Nawr rwyf yn dod atat ti; ond rwyf yn dweud y pethau hyn tra rwyf fi yn y byd, fel bo fy llawenydd i yn byrlymu drosodd yn eu calonnau. Rhoddais dy neges iddyn nhw, ac fe gasaodd y byd nhw, oherwydd dydyn nhw ddim yn perthyn i'r byd mwy nag yr ydw i yn perthyn iddo. Dwyf fi ddim yn gweddïo ar iti eu cymryd o'r byd, ond ar iti eu cadw oddi wrth yr un drwg. Dydyn nhw ddim yn perthyn i'r byd mwy na minnau. Cysegra nhw yn y gwirionedd: mae dy air di yn wirionedd. Fel yr anfonaist fi i'r byd, rwyf innau yn eu hanfon nhw i'r byd, ac er eu mwyn yr wyf i hefyd yn awr yn fy nghysegru fy hun, fel y gwneir nhw hefyd yn sanctaidd drwy'r gwirionedd.

'Ond nid dros y rhain yn unig yr wyf yn gweddïo: ond dros y rheiny hefyd fydd yn credu ynof i drwy eu gair nhw; er mwyn iddyn nhw i gyd fod yn un, O Dad, fel yr wyt ti ynof fi a minnau ynot ti, bydded iddyn nhw fod ynom ni, er mwyn i'r byd gredu mai ti sydd wedi f'anfon i. Fe roddais iddyn nhw yr un gogoniant ag a roddaist ti i mi, er mwyn iddyn nhw fod yn un fel rydym ni yn un, fi ynddyn nhw a thithau ynof fi, er mwyn iddyn nhw gyrraedd undeb perffaith. Fel hyn y daw'r byd i wybod dy fod di wedi f'anfon a'th fod di yn eu caru nhw fel yr wyt wedi fy ngharu i.

'O Dad, rwyf yn dymuno bod y rhain, dy rodd i mi, gyda mi lle bynnag y byddaf; fel y medran nhw weld fy ngogoniant a roddaist ti i mi, oherwydd dy fod yn fy ngharu cyn llunio'r byd. O Dad cywir, dyw'r byd ddim yn dy nabod, ond rwyf i yn dy nabod, ac fe ŵyr y rhain i ti f'anfon i. Fe wnes i dy enw di yn eglur iddyn nhw, ac fe wnaf hynny eto, fel y byddo'r un cariad sydd gennyt ti tuag ataf fi ynddyn nhw, a minnau hefyd ynddyn nhw.'

Ioan 17: 1–26
ibid.

ERFYNIAD SAUL

'Beth a wnaf, Arglwydd?'

Actau 22: 10
*Y Beibl Cymraeg Newydd (*2004*)*

Gweddïau o Lythyrau yr Apostol Paul

DIOLCH AR ÔL GORTHRYMDER

Bendigedig fyddo Duw a Thad ein Harglwydd Iesu Grist, y Tad sy'n trugarhau a'r Duw sy'n rhoi pob diddanwch. Y mae'n ein diddanu ym mhob gorthrymder, er mwyn i ninnau, trwy'r diddanwch a gawn ganddo ef, allu diddanu'r rhai sydd dan bob math o orthrymder. Oherwydd fel y mae dioddefiadau Crist yn gorlifo hyd atom ni, felly hefyd trwy Grist y mae ein diddanwch yn gorlifo. *Amen.*

II Corinthiaid 1: 3–5
ibid.

7

Y GRAS APOSTOLAIDD

G ras ein Harglwydd Iesu Grist, a chariad Duw, a chymdeithas yr Ysbryd Glân fyddo gyda chwi oll! *Amen.*

II Corinthiaid 13: 13
ibid.

GWEDDI CYDNABOD GRAS A GOGONIANT DUW

G ras a thangnefedd i chwi oddi wrth Dduw ein Tad a'r Arglwydd Iesu Grist, yr hwn a'i rhoes ei hun dros ein pechodau ni, i'n gwaredu ni o'r oes ddrwg bresennol, yn ôl ewyllys Duw ein Tad, i'r hwn y bo'r gogoniant byth bythoedd! *Amen.*

Galatiaid 1: 3–5
ibid.

CYDNABYDDWN FENDITHION YSBRYDOL

B endigedig fyddo Duw a Thad ein Harglwydd Iesu Grist! Y mae wedi'n bendithio ni yng Nghrist â phob bendith ysbrydol yn y nefoedd. Cyn seilio'r byd, fe'n dewisodd yng Nghrist i fod yn sanctaidd ac yn ddi-fai ger ei fron mewn cariad. O wirfodd ei ewyllys fe'n rhagordeiniodd i gael ein derbyn yn feibion iddo'i hun trwy Iesu Grist, er clod i'w ras gogoneddus, ei rad rodd i ni yn yr Anwylyd. Ynddo ef y mae i ni brynedigaeth trwy ei farw aberthol, sef maddeuant ein camweddau; dyma fesur cyfoeth y gras a roddodd mor hael i ni, ynghyd â phob doethineb a dirnadaeth. Hysbysodd i ni ddirgelwch ei ewyllys, y bwriad a arfaethodd yng Nghrist yng nghynllun cyflawniad yr amseroedd, sef dwyn yr holl greadigaeth i undod yng Nghrist, gan gynnwys pob peth yn y nefoedd ac ar y ddaear. *Amen.*

Effesiaid 1: 3–10
ibid.

GWEDDI PAUL

A 'm gweddi yw, ar i Dduw ein Harglwydd Iesu Grist, Tad y gogoniant, roi i chwi, yn eich adnabyddiaeth ohono ef, yr Ysbryd sy'n rhoi doethineb a datguddiad. Bydded iddo oleuo llygaid eich deall, a'ch dwyn i wybod beth yw'r gobaith sy'n ymhlyg yn ei alwad, beth yw'r cyfoeth o ogoniant sydd ar gael yn yr etifeddiaeth y mae'n ei rhoi i chwi ymhlith y saint, a beth yw aruthrol fawredd y gallu sydd ganddo o'n plaid ni sy'n credu, y grymuster hwnnw a gyflawnodd yng ngrym ei nerth yng Nghrist pan gyfododd ef oddi wrth y meirw, a'i osod i eistedd ar ei ddeheulaw yn y nefoedd, yn feistr ar bob tywysogaeth ac awdurdod a gallu ac arglwyddiaeth, a phob teitl a geir, nid yn unig yn yr oes bresennol, ond hefyd yn yr oes sydd i ddod. Darostyngodd Duw bob peth dan ei draed ef, a rhoddodd ef yn ben ar bob peth i'r eglwys; yr eglwys hon yw ei gorff ef, a chyflawniad yr hwn sy'n cael ei gyflawni ym mhob peth a thrwy bob peth. *Amen.*

Effesiaid 1: 17–23
ibid.

BRAINT A BENDITH O NABOD CRIST

O herwydd hyn yr wyf yn plygu fy ngliniau gerbron y Tad, yr hwn y mae pob teulu yn y nefoedd ac ar y ddaear yn cymryd ei enw oddi wrtho, ac yn gweddïo ar iddo ganiatáu i chwi, yn ôl cyfoeth ei ogoniant, gryfder nerthol trwy'r Ysbryd yn y dyn oddi mewn, ac ar i Grist breswylio yn eich calonnau drwy ffydd. Boed i chwi, sydd â chariad yn wreiddyn a sylfaen eich bywyd, gael eich galluogi i amgyffred ynghyd â'r holl saint beth yw lled a hyd ac uchder a dyfnder cariad Crist, a gwybod am y cariad hwnnw, er ei fod uwchlaw gwybodaeth. Felly dygir chwi i gyflawnder, hyd at holl gyflawnder Duw.

Iddo ef, sydd â'r gallu ganddo i wneud yn anhraethol well na dim y gallwn ni ei ddeisyfu na'i ddychmygu, trwy'r gallu sydd ar waith ynom ni, iddo ef y bo'r gogoniant yn yr eglwys ac yng Nghrist Iesu, o genhedlaeth i genhedlaeth, byth bythoedd! *Amen.*

Effesiaid 3: 14–21
ibid.

CARIAD Y DUWDOD A'N CEIDW

B ydded i'n Duw a'n Tad ei hun, a'n Harglwydd Iesu, gyfeirio ein ffordd yn syth atoch! A chwithau, bydded i'r Arglwydd beri ichwi gynyddu, a rhagori mewn cariad tuag at eich gilydd a thuag at bawb, fel yr ydym ni tuag atoch chwi, i gadarnhau eich calonnau, fel y byddwch yn ddi-fai mewn sancteiddrwydd gerbron ein Duw a'n Tad yn nyfodiad ein Harglwydd Iesu gyda'i holl saint! *Amen.*

I Thesaloniaid 3: 11–13
ibid.

DUW EIN CYNHALIWR

B ydded i Dduw'r tangnefedd ei hun eich sancteiddio chwi yn gyfan gwbl, a chadw eich ysbryd, eich enaid a'ch corff yn gwbl iach a di-fai hyd ddyfodiad ein Harglwydd Iesu Grist! *Amen.*

I Thesaloniaid 5: 23
ibid.

CYFOETH – CWMNI'R ARGLWYDD

B ydded i Arglwydd tangnefedd ei hun roi tangnefedd ichwi bob amser ym mhob modd! Bydded yr Arglwydd gyda chwi oll!

Gras ein Harglwydd Iesu Grist fyddo gyda chwi oll! *Amen.*

II Thesaloniaid 3: 16, 18
ibid.

Gweddïau o'r Llythyrau Eraill

GWNELER DY EWYLLYS, O DDUW

B ydded i Dduw tangnefedd, yr hwn a ddug yn ôl oddi wrth y meirw ein Harglwydd Iesu, Bugail mawr y defaid, trwy waed y cyfamod tragwyddol, eich cyflawni â phob daioni, er mwyn ichwi wneud ei ewyllys ef; a bydded iddo lunio ynom yr hyn sydd gymeradwy ganddo, trwy Iesu Grist, i'r hwn y byddo'r gogoniant byth bythoedd! *Amen.*

Hebreaid 13: 20–21
ibid.

I'N DUW DIGYFNEWID

B endigedig fyddo Duw a Thad ein Harglwydd Iesu Grist! O'i fawr drugaredd, fe barodd ef ein geni ni o'r newydd i obaith bywiol trwy atgyfodiad Iesu Grist oddi wrth y meirw, i etifeddiaeth na ellir na'i difrodi, na'i difwyno, na'i difa. Saif hon ynghadw yn y nefoedd i chwi, chwi sydd trwy ffydd dan warchod gallu Duw hyd nes y daw iachawdwriaeth, yr iachawdwriaeth sydd yn barod i'w datguddio yn yr amser diwethaf. *Amen.*

I Pedr 1: 3–5
ibid.

BENDITH RYMUS

I ddo ef, sydd â'r gallu ganddo i'ch cadw rhag syrthio, a'ch gosod yn ddi-fai a gorfoleddus gerbron ei ogoniant, iddo ef, yr unig Dduw, ein Gwaredwr, trwy Iesu Grist ein Harglwydd, y byddo gogoniant a mawrhydi, gallu ac awdurdod, cyn yr oesoedd, ac yn awr, a byth bythoedd! *Amen.*

Jwdas 24–25
ibid.

Gweddïau o Ddatguddiad Ioan

TEILWNG WYT, EIN DUW

'T eilwng wyt ti, ein Harglwydd a'n Duw,
i dderbyn y gogoniant a'r anrhydedd a'r gallu,
oherwydd tydi a greodd bob peth,
a thrwy dy ewyllys y daethant i fod ac y crewyd hwy.' *Amen.*

Datguddiad 4: 11
ibid.

TEILWNG YW'R OEN...

'Teilwng yw'r Oen a laddwyd i dderbyn
gallu, cyfoeth, doethineb a nerth,
anrhydedd, gogoniant a mawl...
I'r hwn sy'n eistedd ar yr orsedd ac i'r Oen
y bo'r mawl a'r anrhydedd a'r gogoniant a'r nerth
byth bythoedd!' *Amen.*

Datguddiad 5: 12, 13b
ibid.

11

BUDDUGOLIAETH A GOGONIANT I'R DUWDOD

'**B**uddugoliaeth i'n Duw ni, sy'n eistedd ar yr orsedd,
ac i'r Oen! . . .
Amen. I'n Duw ni y bo'r mawl
a'r gogoniant a'r doethineb a'r diolch
a'r anrhydedd a'r gallu a'r nerth
byth bythoedd! *Amen.*'

Datguddiad 7: 10–12
ibid.

GOGONEDDWN DI, O DDUW

'**M**awr a rhyfeddol yw dy weithredoedd,
O Arglwydd Dduw hollalluog;
cyfiawn a gwir yw dy ffyrdd,
O Frenin y cenhedloedd.
Pwy nid ofna, Arglwydd,
a gogoneddu dy enw?
Oherwydd tydi yn unig sydd sanctaidd.
Daw'r holl genhedloedd
ac addoli ger dy fron,
oherwydd y mae dy farnedigaethau cyfiawn wedi eu
hamlygu.' *Amen.*

Datguddiad 15: 3–4
ibid.

LLAWENHAWN YN ÔL DY AIR, O DDUW

'**H**alelwia!
Oherwydd yr Arglwydd ein Duw, yr Hollalluog,
a sefydlodd ei frenhiniaeth.
Llawenhawn a gorfoleddwn,
a rhown iddo'r gogoniant,
oherwydd daeth dydd priodas yr Oen,
ac ymbaratôdd ei briodferch ef.
Rhoddwyd iddi hi i'w wisgo
liain main disgleirwych,
oherwydd gweithredoedd cyfiawn y saint yw'r lliain main.'
Amen.

Datguddiad 19: 6b–8
ibid.

CANRIFOEDD CYNNAR CRISTNOGAETH

Bu erledigaeth cyson ar Gristnogion o gyfnod Nero hyd at yr Ymerawdwr Cystennin Fawr (274–337). Yn dilyn ei drõedigaeth i Gristnogaeth (312) a gorchymyn Milan (313), fe roddwyd hawliau sifil a goddefiad i Gristnogion drwy'r holl Ymerodraeth Rufeinig.

Er yr holl dreialon a'r trallodion llwyddodd nifer o'r Tadau Cristnogol Cynnar gadw'n fyw fywyd gweddigar mewn llawer man.

Didache (*c.* dechrau'r ail ganrif)

Dogfen fer mewn Groeg – Dysgeidiaeth y Deuddeg Apostol – yn trin ymddygiad Cristnogol a threfn eglwys

CYNNWYS YR EGLWYS

Cofia, O Arglwydd, dy Eglwys, i'w gwared hi oddi wrth bob drwg ac i'w pherffeithio yn dy gariad. Ehanga ei ffiniau drwy bregethu yr Efengyl dragwyddol, a chasgla ynghyd y ffyddlon o bob cwr o'r ddaear i mewn i'r deyrnas a baratoaist. Canys ti yw'r nerth a'r gogoniant, yn oes oesoedd. *Amen.*

AR DORRI'R BARA

Y grawn, o'r hyn y gwnaed y bara a dorrwn, a wasgarwyd ar led unwaith dros y caeau,
ac yna ei gasglu at ei gilydd a'i wneud yn un,
felly y cesglir dy Eglwys o bob cwr o'r ddaear
i mewn i'th deyrnas. *Amen.*

DAIONI EIN DUW

T i a greodd bopeth, oruchaf Arglwydd,
      er dy ogoniant.
Rhoddaist i bawb fwyd a diod
er mwyn iddynt ei fwynhau a diolch i ti amdano.
Yn awr yr wyt wedi rhoi inni'r fendith
o faeth ysbrydol i'n paratoi ar gyfer bywyd tragwyddol;
trwy Iesu dy Fab a'th Wasanaethwr. *Amen.*

ARGLWYDD, GWARCHOD DY EGLWYS

Cofia, Arglwydd, am dy Eglwys i'w chadw hi rhag pob drwg ac i'w pherffeithio hi â'th gariad, a chasgla i'th deyrnas ei phobl sanctaidd o'r pedwar gwynt; oherwydd eiddot ti yw'r gallu a'r gogoniant am byth. *Amen.*

Irenaeus o Lyons (*c.*130–200)

Esgob Lyons, brodor o Smyrna (yng ngwlad Twrci), diwinydd

OEN DUW, SY'N DILEU PECHODAU'R BYD

O Oen Duw, sy'n dileu pechodau'r byd, edrych arnom a thrugarha wrthym; ti yr hwn wyt yn aberth ac yn Offeiriad, ti dy hun yn Wobr ac yn Waredwr. Gwarchod rhag drwg y rhai hynny a waredaist, O Iachawdwr y byd. *Amen.*

Clement o Alecsandria (*c*.150–*c*.215)

Groegwr, athronydd, diwinydd a phrifathro prifysgol enwog Alecsandria

O DDUW, BYDD DRUGAROG WRTHYM

Bydd garedig i'th blant bach, Arglwydd. Bydd yn athro mwyn, yn amyneddgar â'n gwendid a'n ffolineb. A rho inni nerth a dirnadaeth i wneud yr hyn a ddywedi wrthym, er mwyn inni dyfu'n debyg i Ti.

Bydded i bob un ohonom fyw yn y tangnefedd a ddaw oddi wrthyt. Bydded inni deithio tuag at dy ddinas, wrth hwylio'n ddidrafferth dros donnau dyfroedd pechod, wedi'n cario'n dangnefeddus gan yr Ysbryd Glân. Bob dydd a nos rhown ganmoliaeth a diolch, oherwydd dangosaist inni fod pob peth yn perthyn i Ti, a bod yr holl fendithion yn dod oddi wrthyt. I Ti, hanfod doethineb, a sylfaen gwirionedd, bydded gogoniant hyd byth bythoedd. *Amen.*

Hippolytus o Rufain (*c*.165–235)

Diwinydd Rhufeinig, merthyr

TI YW'R TRAGWYDDOL UN

Ti yw
y byth fywiol Un.
Ti yw
yr un heb ddechreuad, fel y Tad,
a chyd-dragwyddol gyda'r Ysbryd.
Ti yw
yr hwn a wnaeth bob peth o ddim.
Ti yw
Tywysog yr angylion.
Ti yw
yr hwn sy'n peri i'r dyfnderau grynu.

Ti yw
yr hwn sy wedi'i guddio â goleuni fel gwisg.
Ti yw
yr hwn a'n creodd ni, ac a'n lluniodd ni o bridd.
Ti yw
yr hwn a ffurfiodd bethau anweledig.
O'th bresenoldeb di, fe ddianc yr holl ddaear. *Amen.*

Origen o Alecsandria (185–254)

Ysgolhaig Beiblaidd, diwinydd, merthyr

AGOR EIN LLYGAID

A rglwydd, rho dy ddwylo ar ein llygaid,
fel y gallwn ganfod nid yn unig yr hyn sy'n weledig
ond hefyd yr hyn sy'n anweledig.
Gad i'n llygaid ganolbwyntio
nid yn unig ar yr hyn sy'n bresennol
ond hefyd ar y pethau hynny sydd eto i ddod.
Datguddia weledigaethau ein calonnau,
fel y cawn edrych mewn ysbryd ar dy ogoniant. *Amen.*

ARGLWYDD, TYRD AR FRYS

T yrd yn gyflym i'm cynorthwyo,
O Arglwydd Dduw fy iachawdwriaeth,
am fod y frwydr yn fawr
a'r gwrthwynebwyr yn nerthol.
Mae'r gelyn yn gas,
yr anweledig yn ymladd drwy ffurfiau gweledig.
Tyrd yn gyflym, felly, i'n cynorthwyo,
a bydd o gymorth inni drwy dy Fab sanctaidd,
ein Harglwydd Iesu Grist,
trwy yr hwn yr wyt wedi'n gwaredu ni i gyd,
trwy yr hwn bydded gogoniant a nerth i ti
hyd byth bythoedd. *Amen.*

Credo Nicea (o'r bedwaredd ganrif)

*Sylfaenwyd ar gredo Cyngor Cyntaf Nicea (325 O.C.) ac
ychwanegwyd rhai cyfnewidiadau yn ddiweddarach.*

C redaf yn yr un Duw, Tad Hollalluog,
  Gwneuthurwr nef a daear.
A phob peth gweledig ac anweledig:
Ac yn yr un Arglwydd Iesu Grist,
Unig genedledig Fab Duw,
Cenedledig gan y Tad cyn yr holl oesoedd,
Duw o Dduw, Llewyrch o Lewyrch, Gwir Dduw o Wir Dduw.
Wedi ei genhedlu, nid wedi ei wneuthur.
Yn un hanfod â'r Tad,
A thrwyddo ef y gwnaed pob peth;
Yr hwn er ein mwyn ni ddynion, ac er ein hiachawdwriaeth a
ddisgynnodd o'r nefoedd,
A'i wneud yn gnawd o'r Ysbryd Glân a Mair Forwyn,
Ac a wnaethpwyd yn ddyn,
Ac a groeshoeliwyd hefyd drosom dan Pontiws Pilat.
Dioddefodd ac fe'i claddwyd,
Ac atgyfododd y trydydd dydd yn ôl yr Ysgrythurau,
Ac esgynnodd i'r nef,
Ac y mae'n eistedd ar ddeheulaw'r Tad.
A daw drachefn mewn gogoniant i farnu'r byw a'r meirw,
Ac ar ei deyrnas ni bydd diwedd.
A chredaf yn yr Ysbryd Glân,
Yr Arglwydd, Rhoddwr bywyd,
Sy'n deillio o'r Tad,
Yr hwn gyda'r Tad a'r Mab a gyd-addolir ac a gyd-ogoneddir,
Ac a lefarodd trwy'r proffwydi.
A chredaf yn yr un Eglwys Lân gatholig ac apostolig.
Addefaf un bedydd er maddeuant pechodau.
A disgwyliaf atgyfodiad y meirw,
A bywyd y byd sydd i ddyfod. *Amen.*

Basil Fawr (*c*.330–379)

Esgob Caesarea yng Nghapadocia (yng ngwlad Twrci), un o Dadau'r Eglwys

GWEDDI DROS YR AMDDIFADUS

A rglwydd,
cymorth y rhai digymorth,
gobaith y rhai mewn anobaith,
achubydd y rhai a deflir gan stormydd,
harbwr y mordeithwyr,
iachäwr y cleifion:
Gofynnaf iti fod yn bopeth i bawb,
gan dy fod yn gwybod angen pob un.
Derbyn ni oll i mewn i'th deyrnas,
gan ein gwneud yn blant y goleuni;
a rho inni dy dangnefedd a'th gariad,
Arglwydd ein Duw. *Amen.*

GWEDDI DROS ANIFEILIAID Y DDAEAR

O Dduw, cynydda ynom ymdeimlad o frawdoliaeth tuag at bob peth byw, ein brodyr yr anifeiliaid y rhai a roddaist y ddaear iddynt yn gartref i'w rannu â ni.
Cofiwn â chywilydd am y gorffennol pan weithredasom â chreulondeb didrugaredd fel bod llais y ddaear, a ddylai esgyn atat megis cân, wedi troi yn ochenaid o boen. Bydded i ni sylweddoli nad ydynt hwy yn byw er ein mwyn ni yn unig ond er eu mwyn eu hunain a thydi, a'u bod hwy yn caru melystra bywyd gymaint â ninnau. *Amen.*

Niceta o Remesiana (*c.*335–414)

Diwinydd, Esgob Groegaidd Remesiana (adnabyddir yr ardal heddiw fel Bela Palanka, pentre heb fod nepell o dre Nis, deddwyrain Serbia a Montenegro). Awdur tybiedig yr emyn hwn

TI DDUW, A FOLWN *(Te Deum laudamus)*

T i, Dduw, a folwn; ti a gydnabyddwn yn Arglwydd.
Yr holl ddaear a'th fawl di, y Tad tragwyddol.
Arnat ti y llefa'r holl angylion; y nefoedd a'r holl nerthoedd
o'u mewn.
Arnat ti y llefa ceriwbiaid a seraffiaid â lleferydd di-baid;
Sanctaidd, Sanctaidd, Sanctaidd; Arglwydd Dduw y Lluoedd;
nefoedd a daear sydd yn llawn o'th ogoniant.
Gogoneddus gôr yr apostolion a'th fawl di;
moliannus nifer y proffwydi a'th fawl di.
Ardderchog lu y merthyron a'th fawl di;
yr Eglwys lân drwy'r holl fyd a'th addef di,
y Tad o anfeidrol fawredd; dy anrhydeddus, wir ac unig Fab;
hefyd yr Ysbryd Glân, y Diddanydd.
Ti, Grist, yw Brenin y gogoniant; ti yw tragwyddol Fab y Tad.
Pan gymeraist arnat waredu dyn, ni ddiystyriaist fru y Wyryf.
Pan orchfygaist holl nerth angau, agoraist Deyrnas Nef i bawb sy'n
credu.
Ti sydd yn eistedd ar ddeheulaw Duw yng ngogoniant y Tad.
Yr ŷm yn credu mai tydi a ddaw yn Farnwr arnom.
Gan hynny atolygwn i ti gynorthwyo dy weision a brynaist â'th
werthfawr waed.
Pâr iddynt gael eu cyfrif gyda'th saint yn y gogoniant tragwyddol.
Arglwydd, cadw dy bobl a bendithia dy etifeddiaeth;
llywia hwy a dyrcha hwy'n dragywydd.
Beunydd a byth y clodforwn di, ac anrhydeddwn dy Enw byth
ac yn oes oesoedd.
Teilynga, Arglwydd, ein cadw y dydd hwn yn ddibechod.
Arglwydd, trugarha wrthym, trugarha wrthym.
Arglwydd, arhosed dy drugaredd arnom, megis yr ŷm yn

ymddiried ynot.
Arglwydd, ynot yr ymddiriedais; na'm gwaradwydder yn
dragywydd.

Emrys o Milan (*c*.339–397)

Esgob Milan, un o bedwar o Ddoethuriaid Lladin yr Eglwys
Rufeinig (gydag Awstin, Jerôm a Gregori), a gweinyddwr effeithiol

DYHEAD Y PECHADUR

O Arglwydd, rwyt ti yn trugarhau wrth bob un, dilea fy
mhechodau, ac yn dy drugaredd cynnau ynof dân dy Ysbryd
Glân. Tyn oddi wrthyf y galon garegog, a rho imi galon ddynol,
calon i'th garu a'th addoli di, calon i ymhyfrydu ynot, i'th ddilyn
a'th fwynhau, er mwyn Crist. *Amen.*

Jerôm (*c*.347–420)

Un o Dadau'r Eglwys, gydag Emrys, Awstin a Gregori.
Cyfieithodd y Beibl i Ladin – y fersiwn a elwir y Fwlgat, ganwyd
yn Ne Ffrainc, addysgwyd yn Rhufain, preswyliodd ym Methlehem

O ARGLWYDD, CYNORTHWYA FI

O Arglwydd,
dangos imi dy drugaredd a llonna fy nghalon.
Rwyf fel y dyn ar y ffordd i Jericho
a gafodd ei orchfygu gan ladron,
ei glwyfo a'i adael yn hanner marw.
O Samariad Da, tyrd i'm cynorthwyo,
rwyf fel y ddafad a grwydrodd.
O Fugail Da, chwilia amdanaf

a thyrd â mi adref yn ôl dy ewyllys.
Gad imi drigo yn dy dŷ holl ddyddiau fy mywyd
a'th foli di hyd byth bythoedd
yng nghwmni'r rhai sydd yno. *Amen.*

GOGONIANT Y GAIR

A rglwydd, rhoddaist i ni dy air fel goleuni i lewyrchu ar ein llwybr. Ysbrydola ni i fyfyrio ar y gair hwnnw, a dilyn ei athrawiaeth, fel y cawn ynddo y goleuni sy'n llewyrchu'n fwyfwy nes dyfod yn berffaith ddydd; trwy Iesu Grist ein Harglwydd. *Amen.*

John Chrysostom (*c.*347–407)

Archesgob Caer Gystennin, pregethwr huawdl, un o Dadau'r Eglwys, Syriad

GWNELER DY EWYLLYS

H ollalluog Dduw, a roddodd i ni ras y pryd hwn yn unfryd i weddïo arnat; ac sy'n addo pan fydd dau neu dri'n gytûn yn dy enw y bydd i ti ganiatáu eu gofynion: cyflawna'r awr hon, O Arglwydd, ddeisyfiad dy weision, fel y mae'n fwyaf buddiol iddynt, gan roddi i ni yn y byd hwn wybodaeth o'th wirionedd, ac yn y byd a ddaw fywyd tragwyddol. *Amen.*

Awstin o Hippo (354–430)

Ganwyd yng Ngogledd Affrica (Tiwnisia), Esgob, un o Dadau'r Eglwys (gydag Emrys, Jerôm a Gregori)

CYMHWYSA FI, O ARGLWYDD

A rglwydd Iesu, fy Ngwaredwr,
gad imi ddod atat yn awr.

21

Mae fy nghalon yn oer:
cynhesa hi â'th gariad anhunanol.
Mae fy nghalon yn bechadurus:
glanha hi â'th werthfawr waed.
Mae fy nghalon yn wan:
cryfha hi â'th Ysbryd llawen.
Mae fy nghalon yn wag:
llanw hi â'th bresenoldeb dwyfol.
Arglwydd Iesu, d'eiddo di yw fy nghalon:
meddianna hi bob pryd yn llwyr i ti dy hun. *Amen.*

FFYDD YN NUW

C aiff y cyfan fod Amen a Halelwia!
Cawn orffwys a chawn weld.
Cawn weld a chawn wybod.
Cawn wybod a chawn garu.
Cawn garu a chawn foli.
Wele ein diwedd nad yw'n ddiwedd. *Amen.*

TYNGED POB UN OHONOM

M awr wyt ti, O Arglwydd,
a chanmoladwy iawn;
mawr yw dy nerth ac aneirif dy ddeall.
A thydi y myn dyn ei foli.
Yr wyt yn ein deffro i ymhyfrydu yn dy foliant;
oblegid ti a'n creaist i ti dy hun,
a diorffwys yw ein calon hyd oni
orffwyso ynot ti. *Amen.*

TŶ'R ENAID

O Arglwydd, mae tŷ fy enaid yn gul;
ehanga ef, i'th alluogi di i ddod i mewn.
Mae'n adfeilion. O atgyweiria ef!
Mae'n wrthun i ti; cyffesaf hynny, gwn hynny.
Ond pwy a'i glanha, ar bwy y llefaf ond arnat ti?
Glanha fi oddi wrth fy meiau cudd, O Arglwydd,
ac arbed dy was rhag pechodau rhyfedd. *Amen.*

GWEDDI HWYROL

Gwylia, Arglwydd annwyl,
gyda'r rhai hynny sy'n effro,
yn gwylio neu'n wylo heno,
a rho'r rhai sy'n cysgu yng ngofal dy angylion.
Ymgeledda'r cleifion, O Arglwydd Grist;
i'r rhai blinedig, dyro orffwys.
I'r rhai sy'n marw, dyro fendith.
I'r rhai sy'n dioddef, dyro esmwythâd.
Tosturia wrth y rhai cystuddiedig.
Gwarchod y rhai llawen.
A'r cyfan er mwyn dy gariad di dy hun. *Amen.*

DRAGWYDDOL DDUW

Dragwyddol Dduw,
goleuni'r meddyliau sy'n dy adnabod,
bywyd yr eneidiau sy'n dy garu,
nerth yr ewyllysiau sy'n dy wasanaethu,
cynorthwya ni felly i'th adnabod,
fel y gallwn dy lwyr garu,
a'th garu fel y gallwn dy gyflawn wasanaethu,
dydi, y mae dy wasanaethu yn rhyddid perffaith. *Amen.*

CRIST EIN LLAWENYDD

G orfoledded y cyfiawn, am fod eu Cyfiawnhäwr wedi ei eni.
Gorfoledded y claf a'r methedig, am fod eu Hiachawdwr
wedi ei eni.
Gorfoledded y caethion, am fod eu Prynwr wedi ei eni.
Gorfoledded caethweision, am fod eu Meistr wedi ei eni.
Gorfoledded pobl rydd, am fod eu Rhyddhäwr wedi ei eni.
Gorfoledded pob Cristion, am fod Iesu Grist wedi ei eni. *Amen.*

Padrig Sant (*c*.389–461)

*Nawdd Sant Iwerddon. (Daw'r gweddïau isod o 'Lurig St Padrig'
a gyfansoddwyd yn yr wythfed ganrif.)*

CYFARWYDDYD Y DUWDOD

B ydded i gryfder Duw ein llywio.
Bydded i nerth Duw ein cadw.
Bydded i ddoethineb Duw ein hyfforddi.
Bydded i law Duw ein hamddiffyn.
Bydded i ffordd Duw ein cyfeirio.
Bydded i darian Duw ein gwarchod.
Bydded i lu Duw ein diogelu rhag maglau drygioni
a themtasiynau'r byd. *Amen.*

CRIST – FY MYWYD

G rist bydd gyda mi, Grist bydd ynof fi:
Crist y tu ôl imi, Crist yn fy rhagflaenu i,
Crist gerllaw imi, Crist i'm hennill i,
Crist i'm cysuro a'm hadfer i,
Crist oddi tanaf fi, Crist uwch fy mhen i,
Crist mewn tawelwch, Crist mewn perygl,
Crist yng nghalonnau pawb sy'n fy ngharu,
Crist ar wefus ffrind a dieithryn. *Amen.*

DUW POPETH

M ae ein Duw ni yn Dduw y cyfan oll,
Duw'r nef a'r ddaear,
Y môr a'r afonydd;
Duw'r haul a'r lleuad
a'r holl sêr;
Duw'r mynyddoedd uchel
a'r dyfroedd isel.
Mae ganddo'i drigfan o amgylch nef a daear,
a môr, a'r cwbl sydd ynddynt. *Amen.*

Anicius Manlius Torquatus Severinus Boethius
(*c*.480–524/5)

Athronydd Rhufeinig a gwladweinydd

O AM DY ADNABOD YN WELL

D ad,
rho nerth i'r ysbryd ddringo i'th drigfan anrhaethol,
ffynhonnell goleuni,
i'w buro.
Tor drwy niwloedd y ddaear sy'n cuddio dy ogoniant neu'n
ein rhwymo ni'n dynn.
Llewyrcha'n ddisglair yn dy ysblander,
ti yr hwn wyt yn dywydd teg
ac yn noddfa o lonyddwch a serenedd i bawb
sy'n dy wasanaethu'n ffyddlon.
Ti yw y diwedd a'r dechreuad –
ein harweinydd a'n cerbyd ar hyd y ffordd,
y siwrnai, a therfyn y daith. *Amen.*

Benedict (480–543)

Mynach Eidalaidd, Tad 'Mynachaeth y Gorllewin'

CRI'R ENAID

O raslon a sanctaidd Dad,
rho inni ddoethineb i'th ganfod di,
deallusrwydd i'th ddeall di,
dyfalbarhad i'th geisio di,
amynedd i'th ddisgwyl di,
llygaid i'th weled di,
calon i fyfyrio arnat ti,
a bywyd i'th gyhoeddi di,
drwy nerth Ysbryd
ein Harglwydd Iesu Grist. *Amen.*

Litwrgi'r Eglwys Nestoraidd (y bumed ganrif)

*Ganed Nestoriws yn agos i afon Ewffrates, bu'n Archesgob Caer
Gystennin, diorseddwyd am ei anuniongrededd (bu f. c. 451). Yn
ddiweddarach ffurfiwyd Eglwys Nestoraidd Ddwyreiniol Syria gan
rai o'i gyn-esgobion cefnogol, a bu llwyddiant iddi. Erbyn heddiw
grŵp bychan sydd wedi goroesi sef, 'Cristnogion Asyria' yn
Cwrdistan. Mae gan eu litwrgi rai gweddïau defnyddiol*

CYSUR Y CREDINIWR

O Arglwydd, gwna i'th dangnefedd drigo yn ein plith, a'th
heddwch barhau yn ein calonnau.
Bydded i'n lleisiau gyhoeddi dy wirionedd, a bydded i'th groes
warchod ein heneidiau.
Ystyria ni'n deilwng, O Arglwydd, gyda'r cadernid a ddaw oddi
wrthyt, i gynnig iti drwy dy ras, weddi bur a sanctaidd; drwy Iesu
Grist ein Harglwydd. *Amen.*

YR EGLWYS GELTAIDD A'R OESOEDD TYWYLL

Yn fras, ystyrid cyfnod yr Oesoedd Tywyll o gwymp yr Ymerodraeth Rufeinig yn y bumed ganrif hyd gychwyn yr Oesoedd Canol yn nechrau'r Ail Fileniwm.

Yn nyddiau llewyrchus yr Eglwys Geltaidd, credir i'r Eglwys Brydeinig annibynnol fod yn ddigon tebyg i fath o Eglwys Brotestannaidd gynnar, yn rhydd o lygredigaeth Rhufain. Ni bu'r Eglwys Geltaidd erioed yn gyfundrefn ar wahân ac ni bu iddi unrhyw awdurdod canolog.

Yr Eglwys Geltaidd

Ei Hoes Aur, yng nghyfnod yr Oesoedd Tywyll, oedd y bumed a'r chweched ganrif: 'Oes y Saint' ac ymhlith y saint bu Dewi (bu f. 589) Nawdd Sant Cymru, *a Beuno, Cadog, Cennydd, Ciwg, Columba, Cybi, Cyfelach, Deiniol, Dyfrig, Elli, Gildas, Illtud, Padarn, Padrig, Samled, Teilo, Tudno . . .*

Roedd yr Eglwys Geltaidd yn bodoli yng Nghymru, yr Alban, Iwerddon a mannau o Loegr am ganrifoedd cyn i Awstin (bu f. 604) lanio gyda deugain o fynachod eraill ar Ynys Daned, Caint, yn y flwyddyn 596 ar gais Pab Gregori I i droi Eingl-Sacsoniaid Lloegr i'r ffydd Gristnogol. Bu iddo dipyn o lwyddiant yn eu plith, ond mewn cynhadledd ym Mhenrhyn Awstin ar lan afon Hafren yn 603, methodd ymestyn ei awdurdod dros Eglwys Geltaidd Cymru.

Bu'n rhaid disgwyl tan c.777 cyn i Eglwys Geltaidd Cymru gydymffurfio ag arferiadau Rhufain. Er hynny, cadwodd yr Eglwys ei chymeriad priod mewn sawl canolfan: e.e. yn Llanbadarn a Thyddewi, hyd ddiwedd yr unfed ganrif ar ddeg.

Dewi Sant (bu farw *c*.589)

Yr enwocaf o enwogion ein cenedl yw Dewi Sant. Roedd yn fynach a sefydlodd nifer o fynachlogydd ac eglwysi yn arbennig yn ne-orllewin Cymru, â'i brif ganolfan yng Nglyn Rhosyn, lle saif Eglwys Gadeiriol Tyddewi heddiw. Ysgrifennwyd hanes ei fywyd yn yr unfed ganrif ar ddeg gan Rhygyfarch yn Lladin gan taw'r iaith honno oedd iaith yr Eglwys ac i raddau iaith dysg yn y cyfnod. Erbyn dechrau'r bedwaredd ganrif ar ddeg cafwyd fersiwn Cymraeg o'r Fuchedd sef Llyfr Ancr Llanddewibrefi *gan law anhysbys*

NEGES OLAF DEWI

Arglwyddi, frodyr a chwiorydd, byddwch lawen a chedwch eich ffydd a'ch crefydd, a gwnewch y pethau bychain a glywsoch ac a welsoch gennyf fi. A minnau a gerddaf y ffordd yr aeth ein tadau iddi, ac yn iach i chwi. A bydded i chwi fod yn rymus ar y ddaear.

GWEDDI OLAF DEWI (*yn ôl hen draddodiad*)

Cod fi ar dy ôl! *Amen.* (*Tolle me post te!*)

Gweddïau'r Eglwys Geltaidd

Y TRI YM MHOBMAN

Y Tri sy dros fy mhen,
Y Tri sy dan fy nhraed,
Y Tri sy drosof yma,
Y Tri sy drosof yno,
Y Tri sy yn y ddaear agos,
Y Tri sy i fyny yn yr awyr,
Y Tri sy'n trigo yn y nef,
Y Tri yn ymchwydd mawr y cefnfor,
Y Tri treiddgar, O bydd gyda fi. *Amen.*

MAWLGAN

Fel yr oedd, fel y mae, ac fel y bydd
Yn wastad, Duw'r gras, Duw'n Drindod!
Gyda'r trai, gyda'r llanw, bydded felly,
Duw'r gras, O Drindod,
gyda'r trai a'r llanw. *Amen.*

CREFU BENDITH

Bendithia i mi, O Dduw, y lleuad sydd uwch fy mhen,
Bendithia i mi, O Dduw, y ddaear sydd oddi tanaf,
Bendithia i mi, O Dduw, fy ngwraig a'm plant,
A bendithia, O Dduw, fyfi sydd â gofal amdanynt;
Bendithia imi fy ngwraig a'm plant,
A bendithia, O Dduw, fyfi sydd â gofal amdanynt. *Amen.*

BENDITHIADAU

Bydded i Dduw ddiogelu pob llethr i ti,
Bydded i Dduw ledaenu pob bwlch i ti,
Bydded i Dduw ddangos pob heol i ti,
A bydded iddo afael yn dynn ynot ti
â'i ddwylo ef ei hun. *Amen.*

O Dduw, a ddaethost â mi o orffwys neithiwr
Hyd at olau gorfoleddus y dydd hwn,
Tyrd â mi oddi wrth olau newydd y dydd hwn
Hyd at oleuni arweiniol tragwyddoldeb. *Amen.*

Crist gyda mi'n cysgu,
Crist gyda mi'n effro,
Crist gyda mi'n gwylio,
Bob dydd a nos.
Duw gyda mi'n gyson,
Yr Arglwydd gyda mi'n arwain,
Yr Ysbryd gyda mi'n cryfhau,
Am byth a byth bythoedd. *Amen.*

BENDITH AELEG O IWERDDON

B ydded i'r ffordd godi i gwrdd â thi.
Bydded i'r gwynt fod yn gyson ar dy gefn.
Bydded i'r haul ddisgleirio'n gynnes ar dy wyneb,
y glaw i syrthio'n ysgafn ar dy ddolydd,
hyd nes i ni gwrdd eto.
Bydded i Dduw dy ddal yng nghledr ei law. *Amen.*

GWEDDI AELEG O IWERDDON

O Iesu, Fab Duw,
a fu'n ddistaw ger bron Peilat,
na ad i'n tafodau glebran
heb feddwl am yr hyn a ddywedwn
a sut i'w fynegi. *Amen.*

ARGLWYDD, NODDA NI

T i a lywiodd Noa dros donnau dilyw:
Clyw ni.
Ti â'th air a adalwodd Jona o'r dyfnder:
Cadw ni.
Ti a estynnodd dy law at Pedr wrth iddo suddo:
Cynorthwya ni, O Grist.
Mab Duw, a wnaeth bethau godidog gynt:
Bydd yn ffafriol yn ein dydd ni hefyd. *Amen.*

Llyfr Cerne (yr wythfed ganrif)

Casgliad o weddïau preifat o Abaty Cerne, Swydd Dorset. Daw nifer o'r gweddïau o gefndir Celtaidd

CYSUR Y CRISTION

B ydded i ddeheulaw yr Arglwydd ein cadw nes inni heneiddio,
a gras Crist ein hamddiffyn yn barhaus rhag y gelyn. O

Arglwydd, cyfeiria ein calonnau i ffordd tangnefedd; trwy Iesu Grist ein Harglwydd. *Amen.*

AM OFAL YR ARGLWYDD

B ydded i Dduw'r Tad ein bendithio; bydded i Grist ofalu amdanom; a'r Ysbryd Glân ein goleuo holl ddyddiau ein bywyd. Bydded i'r Arglwydd fod yn amddiffynnydd i ni a cheidwad corff ac enaid, yn awr ac am byth, yn oes oesoedd. *Amen.*

Credoau

Crynodebau ffurfiol o'r athrawiaethau Cristnogol:

Credo Nicea: sylfaenwyd ar gredo Cyngor Cyntaf Nicea yn 325, adroddir fel rhan o litwrgi ewcaristig Eglwysi Uniongred a Phabyddol ac mewn nifer o Eglwysi Protestannaidd (t.17)

Credo Athanasiws (Quicunque vult): *adroddiad hanesyddol o'r athrawiaeth Drindodaidd (mewn Lladin) o'r bumed ganrif (t.49)*

Credo'r Apostolion: pwysleisir natur Drindodaidd Duw (yn Dad, Mab ac Ysbryd Glân), daw'r ffurf bresennol o'r wythfed ganrif ond â ei gwreiddiau yn ôl i'r drydedd

CREDO'R APOSTOLION

C redaf yn Nuw, y Tad hollalluog, Creawdwr nef a daear.

Credaf yn Iesu Grist, ei unig Fab, ein Harglwydd,
a gaed trwy nerth yr Ysbryd Glân;
a aned o Fair Forwyn.
Dioddefodd dan Pontius Peilat;
fe'i croeshoeliwyd, bu farw ac fe'i claddwyd;

disgynnodd at y meirw.
Atgyfododd y trydydd dydd.
Esgynnodd i'r nefoedd,
ac y mae'n eistedd ar ddeheulaw'r Tad.
Daw eto i farnu'r byw a'r meirw.

Credaf yn yr Ysbryd Glân,
yr Eglwys lân gatholig,
cymun y saint,
maddeuant pechodau,
atgyfodiad y corff,
a'r bywyd tragwyddol. *Amen.*

Boniface (672–754)

Ganwyd yn Nyfnaint, mynach Benedictaidd, efengylwr ar y cyfandir, Archesgob Mainz, merthyr

Y DUW TRAGWYDDOL

O Dduw'r Tragwyddol,
noddfa a chymorth dy holl blant,
yn ein gwendid ti yw ein cryfder,
yn ein tywyllwch ti yw ein goleuni,
yn ein tristwch ti yw ein cysur a'n tangnefedd.
Ni fedrwn gyfrif dy fendithion.
Ni fedrwn ddatgan dy gariad.
Bendithiwn di am dy holl ddaioni.
Bydded inni fyw yn dy bresenoldeb am byth,
a charu yr hyn yr wyt ti'n ei garu,
a'th wasanaethu di â gwasanaeth ein bywyd beunyddiol,
trwy Iesu Grist ein Harglwydd. *Amen.*

Beda Ddoeth (673–735)

Mynach, ysgolhaig Beiblaidd o Jarrow, 'Tad hanes Lloegr'

CRIST EIN SEREN FORE

O Grist, ein Seren Fore,
Ysblennydd Oleuni Tragwyddol,
yn llewyrchu â gogoniant yr enfys,
tyrd a deffro ni o lwydni ein difaterwch
ac adnewydda ynom dy rodd o obaith. *Amen.*

CYMHWYSA FI, O DDUW

Arglwydd Dduw, agor fy nghalon a goleua hi â gras dy Ysbryd
Glân. Drwy'r gras hwn caniatâ imi geisio gwneud yr hyn
sydd wrth dy fodd; cyfeiria fy meddyliau a'm teimladau fel y gallaf
ddod yn y diwedd at lawenydd annherfynol y nefoedd. Am hynny
ar y ddaear gad imi gadw dy orchmynion, ac felly fod yn deilwng
o'th wobr dragwyddol. *Amen.*

GWRANDO AR LAIS IESU

Iesu da, gan dy fod wedi caniatáu'n rasol imi yfed yma felystra
dy air, felly o'r diwedd, erfyniaf arnat ddod â mi i mewn i'th
bresenoldeb, er mwyn imi wrando ar dy lais sy'n ffynhonnell pob
doethineb, a syllu ar dy wyneb am byth. *Amen.*

Alcwin o Efrog (*c.*735–804)

*Mynach, ysgolhaig, Cynghorydd i Charlemagne yn Aachen,
sefydlodd yno un o ganolfannau addysg enwocaf Ewrop*

ARWAIN A THRUGARHA, O DDUW

Dragwyddol Oleuni, llewyrcha i mewn i'm calon.
Dragwyddol Ddaioni, gwared fi rhag drygioni.

Dragwyddol Rym, bydd yn gynhaliwr i mi.
Dragwyddol Ddoethineb, gwasgara dywyllwch fy anwybodaeth.
Dragwyddol Dosturi, trugarha wrthyf,
fel y ceisiaf dy wyneb
â'm holl galon a'm meddwl,
a'm henaid a'm nerth,
a chael fy nwyn drwy dy drugaredd anfeidrol
i'th bresenoldeb sanctaidd;
trwy Iesu Grist fy Arglwydd. *Amen.*

NEWID NI ER GWELL, O DDUW

A nnwyl Dduw, yma ar y ddaear rwyt yn gyson yn ceisio ein
newid ni. Ar adegau dymunwn ffoi i'r anialwch i'th osgoi.
Ond gad inni ddysgu caru pethau parhaol y nefoedd, yn hytrach na
phethau marwol y ddaear. Mae'n rhaid inni dderbyn bod amser bob
tro yn dod â newidiadau; a gweddïwn drwy dy ras am i'r
newidiaeth yn ein heneidiau ein gwneud yn deilwng o'th deyrnas
nefol, lle bydd holl amser yn gorffen. *Amen.*

AM FENDITHION Y TRAGWYDDOL

O Dragwyddol Oleuni, llewyrcha i'n calonnau;
dragwyddol Ddaioni, gwared ni rhag drwg;
dragwyddol Allu, bydd yn gymorth inni;
dragwyddol Ddoethineb, gwasgara ein hanwybodaeth;
dragwyddol Dosturi, trugarha wrthym.
Cyflawna ni â gras i geisio dy wyneb bob amser â'n holl galon, â'n
meddwl ac â'n nerth. Ac yn y diwedd, yn dy anfeidrol drugaredd,
dwg ni i'th bresenoldeb sanctaidd; trwy Iesu Grist ein Harglwydd.
Amen.

O'R OESOEDD CANOL I'R DADENI

Erbyn diwedd y ganrif gyntaf o'r Ail Fileniwm, cymhleth a diflas i raddau oedd y sefyllfa yng Nghymru. Bu dyfodiad a dylanwad y Normaniaid yn drwm ar esgobaethau Tyddewi, Llandaf, Llanelwy a Bangor. Collodd nifer o'r mynachlogydd lawer o'u hadnoddau a'u harian hefyd. Mynnodd Archesgobaeth Caergaint fynegi ei hawdurdod ar Dyddewi (a pharhaodd hyd at 1920), er i Rufain ganoneiddio Dewi yn sant erbyn y flwyddyn 1119.

Ar y Cyfandir roedd anesmwythdra i'w deimlo, a sŵn y Dadeni i'w synhwyro.

Anselm (1033–1109)

Eidalwr, mynach, athronydd, Archesgob Caergaint. Ceisiodd ddiffinio Duw: 'YR HWN NA ELLIR MEDDWL AM EI FWY'.

GWEDDI AM GYMORTH GRAS DUW

O Dduw, ffynhonnell lawn pob rhoddi sy'n ddaionus a phob rhodd sy'n berffaith, pelydra oleuni mwyn dy ras ar led yn ein calonnau. Ysbryd cariad a thynerwch, gofynnwn yn wylaidd iawn am dy gymorth. Fe wyddost ti am ein beiau a'n ffaeleddau, gwyddost am y pethau sy'n brin ynom. Yr wyt yn gweld mor ddall ydym mewn dealltwriaeth, mor gyndyn mewn caredigrwydd, ac mor ystyfnig ein hewyllys. Gan hynny, pan fyddwn yn esgeuluso gweithredu yn ôl yr hyn a wyddom, tyrd atom yn dy ras. Goleua ein meddyliau, uniona ein dymuniadau, cywira ein crwydriadau, a maddau i ni am yr hyn a fu ar goll ynom. Drwy dy arweiniad cadw ni'n ddiogel rhag i long ein ffydd gael ei dryllio, a chadw ynom gydwybod effro, fel y cawn lanio yn y diwedd yn ddiogel yn hafan yr orffwysfa dragwyddol, trwy Iesu Grist ein Harglwydd. *Amen.*

MEDDIANNA FI, O DDUW

G ad imi gredu,
gobeithio,
caru
a byw
yn ôl dy bwrpas
a'th ewyllys di.
Rho imi ddaioni sy'n trywanu 'nghalon,
a gostyngeiddrwydd. *Amen.*

William o Saint-Thierry (*c.*1085–*c.*1148)

Mynach yn perthyn i Urdd y Sistersiaid, awdur

RHO IMI DY GROESO, O DDUW

A rglwydd, gwerinwr wyf, yn dod o'm gwlad i, i'th wlad di.
Dysg imi
gyfreithiau dy wlad:
ei dull o fyw,
ei hysbryd,
er mwyn imi deimlo'n gartrefol yno. *Amen.*

Bernard o Clairvaux (1090–1153)

Mynach Ffrengig, sylfaenydd Urdd y Mynaich Gwynion (y Sistersiaid)

Y NADOLIG

G ad i'th ddaioni, O Arglwydd, ymddangos inni, fel y byddo i
ni a luniwyd ar dy lun gydymffurfio ag ef. O'n cryfder ein
hunain fedrwn ni ddim efelychu dy ardderchowgrwydd, na'th
bŵer, na'th ryfeddod, ac anweddus yw i ni geisio. Mae dy
drugaredd yn estyn o'r nefoedd, drwy'r cymylau i'r ddaear isod.

Daethost atom fel plentyn bychan, ond rhoddaist inni'r rhodd fwyaf sydd, y rhodd o gariad tragwyddol. Anwyla ni â'th ddwylo bychain, cofleidia ni â'th freichiau bychain, a thrywana ein calonnau â'th alwadau peraidd, mwyn. *Amen.*

Edmund Rich (*c.*1180–1240)

Ysgolhaig, Archesgob Caergaint

CYNNAL NI, O DDUW

I'th ddwylo di, O Dad ac Arglwydd,
ymddiriedaf fy enaid a'm corff,
fy rhieni a'm cartref,
fy nheulu, 'nghyfeillion a'm cymdogion,
pawb o deulu'r ffydd a chariad,
a phawb mewn dyrys angen.
Ysgafnha ein bywyd â'th ras sanctaidd
a'r wybodaeth o'th bresenoldeb cyson,
O Arglwydd mewn Trindod, Duw tragwyddol. *Amen.*

DYLANWAD DUW AR Y DAIONUS

Arglwydd, am dy fod ti'n bod, rydym ni'n bod.
Am i ti fod yn brydferth, rydym ni'n brydferth.
Am i ti fod yn dda, rydym ni'n dda.
Wrth i ni fod rydym yn dy anrhydeddu.
Wrth ein prydferthwch rydym yn dy ogoneddu.
Wrth ein daioni rydym yn dy garu.
Arglwydd, trwy dy nerth y gwnaethpwyd pob peth.
Trwy dy ddoethineb y rheolir pob peth.
Trwy dy ras y cynhelir pob peth.
Rho i ni nerth i'th wasanaethu,
doethineb i ganfod dy ddeddfau,
a gras i ufuddhau i ti ar bob achlysur. *Amen.*

Ffransis o Assisi (1181-1226)

Eidalwr, sylfaenydd Urdd Sant Ffransis

OFFERYN HEDD

A rglwydd, gwna fi'n offeryn dy hedd;
lle mae casineb, gad imi hau cariad,
lle mae niwed, maddeuant,
lle mae anghydfod, gweledigaeth,
lle mae amheuaeth, ffydd,
lle mae anobaith, gobaith,
lle mae t'wyllwch, goleuni,
lle mae tristwch, llawenydd.
O Feistr dwyfol,
caniatâ imi gysuro yn hytrach na chael fy nghysuro,
i ddeall yn hytrach na chael fy neall,
i garu yn hytrach na chael fy ngharu,
oherwydd wrth roi y derbyniwn,
wrth faddau y derbyniwn faddeuant
ac wrth farw y deffrown i fywyd tragwyddol. *Amen.*

MAWREDD DUW

R wyt ti'n sanctaidd, Arglwydd, yr unig Dduw,
a'th weithredoedd sy'n rhyfeddol.

Rwyt ti'n gryf,
rwyt ti'n fawr.
Ti yw'r Goruchaf i gyd,
rwyt ti'n hollalluog.
Ti, Dad sanctaidd,
yw Brenin nef a daear.

Tri ac Un ydwyt ti.
Arglwydd Dduw, y cwbl dda.
Rwyt ti'n dda, yr holl dda, y pennaf da,
Arglwydd Dduw, bywiol a gwir.

Ti yw cariad,
ti yw doethineb.
Ti yw gostyngeiddrwydd,
ti yw goddefgarwch.
Ti yw'r orffwysfa,
ti yw'r tangnefedd.
Ti yw'r gorfoledd a'r llawenydd.
Ti yw'r cyfiawnder a'r cymedroldeb.
Ti yw ein holl gyfoeth
a digon wyt i ni.

Ti yw'r harddwch.
Ti yw'r tiriondeb.
Ti yw ein hamddiffynnwr,
ti yw ein gwarchodwr a'n nodded.
Ti yw'r dewrder,
ti yw ein hafan a'n gobaith.

Ti yw ein ffydd,
ein cysur mawr.
Ti yw ein bywyd tragwyddol,
Arglwydd mawr a rhyfeddol,
Dduw hollalluog,
Waredwr trugarog. *Amen.*

CANLYN IESU

O Dduw hollalluog,
tragwyddol, cyfiawn a thrugarog,
caniatâ inni bechaduriaid gwael
wneud ar dy ran
y cyfan a wyddom
ynglŷn â'th ewyllys,
ac i gyflawni bob pryd
yr hyn sydd wrth dy fodd,
fel y bo i ninnau

wedi'n llwyr buro,
ein goleuo
ac wedi'n cynnau
gan dân yr Ysbryd Glân
gerdded yn ôl traed dy anwylaf Fab,
ein Harglwydd Iesu Grist. *Amen.*

Richard o Chichester (1197–1253)

Cymeriad sanctaidd, gweinyddwr da, Esgob Chichester

GWEDDI FEUNYDDIOL

D iolch fo i ti,
Arglwydd Iesu Grist,
am yr holl fanteision
a enillaist ti i ni,
am yr holl boen a sen
a ddioddefaist drosom ni.
O Waredwr trugarocaf,
Ffrind a Brawd,
boed i ni dy adnabod di'n llwyrach,
dy garu'n anwylach
a'th ddilyn yn agosach,
bob dydd o'n hoes. *Amen.*

Thomas Acwin (1225–74)

Eidalwr, un o'r Brodyr Duon, diwinydd, athronydd ac awdur y campwaith Summa Theologiae

CALON DDIYSGOG

O Arglwydd, rho i mi galon ddiysgog
na all unrhyw gariad annheilwng ei darostwng;

rho i mi galon anorchfygol
na all unrhyw drallod ei blino;
rho i mi galon gywir
na all unrhyw ddiben annheilwng ei denu ar gyfeiliorn.
Rho i mi hefyd, O Arglwydd fy Nuw,
y deall i'th adnabod di,
y dyfalbarhad i chwilio amdanat ti,
y doethineb i ddod o hyd i ti,
a'r ffyddlondeb i'th gofleidio di yn y diwedd;
trwy Iesu Grist ein Harglwydd. *Amen.*

YN CODI O'R CYMUN SANCTAIDD

Arglwydd, gadewaist i ni mewn sacrament rhyfeddol goffadwriaeth o'th angau a'th atgyfodiad. Dysg i ni felly barchu'r dirgelion cysegredig hyn o'th Gorff a'th Waed, fel y gallwn ganfod ynom ni ein hunain a mynegi yn ein bywydau ffrwythau ein hiachawdwriaeth, oherwydd yr wyt ti yn byw a theyrnasu, Dad, Mab ac Ysbryd Glân, hyd byth bythoedd. *Amen.*

DYSG I NI DY FFORDD

O Dduw pob daioni, dyro i ni sy'n dymuno'n daer: geisio'n ddoeth, gwybod yn sicr, a chyflawni'n berffaith dy ewyllys sanctaidd, er gogoniant i'th enw. *Amen.*

Ramón Lull (*c.*1235–*c.*1315)

Ganed yn Palma, Maiorca: Tertiad yn Urdd Sant Ffransis, ysgrifennwr ysbrydol, cenhadwr, merthyr

CRIST Y GWIR GYFEIRIAD

Fel y gwna nodwydd droi i gyfeiriad y gogledd dan ddylanwad magned, felly mae'n addas, O Arglwydd, fy mod i, dy was, yn

41

troi i'th garu, i'th foli a'th wasanaethu, o ystyried mai o'th gariad tuag ataf fi y buost barod i oddef y fath bangfeydd a dioddefiadau difrifol. *Amen.*

Llyfr Du Caerfyrddin (*c.*1250)

Un o'r llawysgrifau o ddiwedd cyfnod yr Oesoedd Canol Cynnar (a diwedd yr Oes Geltaidd); yn cynnwys rhai o'r cerddi crefyddol ac ysgrythurol cynharaf sydd gennym yn y Gymraeg. Dengys y dyfyniadau isod fod bywyd ysbrydol Cymru (o ran y beirdd beth bynnag) yn corffori: Gogoniant Duw yn y bydysawd, y Patriarchiaid, Crist a'i Groes, yr Eglwys, y Drindod . . .

BYDDED I'R HOLL FYDYSAWD FOLI DUW'R CREAWDWR

Arglwydd aruchel, henffych well!
Bydded i eglwys a changell dy ogoneddu;
Bydded i gangell ac eglwys dy ogoneddu;
Bydded i'r lle gwastad a'r lle serth dy ogoneddu;
Bydded i ti fendith y tair ffynnon sydd —
Dwy uwchlaw'r gwynt, ac un uwchlaw'r ddaear.
Bydded i'r tywyllwch a'r dydd dy ogoneddu;
Bydded i goed gwyllt a choed y berllan dy ogoneddu;
Fe'th ogoneddodd Abraham, arweinydd ffydd;
Bydded i fywyd tragwyddol dy ogoneddu;
Bydded i'r adar a'r gwenyn dy ogoneddu;
Bydded i'r adladd a'r glaswellt dy ogoneddu;
Fe'th ogoneddodd Aaron a Moses.
Bydded i wryw a benyw dy ogoneddu;
Bydded i [blanedau'r] saith niwrnod a'r sêr dy ogoneddu;
Bydded i'r awyr a'r ether dy ogoneddu;
Bydded i lyfrau a llên dy ogoneddu;
Bydded i'r pysgod yn y cerrynt dy ogoneddu;
Bydded i feddwl a gweithred dy ogoneddu;
Bydded i dywod a thywarch dy ogoneddu;
Bydded i'r [holl] bethau da a grewyd dy ogoneddu.
Mi a'th ogoneddaf, Arglwydd y gogoniant.
Arglwydd aruchel, henffych well! *Amen.*

GWEDDI FOREOL Y CRISTION

[Dyma]'r ymadrodd cyntaf a ddywedaf
  Yn y bore wrth godi:
'[Boed] Croes Crist yn arfwisg amdanaf.'

Dan nawdd fy Arglwydd yr ymarfogaf heddiw.
Un tisian a glywaf:
Nid fy Nuw ydyw; nis credaf.
Arfogaf amdanaf yn hardd.
Ni chredaf mewn ofergoel — gan nad yw hynny'n iawn.
Duw a'm creodd i a rydd nerth imi . . . *Amen.*

(Yn ei chyflawnder o 39 o linellau, gofyn bendith wrth gychwyn ar bererindod i Rufain
yw prif bwrpas y gerdd. Dyfynnir yma y naw llinell gyntaf yn unig. Diddorol yw sylwi ar
yr ofergoeledd paganaidd ynglŷn â chlywed *un* tisiad cyn cychwyn ar y daith — yr hen
gred oedd fod hynny'n argoeli'n ddrwg — ond i'r Cristion hyderus : Croes Crist a nerth
Duw fydd yn hollol ddigonol i'w gynnal bob cam o'r daith.)

UNDOD Y DRINDOD

Dyrchafaf i Dri:
  Y Drindod yn Dduw
Sydd yn Un a Thri,
Yn undod ag un nerth . . .
Un Duw i foli.
Fe'th folaf, O frenin mawr:
Mawr [yw] dy gamp.
Dy foliant, gwir yw,
[A] myfi yw dy foliannydd . . .
Henffych well, Grist,
Y Tad, a'r Mab,
Ac Ysbryd yr Arglwydd . . . *Amen.*

(Yma ceir agoriad y gerdd, o 44 o linellau, ar ddysgeidiaeth ganolog Cristnogaeth fod
Duw yn dri pherson ond un natur er gwaethaf y llu o enwau arno.)

Julian o Norwich (1342–1420)

Bu'r Fam Julian yn byw fel meudwyes yn Norwich. Daeth llawer ati i ddysgu am weddïo. Cafodd gyfres o 'weledigaethau'. Dysgodd fod Duw'n caru ei gread â gofal mam

CYFLAWNDER DUW

Duw o'th ddaioni, rho dy hunan imi, oherwydd yr wyt yn ddigon imi. I fod yn deilwng ohonot ni fedraf ofyn am un peth llai. Pe bawn yn gofyn am lai, buaswn wastad mewn angen, oherwydd ynot ti yn unig y caf y cyfan. *Amen.*

DUW CARIAD YW

Dysgais taw cariad oedd bwriad ein Harglwydd, a gwelais â sicrwydd, yma ac acw, fod Duw yn ein caru ni cyn iddo hyd yn oed ein gwneud ni; a bod ei gariad heb newid, ac ni wnaiff byth.

Yn y cariad hwn y gwnaeth ei holl weithredoedd, ac yn y cariad hwn y mae wedi gwneud popeth i'n gwasanaethu ni; ac yn y cariad hwn mae ein bywyd yn dragwyddol.

Ein dechreuad oedd pan gawsom ein gwneud, ond nid oedd dechreuad i'r cariad a ddefnyddiodd i'n gwneud ni. Ynddo cawn ein dechreuad.

A'r cyfan hwn cawn weld yn Nuw am byth.
Bydded i Iesu ganiatáu hyn. *Amen.*

FE WYDDOST Y CYFAN, ARGLWYDD

Arglwydd, fe wyddost yr hyn rwyf ei eisiau,
os wyt yn fodlon imi i'w gael,
ond os wyt yn anfodlon,
paid â digio, Arglwydd da,
oherwydd nid wyf am ddim nad wyt ti ei eisiau. *Amen.*

Thomas à Kempis (1380–1471)

Mynach, awdur ysbrydol o'r Almaen, ei lyfr enwocaf – Efelychiad
o Grist

AR DDECHRAU'R DYDD

Pwy sy'n medru dweud
beth a all ddigwydd mewn diwrnod?

Pâr i mi, Dduw grasol, felly, fyw bob dydd
fel pe bawn yn byw trwy ddiwrnod olaf fy mywyd
oherwydd dichon mai hynny a fydd. Pâr i mi fyw yn awr
fel y dymunwn fy mod wedi byw pan fyddaf farw.
Caniatâ na fyddaf farw gyda chydwybod euog,
heb edifarhau am unrhyw bechod y gwn i amdano,
ond y'm ceir yng Nghrist,
fy unig Geidwad a Gwaredwr. *Amen.*

AM DDIRNADAETH

O Arglwydd, caniatâ
i mi wybod yr hyn sy'n werth ei wybod,
i garu'r hyn sy'n werth ei garu,
i foli'r hyn sy'n dy blesio,
i drysori'r hyn sy'n werthfawr i ti,
i gasáu'r hyn sy'n atgas gennyt.
Gwared fi rhag barnu yn ôl yr hyn a welaf,
na dyfarnu yn ôl yr hyn a ddywed eraill,
ond i allu dirnad yr hyn sy'n rhagori
ac uwchlaw popeth
i ddarganfod a chyflawni'r hyn sy wrth dy fodd;
trwy Iesu Grist ein Harglwydd. *Amen.*

AM RAS I DDIODDEF A DILYN CRIST

D yro'r gogoniant a'r llawenydd a ddaw
o gydwybod dda,
fel y gallwn ddwyn y beichiau trymaf,
a bod yn siriol dan y cystuddiau chwerwaf.
Dyro inni gariad a gras Duw,
fel y gallwn ddioddef pob blinder
a chaethiwed,
gan ddilyn llwybrau Iesu Grist a gorfoleddu
yn y groes. *Amen.*

Seiliwyd ar *Efelychiad o Grist* (De imitatione Christi) a gyfieithwyd gan William
Meyrick, *Pattrwm y Gwir Gristion* (1723)

YMBILIWN ARNAT, ARGLWYDD

G an ymddiried yn dy ddaioni a'th fawr drugaredd,
Arglwydd, deuaf:
yn glaf — atat ti, fy Ngwaredwr;
yn newynog a sychedig — at ffynnon Bywyd;
yn anghenus — atat, Frenin Nef. *Amen.*

GWARED FI RHAG DRWG

T orra dy enw bendigedig, O Arglwydd, ar fy nghalon, i barhau
yno wedi'i ysgythru'n annileadwy, fel na chaiff na ffyniant nac
adfyd, fyth fy symud oddi wrth dy gariad. Bydd imi'n dŵr
amddiffyn cadarn, yn gysurwr mewn trallod, gwaredwr mewn
gofid, cymorth parod mewn trybini, ac arweinydd i'r nefoedd
heibio i'r llaweroedd o demtasiynau a pheryglon y bywyd hwn.
Amen.

SANCTEIDDIA NI, O DDUW

Caniatâ i ni ymhob peth ymddwyn yn deilwng o'n Creawdwr, a gweision yr Arglwydd. Gwna ni'n ddiwyd i wneud ein gwaith, yn effro i demtasiynau, yn bur ac yn gymedrol yn yr hyn sy'n rhoi mwynhad i ni. Sancteiddia ni oll, yn gorff, meddwl ac ysbryd, fel y'n cedwir yn ddi-fai yn nyfodiad ein Harglwydd Iesu Grist; i'r hwn gyda thi a'r Ysbryd Glân y byddo'r anrhydedd a'r gogoniant yn oes oesoedd. *Amen.*

ARGLWYDD, GOLEUA FI

O Arglwydd trugarog, goleua fi â goleuni clir llachar mewnol, a symud i ffwrdd yr holl dywyllwch sy o amgylch fy nghalon. Trecha di fy meddyliau crwydredig niferus. *Amen.*

ARGLWYDD, TRUGARHA

O Arglwydd Iesu,
na fydded dy air yn ddyfarniad arnom,
rhag ofn i ni ei glywed a gwrthod ei wneud,
neu ei gredu a gwrthod ufuddhau iddo. *Amen.*

Gwassanaeth Meir (y bedwaredd ganrif ar ddeg)

Gwasanaeth litwrgaidd yw Gwassanaeth Meir *wedi'i gyfieithu o* Officium Parvum Beatae Mariae Virginis *ac yn cynnwys nifer o Salmau,* Y Fawlgan Leiaf, Ave Maria, Pater Noster, Y Credo ... *Ceir hefyd ynddo yr enghreifftiau cynharaf o emynau Cymraeg. Dyfynnir yma dair gweddi o'r llawysgrif:*

GWEDDI AM HEDDWCH

Dyro heddwch, Arglwydd, yn ein dyddiau ni, gan nad oes neb arall a ymladdo drosom namyn tydi, ein Duw ni.

47

Duw, bid heddwch yn dy nerthoedd,
A bid amlder yn dy dyrau di.
Dduw, gan yr Hwn y mae sanctaidd ddyheadau, iawnion gynghorau a chyfiawnion weithredoedd, dyro i'th weision yr heddwch, yr hwn nis dichon y byd ei roddi, oni rhodder ein calonnau ni i'th orchmynnau di drwy ymlid dychryn ein gelynion a bod ein hamseroedd ni, drwy dy amddiffyn di, yn heddycholion wastad. Drwy ein Harglwydd Iesu Grist, yr Hwn a fucheddocâ ac a wladycha gyda thi yn unoliaeth â'r Ysbryd Glân yn dragwyddol ac yn oes oesoedd. *Amen.*

RHO INNI DY RAS, O DDUW

A rglwydd, ni a atolygwn iti arllwys dy ras yn ein meddyliau ni; ac megis ydd adnabuam ni gnawdoliaeth Iesu Grist, dy Fab di, drwy genadwri yr angel, [iti] yn berffaith ein dwyn ninnau felly, drwy ei grog ef a'i ddioddef, i ogoniant cyfodedigaeth ein cnawd. Drwy ein Harglwydd ni, Iesu Grist, dy Fab di. *Amen.*

MADDAU I NI, ARGLWYDD DDUW

A rglwydd, ni atolygwn it faddau pechodau dy weision, ac megis na allwn ni mewn grym ryngu bodd iti o'n gweithredoedd, fel y'n iachaer ni o eiriolaeth dy un Mab di, ein Harglwydd ni Iesu Grist. Drwy ein Harglwydd ni. *Amen.*

Anima Christi, sanctifica me,
Corpus Christi, salva me
Cyf. Pennar Davies (1911–96)

Cyfansoddwyd nifer o ychwanegiadau hyfryd ar gyfer y litwrgi Lladin gan feirdd anhysbys yn ystod yr Oesoedd Canol. Lleolir y weddi hon yn aml ar ddechrau'r bedwaredd ganrif ar ddeg. Ymddengys ei bod ar gael dipyn yn gynharach na hynny, a phriodolir hi i Rabanus Maurus (776–856) Archesgob Mainz, bardd, athro a gweinyddwr eglwysig (gw. hefyd Veni, Creator Spiritus *t. 113)*

ENAID CRIST

Enaid Crist, sancteiddia fi.
Gorff Crist, achub fi.

Waed Crist, meddwa fi.
Ddŵr ystlys Crist, golch fi.
Ddisgleirdeb wynepryd Crist, goleua fi.
Ddioddefaint Crist, nertha fi.
Chwys wyneb Crist, iachâ fi.
O Iesu da, gwrando arnaf;
oddi mewn i'th glwyfau cuddia fi.
Na ad imi ymwahanu oddi wrthyt.
Yn erbyn y gelyn cas amddiffyn fi.
Yn awr fy marwolaeth galw fi,
a gorchymyn i mi ddyfod atat
fel y caffwyf gyda'th saint a'th angylion
dy foli Di yn oes oesoedd. *Amen.*

Dyfyniad o *Cyffes Athanasius* a elwir yn gyffredin:
CREDO ATHANASIUS – *Quicunque vult*
[*Llyfr Plygain,* Llunden 1612]

Pwy bynnag a fynno fod yn gadwedig, o flaen dim rhaid iddo gynnal y ffydd Gatholig . . . A'r ffydd Gatholig yw hon: addef ohonom un Duw yn Drindod, a'r Drindod yn Undod. Nid cymysgu ohonom y personau na gwahanu y sylwedd. Canys un person sydd i'r Tad, arall i'r Mab ac arall i'r Ysbryd Glân. Eithr Duwdod y Tad, y Mab, a'r Ysbryd Glân sydd unrhyw . . .

Felly Duw yw'r Tad, Duw yw'r Mab, a Duw yw'r Ysbryd Glân. Ac er hynny nid ydynt dri Duw, namyn un Duw. Felly y Tad sydd Arglwydd, y Mab sydd Arglwydd a'r Ysbryd Glân sydd Arglwydd. Ac eto nid ydynt dri Arglwydd, namyn un Arglwydd . . .

Ac yn y Drindod yma nid oes un cynt nac wedi ei gilydd: nid oes mwy na llai na'i gilydd . . .

Canys yr iawn ffydd yw credu a chyffesu ohonom fod ein Harglwydd ni Iesu Grist, Fab Duw, yn Dduw ac yn Ddyn; Duw, o sylwedd ei Dad . . . a Dyn o sylwedd ei fam, wedi ei eni yn y byd: perffaith Dduw a pherffaith Ddyn o enaid rhesymol, a dynol gnawd yn hanfod . . .

CYFNOD Y DIWYGIAD PROTESTANNAIDD

Y ffurf ar Gristnogaeth a alwyd yn Brotestaniaeth oedd yr hyn a gynhyrchodd y mudiad crefyddol a gychwynnodd ar y Cyfandir yn yr unfed ganrif ar bymtheg.

Martin Luther, mynach o'r Almaen, oedd y cyntaf i brotestio ym 1517 yn erbyn nifer o gredoau ac arferion yr Eglwys (yr unig Eglwys, sef yr Eglwys Babyddol, Eglwys Rufain), a chanddo ef yn Wittenberg y clywyd yr alwad gyntaf am ddiwygiad. Lledodd y neges yn gyflym i wledydd eraill.

Ym Mhrydain hefyd roedd anfodlonrwydd ynglŷn â'r Eglwys Babyddol, ac ychwanegwyd at hyn ym 1526 pan wrthododd y Pab ganiatâd i'r Brenin Harri VIII ysgaru'i wraig. Digiodd y Brenin a phenderfynodd mai ef ac nid y Pab oedd yn ben ar Eglwys Loegr. Ac felly y bu. Edward VI a etifeddodd y deyrnas ar ôl dydd ei dad ac yr oedd yntau o'r un gredo â'i dad, ond pan ddaeth ei chwaer Mari Tudur i'r orsedd, mynnodd hithau droi'r fantol yn ôl eto at Babyddiaeth. Bu erlid y Protestaniaid gan y Pabyddion ac yna erlid y Pabyddion gan y Protestaniaid yn unol â phwy bynnag oedd yn rheoli'r wlad ar y pryd. Digwyddodd yr un peth mewn llawer gwlad ar y Cyfandir.

Yng Nghymru bu dylanwad Elisabeth I yn rhyfeddol, am iddi benodi esgobion o blith y Cymry Cymraeg a fu'n awyddus i hyrwyddo 'Gair Duw' i'r werin yn ei holl ogoniant a'i gyflawnder. Yn y flwyddyn 1563 cafwyd Deddf Seneddol yn gorchymyn bod esgobion Cymru a Henffordd i drefnu ymhlith ei gilydd, 'That the whole Bible, containing the New Testament and the Old, with the Book of the Common Prayer and Administration of the Sacraments as is now used within this Realm in English, to be truly and exactly translated . . .' *O ganlyniad i hyn cyhoeddwyd* Y Llyfr Gweddi Gyffredin *a'r* Testament Newydd *ym 1567. William Salesbury (c.1520–80?) Ysgolhaig y Dadeni, oedd yn bennaf gyfrifol am eu cyfieithu. Yn dilyn ym 1588 cyhoeddwyd* Y Beibl cyssegr-lan: sef yr Hen Destament a'r Newydd . . .: *gorchestwaith William Morgan (1545–1604) oedd hwn, ond yr oedd rhannau ohono, sef* Y

Testament Newydd *a'r* Salmau *wedi'u cyfieithu gan William Salesbury, yn bennaf, a'u cyhoeddi yn gynharach.*

Yn ddi-os, bu'r holl gyhoeddiadau hyn o bwysigrwydd sylweddol i ddatblygiad bywyd y genedl ac yr oedd bodolaeth y Beibl Cymraeg yn sylfaen sicr i dwf Anghydffurfiaeth o'r ail ganrif ar bymtheg ymlaen i'r Diwygiad Methodistaidd yn y ddeunawfed ganrif.

Prif ddysgeidiaethau'r Diwygiad oedd: cyfiawnhad drwy ffydd; offeiriadaeth pob credadun; awdurdod yr Ysgrythurau a sicrhau'r Ysgrythurau yn y famiaith.

Erbyn heddiw, mae'r sefyllfa wedi newid yn hollol. Edwino mae rhif yr aelodau yn eglwysi'r Protestaniaid a'r *Pabyddion, ac oherwydd y lluoedd o fewnfudwyr o'r Dwyrain, cynyddu mae nifer dilynwyr Islam, Hindŵaeth, Siciaeth, Bwdïaeth, ac ati.*

Desiderius Erasmus (c.1466–1536)

Un o'r Iseldiroedd, dyneiddiwr mawr y Dadeni, prif ysgolhaig ei gyfnod, beirniadodd yr Eglwys Babyddol am ei llygredd, eto parhaodd yn aelod ohoni gydol ei oes

DYHEAD DILYNWYR Y MAB

Iachawdwr drugarocaf, yr hwn o'th adnabod, gyda'r Tad a'r Ysbryd Glân, yw bywyd tragwyddol: cynydda ffydd dy weision, fel na chrwydrwn byth oddi wrth y gwirionedd; ein hufudd-dod, na fydded i ni fyth wyro oddi wrth dy orchmynion. Cynydda dy ras ynom, fel gan drigo ynot, nid ofnwn ddim ond tydi, am nad oes dim anferthach; carwn ddim ond tydi, am nad oes dim yn fwy cariadus; gogoneddwn ddim ond tydi, sy'n ogoniant yr holl saint; ac yna dymunwn ddim ond tydi, sy gyda'r Tad a'r Ysbryd Glân, yn gyflawn a pherffaith ddedwyddwch am byth. *Amen.*

Y FFORDD, Y GWIRIONEDD A'R BYWYD

O Arglwydd Iesu Grist,
dywedaist taw ti yw'r ffordd,
y gwirionedd, a'r bywyd.
Na ad i ni grwydro oddi wrthyt ti, y ffordd,
na'th amau di, y gwirionedd,
na gorffwys mewn unrhyw beth ond ynot ti,
y bywyd;
tu hwnt i hyn nid oes dim i'w ddymuno,
nac yn y nef nac ar y ddaear;
er mwyn dy enw. *Amen.*

BOD YN BOPETH I TI

Gwahana fi oddi wrthyf fy hun
fel y gallaf fod yn ddiolchgar i ti;
boed i mi ymwrthod â mi fy hun
fel y gallaf fod yn ddiogel ynot ti;
boed i mi farw i mi fy hun
fel y gallaf fyw ynot ti;
boed i mi wywo i mi fy hun
fel y gallaf flodeuo ynot ti;
boed i mi gael fy ngwacáu ohonof fi fy hun
fel y gallaf fod yn helaeth ynot ti;
boed i mi fod yn ddim i mi fy hun
fel y gallaf fod yn bopeth i ti. *Amen.*

CRIST, EIN CYNHALIWR

Arglwydd Iesu Grist,
ti yw'r haul sy'n codi o hyd, ond byth yn machlud.
Ti yw ffynhonnell holl fywyd,
yn creu a chynnal pob peth byw.
Ti yw ffynhonnell holl fwyd, yn faterol ac ysbrydol,
yn ein porthi mewn corff ac enaid.
Ti yw'r goleuni sy'n gwasgaru'r cymylau o gamsyniadau

ac amheuaeth,
ac sy'n fy rhagflaenu bob awr o'r dydd,
yn arwain fy meddyliau a'm gweithredoedd.
Caniatâ imi gerdded yn dy oleuni,
cael fy mhorthi gan dy fwyd,
cael fy nghynnal gan dy drugaredd,
a chael fy nghynhesu gan dy gariad. *Amen.*

GWEDDI A GYFANSODDWYD AR GYFER YSGOL SANT
PAUL, LLUNDAIN

G wrando ein gweddïau, O Arglwydd Iesu Grist,
tragwyddol ddoethineb y Tad. Yr wyt yn rhoddi i ni,
yn nyddiau ein hieuenctid, y gallu i ddysgu.
Ychwanega, gweddïwn arnat, dy ras ymhellach,
i ni fedru dysgu gwybodaeth o'r gwyddorau,
fel y gallwn, gyda'u cymorth, ddysgu mwy amdanat ti,
yr hwn y mae dy adnabod yn benllanw gwynfyd,
a thrwy esiampl dy fachgendod,
y cynyddwn mewn oedran,
doethineb a ffafr gyda Duw a dyn. *Amen.*

DROS RIENI

O Arglwydd Dduw, sy'n ewyllysio ein bod ni, ar ôl rhoi'r
parch pennaf i ti, yn rhoi'r parch dyladwy i'n rhieni
hwythau; nid y lleiaf o'n dyletswyddau yw erfyn am
dy ddaioni arnynt. Cadw, erfyniaf, fy rhieni a'm cartref,
mewn cariad at dy ffydd ac mewn iechyd corff a meddwl.
Na foed i unrhyw ofid ddod i'w rhan trwof fi; ac yn
olaf, fel y maent hwy'n garedig i mi, bydd dithau
yn garedig iddynt hwy, O Dad pawb oll. *Amen.*

Thomas More (1478–1535)

Gwleidydd, awdur Utopia*, merthyr*

RHO IMI DY GYMORTH, ARGLWYDD DA

Gogoneddus Dduw, rho imi ras i ddiwygio fy mywyd, ac i wynebu fy niwedd heb rwgnach ynghylch marwolaeth, sy'n borth bywyd cyfoethog i'r rhai sy'n marw ynot ti, Arglwydd da.

A rho imi, Arglwydd da, feddwl gostyngedig, isel, tawel, amyneddgar, cariadus, caredig, tyner a thrugarog, fel y caf gyda'm holl weithiau a'm holl eiriau a'm holl feddyliau, flas o'th Ysbryd Sanctaidd, bendigedig.

Rho imi, Arglwydd da, ffydd gyflawn, gobaith cadarn, cariad tanbaid, a chariad tuag atat ti sy'n anghymharol uwch na'r cariad sy gennyf ataf fy hun.

Rho imi, Arglwydd da, ysfa i fod gyda thi, nid i osgoi trafferthion y byd hwn, nac i ennill llawenydd y nef, ond yn unig am fy mod yn dy garu di.

A rho imi, Arglwydd da, dy gariad a'th ffafr, na fyddai fy nghariad atat ti, pa mor fawr bynnag y byddai hwnnw, yn ei haeddu oni bai am dy ddaioni mawr di.

Y pethau hyn, Arglwydd da, y gweddïaf amdanynt, rho imi dy ras i lafurio amdanynt. *Amen.*

Martin Luther (1483–1546)

Ysgolhaig Beiblaidd, un o Urdd Sant Awstin, ieithegwr, emynydd ac awdur toreithiog, Arweinydd y Diwygiad Protestannaidd a gychwynnwyd wrth iddo hoelio 'Y Naw Deg Pump Pwnc', ar ddrws Eglwys Gadeiriol Wittenberg, nos Glangaea 1517

Y LLESTR GWAG

Wele, Arglwydd, lestr gwag y dylid ei lenwi.
O f'Arglwydd, llanw ef.
Rwy'n wan fy ffydd; cryfha fi.
Rwy'n oer mewn cariad; cynhesa fi
a gwna fi'n frwd
er mwyn i'm cariad ymestyn at fy nghymydog.
Nid oes gennyf ffydd gref, ddiysgog;
ar brydiau rwy'n amau
ac yn methu ymddiried yn llwyr ynot ti.
Cynorthwya fi, O Arglwydd.
Cryfha fy ffydd a'm hymddiriedaeth ynot ti.
Ynot y seiliais y cyfan o'm trysorau.
Rwyf fi'n dlawd; rwyt ti'n gyfoethog
a daethost i drugarhau wrth y tlawd;
Pechadur wyf i a thithau'n uniawn.
Mae gennyf liaws o bechodau,
ynot ti mae llawnder o gyfiawnder.
Felly, arhosaf gyda thi,
yr hwn y gallaf dderbyn oddi wrtho,
ond ni fedraf roi dim iddo. *Amen.*

CYNORTHWYA FI, O DDUW

O fy Nuw, aros gyda fi yn erbyn doethineb a rheswm yr holl fyd. Nid f'eiddo i, ond yr eiddot ti yw'r achos. Gwell gennyf fi ddyddiau tawel, ac i fod allan o'r cythrwfl hwn. Ond yr eiddot ti, O Arglwydd, yw'r achos hwn; mae e'n gyfiawn ac yn dragwyddol. Aros gyda fi, O Dduw, yn enw dy annwyl Fab, Iesu Grist, yr hwn a gaiff fod fy Amddiffynfa a'm Cysgod, fy nghadarnle enfawr, drwy rym a nerth dy Ysbryd Glân. O Dduw, cynorthwya fi. *Amen.*

TRIG GYDA NI

Trig gyda ni, Arglwydd, am ei bod hi nawr yn nosi a'r dydd ar ddod i ben; trig gyda ni a chyda holl bobl Dduw. Trig gyda ni yn hwyr y dydd, yn hwyr bywyd ac yn hwyr y byd. Trig gyda ni a chyda dy holl rai ffyddlon, O Dduw, mewn amser a thragwyddoldeb. *Amen.*

FFYDD YN NUW

Diolchwn i ti, O Dduw, Tad ein Harglwydd Iesu Grist, am i ti ddatguddio dy Fab i ni, yr un y bu i ni gredu ynddo, ei garu a'i addoli.

O Arglwydd Iesu Grist, cymeradwywn ein heneidiau i ti.

O Dad nefol, gwyddom er y cawn, yn dy amser da dy hun, ein cymryd oddi wrth y bywyd hwn, y cawn fyw'n dragwyddol gyda thi. 'Do, carodd Duw y byd gymaint nes iddo roi ei unig Fab, er mwyn i bob un sy'n credu ynddo ef beidio â mynd i ddistryw ond cael bywyd tragwyddol.' Dad, i'th ddwylo di y cymeradwywn ein hysbryd; trwy Iesu Grist ein Harglwydd. *Amen.*

DROS Y RHAI SY'N DIODDEF

O Dduw, yn rasol cysura a thrin bawb sy mewn carchar, yn newynog, yn sychedig, yn noeth ac yn ddiflas; ac yn ogystal gofala am bob gwraig weddw, plant amddifad, y cleifion, a'r rhai sy'n galaru. Yn fyr, rho i ni i gyd ein bara beunyddiol, er mwyn i Grist drigo ynom ni a ninnau ynddo ef am byth, a bod gydag ef fel y cawn gario'n deilwng yr enw 'Cristion'. *Amen.*

CADARNHA FI, O DDUW

O fy Nuw, ble rwyt ti? Tyrd, tyrd, rwy'n barod i roi fy mywyd i lawr am dy Wirionedd yn amyneddgar fel oen. Dyma achos cyfiawnder – dy eiddo di. Ni wnaf ymwahanu wrthyt ti byth, nid yn awr na thrwy Dragwyddoldeb. Ac er y llanwer y byd â chythreuliaid, ac er y lladder fy nghorff, gwaith dy ddwylo, ei ymestyn ar hyd y palmant, ei dorri'n yfflon, a'i losgi'n ulw, ti biau fy enaid. Ie! dy Air yw fy aswiriant o hynny, bod fy enaid i drigo gyda thi am byth. O Dduw, cynorthwya fi! *Amen.*

Ignatius o Loyola (1491–1556)

Sbaenwr, sylfaenydd Cymdeithas y Jeswitiaid

YMGYFLWYNO I DDUW

Arglwydd, atolygwn i ti lanw ni â'th oleuni ac â'th fywyd, fel y gallwn ddangos dy ogoniant rhyfeddol.
Caniatâ felly fod i'th gariad lanw ein bywydau
fel nad ystyriwn ddim yn rhy fach i'w wneud drosot,
dim yn rhy fawr i'w roi,
a dim yn rhy anodd i'w ddioddef.
Felly dysg ni, Arglwydd, i'th wasanaethu fel yr haeddi,
i roi heb gyfri'r gost,
i frwydro heb ystyried y clwyfau,
i weithio heb geisio gorffwys,
i lafurio heb ddisgwyl unrhyw wobr
ond gwybod ein bod yn gwneud dy ewyllys di. *Amen.*

John Calfin (1509–64)

Ganwyd yn Picardie, Ffrainc, diwinydd ac un o arweinyddion pwysig y Diwygiad Protestannaidd. Oherwydd ei safbwynt Protestannaidd cyhoeddus, bu'n rhaid iddo ffoi o Ffrainc (Babyddol) i'r Swistir. Yno cyhoeddodd Sylfeini'r Grefydd

Gristnogol *ym 1536. Ymhen amser ymsefydlodd yn Genefa a thrwy ei gyhoeddiadau a'i athrawiaeth arweiniodd lu o Brotestaniaid ei gyfnod.*

Sefydlwyd Eglwys yr Alban ar Galfiniaeth fel ag y mae eglwysi Presbyteraidd a Diwygiedig mewn llawer gwlad.

Rhoddodd Calfin a'i gefnogwyr dipyn o bwysigrwydd i'r testun 'rhagordeiniad'.

Hefyd mewn Calfiniaeth, mynnwyd na ddylai offeiriad nac eglwys ddod rhwng dyn a'i Dduw. Dyma un o'r hanfodion y tu ôl i'r Diwygiad

CYN DARLLEN YR YSGRYTHUR

O Arglwydd, Dad nefol,
yn yr hwn y mae cyflawnder, goleuni a doethineb,
goleua ein meddyliau trwy dy Ysbryd Glân,
a dyro i ni ras i dderbyn dy Air gyda pharch a
gostyngeiddrwydd,
heb yr hwn ni all unrhyw un ddeall dy wirionedd,
er mwyn Iesu Grist. *Amen.*

PRIF BWRPAS DYN

Bydded ein prif bwrpas, O Dduw, i'th ogoneddu Di, a'th fwynhau yn dragywydd. *Amen.*

SANCTEIDDIA'N LLAFUR, O DDUW

Fy Nuw, 'Nhad a'm Gwaredwr, gan dy fod yn gorchymyn i ni weithio i ddiwallu ein hanghenion, sancteiddia ein llafur fel y gall ddod â maeth i'n heneidiau yn ogystal â'n cyrff. Gwna ni'n ymwybodol yn wastad taw ofer yw ein hymdrechion oni bai am dy oleuni di i'n harwain a'th law i'n cryfhau. Gwna ni'n ffyddlon yn y gweithgareddau hynny y darperaist inni'r rhoddion angenrheidiol i'w cyflawni, gan dynnu oddi wrthym unrhyw eiddigedd o alwedigaethau pobl eraill. Rho inni galon bur i wasanaethu'r tlodion, gan osgoi unrhyw duedd i'n dyrchafu ni'n hunain yn uwch na'r rhai sy'n derbyn oddi wrthym. A phe byddet yn ein galw ni i mewn i dlodi gwaeth na'r hyn a fyddem yn ei ddisgwyl, gwared ni rhag unrhyw ysbryd o ddicter neu ddrwgdeimlad a gwna i ni dderbyn yn rasol a gostyngedig haelioni pobl eraill. Uwchlaw pob peth bydded i bob gras tymhorol fod yn gydradd â gras ysbrydol fel y gallwn mewn corff ac enaid fyw i'th ogoneddu di. *Amen.*

John Knox·(1513–72)

Protestant, pregethwr enwog, lluniodd lyfr gweddi'r Alban – The Book of Common Order

BENDITHION EIN DUW

B oed dy law gadarn, Arglwydd Dduw, a'th fraich estynedig yn amddiffynfa i ni: dy drugaredd a'th diriondeb yn Iesu Grist, dy Fab annwyl, yn iachawdwriaeth i ni: dy air didwyll yn hyfforddiant; a gras yr Ysbryd sy'n bywhau, yn gysur a diddanwch i ni, hyd y diwedd ac yn y diwedd. *Amen.*

BENDITH MEWN GWASANAETH PRIODAS

Y r Arglwydd a'ch sancteiddio ac a'ch bendithio chwi, tywallted yr Arglwydd gyfoeth ei ras arnoch, fel y galloch ryngu ei fodd ef a byw ynghyd mewn cariad sanctaidd hyd ddiwedd eich oes. *Boed felly.*

Gweddi *Primlyfr Caersallog* (1514)

Ymddangosodd yn Horae, *Pynson, yng Ngholeg Clare, Caergrawnt (1514) ac yna yn* Primlyfr Caersallog *(1558)*

DUW FO YN FY MHEN

Duw fo yn fy mhen
 ac yn fy neall;
Duw fo yn fy llygaid
 ac yn fy edrychiad;
Duw fo yn fy ngenau
 ac yn fy llefaru;
Duw fo yn fy nghalon
 ac yn fy meddwl;
Duw fo yn fy niwedd
 ac yn fy ymadawiad. *Amen.*

Teresa o Avila (1515–82)

Sbaenes, cyfrinydd, sefydlydd Urdd y Carmeliaid

LLYFRNOD TERESA

Ymddiriedwch yn Nuw.
 Na foed i ddim eich cynhyrfu chwi,
na foed i ddim eich cyffroi chwi;
Derfydd popeth:
Erys Duw.
Caiff amynedd
bopeth y mae'n ymgyrraedd ato.
Gwêl yr hwn y mae Duw ganddo
nad oes arno angen dim:
Duw yn unig sy'n digoni. *Amen.*

ARGLWYDD, RWYT TI'N BOPETH

A rglwydd, rwyt ti i'th fendithio a'th ganmol:
daw pob peth da oddi wrthyt:
rwyt yn ein geiriau ac yn ein meddyliau,
ac ym mhob peth a wnawn. *Amen.*

YMDDIRIEDA YN YR ARGLWYDD

P wy bynnag sy'n dy wir garu, Arglwydd da,
sy'n cerdded yn ddiogel i lawr y ffordd frenhinol,
ymhell oddi wrth y dibyn peryglus;
a phe byddai ond yn baglu, ti, O Arglwydd,
ymestyn dy law.
Nid un cwymp, na sawl un, a bair i ti ymadael
ag ef os yw'n dy garu
ac na châr efe bethau'r byd hwn,
am ei fod yn cerdded yn nyffryn gostyngeiddrwydd. *Amen.*

ARGLWYDD, MEDDIANNA FI

O fy Arglwydd, gan ei bod yn debyg dy fod yn benderfynol o'm
hachub, gofynnaf iti wneud felly'n gyflym. A chan dy fod
wedi penderfynu trigo ynof, gofynnaf iti lanhau dy dŷ, gan sychu
ymaith holl fudreddi pechod. *Amen.*

GWÊN – GWISG Y CRISTION

O Dduw, gwared ni rhag defosiynau dwl a seintiau sarrug.
Amen.

ILDIAF I'R ARGLWYDD

M ae o gysur, Arglwydd, i wybod nad ymddiriedaist y cwblhad
o'th ewyllys i un mor druenus â mi. Byddai'n rhaid imi fod

yn neilltuol pe bai cyflawni dy ewyllys yn fy nwylo i. Er i'm hewyllys barhau i fod yn hunanganolog, rhoddaf ef i ti, Arglwydd, o'm gwirfodd. *Amen.*

GEIRIAU OLAF TERESA O AVILA

F'Arglwydd, mae'n bryd symud ymlaen.
Felly, gwneler dy ewyllys.
O f'Arglwydd a'm Priod,
daeth yr awr y bûm yn ei hir ddisgwyl.
Mae'n bryd i ni gwrdd â'n gilydd. *Amen.*

Y Llyfr Gweddi Gyffredin *(Saesneg)*

Clasur o lyfr yw hwn, a Thomas Cranmer (1489–1556) a fu'n gyfrifol am ei gynhyrchu. Yn fersiwn 1549 cynhwyswyd nifer o weddïau o rai ffynonellau Rhufeinig hynafol: Llyfr Sacramentau Gelasaidd, Llyfr Sacramentau Leonaidd, Llyfr Sacramentau Gregoraidd . . . Llyfr Offeren Caersallog . . . Ychwanegodd yn ogystal sawl gweddi newydd o'i eiddo ei hun.

Cynorthwyodd Cranmer y brenin Harri VIII, a phenodwyd ef yn Archesgob Caergaint ym 1533. Ar ôl oes y brenin, newidiodd byd Cranmer ac ni bu mewn ffafr yn ystod teyrnasiad y frenhines Mari Tudur. Cyhuddwyd ef o heresi a llosgwyd ef wrth y stanc yn Rhydychen, ar ôl Hugh Latimer a Nicholas Ridley, dau o'i gyfeillion agosaf.

Gwnaed defnydd helaeth o ddyfyniadau o'r Testament Newydd *yn* Y Llyfr Gweddi Gyffredin*: Magnificat (t.1), Benedictus (t.2), Nunc Dimittis (t.3), Gloria in Excelsis (t.3), Gweddi'r Arglwydd (t.4), a chafwyd darlleniadau o'r Beibl ar gyfer holl Suliau'r flwyddyn a Gwyliau'r Eglwys, yn ogystal â'r cyfan o gynnwys* Llyfr y Salmau*. Ychwanegwyd y credoau: Credo'r Apostolion (o'r wythfed ganrif t.31); Credo Nicea 325 (t.17); Credo Athanasius (o'r seithfed ganrif t.49), y* Te Deum laudamus *(t.19) a rhannau eraill, i adeiladu litwrgi'r Eglwys Anglicanaidd.*

Cyhoeddwyd yr argraffiad Cymraeg cyntaf o'r Llyfr Gweddi Gyffredin *ym 1567. Dywed y diweddar W. Rhys Nicholas fod 'y llyfr yn cynnwys gweddïau sy'n batrymau inni o ran coethder iaith ac urddas defosiwn.'*

YR AIL GOLECT, BOREOL WEDDI, AM HEDDWCH

Hollalluog Dduw, awdur tangnefedd a charwr cytundeb, dy adnabod sydd yn fywyd tragwyddol, a'th wasanaeth yn wir fraint: amddiffyn ni dy weision ym mhob rhyw berygl ac adfyd, fel y gallwn, gan ymddiried yn llwyr yn dy nodded di, dy wasanaethu'n ddi-ofn; trwy Iesu Grist ein Harglwydd. *Amen.*

DYFODIAD GOSTYNGEDIG

Nid ydym yn rhyfygu dyfod at dy fwrdd di yma,
Arglwydd trugarog,
gan ymddiried yn ein cyfiawnder ein hunain,
eithr yn dy aml a dirfawr drugareddau di.
Nid ydym ni'n deilwng gymaint ag i gasglu'r briwsion
dan dy fwrdd di,
eithr yr un Arglwydd wyt ti,
a pherthyn i ti drugarhau'n wastad.
Caniatâ i ni, gan hynny, Arglwydd grasol,
felly fwyta cnawd dy annwyl Fab Iesu Grist,
ac yfed ei waed ef,
fel y trigwn byth ynddo ef, ac yntau ynom ninnau. *Amen.*

COLECT: Y SUL O FLAEN ADFENT

Deffro, Arglwydd, ewyllys dy bobl ffyddlon; fel y cânt gennyt, trwy ddwyn ffrwyth gweithredoedd da yn helaeth, eu gwobrwyo'n helaeth; trwy Iesu Grist ein Harglwydd. *Amen.*

COLECT AM Y SUL CYNTAF YN ADFENT

Hollalluog Dduw, dyro inni ras i ymwrthod â gweithredoedd y tywyllwch, ac i wisgo arfau'r goleuni, yn awr yn y bywyd marwol hwn, a brofwyd gan dy Fab Iesu Grist pan ymwelodd â ni mewn gostyngeiddrwydd mawr; fel y bo i ni yn y dydd diwethaf, pan ddaw drachefn yn ei ogoneddus fawredd i farnu'r byw a'r meirw, gyfodi i'r bywyd anfarwol; trwyddo ef sy'n byw ac yn teyrnasu gyda thi a'r Ysbryd Glân, yr awr hon ac yn dragywydd. *Amen.*

COLECT AM YR AIL SUL YN ADFENT – SUL Y BEIBL

Y gwynfydedig Arglwydd, a beraist fod yr holl Ysgrythur Lân yn ysgrifenedig i'n haddysgu ni: dyro i ni yn y fath fodd ei gwrando, ei darllen, ei chwilio, ac ymborthi arni, fel, trwy ddyfalbarhad, a chymorth dy Air sanctaidd, y cofleidiwn ac y daliwn ein gafael yn wastadol yng ngobaith bendigedig y bywyd tragwyddol, a roddaist inni yn ein Hiachawdwr Iesu Grist. *Amen.*

COLECT AR GYFER Y DYDD CYNTAF YN Y GARAWYS A ELWIR YN GYFFREDIN DYDD MERCHER Y LLUDW

Hollalluog a thragwyddol Dduw,
nad wyt yn casáu un dim a wnaethost,
ac wyt yn maddau pechodau pawb sy'n edifeiriol;
crea a gwna ynom galonnau newydd a drylliedig,
fel y bo i ni, gan ofidio'n ddyledus am ein pechodau,
a chyfaddef ein trueni, gael gennyt ti,
Dduw'r holl drugaredd, faddeuant a gollyngdod llawn;
trwy Iesu Grist ein Harglwydd. *Amen.*

GWEDDI AM BURDEB

Hollalluog Dduw,
i ti y mae pob calon yn agored,

pob dymuniad yn hysbys,
ac nid oes dim dirgel yn guddiedig:
Glanha feddyliau ein calonnau
trwy ysbrydoliaeth dy Lân Ysbryd,
er mwyn i ni dy garu'n berffaith,
a mawrhau'n deilwng dy Enw sanctaidd;
trwy Grist ein Harglwydd. *Amen.*

YR AIL GOLECT, HWYROL WEDDI

O Dduw,
ffynhonnell pob dymuniad sanctaidd, pob cyngor da,
a phob gweithred gyfiawn:
dyro i'th weision y tangnefedd na all y byd ei roddi;
fel y bo i ni, gan ufuddhau i'th orchmynion,
a'n gwared gennyt rhag ofn ein gelynion,
dreulio ein hamser mewn heddwch a thangnefedd;
trwy Iesu Grist ein Harglwydd. *Amen.*

Y TRYDYDD COLECT, HWYROL WEDDI

Goleua ein tywyllwch, atolygwn i ti, O Arglwydd; ac o'th fawr drugaredd amddiffyn ni rhag pob perygl ac enbydrwydd y nos hon; trwy gariad dy unig Fab, ein Gwaredwr Iesu Grist. *Amen.*

COLECT AM Y PUMED SUL WEDI'R DRINDOD

Caniatâ, O Arglwydd, erfyniwn arnat, fod i gwrs y byd hwn trwy dy lywodraeth di gael ei drefnu mor heddychlon, fel y gall dy Eglwys dy wasanaethu'n llawen ym mhob llonyddwch duwiol; trwy Iesu Grist ein Harglwydd. *Amen.*

COLECT AM Y CHWECHED SUL WEDI'R DRINDOD

O Dduw a ddarperaist i'r rhai sy'n dy garu bethau daionus uwchlaw deall dyn: tywallt yn ein calonnau'r fath gariad atat, fel y bo i ni, gan dy garu uwchlaw pob dim, allu mwynhau dy addewidion sy'n fwy rhagorol na dim y gallwn ni ei ddeisyf; trwy Iesu Grist ein Harglwydd. *Amen.*

COLECT AM Y SEITHFED SUL WEDI'R DRINDOD

A rglwydd pob nerth a chadernid, sy'n awdur a rhoddwr pob daioni; planna yn ein calonnau gariad at dy Enw, ychwanega ynom wir grefydd, maetha ni â phob daioni, ac o'th fawr drugaredd cadw ni yn y pethau hyn; trwy Iesu Grist ein Harglwydd. *Amen.*

COLECT AM Y PEDWERYDD SUL AR BYMTHEG WEDI'R DRINDOD

O Dduw,
gan na allwn hebot ti ryngu bodd i ti;
o'th drugaredd caniatâ fod i'th Lân Ysbryd
ym mhob peth gyfarwyddo a llywio ein calonnau;
trwy Iesu Grist ein Harglwydd. *Amen.*

Y GYFFES

H ollalluog a thrugarog Dad,
Yr ydym wedi crwydro fel defaid o'th lwybrau,
A dilyn ein hamcanion a'n chwantau ein hunain;
Gwnaethom yn erbyn dy gyfreithiau sanctaidd,
Gadawsom heb eu gwneud y pethau y dylasem eu gwneud,
A gwnaethom y pethau na ddylasem eu gwneud,
Ac nid oes iechyd ynom:
Ond tydi, O Arglwydd, cymer drugaredd arnom, bechaduriaid truain;

67

Arbed di'r sawl sy'n edifeiriol,
Yn ôl dy addewidion yng Nghrist Iesu ein Harglwydd:
A chaniatâ, drugarocaf Dad, er ei fwyn ef,
Inni fyw rhag llaw mewn duwiol, union a sobr fuchedd,
Er gogoniant dy Enw sanctaidd. *Amen.*

GWEDDI DERFYNOL

Cofia, O Arglwydd, y gwaith a wnaethost ynom ac nid ein haeddiant ni, a chan i ti ein galw i'th wasanaethu, gwna ni'n deilwng o'n galwedigaeth; trwy Iesu Grist ein Harglwydd. *Amen.*

TYRD O'N BLAEN, ARGLWYDD, COLECT WEDI'R CYMUN

Arglwydd, rhagflaena ni, yn ein holl weithredoedd â'th ras, a rhwyddha ni â'th gymorth, fel y moliannwn dy Enw sanctaidd ym mhob peth a wnawn, ac yn y diwedd y cawn gan dy drugaredd fywyd tragwyddol; trwy Iesu Grist ein Harglwydd. *Amen.*

GWEDDI DROS BOB CYFLWR A GRADD O DDYNION

O Dduw, Creawdwr a Cheidwad pob rhyw ddyn, yn ostyngedig atolygwn i ti dros bob cyflwr a gradd o ddynion, ar fod yn dda gennyt hysbysu dy iachawdwriaeth i'r holl genhedloedd.

Gweddïwn am lwyddiant yr Eglwys Gatholig, fel y caiff pawb sy'n proffesu ac yn galw eu hunain yn Gristnogion, eu tywys trwy arweiniad dy Ysbryd grasusol ar hyd ffordd y gwirionedd, a chynnal y ffydd mewn undeb ysbryd, rhwymyn tangnefedd, ac uniondeb buchedd.

Cyflwynwn i'th dadol amgeledd y rhai oll a gystuddir mewn un modd, neu sy'n gyfyng arnynt mewn meddwl, corff neu ystad; (*yn enwedig y sawl y dymunir ein gweddïau drostynt*). Bydded yn dda gennyt eu diddanu a'u cynorthwyo yn ôl eu hangen, gan roddi iddynt amynedd dan eu dioddefiadau, ac ymwared dedwydd o'u holl gystuddiau, trwy Iesu Grist ein Harglwydd. *Amen.*

DIOLCH CYFFREDINOL

Hollalluog Dduw,
Tad yr holl drugareddau,
yr ydym ni dy weision annheilwng yn rhoddi i ti'r diolch
gostyngeiddiaf a ffyddlonaf
am dy holl ddaioni a'th dosturi
i ni ac i bob dyn;
ni a'th fendithiwn am ein creadigaeth, am ein cadwraeth,
ac am holl fendithion y bywyd hwn;
eithr uwchlaw pob dim, am dy anfeidrol gariad ym
mhrynedigaeth y byd trwy ein Harglwydd Iesu Grist;
am foddion gras,
ac am obaith gogoniant.
Ac ni a atolygwn i ti roddi i ni y cyfryw ddwys ac iawn
ymsyniad ar dy holl drugareddau,
fel y bo'n calonnau'n ddiffuant yn ddiolchgar;
ac fel y mynegom dy foliant,
nid â'n gwefusau yn unig, eithr yn ein bucheddau;
trwy ymroddi i'th wasanaeth,
a thrwy rodio ger dy fron mewn sancteiddrwydd ac
uniondeb dros ein holl ddyddiau;
trwy Iesu Grist ein Harglwydd,
i'r hwn gyda thydi a'r Ysbryd Glân, bydded yr holl anrhydedd a'r
gogoniant,
byth bythoedd. *Amen.*

Cwmplin – a'r Brefiari

*Llyfr gwasanaeth dyddiol mynachod a lleianod yw'r Brefiari.
Casglwyd y gweddïau a ddefnyddid o ffynonellau o bob cyfnod.
Cwmplin yw trefn y gwasanaeth ar derfyn dydd.*

CADW BLANT Y GOLEUNI'N DDIOGEL HENO

Edrych i lawr, O Arglwydd, o'th orseddfainc nefol, a goleua
dywyllwch y nos hon â'th dduwiol ddisgleirdeb, symud

weithredoedd y tywyllwch oddi wrth blant y goleuni; trwy Iesu Grist ein Harglwydd. *Amen.*

GWARCHOD NI A'N CARTREFI DRWY'R NOS

O Dduw trugarog,
bydd yma a gwarchod ni drwy'r oriau tawel
y nos hon,
fel ein bod ni a flinwyd
gan newidiadau a damweiniau'r byd gwibiol hwn
â'r modd i orffwys ar dy fythol anghyfnewidioldeb;
trwy Iesu Grist ein Harglwydd. *Amen.*

BENDITHIA'N CARTREFI

O Arglwydd, galw heibio i'n cartrefi, atolygwn i ti, a gyrra ymhell oddi wrthynt faglau'r gelyn; caniatâ i'th angylion sanctaidd drigo ynddynt i'n cadw ni mewn tangnefedd, a bydded dy fendith arnom yn dragywydd. *Amen.*

GOFALA AMDANOM, O ARGLWYDD

O Arglwydd, cadw ni tra'n effro,
a gwarchod ni tra'n cysgu,
fel yn effro y cawn wylio gyda Christ
a thra'n cysgu y cawn orffwys mewn tangnefedd. *Amen.*

CYMER NI A'N LLYWODRAETHU

Hollalluog a thrugarog Dduw, caniatâ i dân dy gariad losgi ynom y cyfan sy'n dy ddigio di, a bod ein hewyllysion wastad yn ufudd i'th ewyllys di a'n calonnau yn wironeddol barod i'th wasanaethu, fel y byddom yn y diwedd yn addas i gyrraedd dy Deyrnas nefol, drwy Iesu Grist ein Harglwydd. *Amen.*

GWEDDI AR GYFER Y PENTECOST NEU'R SULGWYN

*T*yrd, Ysbryd Glân, i'n c'lonnau ni
  A dod d'oleuni nefol.

Tyrd megis Anadl Duw,
A'n bywiocáu.

Tyrd megis Tafodau Tân,
A'n puro'n llwyr.

Tyrd megis Dyfroedd Byw,
A'n diwallu.

Tyrd megis Gwynt Nerthol,
A'n cynhyrfu.

Tyrd megis Colomen Wen
Â'i hedd i ni.

Tyrd megis y Diddanydd Mwyn,
A'n cysuro.

Tyrd, Arglwydd, yn dy holl gyflawnder,
A llanw ni â'th ras. *Amen.*

Daw'r cwpled cyntaf o emyn Lladin yn perthyn i'r 9ed ganrif: *Veni, Creator Spiritus.*
Gweler t.113.

Gweddi Frankfurt (yr unfed ganrif ar bymtheg)

RHINWEDDAU DISTAWRWYDD

O Arglwydd, dywed yr Ysgrythur Lân,
'Mae amser i ddistewi ac amser i siarad'. Dysg imi
ddistawrwydd gostyngeiddrwydd,
distawrwydd doethineb,

71

distawrwydd cariad,
distawrwydd perffeithrwydd,
distawrwydd sy'n siarad heb eiriau,
distawrwydd ffydd.
Arglwydd, dysg imi dawelu fy nghalon fel y gallaf wrando ar symudiad addfwyn yr Ysbryd Glân ynof fi, a synhwyro y dyfnderoedd sy'n perthyn i Dduw. *Amen.*

ARGLWYDD COFIA'R DIYMGELEDD (Hen Weddi Almaeneg)

O Iesu, yn dy unigrwydd ar Fynydd yr Olewydd, ac yn dy ddioddefaint, gweddïaist ar y Tad Nefol am gysur. Fe wyddost fod eneidiau yma ar y ddaear heb gymorth a heb gysurwyr. Anfon angel atynt i'w llawenhau. *Amen.*

Cernyweg yr Oesoedd Canol

GWEDDI HWYROL

O afael gwrachïod, swynwyr a chorachod,
Rhag ellyllod, bwganod a heglog fwystfilod,
Rhag yr holl bethau sy'n gwneud twrw gefn nos –
Arglwydd da, gwared ni! *Amen.*

Francis Drake (1540–96)

Y morwr o Swydd Dyfnaint a'r Sais cyntaf i weld y Môr Tawel ac i gylchfordwyo'r byd crwn yn ei long The Golden Hind. *Defnyddiwyd y weddi hon pan hwyliodd i mewn i Cadiz (1587)*

DYFALBARHAD

O Dduw, pan roddir i'th weision unrhyw orchwyl mewn unrhyw beth, pâr inni wybod hefyd nad y dechreuad sy'n

bwysig ond y dyfalbarhad tan i'r gorchwyl gael ei gwblhau. Hyn
sy'n dod â gwir ogoniant i'th enw. *Amen.*

Lancelot Andrewes (1555–1626)

*Ysgolhaig Anglicanaidd, gwrthododd ddwy esgobaeth a gynigiwyd
iddo gan y frenhines Elisabeth I. Yng nghyfnod y brenin Iago I
penodwyd ef yn esgob deirgwaith yn olynol: yn Chichester, Ely a
Chaer-wynt. Bu'n gyfrifol am gyfieithu'r Pum Llyfr a Llyfrau
Hanes yr Hen Destament yn y Cyfieithiad Awdurdodedig (Fersiwn
y Brenin Iago – 1611).*

O DDUW, GOFALA DROSOM

A rglwydd Iesu,
rhoddaf iti fy nwylo i wneud dy waith di.
Rhoddaf iti fy nhraed i fynd dy ffordd di.
Rhoddaf iti fy llygaid i weld fel y gweli di.
Rhoddaf iti fy nhafod i lefaru dy eiriau di.
Rhoddaf iti fy meddwl fel y gelli di feddwl ynof i.
Uwchlaw popeth, rhoddaf iti fy nghalon fel y gelli garu ynof
dy Dad a'r holl ddynoliaeth.
Rhoddaf iti fy hunan yn gyfan gwbl fel y gelli dyfu ynof, gan mai
ti Arglwydd Iesu, yr hwn fydd fyw, yn gweithio ac yn gweddïo
ynof i.
Arglwydd, cymeradwyaf i'th ofal:
fy enaid a'm corff,
fy meddwl a'm syniadau,
fy ngweddïau a'm gobeithion,
fy iechyd a'm llafur,
fy mywyd a'm hangau,
fy rhieni a'm teulu,
fy nghyfeillion a'm cymdogion,
fy ngwlad a phob un.
Y dydd hwn ac yn wastad. *Amen.*

ARGLWYDD, GOFALA AMDANAF

A rglwydd, bydd
ynof i'm grymuso,
y tu allan i'm diogelu,
drosof i'm cysgodi,
oddi tanaf i'm cynnal,
o'm blaen i'm hailgyfeirio,
o'm hôl i'm dychwel,
o'm hamgylch i'm cadarnhau. *Amen.*

GWEDDI HWYROL

O Arglwydd ein bywyd, cymer ni, deisyfwn arnat, i'th ofal heno ac am byth. Di olau'r goleuadau, cadw ni rhag tywyllwch mewnol; caniatâ felly inni gysgu mewn tangnefedd fel y gallwn godi i weithio yn ôl dy ewyllys; trwy Iesu Grist ein Harglwydd. *Amen.*

DIOLCH AM Y CYFAN OLL

D iolch i ti, O Arglwydd, fy Arglwydd,
am fy modolaeth,
fy mywyd,
fy rhodd;
am fy magwraeth,
fy nghadwraeth,
fy arweiniad;
am fy addysg
fy hawliau sifil,
fy mreintiau crefyddol;
am dy roddion o ras,
o natur,
o'r byd hwn;
am fy mhrynedigaeth,
fy adfywiad,
fy hyfforddiant yn y ffydd Gristnogol;

am fy ngalw,
fy adalw,
fy amrywiol niferus adalwadau;
am dy amynedd a'th ddioddefgarwch,
dy amynedd hirfaith, lawer tro,
a llawer blwyddyn;
am yr holl ddaioni a dderbyniais,
a'r holl weithgareddau yr ymgymerais â nhw;
am unrhyw dro da, hwyrach, a wneuthum;
am y defnydd o fendithion y bywyd hwn;
am dy addewid,
a'm gobaith o fwynhau pethau da i ddod;
. . . am hyn i gyd a hefyd am yr holl drugareddau eraill,
adnabyddus ac anadnabyddus,
agored a chyfrinachol,
cofiedig gennyf, neu yn awr yn anghofiedig,
troeon caredig a dderbyniais yn llawen, neu
hyd yn oed yn erbyn fy ewyllys,
canmolaf di, bendithiaf di, diolchaf i ti,
holl ddyddiau fy mywyd. *Amen.*

AM OLEUNI

Tydi sydd yn danfon dy oleuni, gan greu'r boreddydd a pheri i'r haul godi ar y da a'r drwg, goleua ddallineb ein meddyliau â gwybodaeth o'th wirionedd; llewyrcha oleuni dy wynepryd arnom fel y gwelom yn dy oleuni di, oleuni; ac yn y diwedd, yng ngoleuni gras, oleuni gogoniant. *Amen.*

John Donne (1573–1631)

Bardd Anglicanaidd ac offeiriad

GWAITH, GORFFWYS – A GOGONIANT

Cadw ni, Arglwydd, mor effro yn nyletswyddau ein galwedigaethau fel y gallwn gysgu yn dy dangnefedd a deffro yn dy ogoniant. *Amen.*

'YN NHŶ FY NHAD . . .'

Tyrd â ni, O Arglwydd Dduw, yn ein deffroad olaf i mewn drwy'r glwyd honno ac i drigo yn y tŷ hwnnw, lle na fydd tywyllwch na disgleirdeb, ond un golau cyfartal; dim swn na distawrwydd, ond un gerddoriaeth gyfartal; dim ofnau na gobeithion, ond un meddiant cyfartal; dim diweddiadau na dechreuadau, ond un tragwyddoldeb cyfartal; yn nhrigfannau dy ogoniant a'th deyrnas, byd heb ddiwedd. *Amen.*

William Laud (1573–1645)

Archesgob Caergaint, cefnogodd Siarl I a pholisïau uchel-eglwysig yn erbyn y Piwritaniaid, carcharwyd ef yn Nhŵr Llundain, cafwyd yn euog o fradwriaeth ac fe'i dienyddiwyd ar Y Gwynfryn

IESU GRIST, Y GWIR OLEUNI

Ti, felly, O Arglwydd Iesu Grist,
   yw'r golau mwyaf o bob golau, yr unig wir oleuni,
y goleuni sy'n ffynhonnell golau'r dydd a'r haul;
Ti oleuni na ddaw arno na nos na hwyrddydd,
ond sy'n para byth yn ddisglair fel ar ganol dydd;
Ti oleuni, heb yr hwn y mae pob peth yn dywyllwch dwfn,
a thrwy yr hwn y gwnaeth bob peth yn oleuedig;
Ti, feddwl a doethineb y Tad nefol, goleua fy neall,
fel y byddwyf wedi fy nallu i bob peth arall
ac yn gweld dim ond yr hyn sy'n perthyn i ti,
ac fel y byddwyf yn rhodio yn dy ffyrdd,
heb ddychmygu na hoffi unrhyw oleuni arall;
O Arglwydd,
goleua di fy llygaid fel na chysgwyf mewn tywyllwch. *Amen.*

YR EGLWYS FYD-EANG

Rasusol Dad,
   yn ostyngedig erfyniwn arnat dros dy Eglwys Lân Gatholig.

Llanw hi â phob gwirionedd;
yn ei holl wirionedd llanw hi â phob tangnefedd.
Lle mae'n llygredig, glanha hi;
lle mae ar fai, cyfarwydda hi;
lle mae'n ofergoelus, cywira hi;
lle mae unrhyw beth o'i le, diwygia hi;
lle mae'n iawn, cryfha hi a sicrha hi;
lle mae hi mewn eisiau, cyflawna hi;
lle y gwahanwyd hi a'i rhannu, cyfanna ei rhwygiadau,
O Sanct Israel. *Amen.*

Rhys Prichard – *Yr Hen Ficer* (1579–1644)

*Clerigwr a bardd. Bu'n ficer yn Llanymddyfri a gofidiai am gyflwr
moesol ei blwyfolion uniaith. Cyfansoddodd lu o benillion syml i'w
dysgu ynglŷn â hanfodion y ffydd Gristnogol.*

Cyhoeddwyd casgliad cynhwysfawr o'i waith: Canwyll y Cymru,
gol. Stephen Hughes (1681)

DEISYFIAD

Duw trugarog, Tad tosturi,
Er mwyn Crist rho bardwn imi
Am fy meiau oll a'm pechod
Sydd mewn rhif yn fwy na'r tywod.

O, rho ras a chymorth imi
O hyn allan dy addoli,
A'th was'naethu mewn sancteiddrwydd,
Pur uniondeb, ac onestrwydd.

Dysg fi i gadw dy orchmynion
A'u gwir garu â'm holl galon,
A'u cymeryd yn lle rheol,
I fyw wrthynt yn wastadol.

Arglwydd, ffrwyna fi rhag pechu
Byth yn d'erbyn mwy ond hynny,
A rho bŵer imi'n wastod
Gael y trecha'n erbyn pechod. *Amen.*

*Ym 1630 cyhoeddwyd Y Bibl Bach, sef fersiwn hwylus ei faint i'w
ddarllen yn y cartref. Bu'r Hen Ficer wrthi'n ddiwyd â'i benillion
trawiadol yn datgan rhinweddau cynnwys y gyfrol ac yn annog ei
blwyfolion i fanteisio ar y cyfle i berchenogi copi personol*

PRYN A DILYN AIR DUW

Mae'r Bibl Bach yn awr yn gyson
Yn iaith dy fam, i'w gael er coron;
Gwerth dy grys cyn bod heb hwnnw,
Mae'n well na thref dy dad i'th gadw.

Gwerth dy dir a gwerth dy ddodre'n,
Gwerth dy grys oddi am dy gefen,
Gwerth y cwbl oll sydd gennyd
Cyn bych byw heb Air y bywyd.

Cymer lantern Duw'th oleuo,
A'r Efengyl i'th gyf'rwyddo;
Troed'ar llwybyr cul orchmynnwys,
Di ei'n union i Baradwys.

Y Gair yw'r gannwyll a'th oleua,
Y Gair yw'r gennad a'th gyf'rwydda;
Y Gair a'th arwain i Baradwys,
Y Gair a'th ddwg i'r nef yn gymwys.

Heb y Gair ni ellir 'nabod
Duw, na'i natur na'i lân hanfod,
Na'i Fab Crist na'r Sanctaidd Ysbryd,
Na rhinweddau'r Drindod hyfryd.

Gwell nag aur a gwell nag arian
Gwell na'r badell fawr na'r crochan;
Gwell dodrefnyn yn dy lety
Yw'r Bibl Bach na dim a feddi.

Jacob Astley (1579–1652)

Milwr proffesiynol a di-nod, oni bai bod ei weddi haerllug cyn brwydr Edgehill (1642) wedi goroesi

GOFYNNAF ITI, ARGLWYDD

Arglwydd, cynorthwya fi heddiw i sylweddoli y byddi di yn siarad â mi drwy ddigwyddiadau'r dydd,
drwy bobl, drwy bethau, a thrwy'r greadigaeth gyfan.
Rho imi glustiau, llygaid a chalon i'th ganfod di,
waeth pa mor guddiedig fydd dy bresenoldeb.
Rho imi graffter i weld drwy'r rhannau allanol o bethau hyd at y gwirionedd mewnol.
O Arglwydd, ti wyddost pa mor brysur mae'n rhaid i mi fod y dydd hwn:
os bydd i mi dy anghofio di, paid di â'm hanghofio i. *Amen.*

Beibl 1588 'Beibl William Morgan'

Y Beibl cyssegr-lan, sef yr Hen Destament a'r Newydd . . . *a gyhoeddwyd ym mis Medi 1588 oedd gwaith gorchestol 'dysgedig, duwiol ac angenrheidiol' William Morgan (1545–1604). Bu yng Ngholeg Sant Ioan, Caergrawnt, lle enillodd y graddau B.A., M.A., B.D. ac yna D.D. ym 1583. Ordeiniwyd ym 1568 a'i benodi i ficeriaeth Llanbadarn Fawr ym 1572, ac i ficeriaeth y Trallwng ym 1575. Yna ym 1578 fe'i sefydlwyd yn ficer Llanrhaeadr-ym-Mochnant ynghyd â Llanarmon Mynydd Mawr. Gwnaeth William Morgan lawer o'r cyfieithu tra bu'n ficer yn Llanrhaeadr-ym-Mochnant.*

Cafodd ei ddyrchafu'n Esgob Llandaf ym 1595, ac ym 1601 cafodd ei benodi'n Esgob Llanelwy.

Gwaith William Morgan oedd y cyfieithiad hwn ond roedd rhannau ohono wedi eu cyfieithu'n barod ac y mae ef yn cydnabod ei ddyled i William Salesbury (c.1520–1584?) ac i'r Esgob

Richard Davies (1501?–1581) am ffrwyth eu llafur hwy wrth iddynt gyfieithu'r Testament Newydd *(1567) a'r* Llyfr Gweddi Gyffredin *(1567).*

Beth oedd effaith cyhoeddi'r cyfieithiad hwn? Ni bu fawr o gynnydd ym mywyd crefyddol y wlad. Dywed yr hanesydd, yr Athro Glanmor Williams yn ei ysgrif, 'Cymru a'r Diwygiad Protestannaidd', Grym Tafodau Tân *(1984):*

> Hanner cyntaf y bymthegfed ganrif yw'r awr dywyllaf yn
> hanes yr Eglwys fedifal yng Nghymru . . .
> Derbyniai y Cymru yn ddieithriad y grefydd y'u magwyd
> hwy ynddi heb amheuaeth; ond yn y derbyniad hwnnw nid oedd
> fawr o ddeall a llai fyth o ddyfnder . . .
> Nid gormod yw dweud mai cyfieithiad y Beibl yw'r trobwynt
> pwysicaf yn hanes crefydd Cymru oddi ar pan drowyd y wlad i
> Gristnogaeth yn y lle cyntaf. Y Beibl Cymraeg yn anad dim
> arall a droes Gymru'n wlad Brotestannaidd . . .
> Cofier, fodd bynnag, na allai hyn ddigwydd ar fyr dro . . .

Erbyn y flwyddyn 1620 gwelwyd cyhoeddi Y Bibl Cyssegr-lan *sef yr Hen Destament a'r Newydd. Hwn oedd testun Beibl William Morgan wedi'i ddiwygio gan Richard Parry (1560–1623), Esgob Llanelwy a'r Dr John Davies (c.1567–1644), ysgolhaig Cymraeg mwyaf cyfnod y Dadeni. Mae testun Beibl 1620 wedi parhau'n fersiwn safonol y Beibl Cymraeg hyd yn hyn, oni bai am gyfnewidiadau mân yn yr orgraff.*

George Wither (1588–1667)

Bardd, Piwritan diflino

MAWLGAN

Mawr, O Arglwydd, yw dy deyrnas, dy rym a'th ogoniant;
mawr yw dy weithredoedd, dy ryfeddodau a'th ganmoliaethau;
mawr hefyd yw dy ddoethineb, dy ddaioni,

dy gyfiawnder, dy drugaredd;
ac am hyn i gyd bendithiwn di, a mawrygwn dy enw sanctaidd
byth bythoedd. *Amen.*

DUW EIN DAIONI

Ti, O Arglwydd, yw ein brenin a'n Duw; ti'n unig sydd â'r
doethineb i wybod yr hyn sydd orau i ni, y cariad i'w
gyflwyno, y nerth i'w wireddu a'r tragwyddoldeb i'w barhau.
Rho inni ond gras i gredu, i geisio, i dderbyn ac i ddefnyddio'r
rhoddion hyn o'th haelioni yn dy wasanaeth rhad hyd ddiwedd ein
hoes; trwy Iesu Grist ein Harglwydd. *Amen.*

Robert Herrick (1591–1674)

Bardd, Offeiriad Anglicanaidd

ARGLWYDD, BYDD DRUGAROG WRTHYF

Os ydwyf wedi chwarae triwant, neu wedi methu
yma yn fy rhan: O, di sydd fy annwyl,
Fy mwyn, fy nhiwtor cariadus, fy Arglwydd a'm Duw,
Cyweiria fy nghamsyniadau'n dyner â'th wialen.
Gwn fod gwallau lawer i'w cael yma,
Ond lle y bodola pechod, bydded yno helaethrwydd dy ras. *Amen.*

GOFYN BENDITH CYN BWYTA – GAN BLENTYN

Dyma fi dy blentyn llon,
Yn codi 'nwylo'r funud hon,
Oer fel clai y maent i mi
Ond, codaf hwynt yn syth i ti;
Bendithia di, O Arglwydd mawr,
Ein bwyd a ninnau, yma'n awr. *Amen.*

PRESENOLDEB CYSON CRIST

Duw mawr a da, mawr fyddai fy ofn
Pe deuwn atat, os na fyddai Crist yno!
Ni fuaswn yn meddwl na fyddai ef
yn bresennol i bledio dros fy achos;
Gwell gennyf redeg i uffern rhag gweld
Dy wyneb, hebddo a'i gynhaliaeth. *Amen.*

I DDUW

Arglwydd, addewaist fod
Gyda fi yn fy niflastod;
Dioddefa fi i fod mor hyf
Â mynegi, Arglwydd, Dwed a dal. *Amen.*

George Herbert (1593–1633)

O dras Cymraeg, offeiriad Anglicanaidd, emynydd, bardd metaffisegol, a sgrifennodd:

> A êl i'r gwely heb weddïo;
> A wnêl ddwy nos 'r ôl iddi ddyddio.

DIOLCHGARWCH

Ti, Arglwydd, a roddaist gymaint i mi;
rho i mi un peth mwy:
calon ddiolchgar. *Amen.*

GWEDDI

Gweddi'n wledd yr Eglwys, oes Angylion,
Anadl Duw mewn dyn yn dychwelyd i'w enedigaeth,
Yr enaid mewn aralleiriad, calon ar bererindod,
Plymlin y Cristion yn plymio nef a daear;
Peiriant yn erbyn yr Hollalluog, tŵr pechaduriaid,
Cildroi taran, picell dreiddiol-ochr-Crist,
Y byd chwe diwrnod yn trawsnewid mewn awr,
Rhyw rith o dôn, a glywai pob peth ac a ofnai;
Tynerwch, a thangnefedd, a llawenydd, a chariad, a gwynfyd,
Manna dyrchafedig, balchder godidocaf,
Nefoedd yn y cyffredin, dyn wedi'i wisgo'n wych,
Y llwybr llaeth, aderyn Paradwys,
Clywid clychau'r Eglwys y tu hwnt i'r sêr, gwaed yr enaid,
Gwlad y perlysiau; rhywbeth a ddeallwyd. *Amen.*

Dyfyniad – *Pater Noster,* neu **Weddi yr Arglwydd**
[*Yn y lhyvyr hwnn.* Syr John Prys, Llundain 1546]

Ein Tad ni,
yr hwn wyt yn y nef,
Sancteiddier dy enw Di.
Doed dy deyrnas Di atom.
Gwneler dy ewyllys Di
yn y ddaear,
megis yn y nef.
Dyro inni heddiw ein bara beunyddiol.
Maddau i ni ein dyledion,
fel y maddeuwn ni i'n dyledwyr ninnau.
Ac na ddwg ni i brofedigaeth,
ond rhyddha ni rhag drwg. *Amen.*

Gofyn Bendith Cyn Bwyta

[*Y Catechism neu Athrawiaeth Gristianogawl . . .* London 1617]

Am ein bwyd a'n hiechyd i'w fwyta, i'r Duw mawr y bo diolch.
Duw a gadwo ei Eglwys a'r deyrnas, ac a roddo i ni dangnefedd,
yng Nghrist Iesu. *Amen.*

Rhybudd:

A fwytao ei fwyd
 Heb gyfarch ar Dduw;
Tebygach i anifail
 Na Christion mae'n byw.

YR AIL GANRIF AR BYMTHEG

Cyhoeddwyd argraffiad newydd o'r Beibl Cymraeg (1620), Gramadeg Cymraeg John Davies yn Lladin a Salmau Cân Edmwnd Prys (1621), a'r 'Bibl Bach' (1630). Er gwaethaf rhwystredigaethau'r Rhyfel Cartref (1642–52) cyfrannodd sawl Cymro dawnus at fywyd yr Eglwys, a bu Griffith Jones wrthi yn dawel ymboeni ynglŷn â chyflwr ysbrydol ei gydwladwyr.

Thomas Fuller (1608–61)

Ysgolhaig, pregethwr, awdur toreithiog yr ail ganrif ar bymtheg – dywedodd: 'Gweddi ddylai fod yr allwedd i'r dydd a'r clo i'r nos.'

RHAI O RINWEDDAU DIODDEFAINT IESU

Dad, derbyniodd dy Fab ein dioddefiadau
er mwyn dysgu i ni rinwedd amynedd lle bo salwch dynol.
Clyw ein gweddïau ar ran ein brodyr a'n chwiorydd sâl.
Bydded i bawb sy'n dioddef tostrwydd neu glefyd
sylweddoli y dewisir hwy i fod yn saint,
a gwybyddant eu bod yn un â Christ
yn ei ddioddefiadau ar gyfer iachawdwriaeth y byd. *Amen.*

GWEDDI AM GYNHORTHWY

Arglwydd,
dysg imi gelfyddyd amynedd tra 'mod i'n iach,
a rho imi ddefnydd ohono pan fyddaf yn sâl.
Yn y dydd hwnnw,
naill ai ysgafnha fy maich neu cryfha fy nghefn.
Gwna fi
yn gryf yn fy salwch pan fyddaf yn dibynnu'n
llwyr ar dy gymorth. *Amen.*

YMDDIRIEDAF YNOT, ARGLWYDD

A rglwydd, caniatâ i mi rodd amynedd pan wyf yn iach,
er mwyn i mi ei ddefnyddio pan fyddaf yn glaf.
Pan wyf yn iach ac yn dibynnu'n unig arnaf fi fy hun,
sylweddolaf pa mor wan ydwyf. Helpa fi, pan wyf yn glaf, i ddod o
hyd i'r nerth a ddaw o ddibynnu'n hollol arnat ti. *Amen.*

CADARNHA FI, ARGLWYDD

A rglwydd, cyn imi bechu, tybiaf ei fod mor ddibwys fel y
gallaf rydio trwyddo'n droetsych o'm heuogrwydd; ond ar ôl
imi bechu, ymddengys yn aml mor ddwfn fel na allaf ddianc heb
foddi. Trugarha wrthyf. *Amen.*

Walter Cradoc (1610–59)

Diwinydd, Piwritan a phregethwr

DYHEAD Y CRISTION

A c yn awr, bydded i'r Arglwydd o'i drugaredd lanw eich calon
â chymaint o sêl sanctaidd dros ei ogoniant, a chryfhau eich
dwylo ar gyfer ei waith, a rhoi cymaint o lwyddiant i'ch
ymdrechion yn y pethau hyn, fel y gallom oll, wedi i chwi ddwyn
allan ei gonglfaen ef, weiddi â llef uchel yn ei ymyl, 'Gras! Gras!'
A boed i chwithau, wedi eich cymeradwyo am eich ffyddlondeb
i'w waith, gael eich derbyn i lawenydd eich Arglwydd. Hyn yw, ac
a fydd byth, yn weddi i'ch gwas gostyngedig ond annheilwng yn yr
Arglwydd. *Amen.*

Jeremy Taylor (1613–67)

Esgob, awdur llyfrau diwinyddol

GWEDDI DROS GYFEILLION A CHAREDIGION

Bydded yn dda gennyt, O Arglwydd, gofio am fy nghyfeillion, pawb a fu'n gweddïo drosof,
a'r sawl a fu'n dda i mi.
Gwna'n dda wrthynt,
a dychwel eu holl garedigrwydd yn ddeublyg,
gan eu gwobrwyo â bendithion,
a'u sancteiddio hwy â'th ras,
a'u tywys i ogoniant. *Amen.*

UNIAETHA NI Â'N HARGLWYDD

Hollalluog Dduw, Tad ein Harglwydd Iesu Grist, yr hwn a anfonaist dy Fab i gymryd arno ein natur, ac a wnaethost iddo ef ddod yn Fab y dyn, er mwyn i ni ddod yn feibion Duw, caniatâ i ni drwy gydymffurfio â'i ostyngeiddrwydd a'i ddioddefiadau ddod yn gyfranogion o'i atgyfodiad; trwy yr un Iesu Grist ein Harglwydd. *Amen.*

MEITHRIN AMYNEDD

Cymer oddi wrthym, O Dduw, bob diflastod ysbryd, bob diffyg amynedd ac anesmwythder. Gad i ni ein meddiannu ein hunain mewn amynedd; trwy Iesu Grist ein Harglwydd. *Amen.*

GWERTH AMSER

O dragwyddol Dduw, yr hwn a'm creodd i wneud gwaith Duw yn ôl dull dynion, rho imi dy ras er mwyn imi ddefnyddio f'amser yn ddoeth, fel y gallaf fod o fudd i'r gymanwlad Gristnogol; ac wrth gyflawni y cyfan o'm dyletswydd, dy ogoneddu di: trwy Iesu Grist ein Harglwydd. *Amen.*

John Hughes (1615–86)

Iesüwr, mab ifancaf Hugh Owen, Gwenynog, ac awdur Allwydd neu Agoriad Paradwys i'r Cymry *a gyhoeddwyd yn Liège (1670)*

GWEDDÏAU I'W DWEUD YN YSTOD Y DYDD:

WRTH GODI

Yn enw ein Harglwydd Iesu Grist a groeshoeliwyd, mi a godaf. O Arglwydd, cyfarwydda fi, cadw, a chadarnha fi ym mhob gweithred dda heddiw, ac yn dragywydd, ac wedi'r bererindod fer, ofidus hon, dwg fi i'r Gwynfyd a bery byth. *Amen.*

WRTH OLCHI DY DDWYLO

O Arglwydd Dduw, yr hwn a'n ceraist ni yn gymaint â golchi ein heneidiau ni yn dy waed gwerthfawr, glanha, atolygaf arnat, fy nghalon a'm dwylo oddi wrth holl frychau a budreddi pechod. *Amen.*

GOFYN BENDITH CYN BWYTA

Bendithia ni, O Arglwydd, a'r rhoddion hyn hefyd, y rhai a gymerwn ni o'th haelioni di; trwy Grist ein Harglwydd. *Amen.*

Morgan Llwyd (1619–59)

Awdur Piwritanaidd, bardd, cyfrinydd, diwygiwr

HYFRYD EIRIAU IESU

Tyred, Arglwydd Iesu, pâr i'r Gair tragwyddol gael ei glywed ymysg yr holl leisiau dan y nefoedd, fel y clywom ef ynom yn eglurach ac y dilynom ef yn ddiwyd yn ôl dy Oleuni a'th Nerth di, ein Gwreiddyn ynom ni. *Amen.*

Henry Vaughan (1621–95)

Bardd metaffisegol mawr, meddyg, ganed yn Sgethrog, Dyffryn Wysg, cefnder i George Herbert

YSTYR GWEDDI

> Gweddi yw
> Y byd mewn tiwn.

GOFYN BENDITH CYN BWYTA MEWN NEITHIOR

O Arglwydd y wledd, bydd yma'n gytûn,
A thro unwaith eto ein dŵr yn win!

Blaise Pascal (1623–62)

Ffrancwr, mathemategwr, ffisegydd, diwinydd ac athronydd. Dengys Pensées *a gyhoeddwyd ar ôl iddo farw, ac a baratowyd i amddiffyn y ffydd Gristnogol, ei feddyliau dwfn ynglŷn â'r pwnc*

YMDDIRIEDAF YNOT, O DDUW

O Arglwydd, na fydded imi bellach geisio iechyd na bywyd, oni bai i'w treulio erot ti, gyda thi ac ynot ti. Ti yn unig sy'n gwybod yr hyn sy'n dda i mi; gwna felly yr hyn a weli di orau. Rho imi neu cymer oddi wrthyf; cydffurfia fy ewyllys i â'th ewyllys di; a chaniatâ y gallaf dderbyn gyda gostyngedig a pherffaith ymostyngiad ac mewn hyder sanctaidd orchmynion dy Ragluniaeth dragwyddol, ac addoli'n gydradd y cyfan a ddaw imi oddi wrthyt ti; trwy Iesu Grist ein Harglwydd. *Amen.*

TARDDIAD Y GWIR LAWENYDD

O fy Ngwaredwr, gan imi rannu mewn rhyw ffordd fechan dy ddioddefiadau, llanw fi hyd at yr ymyl â'r gogoniant y mae dy ddioddefiadau wedi ei ennill i ddynoliaeth. Gad imi rannu mewn rhyw ffordd fechan lawenydd dy fywyd atgyfodedig. *Amen.*

John Bunyan (1628–88)

Gweinidog anghydffurfiol. Awdur trigain a dau o lyfrau ond cofir amdano am iddo ysgrifennu'r stori alegorïaidd: The Pilgrim's Progress *(1678) yng ngharchar Bedford. Bu darllen cyson arni a chafodd ei chyfieithu i ryw bedwar ugain o ieithoedd. Erys y ddwy gerdd isod yn emynau poblogaidd hyd heddiw*

Y PERERIN

A fynno ddewrder gwir,
O deued yma;
Mae un a ddeil ei dir
Ar law a hindda.
Ni all temtasiwn gref
Ei ddigalonni ef
I ado llwybrau'r nef,
Y gwir bererin.

Ei galon ni bydd drom
Wrth air gwŷr ofnus,
Ond caiff ei boenwyr siom,
Cryfha'i ewyllys.
Ni all y rhiwiau serth
Na rhwystrau ddwyn ei nerth,
Fe ddyry brawf o'i werth
Fel gwir bererin.

'Does allu yn un man
I ladd ei ysbryd,
Fe ŵyr y daw i'w ran
Dragwyddol fywyd.
Diysgog yw ei ffydd,
A rhag pob ofn yn rhydd
Ymlaen 'r â nos a dydd
Fel gwir bererin. *Amen.*

JOHN BUNYAN, cyf O M LLOYD

90

CÂN Y BACHGEN WRTH FUGEILIO DEFAID YNG NGLYN DAROSTYNGIAD

Y gŵr ar lawr nac ofned gwymp,
  Na'r isel falchder chwaith;
A'r gostyngedig a gaiff fyth
Arweiniad Duw i'w daith.

Myfi wyf fodlon ar fy rhan,
Boed lai, neu ynteu fwy;
Bodlonrwydd, Arglwydd, fynnaf i,
Achubi'r bodlon, hwy.

I'r rhai ar bererindod sydd,
Cyflawnder, 'd yw ond croes;
Ychydig yma, gwynfyd draw,
Sy orau o oes i oes. *Amen.*

Taith y Pererin addas. E. Tegla Davies (1931)

Llawysgrif Llanstephan (*c.*1630)

Ffynhonnell bwysig o lenyddiaeth yr Oesoedd Canol a'r Dadeni (gan gynnwys Llyfr Coch Talgarth). Dyfynnir yma o Lawysgrif 156

GOFYN BENDITH CYN BWYTA

O grasusol Dduw, teilynga edrych ar ein gwendid a'n diffyg, a dyro i ni y pryd hyn y cyfryw bethau ag a fyddant i'n cysur. Sancteiddia dy roddion hyn, megis yn ôl digoni ein cyrff, inni fedru bod yn ddiolchgar a mwynhau ar dy drugarog law fara'r bywyd tragwyddol i iachawdwriaeth ein heneidiau tlodion. Drwy Iesu Grist, ein Harglwydd. *Amen.*

GWEDDI O DDIOLCH AR ÔL BWYTA

Yr ydym yn diolch iti, O Arglwydd, am dy dadol ymborth ar ein cyrff newynllyd ni; ac felly, yr un ffunud, portha di ein heneidiau ni â bara y bywyd tragwyddol, megis yn ôl y bywyd hwn inni ddyrchafu lle'r oedd Crist o'r blaen. Drwy Grist ein Harglwydd. *Amen.*

Thomas Traherne (?1637–74)

Anglicanwr, bardd ac awdur

MADDAU FY ANNIOLCHGARWCH

Onid yw gweld yn em? Onid yw clywed yn drysor? Onid yw llefaru yn ogoniant? O fy Arglwydd, maddau imi am fod yn anniolchgar, a thosturia wrthyf am fy nhwpdra ynglŷn â'r rhoddion hyn. Mae rhwyddineb dy haelioni wedi fy nrysu. Roedd y pethau hyn yn rhy agos i'w hystyried. Rhoddaist dy fendithion imi ac nid oeddwn yn ymwybodol ohonynt. Ond yn awr rwy'n diolch i ti, a'th garu, a'th foli di am dy ffafrau anfesuradwy. *Amen.*

Thomas Ken (1637–1711)

Esgob, bardd ac emynydd

ENILLION Y DRINDOD I NI

Bendith ac anrhydedd,
diolch a mawl mwy nag y gallwn ni ei fynegi a fo i ti,
O Drindod ogoneddus: y Tad, y Mab a'r Ysbryd Glân,
gan yr holl angylion, yr holl bobl, yr holl greaduriaid
yn oes oesoedd Amen ac Amen.
I Dduw'r Tad, a'n carodd ni'n gyntaf,
a'n gwneud yn gymeradwy yn yr Anwylyd;

I Dduw'r Mab, a'n carodd ni,
a'n golchi oddi wrth ein pechodau yn ei waed ei hun;
I Dduw'r Ysbryd Glân,
sy'n tywallt cariad Duw ar led yn ein calonnau;
I'r unig wir Dduw
y bo'r holl gariad a'r gogoniant dros amser a holl dragwyddoldeb.
Amen.

BARA A GWIN Y CYMUN

Gogoniant a fyddo i ti, O Iesu,
fy Arglwydd a'm Duw,
am fwydo fy enaid felly â'th fendigedicaf gorff a gwaed.
O gad i'th fwyd nefol dywallt bywyd newydd
ac egni newydd i'm henaid
ac i eneidiau pob un sy'n cysylltu â mi,
fel y cynydda ein ffydd yn ddyddiol;
er mwyn i ni gyd-dyfu'n fwy gostyngedig
ac edifeiriol am ein pechodau;
er mwyn i ni i gyd dy garu di
a'th wasanaethu di, ac ymhyfrydu ynot ti
a'th ganmol di yn fwy brwdfrydig,
ac yn fwy dyfal,
nag y gwnaethom erioed o'r blaen. *Amen.*

YNOT TI YR YMDDIRIEDAF

Gan ymddiried yn dy ddaioni a'th fawr drugaredd, Arglwydd,
deuaf:
yn anhwylus – at fy Iachawdwr;
yn newynog ac yn sychedig – at ffynnon Bywyd;
yn anghenus – at Frenin y Nefoedd. *Amen.*

William Penn (1644–1718)

Crynwr Saesneg, sylfaenydd trefedigaeth Pennsylvania – lle cafwyd rhyddid crefyddol

LLEDAENA FY NGORWELION, ARGLWYDD

Arglwydd,
cynorthwya fi i beidio dirmygu na gwrthwynebu yr hyn nad wy'n ei ddeall. *Amen.*

CYFLAWNDER Y BYWYD TRAGWYDDOL

Dychwelwn i ti, O Dduw, y rhai a roddaist i ni. Ni chollaist ti mohonynt pan roddaist hwy i ni ac ni chollwn ni hwy wrth eu dychwelyd i ti.

Dysgodd dy annwyl Fab i ni fod bywyd yn dragwyddol ac ni allai cariad farw, felly angau nid yw ond gorwel, a gorwel nid yw ond pen draw ein golwg.

Agor ein llygaid er mwyn i ni weld yn gliriach, a thyrd â ni'n nes atat fel y gallwn wybod inni fod yn agosach at ein hanwyliaid, sy gyda thi. Dywedaist wrthym dy fod yn paratoi lle i ni; paratoa ni hefyd ar gyfer y dedwydd le hwnnw, fel ble bynnag yr wyt ti y byddwn ninnau hefyd, O annwyl Arglwydd bywyd ac angau. *Amen.*

Gweddi ar Hen Sampler o New England
(*c.*1650)

O Dduw, bendithia bawb a garaf;
O Dduw, bendithia bawb a'm câr i;
O Dduw, bendithia bawb a gâr y rhai a garaf
A phawb a gâr y rhai a'm câr i. *Amen.*

Thomas Wilson (1663–1755)

Esgob Saesneg – 'O Arglwydd, maddau yr hyn a fûm, sancteiddia
yr hyn ydwyf a gorchmynna yr hyn a fyddaf'

Y SAIL SICR

Caniatâ, O Dduw, ymhlith holl siomedigaethau, anawsterau, peryglon, gofidiau a thywyllwch y bywyd meidrol hwn, imi allu dibynnu ar dy drugaredd ac adeiladu arno fy ngobeithion, fel petai ar sail sicr. Gad i'th drugaredd diddiwedd yng Nghrist Iesu fy achub i rhag anobaith, yn awr ac yn fy awr olaf. *Amen.*

MADDAU IMI'R **HOLL** BECHODAU

Maddau imi fy mhechodau, O Arglwydd;
y pechodau presennol a'r pechodau o'r gorffennol,
y pechodau a wnes i'm plesio fy hun,
a'r pechodau a wnes i blesio eraill.
Maddau imi fy mhechodau achlysurol a 'mhechodau bwriadol,
a'r rheini y ceisiais mor ddyfal i'w cuddio
nes fy mod wedi'u cuddio hyd yn oed oddi wrthyf fi fy hun.
Maddau imi, O Arglwydd, amdanynt oll,
er mwyn Iesu Grist. *Amen.*

Gweddi ar Ddrws Adfeilion Eglwys Sant Steffan, Walbrook, Llundain

Y DRWS LLYDAN

O Dduw, gwna ddrws y tŷ hwn yn ddigon llydan i dderbyn pawb sydd ag angen cariad dynol a chymdeithas; yn ddigon cul i gau allan genfigen, balchder a chynnen.

Gwna ei drothwy'n ddigon llyfn fel na fydd yn faen tramgwydd i blant, nag i draed crwydrol, ond yn arw ac yn ddigon cryf i droi'n ôl nerth y temtiwr. O Dduw, gwna ddrws y tŷ hwn yn fynedfa i'th deyrnas dragwyddol. *Amen.*

Ellis Wynne (1671–1734)

Llenor crefyddol, ganed yn Y Las Ynys, ffermdy nid nepell o Harlech. Addysgwyd yng Ngholeg Iesu, Rhydychen, ac yn hwyrach fe'i hurddwyd yn offeiriad Anglicanaidd. Cyhoeddwyd Rheol Buchedd Sanctaidd *(1701) sef ei gyfieithiad o* The Rule and Exercises of Holy Living *(1650) gan Jeremy Taylor (1613–67). Ellis Wynne oedd awdur* Gw-eledigaetheu y Bardd Cwsc *(1703), a golygodd argraffiad o* Y Llyfr Gweddi Gyffredin *(1710)*

TROSOM EIN HUNAIN

O Tydi, rasusaf Dad y Trugaredd, Tad ein Harglwydd Iesu Grist, trugarha wrth dy weision y rhai ydym yn plygu'n pennau, a'n gliniau a'n calonnau i ti: maddau inni'n holl bechodau; dyro i ni'r Gras o Sanctaidd Edifeirwch a gofalus ufudd-dod i'th Air Sanctaidd; cryfha ni â nerth dy Lân Ysbryd yn y dyn oddi mewn, at bob rhannau a dyletswyddau'n galwedigaeth a Buchedd Sanctaidd: cadw ni byth yn undeb yr Eglwys Gatholig, ac ym mhurdeb y Ffydd Gristnogol, ac yng nghariad Duw a'n Cymdogion, ac yng ngobaith bywyd tragwyddol. *Amen.*

GWEDDI AR DDYDD NADOLIG

Hollalluog Dduw, Sanctaidd Dad y Trugareddau, Tad ein Harglwydd Iesu Grist, Mab dy gariad a'th dragwyddol drugareddau. Mi a folaf ac a addolaf a gogoneddaf dy anfeidrol a'th anrhaethol gariad a'th ddoethineb, yr hwn a anfonaist dy Fab o fynwes y Dedwyddwch i gymryd arno'n hanian, a'n trueni, a'n heuogrwydd ni, ac a wnaethost i Fab Duw fynd yn Fab dyn, fel y gwneir ni yn Feibion i Dduw, ac yn gyfranogion o'r Duwiol anian: gan i ti felly ddyrchafu natur ddynol, teilynga hefyd fy sancteiddio innau, fel trwy gydymffurfio â chyfreithiau a dioddefiadau fy anwylaf Iachawdwr yr uner fi â'i Ysbryd ef, a'm gwneler oll yn un â'r Sancteiddiaf Iesu. *Amen.*

YN SGIL DIODDEFIADAU IESU

Pob mawl, anrhydedd a gogoniant i'r sanctaidd a'r tragwyddol Iesu. Mi a'th addolaf, O fendigaid Brynwr, dragwyddol Dduw, Goleuni'r Cenhedloedd a gogoniant Israel; canys ti a wnaethost ac a ddioddefaist drosof fi fwy nag a fedrwn i ei ddeisyf na'i feddwl, sef cymaint oll ag a allai angen creadur truenus a cholledig ei ofyn.

Ti a gystuddiwyd â syched a newyn, â gwres ac oerfel, â llafuriau a gofidiau, â theithiau ac anhunedd: a phan oeddet ti'n bwriadu'r holl ryfeddol a'r dirgeledig ffyrdd i dalu'n sgorion ni, buost fodlon i gael dy hela i'r lladdfa gan y rhai yr oeddet ti o gariad yn ewyllysgar i farw trostynt.

Arglwydd, beth yw Dyn pan ymweli ag ef, a mab dyn pan wnei gyfrif ohono? Amen.

YR ATGYFODIAD A'R BYWYD

Myfi yw'r Atgyfodiad mawr
Myfi yw Gwawr y Bywyd
Caiff pawb a'm cred, medd f'Arglwydd cry'
Er trengi, fyw mewn eilfyd.

(Pennill cyntaf ei emyn mwyaf adnabyddus)

97

Isaac Watts (1674–1748)

Isaac Watts yw awdur rhai o emynau hyfrytaf yr iaith Saesneg. Cyfeirir ato yn aml fel tad emynyddiaeth Saesneg a'r cyntaf i osod yr Efengyl i fiwsig. Ar y pryd, Salmau mydryddol oedd yr unig ganeuon a gaed yn eglwysi'r Anghydffurfwyr. Rhoddodd emynau Watts wedd newydd i addoliad Cristnogol ar draws y byd.

(Dyma gyfieithiad D. Eirwyn Morgan o emyn enwocaf Isaac Watts)

WHEN I SURVEY THE WONDROUS CROSS

Pan gyflawn syllaf ar y groes
Lle trengodd ieuanc d'wysog nef,
Colled, i 'mryd, yw cyfoeth oes
A dirmyg rof ar f'ymffrost gref.

Gwahardd f'ymffrostio, Arglwydd mawr
Mewn dim ond Crist, Fab Duw, a'i waed!
Pob peth o blith gwageddau'r llawr
A'm swyna, dwg o dan ei draed.

Gwêl di, o'i draed, ei ddwylo, a'i ben.
Gariad ac ing – cyd-lifa'r rhain!
Y poen, a chariad nefoedd wen
Ymhleth sydd yn y goron ddrain!

[Gwisg ruddgoch laes yr angau hwn
Sydd am y corff ar Galfari
A'm gwna yn farw i'r cread crwn,
A'r cread crwn yn farw i mi.]

Ped eiddof fyddai'r eang fyd,
Offrwm rhy fychan fyddai hwn;
Cariad mor rhyfedd, ddwyfol-ddrud
A hawlia 'mywyd oll yn grwn. *Amen.*

Voltaire (1694–1778)

Ffrancwr, hanesydd, athronydd, nofelydd – yn gwbl groes i Gristnogaeth ac yn rhagweld difodiaeth y Beibl mewn llai na chanrif wedi ei farwolaeth yntau. Er hynny dyma un o'i weddïau am oddefgarwch:

GWEDDI AM ODDEFGARWCH

Ti, O Dduw yr holl fodau, yr holl fydoedd
a'r holl amseroedd,
Caniatâ na fydd y mân wahaniaethau yn ein dillad,
yn ein hieithoedd annigonol,
yn ein harferion ffôl,
yn ein cyfreithiau amherffaith,
yn ein barnau afresymegol,
yn ein rhengoedd a'n rheolau sy mor anghyfartal
o bwysig i ni
ac mor ddiystyr i ti –
bod yr amrywiaethau bychain hyn sy'n gwahaniaethu'r atomau
hynny a elwir gennym yn ddynion,
un oddi wrth y llall,
fyth yn arwyddion o atgasedd ac erledigaeth! *Amen.*

Litwrgi Albanaidd

IESU, EIN BYWYD

Dad, ni fu erioed i ti anghofio amdanom na throi i ffwrdd oddi
wrthym hyd yn oed pan siomwyd di gennym.
Anfonaist dy Fab Iesu a rhoddodd ei fywyd drosom;
iachaodd y cleifion,
gofalodd am y tlodion
ac wylodd gyda'r galarwyr.
Maddeuodd i bechaduriaid ac fe'n dysgodd i
faddau i'n gilydd.

Am dy holl gariad, diolchwn i ti.
Agorwn ein calonnau iddo;
cofiwn sut y bu farw ac yr atgyfododd eto
i fyw yn awr ynom ni. *Amen.*

Piwritaniaeth

Yng ngolwg Piwritaniaid duwiol yr ail ganrif ar bymtheg, gwael oedd cyflwr ysbrydol y werin Gymraeg. Bu i John Penri (1563–93), y pamffledwr o Biwritan a'r plediwr enwocaf yng Nghymru, apelio gynt yn ffurfiol at y Frenhines Elisabeth I a'r Senedd am ryddid a chymorth i bregethu yn Gymraeg. Tynnodd eu sylw at ofergoeledd ac anfoesoldeb ei bobl ac at ddiffyg ymateb yr Eglwys Anglicanaidd i'r sefyllfa. Methodd yr apêl. Fe'i carcharwyd, condemniwyd i farwolaeth ac fe'i dienyddiwyd ar Fai 29, 1593.

Ymhlith Piwritaniaid amlyca'r ganrif cafwyd Walter Cradoc (1610?– 59), William Erbery (1604–54), Vavasor Powell (1617–70) a Morgan Llwyd (1619–59). Bu Morgan Llwyd wrthi'n cymathu rhai o'r syniadau a'r dysgeidiau a gâi o'r Cyfandir â'i Galfiniaeth etifeddol. Dyfynnir yma ychydig yn unig o'r gyfundrefn ddyrys a fodolai ynglŷn â'r syniad am y Bod o Dduw yn creu dim ar wahân iddo . . .

Gwreiddyn popeth sy'n bod yw'r Duw anfarwol, anfeidrol, anchwiliadwy, 'a'i hanfod ynddo'i hun'. Yn y dechreuad yr oedd megis Dim, mewn cyflwr o fodolaeth ddiamser a diysgog. Gydag ef yr oedd y Gair (Ei Ddoethineb), cyflawnydd ei weithredoedd creadigol. Ac yntau'n canfod ynddo'i hun ei feddyliau a'i bosibiliadau a'i fwriadau tragwyddol, y mae Duw yn ei fynegi'i hun mewn gweithred o greu, ac amlygir ei natur fel trindod o ewyllys, cariad a grym, sydd trwy bob peth . . . Yn yr Ymgnawdoliad mynegodd Duw ei hun yr ail waith: daeth y Gair yn ddyn yn Iesu Grist, a thrwy ei ufudd-dod perffaith a'i hunan-ymwadiad llwyr, gorchfygodd a darostyngodd drindod dywyll y byd hwn; ac yn awr fe ddaeth yn Ysbryd sydd yn goleuo, chwilio, amgyffred, rheoli, bywhau a chynnal pob peth. Yn olaf, yn y Dydd Diwethaf, fe fydd Duw yn ei fynegi'i hun am y trydydd tro a'r olaf: dinistrir y ddaear a phopeth daearol, llyncir amser gan dragwyddoldeb, a bydd nefoedd newydd a daear newydd . . .

Cwmwl o Dystion gol. E. Wyn James (1997)

Y DDEUNAWFED GANRIF

Dechreuodd y Diwygiad Methodistaidd yng Nghymru cyn i'r brodyr Wesley gael eu tröedigaethau. Prif arweinwyr y mudiad oedd Howell Harris, Daniel Rowland a William Williams, Pantycelyn.

Ym 1731 cychwynnodd Griffith Jones, Llanddowror, ei ysgolion cylchynol ac ymhen pum mlynedd ar hugain dysgwyd tua 200,000 i ddarllen, pan oedd poblogaeth Cymru rhwng 400,000 a 500,000. Erbyn diwedd y ganrif Thomas Charles o'r Bala oedd i gario ymlaen â'r gwaith drwy ei Ysgolion Sul – 'Prifysgol y Werin' (1789).

John Wesley (1703–91)

Brawd Charles. Treuliodd ei fywyd yn lledaenu'r Efengyl ymhlith miloedd nad oedd yr eglwys yn cyffwrdd â nhw. Teithiai tua 8,000 o filltiroedd bob blwyddyn ar gefn ceffyl i bregethu i dorfeydd enfawr yn yr awyr agored. Credai a dywedai, 'Y byd cyfan yw fy mhlwyf.' Ni allai'r eglwys sefydledig ddeall y dull chwyldroadol yma o efengylu. Fe anwyd enwad newydd: Y Methodistiaid. Pregethwr teithiol grymus, Sylfaenydd Methodistiaeth . . .

MYFYRDOD AR Y GROES

O Iesu, tlawd a distadl, dirmygedig a di-nod,
trugarha wrthyf, a gwared fi
rhag bod â chywilydd o'th ganlyn di.
O Iesu, a gasawyd, a enllibiwyd ac a erlidiwyd,
trugarha wrthyf, a gwna fi
yn fodlon bod fel tydi, fy meistr.
O Iesu, a gablwyd, a gyhuddwyd ac a feiwyd ar gam,
trugarha wrthyf, a dysg fi
sut i ddioddef gwrthddweud pechaduriaid.
O Iesu, a wisgwyd mewn cerydd a gwarth,

trugarha wrthyf, a gwared fi
rhag ceisio fy ngogoniant fy hun.
O Iesu, a sarhawyd, a wawdiwyd ac y poerwyd arno,
trugarha wrthyf, a chadw fi
rhag gwrthgilio yn y prawf tanllyd.
O Iesu, a goronwyd â drain ac a ddirmygwyd;
O Iesu, sy'n cario baich ein pechod ni, a rhegfeydd y bobl;
O Iesu, sy'n dwyn sen ac ysgelerder,
sy'n cael ei ergydio a'i fychanu,
a'i oddiweddyd â chlwyfau ac â thrallodion;
O Iesu, sy'n hongian ar y pren melltigedig,
yn plygu dy ben, yn marw,
trugarha wrthyf, a gwna fy enaid
yn fwy tebyg i'th Ysbryd sanctaidd, gostyngedig,
dioddefus di. *Amen.*

GALWAD I ADDOLI

Gadewch inni addoli'r Tad, Duw cariad, yr hwn a'n creodd ni, yr hwn sy'n parhau i'n cynnal a'n cadw ni, yr hwn a'n carodd â chariad tragwyddol ac a roddodd inni oleuni'r wybodaeth am ogoniant Duw yn wyneb Iesu Grist. Gadewch inni ymfalchïo yng ngras ein Harglwydd Iesu Grist. Er ei fod yn gyfoethog, eto er ein mwyn fe ddaeth yn dlawd; temtiwyd ef mewn llawer modd fel nyni, eto roedd heb bechod; daeth yn ddarostyngedig i angau, angau ar groes, bu farw ac y mae yn fyw byth bythoedd; agorodd deyrnas nefoedd i bawb sy'n ymddiried ynddo. Gadewch inni lawenhau yng nghymdeithas yr Ysbryd Glân, yr Arglwydd, Rhoddwr bywyd; trwyddo fe'n genir i mewn i deulu Duw; sydd â'i dystiolaeth yn ein cadarnhau, a'i ddoethineb yn ein dysgu; a'i nerth yn ein galluogi. Clod a mawl i ti, Y Drindod Sanctaidd, sy'n byw ac yn teyrnasu, yn un Duw yn oes oesoedd. *Amen.*

Samuel Johnson (1709–84)

Geiriadurwr enwog ac ysgolhaig o Gaerlwytgoed. Cydnabyddodd yn ei grefydd bersonol ryw annheilyngdod dwfn, ffydd gref ac ofn brwdfrydedd

GWEDDI AR GYFER DYDD CALAN

Hollalluog Dduw,
drwy dy drugaredd mae fy mywyd wedi parhau am flwyddyn arall, atolygaf arnat, fel y mae fy mlynyddoedd yn cynyddu, na fydded i'm pechodau gynyddu.
Wrth imi heneiddio,
gad imi ddod yn fwy agored, yn fwy ffyddlon ac i ymddiried yn fwy ynot.
Na fydded i fân bethau dynnu fy sylw
oddi ar yr hyn sy'n wironeddol bwysig.
Ac os byddaf yn wanllyd wrth heneiddio,
na fydded imi gael fy ngorchfygu gan hunan dosturi na chwerwder.
Parha a chynydda dy garedigrwydd cariadus tuag ataf,
fel, yn y diwedd pan fyddi yn fy ngalw atat, y caf fynediad i hapusrwydd tragwyddol gyda Thi;
drwy Iesu Grist f'Arglwydd. *Amen.*

GWEDDI AM GYMORTH BEUNYDDIOL

Hollalluog Dduw, rhoddwr pob peth da, heb dy gymorth mae pob llafur yn aneffeithiol, a heb dy ras mae pob doethineb yn ffolineb, caniatâ, deisyfwn arnat, yn ein holl weithredoedd na chedwi dy Ysbryd Glân oddi wrthym: fel y gallwn hybu dy ogoniant, a'n hiachawdwriaeth ni ac eraill. Caniatâ hyn, O Arglwydd; er mwyn Iesu Grist ein Harglwydd. *Amen.*

AR DDECHRAU'R BORE

Gwna ni i gofio, O Dduw, fod pob diwrnod yn rhodd oddi wrthyt, ac y dylid ei ddefnyddio yn ôl dy ewyllys; trwy Iesu Grist ein Harglwydd. *Amen.*

Père Nicholas Grou (1731–1803)

Daeth yr offeiriad Iesüaidd a fu'n athro yng ngholeg yr Iesüwyr yn La Flèche i Loegr, a bu ei ysgrifau ar weddi yn boblogaidd iawn yn Ffrainc a Phrydain am gyfnod

GWERTH DWYFOL DDISTAWRWYDD

Arglwydd dwyfol, dysg imi fod yn ddistaw yn dy bresenoldeb, i'th addoli yn nyfnderoedd fy modolaeth, i ddisgwyl wrthyt bob amser, tra'n gofyn am ddim gennyt ond cyflawniad dy ewyllys. Dysg fi i'th adael di i weithredu yn fy enaid, a ffurfio ynddo'r weddi syml sy'n mynegi ychydig ond sy'n cynnwys popeth. Caniatâ imi'r ffafr hon er gogoniant dy enw. *Amen.*

William Wilberforce (1759–1833)

Fel aelod seneddol Swydd Efrog, cefnogodd yn frwd achosion Cristnogol yn San Steffan. Er llawer rhwystr, bu'n llwyddiannus rhwng 1807 a 1833 i gael y senedd i ddileu caethwasiaeth. Gyda'i gyfeillion sefydlodd Gymdeithas Genhadol yr Eglwys ym 1799, a'r Gymdeithas Feiblaidd Frytanaidd a Thramor ym 1804.

BORE SUL

O Arglwydd Dduw, yr hwn, er yn anweledig i'n llygaid ni, wyt yn gyson o amgylch ein gwely a'n llwybr, ac fe weli di ein holl ffyrdd, lle y trigwn a symudwn a byddwn fyw. Yr hwn wyt yn Awdur yr holl gysuron amrywiol yr ydym yma yn eu mwynhau, ac i'r hwn yr ydym yn disgwyl am holl fendithion y dyfodol.

Dymunwn yn awr ymgrymu o'th flaen. Gad i'th Ysbryd Glân, deisyfwn arnat, helpu ein gwendidau, er mwyn i ni d'addoli mewn Ysbryd a gwirionedd. Nesawn atat yn enw Iesu Grist, y Cyfryngwr mawr rhwng Duw a dyn. *Amen.*

Charles Simeon (1759–1836)

Bu'n Ficer Eglwys y Drindod Sanctaidd, Caergrawnt, am dros hanner can mlynedd. Efengylwr, cefnogwr y Gymdeithas Feiblaidd Frytanaidd a Thramor ac un o Sylfaenwyr Cymdeithas Genhadol yr Eglwys

YMDDIRIEDWN YNOT, O DDUW

Ni wyddom am yr hyn sydd o'n blaen, a fyddwn fyw neu farw; ond hyn a wyddom, fod pob peth yn drefnus ac yn sicr. Trefnwyd y cyfan â doethineb di-ffael a chariad diderfyn, gennyt ti, ein Duw, yr hwn wyt yn gariad. Caniatâ inni weld dy law ym mhob peth, trwy Iesu Grist ein Harglwydd. *Amen.*

William Carey (1761–1834)

Prentis i grydd yn Swydd Northampton a ddatblygodd yn ddiweddarach yn genhadwr godidog yn Yr India. Dysgodd ei hunan i feistroli Lladin, Groeg, Hebraeg, Iseldireg a Ffrangeg. Bu'n Fugail ar gynulleidfa Fedyddiedig yn Nottingham ond roedd ei fryd ar y maes cenhadol. Gweithiodd yn ddyfal i sefydlu Cymdeithas Genhadol y Bedyddwyr ac aeth yn genhadwr i'r India. Wedi iddo gyfieithu'r Testament Newydd i Bengaleg bu'n Athro yn Calcutta yn dysgu Sansgrit, Bengaleg a Marati. Cyfieithodd y Beibl yn gyfan gwbl i Bengaleg . . .

GWEDDI AGORIADOL EGLWYS DE'R INDIA

O Dduw, caniateaist i eglwys ddisgwylgar ac unedig ar y Pentecost rodd dy Ysbryd Glân, ac yn rhyfeddol rwyt wedi casglu i un gorlan nawr y rhai sy'n dy addoli di yma. Caniatâ, atolygwn i ti, gymorth yr un Ysbryd yn ein holl fywyd a'n haddoliad, fel y gallwn ddisgwyl pethau mawrion oddi wrthyt, a chynnig pethau mawrion drosot, a bod yn un ynot, i ddangos i'r byd mai ti a anfonodd Iesu Grist ein Harglwydd, i'r hwn, gyda thi a'r Ysbryd Glân, bydded yr holl anrhydedd a'r gogoniant, yn oes oesoedd. *Amen.*

Christmas Evans (1766–1838)

Gweinidog gyda'r Bedyddwyr. Un o bregethwyr enwocaf Cymru

CYSEGRAF FY HOLL DDONIAU I TI

O Iesu Grist, Mab y Duw Byw, cymer, er mwyn dy angau drud, fy amser a'm nerth, a'r ddawn a'r dalent a feddaf, y rhai yr wyf o lwyrfryd calon yn eu cysegru er dy ogoniant yn adeiladaeth dy Eglwys yn y byd, canys yr wyt ti yn deilwng o galonnau a thalentau pawb. *Amen.*

Jane Austen (1775–1817)

Nofelydd byd-enwog a sylwebydd arbennig ar gymdeithas ei chyfnod

O DDUW, FE WYDDOST BETH DDYWED EIN CALON

Hollalluog Dad, rho inni ras i'th gyfarch â'n holl galonnau yn ogystal â'n gwefusau. Rwyt ti yn bresennol ym mhobman: ni ellir cuddio cyfrinachau oddi wrthyt. Dysg in osod ein meddyliau arnat, gyda pharch a chyda chariad, fel na bo'n gweddïau'n ofer, ond eu bod yn dderbyniol gennyt yn awr ac yn wastad; trwy Iesu Grist ein Harglwydd. *Amen.*

GAD INNI GANOLBWYNTIO, O DDUW

Arwain ni, O Dduw, i feddwl yn ostyngedig am ein hunain, i gael ein hachub ond trwy archwilio ein hymddygiad, ac i ystyried ein cyd-gymheiriaid â charedigrwydd, ac i farnu'r cyfan a ddywedant ac a wnânt gyda'r cariad a fynnem ei gael ganddynt tuag atom ni ein hunain; trwy Iesu Grist ein Harglwydd. *Amen.*

Ann Griffiths (1776–1805)

Fe'i ganed yn Dolwar Fach, ffermdy ym mhlwyf Llanfihangel-yng-Ngwynfa. Un o emynwyr enwocaf Cymru. Testun y mwyafrif o'i hemynau yw Person Crist a'r mwynhad o'i gwmni. Y Beibl yw prif ffynhonnell ei ddelweddau ac y mae ei gwaith yn frith o gyfeiriadau ysgrythurol. Ei hemyn enwocaf yw ei chân serch i Grist:

> *Wele'n sefyll rhwng y myrtwydd*
> *Wrthrych teilwng o fy mryd ...*

Bu dylanwad seiadau'r Diwygiad Methodistaidd yn drwm arni. Ni chredir bod ganddi unrhyw fwriad i'w hemynau gael eu defnyddio'n gyhoeddus. Rhaid cofio, os am werthfawrogi ei gwaith yn iawn, taw bardd o Fethodist Calfinaidd oedd Ann. Cenir ei hemynau ag arddeliad mewn capel ac eglwys o hyd.

DYHEAD

Gwna fi fel pren planedig, O fy Nuw,
Yn ir ar lan afonydd dyfroedd byw,
Yn gwreiddio ar led, a'i ddail heb wywo mwy,
Yn ffrwytho dan gawodydd dwyfol glwy! *Amen.*

Thomas Arnold (1795–1842)

Ysgolhaig clasurol, Prifathro ysgol Rugby, tad Matthew

GWEDDI DROS BAWB YM MYD ADDYSG

Caniatâ i'th fendith, O Arglwydd, orffwys ar bawb sy'n gweithio ym myd addysg. Dysg hwy i geisio'r gwirionedd, a galluoga hwy i'w gael; ond gad iddynt wrth gynyddu mewn gwybodaeth o bethau daearol, dyfu mewn gwybodaeth ohonot ti, yr hwn o'i adnabod yw bywyd tragwyddol, trwy Iesu Grist ein Harglwydd. *Amen.*

GWEDDI AM GYNHORTHWY TRIPHLYG

O Arglwydd, mewn byd prysur y mae angen llygad, clust a meddwl i gyflawni'n gwaith. Wrth ddychwelyd at ein gwaith cyflwynwn ein clustiau, ein llygaid a'n meddyliau i ti. Gwna hwy yn eiddo i ti fel y cura'n calonnau o blaid dy waith. *Amen.*

YR EMYN GWEDDIGAR

Y ddeunawfed ganrif gyda'r Diwygiad Methodistaidd a roes fod i wir ddechreuad emynyddiaeth Gymraeg. Lleolir y casgliad hwn o 'emynau gweddigar' yn agos at ddiwedd y ganrif, er bod enghreifftiau cynharach a diweddarach ymhlith y cynnwys.

Emyn, medd Geiriadur y Brifysgol, *yw darn o farddoniaeth grefyddol o fawl neu o weddi neu o fyfyrdod, a genir i Dduw mewn gwasanaeth, cân o foliant neu ddiolch.*

Ceir nifer o emynau yn yr Hen Destament yn cyfateb i'r diffiniad hwn, gwelir cant a hanner ohonynt yn Llyfr y Salmau – *'llyfr emynau' cyntaf Iddewiaeth. Mae'r Eglwys hithau wedi defnyddio'r Salmau hyn yn gyson yn nhrefn ei chyfarfodydd ac wedi ceisio eu Cristioneiddio drwy ychwanegu'r Fawlgan Leiaf i bob un ohonynt:* Gogoniant i'r Tad ac i'r Mab ac i'r Ysbryd Glân, megis yr oedd yn y dechrau, y mae'r awr hon ac y bydd yn wastad, yn oes oesoedd. Amen.

Mae canu emynau a chaneuon o fawl wedi bod yn draddodiad gan Gristnogion o gyfnod y Testament Newydd hyd heddiw. Yn Efengylau Marc a Mathew ceir hanes am Iesu a'i ddisgyblion ar ôl iddynt ddathlu'r Swper Olaf, yn canu emyn yn yr oruwchystafell cyn iddynt fynd allan i Fynydd yr Olewydd. Yn ei Lythyron at yr Effesiaid a'r Colosiaid ceir yr Apostol Paul yn annog aelodau'r eglwysi i gyfarch ei gilydd 'â salmau, emynau a chaniadau ysbrydol ...'

Emynau Cristnogol a gynhwysir yn y casgliad hwn.

Sylw arall ar werth yr Emyn yw hwn gan Pennar Davies:

Pa faint o Gristnogion Cymru sydd yn defnyddio eu llyfr emynau fel cymorth i ddefosiwn personol? Gan amlaf caf fwy o fendith yn y llyfr emynau nag mewn unrhyw 'lyfr gweddi' ...

109

Teimlaf weithiau mai'r emyn mwyaf oll yn y Gymraeg yw 'Dyma gariad fel y moroedd' Gwilym Hiraethog. Clywais lawer yn hawlio mai When I survey the wondrous Cross *Isaac Watts yw'r emyn mwyaf, ac y mae'n bosibl y gellid cyfiawnhau'r hawl i raddau helaeth mor bell ag y mae emynyddiaeth Saesneg yn y cwestiwn. Ond o'r ddau emyn, 'Dyma gariad' a* 'When I survey . . .' *amhosibl dweud bod y naill yn rhagori ar y llall. Cri'r enaid unigol ger bron y Groes a geir yn emyn Watts, gweld yn y Groes y Cariad rhyfeddol sydd yn gofyn* 'my soul, my life, my all.' *Gwyrth uchaf y cyfanfyd a ddangosir yn emyn Hiraethog: daw holl ystyr Rhagluniaeth y Goruchaf i'r amlwg yng Nghalfaria, ac iachawdwriaeth yn dylifo dros y byd:*

'Ar Galfaria yr ymrwygodd
Holl ffynhonnau'r dyfnder mawr;
Torrodd holl argaeau'r nefoedd
Oedd yn gyfain hyd yn awr.
Gras a chariad megis dilyw
Yn ymdywallt yma 'nghyd,
A chyfiawnder pur a heddwch
Yn cusanu euog fyd.'

Dyma ogoniant. Yn yr enaid unigol y mae'r achub yn digwydd yn emyn Watts, yn y bydysawd ac mewn cymdeithas y gwelwn y wyrth yn ôl gweledigaeth fawr Hiraethog. Mae'n rhaid wrth y ddau wirionedd, ac yn wir un ydynt.

Bu pwyslais 'When I survey . . .' *yn fwy derbyniol na'r llall gan lawer o Gristnogion yn y canrifoedd diweddar. Y mae angen pwyslais 'Dyma gariad . . .' os yw'r hil ddynol i oroesi'r Oes Atomig.*

Clement o Alecsandria (*c*.150–*c*.215)

Groegwr, athronydd a diwinydd

YR EMYN CRISTNOGOL CYNTAF

Y ffrwyn i'r 'styfnig farch,
 A fyn gan ei wyllys barch;
Aden, gyfeiria'n gryf
Ehedfa yr eryr hyf;
Lyw'r llongau geidw yn llyfn
Eu ffordd ar yr eigion dyfn;
Fugail y praidd sy â'u Pen
Yn eistedd ar orsedd nen,
Deffro dy dirion blant
I adrodd â didwyll fant
Dy fawl, Arweinydd glân
Eu mebyd, mewn hymn a chân.
O Frenin y sant, O Air,
Yn gryf a gorchfygol gair;
Fab y Goruchaf Dduw,
Sy'n dal Ei Ddoethineb wiw;
Mewn gofalon ein nerth dilyth,
Ein llawenydd na dderfydd byth
Iachawdwr holl deulu'r llawr
Sy â'i ras yn anfeidrol fawr,
  O Iesu, clyw!
Fugail a Heuwr mwyn,
Sy'n llyw a hefyd yn ffrwyn,
Aden i ddisglair lu
Mewn purdeb i hedfan fry,
Pysgotwr dynion, a'u dwg
O flinder y bywyd drwg,
O ganol terfysglyd fôr
Pechod, i'th wyddfod, Iôr;
O donnau blinder a chur
Ag abwyd y bywyd pur;

Mil a Mwy o Weddïau

Gan dynnu dy rwydau'n llawn
O bysgod prydferth iawn.
Arwain, O Fugail, gan ddwyn
Ymlaen dy ddiadell fwyn;
Arwain, O Arglwydd nef,
Yr hwn gyda'th fraich fawr gref,
A gedwi dy blant yn ddinam,
Rhag perygl, melltith, a cham;
O lwybr ein Ceidwad byw,
O ffordd, sydd yn arwain at Dduw,
O Air, yn dragwyddol sy,
O Olau diderfyn fry,
Trugaredd dros byth barha,
Gweithredydd pob peth da,
O Fywyd pur pob un
A eilw ar ei Grëwr cun,
　　　Grist Iesu, clyw.
O Laeth y nef a gawn
Allan o fronnau llawn,
Y Briodasferch wiw
Gyflenwodd Ddoethineb Duw:
Dy ieuainc blant wna'u rhan
A gwefus fabanaidd, wan,
Sy o wlith yr Ysbryd yn llawn,
O'r fynwes dyner iawn, –
I ddyrchu, mewn peraidd gân,
Dy glodydd, ein Brenin glân,
　　　Tydi, y Crist.
Ein teyrnged sanctaidd yw hon,
Am fywyd a gwynfyd llon,
Gan ganu mewn cytgan bêr,
Gan ganu mewn cytsain bêr,
　　　Y cadarn Fab.
Etifeddion yr heddwch mawr,
A aned yng Nghrist yn awr,
A burwyd trwy ddwyfol drefn,
Molwn ein Duw drachefn,
　　　Arglwydd ein Hedd.
Cyf. Anhysbys

112

Veni, Creator Spiritus TYRD, YSBRYD GLÂN

cyf. Rowland Fychan (*c.*1587–1667)

Emyn Lladin o'r nawfed ganrif. Ceir enghreifftiau o'i gynnwys adeg y Sulgwyn yn y ddegfed ganrif. Priodolwyd y gwreiddiol i Rabanus Maurus, awdur Anima Christi *(t.49).*

Tyrd, Ysbryd Glân, i'n c'lonnau ni,
A dod d'oleuni nefol,
Tydi wyt Ysbryd Crist, dy ddawn
Sy fawr iawn a rhagorol.

Llawenydd, bywyd, cariad pur
Ydyw dy eglur ddoniau;
Dod eli i'n llygaid, fel i'th saint,
Ac ennaint i'n hwynebau.

Gwasgara Di'n gelynion trwch
A heddwch dyro inni;
Os T'wysog inni fydd Duw Nêr
Pob peth fydd er daioni.

Dysg in adnabod y Duw Dad,
Y gwir Fab Rhad a Thithau;
Yn un tragwyddol Dduw i fod,
Yn hynod Dri Phersonau.

Fel y molianner ym mhob oes
Y Duw a roes drugaredd,
Y Tad, y Mab, a'r Ysbryd Glân;
Da datgan ei anrhydedd.

Mil a Mwy o Weddïau

Edmwnd Prys (1541–1623)

Ysgolhaig gwych, Archddiacon Meirionnydd, cofir ef heddiw am ei Salmau Cân *(1621)*

SALM 23

Yr Arglwydd yw fy Mugail clau,
Ni ad byth eisiau arnaf;
A gorwedd gaf mewn porfa fras,
Ar lan dwfr gloywlas araf.

Fe goledd f'enaid, ac a'm dwg
'R hyd llwybrau diddrwg, cyfion,
Er mwyn ei enw mawr di-lys
Fe'm tywys ar yr union.

Pe rhodiwn, 'd ofnwn ddim am hyn,
Yn nyffryn cysgod angau;
Wyt gyda mi, â'th nerth a'th ffon;
On'd tirion ydyw'r arfau?

Gosodaist ti fy mwrdd yn fras
Lle'r oedd fy nghas yn gweled;
Olew i'm pen, a chwpan llawn,
Daionus iawn fu'r weithred.

O'th nawdd y daw y doniau hyn
I'm canlyn byth yn hylwydd;
A minnau a breswyliaf byth,
A'm nyth yn nhŷ yr Arglwydd.

SALM 100

I'r Arglwydd cenwch lafar glod,
A gwnewch ufudd-dod llawen fryd;
Dowch o flaen Duw â pheraidd dôn,
Drigolion daear fawr i gyd.

114

Gwybyddwch mai efe sydd Dduw,
A'n gwnaeth ni'n fyw fel hyn i fod;
Nid ni ein hun; ei bobl ŷm ni,
A defaid rhi' ei borfa a'i nod.

O ewch i'w byrth â diolch brau,
Yn ei gynteddau molwch ef;
Bendithiwch Dduw'r hwn sydd erio'd
Rhowch iddo glod drwy lafar lef.

Can's da yw'r Arglwydd, Awdur hedd,
Da ei drugaredd a di-lyth;
A'i lân wirionedd inni roes,
O oes i oes a bery byth.

SALM 121

Disgwyliaf o'r mynyddoedd draw;
Ble daw im help 'wyllysgar?
Yr Arglwydd, rhydd im gymorth gref,
Hwn a wnaeth nef a daear.

Dy droed i lithro, ef nis gad,
A'th Geidwad fydd heb huno;
Wele dy Geidwad, Israel lân,
Heb hun na hepian arno.

Ar dy law ddeau mae dy Dduw
Yr Arglwydd yw dy Geidwad;
Dy lygru ni chaiff haul y dydd,
A'r nos nid rhydd i'r lleuad.

Yr Iôn a'th geidw rhag pob drwg,
A rhag pob cilwg anfad;
Cei fynd a dyfod byth yn rhwydd,
Yr Arglwydd fydd dy Geidwad.

William Williams ('Pantycelyn' 1717–91)

*Pregethwr teithiol, ysgrythurwr, tad yr emyn Cymraeg a phrif
emynydd Cymru, diwygiwr Methodistaidd, ac ym marn llawer –
bardd rhamantus cyntaf y genedl*

MYFYRIO AM GRIST A'I GROES

Arnat, IESU, boed fy meddwl,
Am dy gariad boed fy nghân,
Dyged sŵn dy ddioddefiadau
Fy serchiadau oll yn lân:
Mae dy gariad
Uwch y clywodd neb erioed.

O na chawn ddifyrru 'nyddiau
Llwythog tan dy ddwyfol gro's,
A phob meddwl wedi ei glymu
Wrth dy Berson ddydd a nos:
Byw pob munud
Mewn tangnefedd pur a hedd.

Mae rhyw hiraeth ar fy nghalon
Am ddihengi o dwrf y byd,
A gweld dyddiau colla' i 'ngolwg
Ar bob tegan ynddo ynghyd:
Cael ymborthi
Fyth ar sylwedd pur y nef.

IESU'n ffrind, a IESU'n briod,
IESU'n gariad uwch pob rhai,
Fe yn broffwyd i fy nysgu,
Fe yn 'ffeiriad faddau 'mai:
Tan ei gysgod
Mi gongcwerwn feiau heb rif.

Os efe saif o fy ochor,
Ofna' i mo 'ngelynion ddim,
Er eu cynddeiriogrwydd creulon,
Er eu dyfais, er eu grym:
Trech yn hollol
Ydyw concwest Calfari.

YR ARGLWYDD YW FY NERTH

Cymer, IESU, fi fel ydwyf,
Fyth ni alla'i fod yn well;
Dy allu di a'm gwna yn agos,
Fy ewyllys i yw mynd ymhell:
Yn dy glwyfau
Bydda' i'n unig fyth yn iach.

Mi ddiffygiais deithio'r crastir
Dyrys anial wrthyf fy hun,
Ac mi fethais â choncwero,
O'm gelynion lleiaf, un:
Mae dy enw
Yn abal rhoddi'r cryfa'i ffoi.

Gwaed y Groes sy'n codi i fyny
'R eiddil yn goncwerwr mawr;
Gwaed y Groes sydd yn darostwng
Cewri cedyrn fyrdd i lawr:
Gad im deimlo
Awel o Galfaria fryn.

Mwy yw dy eiriau ar y croesbren,
Geiriau gwerthfawr, geiriau drud,
Mwy yw'r sillaf leia' ohonynt
Na'm holl ddyletswyddau i gyd:
'Drychaf yno,
Yno mae fy nerth a'm grym.

Clywed dy riddfannau chwerwon
Wnaiff i'm henaid lawenhau;
Teimlo'th gariad wna i'm gelynion
Cynddeiriocaf lwfwrhau.
Yna, yna
Mae fy nhrigfa fyth i fod.

GWEDDI AM LWYR LANHAD

Cudd fy meiau rhag y werin,
Cudd hwy rhag cyfiawnder ne';
Cofia'r gwaed unwaith a gollwyd
Ar y croesbren yn fy lle:
Yn y dyfnder
Bodd y cyfan sy 'no i'n fai.

N'ad fi i wneuthur llys na llety
Pleser i mi ddydd a nos,
Ond difyrru'm henaid yno
Ar gyfiawnder pur y gro's:
Llawn gorfoledd
Bob munudyn i'th fwynhau.

Rho gydwybod wedi ei channu
'N beraidd yn y dwyfol wa'd,
Cnawd a natur wedi darfod,
Clwyfau wedi cael iachâd:
Minnau'n aros
Yn fy ninas fore a nawn.

Rho fy nwydau fel cantorion
Oll yn chwarae eu bysedd cun
Ar y delyn sydd yn seinio
Enw IESU mawr eu hun:
Neb ond IESU
Fo'n ddifyrrwch ddydd a nos.

Gwna ddistawrwydd ar ganiadau
Cras afrywiog hen y byd,
Diffodd dân cynddeiriog natur
Sydd yn difa gras o hyd.
Fel y gallwyf
Glywed pur ganiadau'r nef.

YR ENW ANWYLAF

IESU, difyrrwch f'enaid drud
Yw edrych ar dy wedd,
Ac mae llythrennau d'enw pur
Yn fywyd ac yn hedd.

A than dy adain dawel, bur
Yr wy'n dymuno byw,
Heb ymbleseru fyth mewn dim
Ond cariad at fy Nuw.

O cau fy llygaid rhag im weld
Pleserau gwag y byd,
Ac imi wyro byth oddi ar
Dy lwybrau gwerthfawr, drud.

'Does gennyf ond dy allu mawr
I'm nerthu i fynd ymla'n;
Dy iachawdwriaeth yw fy ngrym,
Fy nghongcwest, a fy nghân.

Melysach nag yw'r diliau mêl
Yw munud o'th fwynhau,
Ac nid oes gennyf bleser sydd
Ond hynny, yn parhau.

A phan y syrthio sêr y nen
Fel ffigys ir i'r llawr,
Bydd fy niddanwch heb ddim trai
Oll yn fy Arglwydd mawr.

119

IESU'N DDIGON

IESU, IESU, rwyt ti'n ddigon,
Rwyt ti'n llawer mwy na'r byd;
Mwy trysorau sy'n dy enw
Na thrysorau'r India i gyd:
Oll yn gyfan
Ddaeth i'm meddiant gyda'm DUW.

Y mae gwedd dy wyneb grasol
Yn rhagori llawer iawn
Ar bob peth a welodd llygad
Ar hyd wyneb daear lawn:
Rhosyn Saron,
Ti yw tegwch nef y nef.

Tarian gadarn yw dy enw
Pan fo'r gelyn yn nesáu;
Angau ei hunan sydd yn ofni,
Angau sydd yn llwfrhau.
Ti goncweraist,
'Does ond canu 'nawr i mi.

Nis gall fy enaid, er ei gyrraedd,
Fyth i geisio cyrraedd mwy
Nag sydd wedi ei roi ynghadw
Yn y dwyfol farwol glwy':
Cariad, cariad
Nad oes dyfnder iddo'n bod.

Dyma'r beger gyfoethogwyd,
A'r carcharwr wnaed yn rhydd,
Ddoe oedd yn y pydew obry,
Heddiw yma'n canu'n rhydd:
Nid oes genny'
Ddim ond diolch tra fwy' byw.

GEIRIAU IESU

O llefara, addfwyn IESU
Mae dy eiriau fel y gwin,
Oll yn dwyn i mewn dangnefedd
Ag sydd o anfeidrol rin;
Mae holl leisiau'r greadigaeth,
Holl ddeniadau cnawd a byd,
Wrth dy lais hyfrytaf, tawel
Yn distewi a mynd yn fud.

Nis gall holl hyfrydwch natur,
A'i melystra penna' i ma's,
Fyth gymharu â lleferydd
Hyfryd pur maddeuol ras:
Gad im glywed sŵn dy eiriau,
Awdurdodol eiriau'r nef,
Oddi mewn yn creu hyfrydwch
Nad oes mo'i gyffelyb ef.

Dwed dy fod yn eiddo imi
Mewn llythrennau eglur clir,
Tor amheuaeth sych digysur,
Tywyll dyrys, cyn bo hir;
Rwy'n hiraethu am gael clywed
Un o eiriau pur y ne'
Nes bo ofon du a thristwch
Yn dragwyddol golli eu lle.

RHINWEDDAU'R GROES

O tyred, Arglwydd mawr,
Dihidla o'r nef i lawr gawodydd pur,
Fel byddo'r egin grawn,
Foreddydd a phrynhawn,
I darddu yn beraidd iawn o'r anial dir.

121

Mil a Mwy o Weddïau

Mae peraroglau'th ras
Yn tannu o gylch i ma's awelon hedd;
Estroniaid sydd yn dod
O'r pellter eitha' erio'd
I gwympo wrth dy dro'd, a gweld dy wedd.

Mae tegwch d'wyneb-pryd
Yn maeddu oll i gyd sy ar y ddaear las;
Mae pob rhyw nefol ddawn
Oll yno yn gryno llawn
Yn tarddu yn hyfryd iawn o'th glwyfau ma's.

Arhosaf ddydd a nos
Byth bellach tan dy gro's i'th lon fwynhau;
Mi wn mai'r taliad hyn
Wnawd ar Galfaria fryn
A'm canna i oll yn wyn oddi wrth fy mai.

Yn nyfnder dŵr a thân
Calfaria fydd fy nghân, Calfaria mwy,
Y bryn ordeiniodd DUW
Yn nhragwyddoldeb yw
I godi'r marw'n fyw trwy farwol glwy'.

Mi af bellach tu â'r wlad
Bwrcaswyd i'm â gwa'd – rwy' i'n nesáu:
Caf yno oll i'm rhan
Sydd eisiau ar f'enaid gwan,
A hynny yn y man, i'w wir fwynhau.

CYNHALIAETH DDIHAFAL IESU

O tyred, Arglwydd, saf wrth raid
Yn awr o blaid y gwan,
Mi soddaf mewn dyfnderau du
Oni ddeli di fi i'r lan.

Mae nerth dy ras yn llawer mwy
Na'm beiau i oll o'r bron;
Dy hyfryd wên sy'n abal lladd
'R euogrwydd tan fy mron.

Ni all fy meiau, er eu rhif
A'u cynddeiriogrwydd cas,
Eu scil, eu dyfais faith, a'u grym,
I faeddu dim o'th ras.

Mae ynot foroedd pur di-lyth,
Heb ddiffyg fyth na thrai,
O gariad anghymharol cu
Fyth fythoedd i barhau.

O! tywallt hwn i'm henaid gwan
Sy'n fynych tan ei boen,
Yn methu credu i'w faddau'n rhad
Yng ngwerthfawr wa'd yr Oen.

ARWEINIAD YR YSBRYD

Pererin wyf mewn anial dir
   Yn crwydro yma a thraw,
Ac yn rhyw ddisgwyl bob yr awr
Fod tŷ fy Nhad gerllaw.

Ac mi debyga' clywa' i sŵn
Nefolaidd rai o'm bla'n
Wedi congcwero, a mynd trwy
Dymhestloedd dŵr a thân.

Tyrd, Ysbryd sanctaidd, ledia'r ffordd,
Bydd imi'n niwl a thân:
Ni cherdda' i'n gywir hanner cam
Nes ethost o fy mla'n.

123

Mi wyra' weithiau ar y dde,
Ac ar yr aswy law:
Am hynny, arwain gam a cham
Fi i'r baradwys draw.

Mae hiraeth arna' i am y wlad
Lle mae torfeydd di-ri'
Yn canu'r anthem ddyddiau eu hoes
Am angau Calfari.

CARIAD AT GRIST

Rwy'n edrych dros y bryniau pell
Amdanat bob yr awr;
Tyrd, f'anwylyd, mae'n hwyrhau,
A'm haul bron mynd i lawr.

Trodd fy nghariadau oll i gyd
Nawr yn anffyddlon im,
Ond yr wyf finnau'n hyfryd glaf
O gariad mwy ei rym.

Cariad na 'nabu plant y llawr
Mo'i rinwedd nac mo'i ras,
Ac sydd yn sugno'm serch a'm bryd
O'r creadur oll i ma's.

O gwna fi'n ffyddlon tra fwy' byw,
A'm lefel at dy glod,
Ac na fo pleser fynd â 'mryd
A welwyd is y rhod.

Tyn fy serchiadau'n gryno iawn
Oddi wrth wrthrychau gau
At yr un gwrthrych ag sydd fyth
Yn ffyddlon yn parhau.

'Does gyflwr tan yr awyr las
Rwy' ynddo'n chwennych byw;
Ond fy hyfrydwch fyth gaiff fod
O fewn cynteddau 'Nuw.

Fe ddarfu blas, fe ddarfu chwant
At holl bosïau'r byd:
Nid oes ond gwagedd heb ddim trai
Yn rhedeg trwyddo i gyd.

DYHEAD YR ENAID EDIFAR

Tyred, IESU, i'r anialwch
At bechadur gwael ei lun,
Ganwaith ddrysodd mewn rhyw rwydau,
Rhwydau weithiodd ef ei hun;
Llosg fieri sydd o'm cwmpas;
Rho fi i sefyll ar fy nhra'd
Moes dy law ac arwain trosodd
F'enaid gwan i dir y wlad.

Manna nefol sy arnaf eisiau,
Dŵr rhedegog gloyw byw
Sydd yn tarddu o tan riniog
Temel sanctaidd bur fy NUW.
Golchi'r aflan, cannu'r Ethiop,
Gwneud yr euog brwnt yn lân,
Ti gei'r clod ryw fyrdd o oesoedd
Wedi i'r ddaear fynd yn dân.

Fyth ni allsai'm dyletswyddau,
Fyth ni allsai ffrwyth y bru,
Mil o nentydd maith o olew,
Foddio dim ohonot ti,
Dengmil hyfryd o fyheryn,
Neu ynteu'r peraroglau mân,
Nac un dim o tan y nefoedd
Allai olchi'r brwnt yn lân.

Ar dy allu rwy'n ymddiried;
Mi anturia', doed a ddêl,
Dreiddio trwy'r afonydd dyfnion
(Mae dy eiriau oll tan sêl);
Fyth ni fetha a gredo ynot,
'Safodd un erioed yn ôl;
Mi a' mlaen, a doed a ddelo,
Graig a thyle, ar dy ôl.

Dafydd William (?1721–94)

*Un o brif emynwyr y ddeunawfed ganrif, a'i gartref yn Llandeilo-
fach, Tal-y-bont*

AWEL MYNYDD SEION

O Arglwydd, dyro awel,
A honno'n awel gref,
I godi f'ysbryd egwan
O'r ddaear hyd y nef;
Yr awel sy'n gwasgaru
Y tew gymylau mawr;
Mae f'enaid am ei theimlo:
O'r nefoedd doed i lawr.

Awelon mynydd Seion
Sy'n cynnau nefol dân;
Awelon mynydd Seion
A nertha 'nghamre 'mla'n;
Dan awel mynydd Seion
Mi genais beth cyn hyn;
Mi ganaf ronyn eto
Nes dod i Seion fryn.

CYFAILL YN ANGAU

Yn y dyfroedd mawr a'r tonnau
   Nid oes neb a ddeil fy mhen
Ond fy annwyl Briod Iesu
A fu farw ar y pren:
Cyfaill yw yn afon angau
Ddeil fy mhen i uwch y don:
Golwg arno wna im ganu
Yn yr afon ddofon hon.

O anfeidrol rym y cariad,
Anorchfygol ydyw'r gras,
Digyfnewid yw'r addewid
Bery byth o hyn i ma's;
Hon yw f'angor ar y cefnfor
Na chyfnewid meddwl Duw;
Fe addawodd na chawn farw,
Yng nghlwyfau'r Oen y cawn i fyw.

Thomas Lewis (1760–1842)

Gof a ymsefydlodd yn efail Talyllychau. Gwasanaethodd yn ddiflino fel blaenor gyda'r Methodistiaid. Cred rhai taw dyma'r emyn anwylaf yn y Gymraeg

COFIO'R DIODDEFAINT

Wrth gofio'i riddfannau'n yr ardd,
   A'i chwys fel defnynnau o waed,
Aredig ar gefn oedd mor hardd,
A'i daro â chleddyf ei Dad,
A'i arwain i Galfari fryn
A'i hoelio ar groesbren o'i fodd.
Pa dafod all dewi am hyn?
Pa galon mor galed na thodd?

David Charles (1762–1834)

Brawd Thomas Charles (1755–1814). Ordeiniwyd yn weinidog gan y Methodistiaid Calfinaidd ym 1811. Ysgrifennodd lawer o emynau

DIOLCH AM YR EFENGYL

Diolch i ti, yr Hollalluog Dduw,
   Am yr Efengyl sanctaidd,
Halelwia! Amen.

Pan oeddem ni mewn carchar tywyll, du
Rhoist in oleuni nefol.
Halelwia! Amen.

O aed, O aed yr hyfryd wawr ar led!
Goleued ddaear lydan!
Halelwia! Amen.

Thomas William (1761–1844)

Fe'i hadwaenir wrth yr enw, 'Thomas William, Bethesda'r Fro'. Gweinidog ac emynydd o fri. Mae ei emyn, 'Gweddi Pechadur' yn cael ei gyfrif yn un o emynau gorau'r iaith.

GWEDDI PECHADUR

O'th flaen, O Dduw, rwy'n dyfod, gan sefyll o hir-bell,
   Pechadur yw fy enw, ni feddaf enw gwell;
Trugaredd rwy'n ei geisio, a'i geisio eto wnaf,
Trugaredd imi dyro, rwy'n marw onis caf.

Pechadur wyf, mi welaf, O Dduw, na allaf ddim,
Rwy'n dlawd, rwy'n frwnt, rwy'n euog, O bydd drugarog im;
Rwy'n addef nad oes gennyf, drwy 'mywyd hyd fy medd
O hyd ond gweiddi, "Pechais! Nid wyf yn haeddu hedd."

Mi glywais gynt fod Iesu, a'i fod ef felly 'nawr,
Yn derbyn publicanod a phechaduriaid mawr;
O derbyn, Arglwydd, derbyn fi hefyd gyda hwy,
A maddau'r holl anwiredd, heb gofio'r camwedd mwy.

Azariah Shadrach (1774–1844)

Urddwyd yn weinidog yn Llanrwst ym 1802 a bu'n Galfinydd cadarn o ran ei ddiwinyddiaeth. Teithiodd yn eang o'i eglwys, Seion, Aberystwyth, i bregethu a chasglu arian i dalu am yr adeilad. Awdur ac emynydd

O IESU, GWRESOGA FI

O Iesu, Haul Cyfiawnder glân,
Llanw fy mron â'th nefol dân;
Disgleiria ar fy enaid gwan,
Nes dod o'r anial fyd i'r lan.

Enynna 'nghalon, Iesu cu,
Yn dân o gariad atat ti;
A gwna fi'n wresog yn dy waith
Tra byddaf yma ar fy nhaith.

A gwna fy nghalon dywyll i
Yn olau drwy d'oleuni di;
Gwasgara'r holl gymylau i gyd
Sy'n cuddio gwedd dy wyneb-pryd.

William Rees ('Gwilym Hiraethog' 1802–83)

Gweinidog gyda'r Annibynwyr a Llywydd cyntaf Undeb yr
Annibynwyr: bardd, llenor a golygydd diwyd a dylanwadol

CARIAD FEL Y MOROEDD

Dyma gariad fel y moroedd,
Tosturiaethau fel y lli:
T'wysog bywyd pur yn marw,
Marw i brynu'n bywyd ni.
Pwy all beidio â chofio amdano?
Pwy all beidio â thraethu'i glod?
Dyma gariad nad â'n angof
Tra bo nefoedd wen yn bod.

Ar Galfaria yr ymrwygodd
Holl ffynhonnau'r dyfnder mawr,
Torrodd holl argaeau'r nefoedd
Oedd yn gyfan hyd yn awr:
Gras a chariad megis dilyw
Yn ymdywallt yma 'nghyd
A chyfiawnder pur a heddwch
Yn cusanu euog fyd.

Ebenezer Thomas ('Eben Fardd' 1802–63)

Emynydd o Glynnog Fawr, awdur un o'r emynau mwyaf
poblogaidd yn yr iaith Gymraeg, sy'n crynhoi llawer o'r adfyd a
thrallodau a fu'n rhan o'i fywyd. Eto, mynega ei hyder a'i
sicrwydd yng ngafael Iesu, ei Arglwydd

PWYSO AR IESU

O fy Iesu bendigedig,
Unig gwmni f'enaid gwan,
Ymhob adfyd a thrallodion
Dal fy ysbryd llesg i'r lan;

A thra'm teflir yma ac acw
Ar anwadal donnau'r byd
Cymorth rho i ddal fy ngafael
Ynot ti, sy'r un o hyd.

Rhof fy nhroed y fan a fynnwyf
Ar sigledig bethau'r byd,
Ysgwyd mae y tir o danaf,
Darnau'n cwympo i lawr o hyd;
Ond os caf fy nhroed i sengi,
Yn y dymestl fawr a'm chwyth,
Ar dragwyddol Graig yr Oesoedd,
Dyna fan na sigla byth.

Pwyso'r bore ar fy nheulu,
Colli'r rheini y prynhawn;
Pwyso eilwaith ar gyfeillion,
Hwythau'n colli'n fuan iawn;
Pwyso ar hawddfyd – hwnnw'n siglo,
Profi'n fuan newid byd:
Pwyso ar Iesu – dyma gryfder
Sydd yn dal y pwysau i gyd.

David Charles (1803–80)

Unig fab David Charles (1762–1834), brawd Thomas (1755–1814), ac fe'i ganed yng Nghaerfyrddin. Priododd â'i gyfnither Sarah, sef wyres Thomas (o'r Bala). Bu hi farw ym 1833.

Ym 1851 ordeiniwyd yn weinidog gyda'r Methodistiaid Calfinaidd

DONIAU DUW

Tydi sy deilwng oll o'm cân,
   Fy Nghrëwr mawr a'm Duw;
Dy ddoniau di, o'm hamgylch maent
Bob awr yr wyf yn byw.

131

Mi glywa'r haul a'r lloer a'r sêr
Yn datgan dwyfol glod;
Tywynnu'n ddisglair yr wyt ti
Trwy bob peth sydd yn bod.

O na foed tafod dan y rhod
Yn ddistaw am dy waith;
Minnau fynegaf hyd fy medd
Dy holl ddaioni maith.

Diolchaf am dy gariad cu
Yn estyn hyd fy oes;
Diolchaf fwy am Un a fu
Yn gwaedu ar y groes.

John Roberts ('Minimus' 1808–80)

*Brodor o Lerpwl, gweinidog ac un o brif arloeswyr Cenhadaeth
Dramor y Methodistiaid Calfinaidd*

BYWHA DY WAITH

Bywha dy waith, O Arglwydd mawr,
Dros holl derfynau'r ddaear lawr,
Trwy roi tywalltiad nerthol iawn
O'r Ysbryd Glân, a'i ddwyfol ddawn.

Bywha dy waith o fewn ein tir,
Arddeliad mawr fo ar y gwir
Mewn nerth y bo'r Efengyl lawn,
Er iachawdwriaeth llawer iawn.

Bywha dy waith o fewn dy dŷ,
A gwna dy weision oll yn hy:
Gwisg hwynt â nerth yr Ysbryd Glân,
A'th air o'u mewn fo megis tân.

132

Bywha dy waith, O Arglwydd mawr,
Yn ein calonnau ninnau'n awr,
Er marwhau pob pechod cas,
A chynnydd i bob nefol ras.

William Ambrose ('Emrys' 1813–73)

Llenor a bardd, bu'n weinidog ar eglwys yr Annibynwyr ym Mhorthmadog o 1837 hyd ei farw

HANES MAWR DY FARWOL GLWY'

O Iesu mawr, pwy ond tydi
    Allasai farw drosom ni
A'n dwyn o warth i fythol fri?
    Pwy all anghofio hyn?

Doed myrdd ar fyrdd o bob rhyw ddawn
I gydfawrhau d'anfeidrol Iawn,
Y gwaith gyflawnaist un prynhawn
    Ar fythgofiadwy fryn.

Nid yw y greadigaeth faith
Na'th holl arwyddion gwyrthiol chwaith
Yn gytbwys â'th achubol waith
    Yn marw i ni gael byw.

Rhyfeddod heb heneiddio mwy
Fydd hanes mawr dy farwol glwy';
Ni threiddia tragwyddoldeb trwy
    Ddyfnderau cariad Duw.

R. J. Derfel (1824–1905)

Pregethwr cynorthwyol gyda'r Bedyddwyr, bardd diwyd a ysgrifennai'n gyson i bapurau'r dydd. Llysenwodd adroddiadau'r llywodraeth ym 1847: Brad y Llyfrau Gleision. *Yn ddiweddarach ceisiodd gysoni sosialaeth â Christnogaeth, cefnodd ar grefydd a newidiodd ei syniadau ynglŷn â chenedlaetholdeb*

GWEDDI DROS YR HOLL FYD

Dragwyddol, Hollalluog Iôr,
Creawdwr nef a llawr,
O gwrando ar ein gweddi daer
Ar ran ein byd yn awr.

O'r golud anchwiliadwy sydd
Yn nhrysorfeydd dy ras,
Diwalla reidiau teulu dyn
Dros wyneb daear las.

Yn erbyn pob gormeswr cryf
O cymer blaid y gwan;
Darostwng ben y balch i lawr
A chod y tlawd i lan.

Bendithia holl dylwythau dyn
Â rhyddid pur a hedd,
A gad i bawb gael byw heb ofn,
Dan nawdd dy ddwyfol wedd.

Ymostwng atom yn dy ras
O gwrando ar ein cri,
Ac mewn trugaredd, Arglwydd Iôr,
Yn dirion ateb ni.

O LLEFARA, IÔR

Mynega, Iôr, nes clywo pawb
Dy awdurdodol lais;
A dyro iddynt ras i wneud
Yn ôl dy ddwyfol gais.

Goresgyn, â galluoedd glân
Dy deyrnas fawr dy hun,
Bob gallu a dylanwad drwg
Sydd yn anrheithio dyn.

Teyrnasa dros ein daear oll,
Myn gael pob gwlad i drefn;
O adfer dy ddihalog lun
Ar deulu dyn drachefn.

Gwna'n daear oll fel Eden gynt,
Yn nefoedd fach i ni,
A bydded, tra bo'n ddaear mwy,
Yn sanctaidd deml i ti.

Ceir yn y gwreiddiol, 'Llefara, Iôr . . .'

J. Spinther James ('Spinther' 1837–1914)

Urddwyd yn weinidog gan y Bedyddwyr ym 1861 a daeth i'r amlwg fel hanesydd, a chyhoeddwyd Hanes y Bedyddwyr yng Nghymru *rhwng 1893 a 1907*

DONIAU RHAGLUNIAETH

Ti, O Dduw, foliannwn
Am dy ddoniau rhad,
Mawr yw d'ofal tyner
Drosom, dirion Dad;
Llawn yw'r ddaear eto
O'th drugaredd lân,
Llawn yw'n calon ninnau
O ddiolchgar gân.

Ni sy'n trin y meysydd,
Ni sy'n hau yr had,
Tithau sy'n rhoi'r cynnydd
Yn dy gariad rhad;
Doniau dy ragluniaeth
Inni'n gyson ddaw;
Storfa'r greadigaeth
Yw d'agored law.

Lleisiau nef a daear
A rydd fawl i ti,
Am dy ryfedd roddion
Gwerthfawr a di-ri';
Unwn ninnau i'th foli
Â gwefusau glân;
Diolch fo'n ein calon
Moliant yn ein cân.

Samuel Jonathan Griffiths ('Morswyn' 1850–93)

Emynydd o Gaergybi a gorfforodd ddelweddau morwrol yn ei gyfansoddiadau ac a fynnodd bwysleisio sefydlogrwydd craig ei Arglwydd

CRAIG YR OESOEDD

Arglwydd Iesu, arwain f'enaid
At y Graig sydd uwch na mi,
Craig safadwy mewn tymhestloedd,
Craig a ddeil yng ngrym y lli;
Llechu wnaf yng Nghraig yr Oesoedd,
Deued dilyw, deued tân,
A phan chwalo'r greadigaeth
Craig yr Oesoedd fydd fy nghân.

Pan fo creigiau'r byd yn rhwygo
Yn rhyferthwy'r farn a ddaw,
Stormydd creulon arna' i'n curo,
Cedyrn fyrdd o'm cylch mewn braw;
Craig yr Oesoedd ddeil pryd hynny,
Yn y dyfroedd, yn y tân:
Draw ar gefnfor tragwyddoldeb
Craig yr Oesoedd fydd fy nghân.

John Evan Davies ('Rhuddwawr' 1850–1929)

Gweinidog gyda'r Methodistiaid Calfinaidd, a llenor llwyddiannus. Enillodd y Goron yn yr Eisteddfod Genedlaethol, Llanelli (1903)

IESU YN FY MYWYD I

Un cais a geisiaf, Arglwydd glân,
Un sain yn unig sy'n fy nghân;
Pechadur wyf, pechadur mawr,
Yn methu cael fy meiau i lawr;
O Iesu byw, dy fywyd di
Fo'n fywyd yn fy mywyd i.

Os ydwyf eiddil, gwael a gwan,
Mi wn am Un a'm cwyd i'r lan;
Mi ddof ryw ddydd yn bur, yn lân,
A sain gorchfygwr yn fy nghân;
O Iesu byw, dy fywyd di
Fo'n fywyd yn fy mywyd i.

Evan Rees ('Dyfed' 1850–1923)

Yn wyth oed aeth i weithio yng ngwaith glo Blaengwawr, Aberdâr. Bu'n aelod gyda'r Methodistiaid Calfinaidd ac fe'i hordeiniwyd ym 1884. Treuliodd 40 mlynedd yn pregethu ond ni chymerodd ofal eglwys. Bu'n amlwg fel bardd gan ennill Cadair yr Eisteddfod Genedlaethol bedair gwaith. Cyhoeddodd nifer o gasgliadau o farddoniaeth a chyfansoddodd lawer o emynau

Y CYNHAEAF

Gogoniant tragwyddol i'th enw, fy Nuw,
Mae'r byd yn dy gysgod yn bod ac yn byw;
Ni flinaist fynd heibio i feiau di-ri',
I gofio pechadur na chofia dydi.

Tydi sydd yn deilwng o'r bri a'r mawrhad,
Tydi roddodd fywyd a chynnydd i'r had;
Tydi yn dy nefoedd aeddfedodd y grawn,
Tydi roddodd ddyddiau'r cynhaeaf yn llawn.

Er maint y daioni a roddi mor hael,
Tu cefn i'th drugaredd mae digon i'w gael;
Llawenydd yw cofio, er cymaint a roed,
Fod golud y nefoedd mor fawr ag erioed.

Robert Meigant Jones ('Meigant' 1851–99)

Daeth i'r amlwg fel bardd mesurau caeth, a bu'n llwyddiannus yn eisteddfodol â llawer o'i gerddi. Bu'n ddiwyd fel ysgrifennydd pwyllgorau Llawlyfr Moliant (1890) a Llawlyfr Moliant yr Ysgol Sabbothol (1897)

GWRANDÄWR GWEDDI

Ti yr Hwn wrandewi weddi,
Atat ti y daw pob cnawd;
Llef yr isel ni ddirmygi,
Clywi ocheneidiau'r tlawd:
Dy drugaredd
Sy'n cofleidio'r ddaear faith.

Minnau blygaf yn grynedig
Wrth dy orsedd rasol di,
Gyda hyder gostyngedig
Yn haeddiannau Calfarî:
Dyma sylfaen
Holl obeithion euog fyd.

Hysbys wyt o'm holl anghenion
Cyn eu traethu ger dy fron;
Gwyddost gudd feddyliau 'nghalon
A chrwydriadau mynych hon:
O tosturia,
Ymgeledda fi â'th ras.

Nid oes ond dy ras yn unig
A ddiwalla f'eisiau mawr;
O rho'r profiad bendigedig
O'i effeithiau imi'n awr:
Arglwydd, gwrando
Mewn trugaredd ar fy llef.

William Parri Huws (1853–1936)

Gweinidog diwyd gyda'r Annibynwyr. Bu'n Ysgrifennydd Cyffredinol ac yn Llywydd Undeb yr Annibynwyr erbyn 1923

YR EGLWYS I DDANGOS CRIST

Arglwydd Iesu, llanw d'Eglwys
Â'th lân Ysbryd di dy Hun
Fel y gwasanaetho'r nefoedd
Trwy roi'i llaw i achub dyn:
Dysg i'w llygaid allu canfod,
Dan drueni dyn ei fri;
Dysg i'w dwylo estyn iddo
Win ac olew Calfarî.

Mil a Mwy o Weddïau

Llifed cariad pen Calfaria
Trwy dy Eglwys ato ef;
A'th diriondeb di dy hunan
Glywo'r truan yn ei llef:
Dysg hi i ofni byw yn esmwyth,
Gan anghofio'r byd a'i loes;
Nertha hi i dosturio wrtho
A rhoi'i hysgwydd dan ei groes.

Howell Elvet Lewis ('Elfed' 1860–1953)

Mae Elfed yn dal i fod ymhlith yr emynwyr Cymraeg mwyaf cyfarwydd. Bardd toreithiog, enillodd y Goron yn yr Eisteddfod Genedlaethol ddwywaith ac yna'r Gadair. Ystyrir ef yn un o bregethwyr amlycaf ei gyfnod. Bu hefyd yn rhan o fyrddau golygyddol Caniedyddion yr Annibynwyr – 1895, 1921, a 1960

LLWYBRAU GWEDDI

I dawel lwybrau gweddi,
O Arglwydd, arwain fi,
Rhag imi gael fy nhwyllo
Gan ddim daearol fri:
Mae munud yn dy gwmni
Yn newid gwerth y byd,
Yn agos iawn i'th feddwl
O cadw fi o hyd.

Pan weli fy amynedd,
O Arglwydd, yn byrhau;
Pan weli fod fy mhryder
Dros ddynion yn lleihau;
Rhag im, er maint fy mreintiau,
Dristáu dy Ysbryd di,
I dawel lwybrau gweddi
Yn fynych, arwain fi.

140

Pan fyddo achos Iesu
Yn eiddil a di-glod,
Pan losgo'r lamp yn isel
Wrth ddisgwyl iddo ddod,
A thwrf y rhai annuwiol
Fel sŵn ystormus li,
Ar dawel lwybrau gweddi
O cadw, cadw fi.

EMYN HWYROL

Arglwydd, mae yn nosi,
Gwrando ar ein cri;
O bererin nefol,
Aros gyda ni.

Llosgi mae'n calonnau
Gan dy eiriau di;
Mwy wyt ti na'th eiriau,
Aros gyda ni.

Hawdd wrth dorri'r bara
Yw dy nabod di;
Ti dy hun yw'r manna,
Aros gyda ni.

Pan fo'n diwrnod gweithio
Wedi dod i ben,
Dwg ni i orffwyso
Atat ti, Amen.

GWEDDI DROS EIN GWLAD

Cofia'n gwlad, Benllywydd tirion,
Dy gyfiawnder fyddo'i grym:
Cadw hi rhag llid gelynion,
Rhag ei beiau'n fwy na dim:
Rhag pob brad, nefol Dad,
Taena'th aden dros ein gwlad.

Yma mae beddrodau'n tadau,
Yma mae ein plant yn byw;
Boed pob aelwyd dan dy wenau,
A phob teulu'n deulu Duw:
Rhag pob brad, nefol Dad,
Cadw di gartrefi'n gwlad.

Gwna'n Sabothau'n ddyddiau'r nefoedd,
Yng ngoleuni'th ddeddfau glân;
Dyro'r gwlith i'n cymanfaoedd,
Gwna ein crefydd fel ein cân:
Nefol Dad, boed mawrhad
Ar d' Efengyl yn ein gwlad.

Griffith Penar Griffiths ('Penar' 1860–1918)

Brodor o Drecynon, Aberdâr, gweinidog gyda'r Annibynwyr. Bu'n ddiwyd drwy ei oes yn barddoni, llenydda, arwain eisteddfodau ac yn bregethwr bywiog ym Mhentre Estyll, Abertawe am 31 o flynyddoedd hyd ei farw

GWEINIDOGAETH YR YSBRYD GLÂN

Ysbryd Sanctaidd, disgyn
O'r uchelder glân
Nes i'n calon esgyn
Mewn adfywiol gân.

Arwain ein hysbrydoedd
I fynyddoedd Duw,
Darpar yno'r gwleddoedd
Wna i'r enaid fyw.

Dangos inni'r llawnder
Ynddo ef a gaed,
Dangos inni'r gwacter
Heb rinweddau'r gwaed.

Ysbryd Sanctaidd, dangos
Inni'r Iesu mawr,
Dwg y nef yn agos,
Agos yma'n awr.

John Henry Newman (1801–90)
cyf. E. Keri Evans (1860–1941)

*Ysgolhaig, offeiriad, un o arweinwyr y mudiad Ucheleglwysig.
Trodd oddi wrth Anglicaniaeth at yr Eglwys Babyddol ym 1845.
Penodwyd ef yn Gardinal ym 1879: meddyliwr disglair, bardd,
llenor ...*

ARWEINIAD Y GOLEUNI

Yng nghanol nos, Oleuni mwyn y nef,
  O arwain fi;
Mae'n dywyll iawn, a minnau 'mhell o dref,
O arwain fi;
O cadw 'nhraed, ni cheisiaf weled mwy
I ben y daith: un cam a bodlon wy'.

Bu amser na weddïwn am dy wawr
I'm harwain i;
Chwenychwn gael a gweld fy ffordd: yn awr
O arwain di:
Carwn y coegwych ddydd: er ofnau lu
Balch oedd fy mryd: na chofia'r dyddiau fu.

Y nerth a'm daliodd cyd, ni phaid byth mwy
Â'm harwain i
Dros gors a gwaun, a chraig a chenllif, trwy
Y noson ddu,
Nes cwrdd â'r engyl hawddgar gyda'r wawr,
A gerais gynt, ond gollais ennyd awr.

Frances Ridley Havergal (1836–79)

cyf. John Morris-Jones (1864–1929)

Emynyddes dalentog o Swydd Gaerwrangon a ddaeth i fyw i Fae Caswell, Penrhyn Gŵyr ym 1878; flwyddyn yn ddiweddarach bu farw yn Ystumllwynarth, Abertawe

YMGYSEGRIAD

Cymer, Arglwydd, f'einioes i
I'w chysegru oll i ti;
Cymer fy munudau i fod
Fyth yn llifo er dy glod.

Cymer di fy nwylaw'n rhodd,
Fyth i wneuthur wrth dy fodd:
Cymer, Iôr, fy neudroed i,
Gwna hwy'n weddaidd erot ti.

Cymer di fy llais yn lân,
Am fy Mrenin boed fy nghân;
Cymer fy ngwefusau i,
Llanw hwynt â'th eiriau di.

Cymer f'aur a'r da sydd im,
Mi ni fynnwn atal dim;
Cymer fy nghyneddfau'n llawn,
I'th wasanaeth tro bob dawn.

Cymer mwy f'ewyllys i,
Gwna hi'n un â'r eiddot ti;
Cymer iti'r galon hon
Yn orseddfainc dan fy mron.

Cymer fy serchiadau, Iôr,
Wrth dy draed rwy'n bwrw eu stôr;
Cymer, Arglwydd, cymer fi
Byth, yn unig, oll i ti.

John Gruffydd Moelwyn Hughes ('Moelwyn' 1866–1944)

Gweinidog gyda'r Hen Gorff o 1895 hyd 1936, y flwyddyn yr oedd
yn Llywydd y Gymanfa Gyffredinol. Bu'n olygydd Y Drysorfa, *yn*
fardd medrus ac yn awdur nifer o lyfrau

Y PETHAU DA

Fy Nhad o'r nef, O gwrando 'nghri:
  Un o'th eiddilaf blant wyf fi;
O clyw fy llef a thrugarha,
A dod i mi dy bethau da.

Nid ceisio rwyf anrhydedd byd,
Nid gofyn wnaf am gyfoeth drud;
O llwydda f'enaid, trugarha,
A dod i mi dy bethau da.

Fe all mai'r storom fawr ei grym
A ddwg y pethau gorau im;
Hwyrach mai drygau'r byd a wna
I'm henaid geisio pethau da.

Ffynhonnell pob daioni sy,
O dwg fi'n agos atat ti;
Rho imi galon a barha
O hyd i garu pethau da.

Eliseus Williams ('Eifion Wyn' 1867–1926)

Bardd toreithiog ac emynydd

ORA PRO NOBIS

Ein Tad, cofia'r adar
  Nad oes iddynt gell;
Mae'r eira mor agos,
A'th haf di mor bell.

Mil a Mwy o Weddïau

Ein Tad, cofia'r arab
A gwsg tan y lloer;
Mae'i wisg ef mor denau,
A'th wynt di mor oer.

Ein Tad, cofia'r morwr
Rhwng cyfnos a gwawr;
Mae'i long ef mor fechan
A'th fôr di mor fawr.

UN PETH A DDEISYFAIS

Un fendith dyro im,
   Ni cheisiaf ddim ond hynny:
Cael gras i'th garu di tra bwy',
Cael mwy o ras i'th garu.

Ond im dy garu'n iawn
Caf waith a dawn sancteiddiach;
A'th ganlyn wnaf bob dydd yn well,
Ac nid o hirbell mwyach.

A phan ddêl dyddiau dwys
Caf orffwys ar dy ddwyfron;
Ac yno brofi gwin dy hedd,
A gwledd dy addewidion.

Dy garu, digon yw
Wrth fyw i'th wasanaethu;
Ac yn oes oesoedd ger dy fron
Fy nigon fydd dy garu.

John Gwili Jenkins ('Gwili' 1872–1936)

Ganed yn yr Hendy, Pontarddulais. Addysgwyd gan Watcyn Wyn ac ym Mhrifysgolion Cymru a Rhydychen. Enillodd D.Litt.(Oxon) ym 1932 a bu'n ddarlithydd yng Nghaerdydd ac yn Athro'r Testament Newydd yng Ngholeg y Bedyddwyr, Bangor. Cyhoeddodd lawer a bu'n olygydd Seren Cymru *am flynyddoedd. Enillodd y Goron yn yr Eisteddfod Genedlaethol, Merthyr Tudful (1901) a bu'n Archdderwydd o 1932 hyd 1936*

BYW I WELED

Arglwydd, gad im fyw i weled,
Gad im weled mwy i fyw,
Gad i'm profiad droi'n ddatguddiad
Ar dy fywyd, O fy Nuw;
A'r datguddiad
Dyfo'n brofiad dwysach im.

Gad im ddeall dy ddysgeidiaeth,
Arglwydd, wrth ei gwneuthur hi,
Gad im wneuthur yn fwy perffaith
Trwy'r datguddiad ddaw i mi;
Byw fydd cynnydd
Mewn gwybodaeth ac mewn gras.

George Rees (1873–1950)

*Ganed yn y Dinas, Cwm Rhondda, a chydag amser daeth yn ddyn
busnes yn y Rhondda ac yna yn Llundain. Roedd yn ŵr hynod o
dduwiolfrydig. Hoffai farddoni yn y mesurau caeth ac enillodd ar
yr englyn yn yr Eisteddfod Genedlaethol yn Abertawe (1926) yn
gydfuddugol ag Eifion Wyn; Treorci (1928), ac Aberafan (1932)*

YR ARWEINYDD MAWR

O Fab y dyn, Eneiniog Duw, fy Mrawd
A'm Ceidwad cry':
Ymlaen y cerddaist dan y groes a'r gwawd
Heb neb o'th du.
Cans llosgi wnaeth dy gariad pur bob cam,
Ni allodd angau'i hun ddiffoddi'r fflam.

Cyrhaeddaist ddiben dy anturiaeth ddrud,
Trwy boenau mawr;
A gwelais di dan faich gofidiau'r byd
Yn gwyro i lawr;
Ac yn dy ochain dwys a'th ddrylliog lef
Yn galw'r afradloniaid tua thref.

Rho imi'r weledigaeth fawr a'm try
O'm crwydro ffôl
I'th ddilyn hyd y llwybrau dyrys, du
Heb syllu'n ôl;
A moes dy law i mi'r eiddilaf un,
Ac arwain fi i mewn i'th fyd dy hun.

Tydi yw'r ffordd, a mwy na'r ffordd i mi,
Tydi yw 'ngrym:
Pa les ymdrechu, f'Arglwydd, hebot ti,
A minnau'n ddim?
O rymus Un, na wybu lwfwrhau,
Dy nerth a'm ceidw innau heb lesgáu.

Emily May Grimes (1864–1927)
cyf. W. Nantlais Williams (1874–1959)

Ganed yn Lambeth, Surrey. Aeth fel cenhades i Pondoland, De Affrica ym 1893. Ymhen un flwyddyn ar ddeg yno bu'n rhaid iddi ddychwelyd i Loegr oherwydd ei hiechyd

YR AWR DAWEL

Yn y dwys ddistawrwydd
Dywed air, fy Nuw;
Torred dy leferydd
Sanctaidd ar fy nghlyw.

O fendigaid Athro,
Tawel yw yr awr;
Gad im weld dy wyneb,
Doed dy nerth i lawr.

Ysbryd, gras a bywyd
Yw dy eiriau pur;
Portha fi â'r bara
Sydd yn fwyd yn wir.

Dysg fi yng ngwybodaeth
Dy ewyllys lân;
Nerth dy gariad ynof
Dry dy ddeddfau'n gân.

Megis gardd ddyfradwy,
O aroglau'n llawn,
Boed fy mywyd, Arglwydd,
Fore a phrynhawn.

Charles Wesley (1707–88)
cyf. D. Tecwyn Evans (1876–1957)

Roedd Charles a'i frawd hŷn John (1703–91) yn ddau o arweinwyr Cristnogol amlycaf Lloegr yn y ddeunawfed ganrif ac yn rhai o brif arloeswyr y mudiad Methodistaidd. Roedd Charles yn fardd ac yn emynydd hynod o gynhyrchiol. Ysgrifennodd dros 6,000 o emynau ac erys llawer ohonynt yn boblogaidd o hyd

IESU, CYFAILL F'ENAID I

Iesu, Cyfaill f'enaid i,
Gad im ffoi i'th fynwes gref
Tra bo'r tonnau'n codi'n lli
A'r ystorm yn rhwygo'r nef;
Cudd fi, Geidwad, oni ddaw
Terfyn y tymhestloedd maith,
Dwg fi'n iach i'r hafan draw,
Derbyn fi ar ben y daith.

Noddfa arall nid oes un,
Wrthyt glŷn fy enaid gwan;
Paid â'm gadael, bydd dy hun
Imi'n gysur ac yn rhan:
Ti yw Gwrthrych mawr fy ffydd,
Ti yw 'nghymorth, neb ond ti;
Cudd fy mhen digysgod, cudd
O dan nawdd dy adain di.

Llawnder gras sydd ynot ti,
Gras i guddio 'mhechod oll;
Yr iachusol ffrydiau'n lli
Fo'n fy mhuro yn ddi-goll;
Ffynnon bywyd ydwyt ti,
Rho dy hunan imi'n awr,
Tardd o fewn fy nghalon i,
Tardd i dragwyddoldeb mawr.

Lewis Edward Valentine (1893–1986)

Cenedlaetholwr, gweinidog gyda'r Bedyddwyr yn Llandudno 1921, ac yn heddychwr o argyhoeddiad. Un o sefydlwyr Plaid Cymru ym 1925: ei Llywydd cyntaf a'i hymgeisydd seneddol cyntaf ym 1929. Un o'r tri a anfarwolwyd ym 1936, gyda Saunders Lewis a D. J. Williams, ym Mhenyberth; carcharwyd yn Wormwood Scrubs yn sgil hynny. Ymddeolodd o'i waith fel gweinidog ym 1970. Bu'n olygydd Seren Gomer *(1951–70) ac yn Llywydd Undeb y Bedyddwyr (1962)*

DROS GYMRU'N GWLAD

D ros Gymru'n gwlad, O Dad, dyrchafwn gri,
Y winllan wen a roed i'n gofal ni;
D'amddiffyn cryf a'i cadwo'n ffyddlon byth,
A boed i'r gwir a'r glân gael ynddi nyth;
Er mwyn dy Fab a'i prynodd iddo'i hun,
O crea hi yn Gymru ar dy lun.

O deued dydd pan fo awelon Duw
Yn chwythu eto dros ein herwau gwyw,
A'r crindir cras dan ras cawodydd nef
Yn erddi Crist, yn ffrwythlon iddo ef;
A'n heniaith fwyn â gorfoleddus hoen
Yn seinio fry haeddiannau'r addfwyn Oen.

John Roberts (1910–84)

Bardd a gweinidog gyda'r Methodistiaid Calfinaidd. Roedd ganddo ddiddordeb mawr mewn llenyddiaeth; ysgrifennodd nifer o gerddi, ac yr oedd yn emynydd ysbrydoledig

IESU'N GWAREDWR A'N CYFRYNGWR

O tyred i'n gwaredu, Iesu da,
Fel cynt y daethost ar dy newydd wedd,
A'r drysau 'nghau, at rai dan ofnus bla,
A'u cadarnhau â nerthol air dy hedd:
Llefara dy dangnefedd yma nawr
A dangos inni greithiau d'aberth mawr.

Mil a Mwy o Weddïau

Yn d'aberth di mae'n gobaith ni o hyd,
Ni ddaw o'r ddaear ond llonyddwch brau;
O hen gaethiwed barn rhyfeloedd byd,
Hiraethwn am y cymod sy'n rhyddhau:
Tydi, Gyfryngwr byw rhwng Duw a dyn,
Rho yn ein calon ras i fyw'n gytûn.

Cyd-fyw'n gytûn fel brodyr fyddo'n rhan,
A'th gariad yn ein cynnal drwy ein hoes;
Na foed i'r arfog cry' orthrymu'r gwan,
Ac na bo grym i ni ond grym y groes:
Rhag gwae y dilyw tân, O trugarha,
A thyred i'n gwaredu, Iesu da.

R. Gwilym Hughes (1910–97)

Ordeiniwyd yn weinidog gan y Methodistiaid Calfinaidd ym 1938 a bu'n ddiwyd fel bugail mewn sawl gofalaeth yn y Gogledd hyd 1981. Bu'n olygydd Y Goleuad *ac yn Llywydd y Gymanfa Gyffredinol ar gyfer 1979. Roedd hefyd yn fardd llwyddiannus*

O DDUW, CLYW EIN DEISYFIADAU

I ddyddiau'r glanio ar y lloer
Y'n ganed, Iôr, bob un,
A gwelsom wyrthiau eraill drwy
Y ddawn a roist i ddyn.

Ond dyro weled gwyrthiau mwy –
Cael sathru dan ein troed
Yr afiechydon creulon, cry'
Sy'n blino'r byd erioed.

Rho inni'n fuan weled dydd
Na cheir, drugarog Dduw,
Na newyn blin na thlodi chwaith,
Na neb heb gyfle i fyw.

A dyro weled, drwy dy ras,
Ryfeddol wawr yr oes
Pan fydd gelynion daear oll
Yn ffrindiau wrth y groes.

Edwin Hatch (1835–89)
cyf. Alun Davies (1922–72)

*Brodor o Derby ac offeiriad gyda'r Anglicanwyr. Ysgolhaig o'r
radd flaenaf. Cyhoeddodd nifer o lyfrau diwinyddol ac ychydig o
emynau*

ANADLA, ANADL IÔR

Anadla, anadl Iôr,
Llanw fy mywyd i
Fel byddo 'nghariad i a'm gwaith
Yn un â'r eiddot ti.

Anadla, anadl Iôr,
Rho imi galon bur
A gwna f'ewyllys dan dy law
Yn gadarn fel y dur.

Anadla, anadl Iôr,
Meddianna fi yn lân
Nes gloywi fy naearol fryd
Â gwawl y dwyfol dân.

Anadla, anadl Iôr,
Nid ofnaf angau mwy,
Caf fyw'n dragwyddol gyda thi
Uwchlaw pob loes a chlwy'.

Rebecca Powell (1935–93)

Gwraig o Gorwen, Sir Feirionnydd, athrawes lwyddiannus mewn ysgolion cynradd ac uwchradd. Bu am gyfnod yn brifathrawes Ysgol Gymraeg Llundain. Cefnogodd Eifion, ei gŵr, yn ystod ei weinidogaeth a hefyd pan ddyrchafwyd ef yn Brifathro Coleg Cymraeg yr Annibynwyr, Aberystwyth. Bu hi'n amlwg gyda Merched y Wawr, etholwyd yn Llywydd Cenedlaethol (1982–4) ac ym 1990 fe'i penodwyd yn olygydd Y Wawr.

IESU, CLYW FY NGWEDDI

Gwrando, Iesu, ar fy ngweddi,
Clyw fy ngeiriau, clyw fy llef;
Clyw y diolch sy'n fy nghalon
Am i ti ddod lawr o'r nef;
Mae gorfoledd yn fy enaid
Am it unwaith wisgo cnawd,
Diolch Iesu, diolch Iesu,
Am dy fod i bawb yn frawd.

Rhodiaist gynt wrth fôr Tiberias,
Gelwaist ddynion ar dy ôl,
Grym dy law a godai'r gweiniaid,
Plant gymeraist yn dy gôl;
Arglwydd Iesu, galw eto
Frwd bysgotwyr at dy waith,
Sain d'efengyl, sain d'efengyl
Amgylchyna'r ddaear faith.

William Rhys Nicholas (1914–96)

Gweinidog gyda'r Annibynwyr, bardd ac emynydd toreithiog. Un o brif emynwyr yr ugeinfed ganrif yng Nghymru. Bu'n rhan o dîm golygyddol Y Caniedydd *(1960) ac yn gyd-olygydd* Y Genhinen *rhwng 1964 a 1980*

TYRD ATOM NI

Tyrd atom ni, O Grëwr pob goleuni,
  Tro di ein nos yn ddydd;
Pâr inni weld holl lwybrau'r daith yn gloywi
Dan lewyrch gras a ffydd.

Tyrd atom ni, O Luniwr pob rhyw harddwch,
Rho inni'r doniau glân;
Tyn ni yn ôl i afael dy hyfrydwch
Lle mae'r dragwyddol gân.

Tyrd atom ni, Arweinydd pererinion,
Dwg ni i ffordd llesâd;
Tydi dy hun sy'n tywys drwy'r treialon,
O derbyn ein mawrhad.

Tyrd atom ni, O Dad ein Harglwydd Iesu,
I'n harwain ato ef;
Canmolwn fyth yr hwn sydd yn gwaredu,
Bendigaid Fab y nef.

MAWRHAD I GRIST

Tydi a wnaeth y wyrth, O Grist, Fab Duw,
  Tydi a roddaist imi flas ar fyw;
Fe gydiaist ynof trwy dy Ysbryd Glân,
Ni allaf, tra bwyf byw, ond canu'r gân;
Rwyf heddiw'n gweld yr harddwch sy'n parhau,
Rwy'n teimlo'r ddwyfol ias sy'n bywiocáu;
Mae'r Halelwia yn fy enaid i,
A rhoddaf, Iesu, fy mawrhad i ti.

Tydi yw Haul fy nydd, O Grist y Groes,
Yr wyt yn harddu holl orwelion f'oes;
Lle'r oedd cysgodion nos mae llif y wawr,
Lle'r oeddwn gynt yn ddall rwy'n gweld yn awr;
Mae golau imi yn dy Berson hael,
Penllanw fy ngorfoledd yw dy gael;
Mae'r Halelwia yn fy enaid i,
A rhoddaf, Iesu, fy mawrhad i ti.

Tydi sy'n haeddu'r clod, ddihalog Un,
Mae ystyr bywyd ynot ti dy hun;
Yr wyt yn llanw'r gwacter trwy dy Air,
Daw'r pell yn agos ynot, O Fab Mair;
Mae melodïau'r cread er dy fwyn,
Mi welaf dy ogoniant ar bob twyn;
Mae'r Halelwia yn fy enaid i,
A rhoddaf, Iesu, fy mawrhad i ti.

Eisteddfod Genedlaethol Cymru
Gweddi'r Orsedd

Ymddangosodd y weddi hon gyntaf yn Seren Gomer *(1820). Lluniwyd hi gan Iolo Morganwg.*

Dyro, Dduw, dy nawdd;
Ac yn nawdd, nerth;
Ac yn nerth, deall;
Ac yn neall, gwybod;
Ac yng ngwybod, gwybod y cyfiawn;
Ac yng ngwybod y cyfiawn, ei garu;
Ac o garu, caru pob hanfod;
Ac ym mhob hanfod, caru Duw;
Duw a phob daioni.

Y BEDWAREDD GANRIF AR BYMTHEG

Dyma'r ganrif lle y trawsnewidiwyd y genedl o werinwyr cefn gwlad a thyddynwyr, i fod yn un o'r cymdeithasau mwyaf diwydiannol yn y byd erbyn diwedd y ganrif, gyda Merthyr Tudful yn adnabyddus yng Nghymru fel prifddinas cynhyrchu haearn yn oes y Chwyldro Diwydiannol. Llamodd poblogaeth Cymru o 587,000 i fwy na 2,000,000 yn ystod y ganrif. Lledodd Anghydffurfiaeth drwy'r wlad a chodwyd lliaws o gapeli gan yr enwadau. Bu dylanwadau pwerus eraill: effaith y pregethu a'r proclamasiwn; cyrddau gweddi; Ysgol Sul (i blant ac oedolion); cymanfaoedd canu; Gobeithlu; 'Penny Readings'; cymdeithasau diwylliadol; eisteddfodau; cyflwr addysg; a chyhoeddiadau'r gweisg niferus.

Edward Bouverie Pusey (1800–82)

Ysgolhaig, awdur, arweinydd Anglo-Gatholigion (ar ôl 1845); Athro Hebraeg a Chanon Eglwys Crist yn Rhydychen

ER MWYN ENW CRIST

O Arglwydd Iesu Grist, rho inni ras, atolygwn i ti, y dydd hwn i gyflawni y cyfan sydd i'w wneud yn dy enw di. Bydded i ni fyw fel rhai sy'n gwisgo dy enw sanctaidd, yn hollol er gogoniant i'th enw. Bydded i ni gyfeirio popeth yn llwyr i ti, a derbyn yn ôl bopeth oddi wrthyt. Bydd di yn ddechreuad ac yn ddiwedd y cyfan, a'r patrwm i ni ei ddilyn: y gwaredwr yn yr hwn y mae ein nerth, y meistr yr hwn yr ydym am ei wasanaethu, y cyfaill y bydded inni ddisgwyl cysur a chydymdeimlad ganddo. Bydded inni osod ein llygaid arnat fel ein cymorth, ein nod, canol ein bodolaeth, ein cyfaill tragwyddol. Tydi, a edrychaist arnom fel y gallem ni dy weld di, gosod dy lygaid arnom ni, atolygwn i ti; sefydloga ein hanwadalwch, una ni gyda thi'n hollol, hyd nes i ti o'th fawr drugaredd ddod â ni i'th bresenoldeb tragwyddol; gofynnwn hyn er mwyn dy enw. *Amen.*

CYFLAWNDER CARIAD CRIST

Iesu da, ffynhonnell cariad: llanw fi â'th gariad, cymer fi i mewn i'th gariad, amgylchyna fi â'th gariad er mwyn imi weld pob dim yng ngoleuni dy gariad, derbyn bob peth fel arwydd o'th gariad, llefara am bob peth mewn geiriau sy'n anadlu dy gariad, ennill eraill drwy dy gariad i'th garu, bydd ar dân, bob dydd ag eirias newydd o'th gariad, hyd nes fy mod yn barod i fynd i mewn i'th gariad tragwyddol, i addoli dy gariad a charu dy addoli, fy Nuw a'm cyfan. Er mwyn hynny, tyrd, Arglwydd Iesu. *Amen.*

CARIO'R GROES

Iesu da, yr hwn a gariodd y groes er fy mwyn, pa groes wyt ti am i mi ei chario er dy fwyn? Fe wyddost, Arglwydd, fy mod i'n wan, dysg i mi gario'r groes fy hun; caria hi er fy mwyn, caria hi ynof fi. *Amen.*

CYSUR I'R BLINEDIG

Iesu da, cryfder y blinedig, gorffwys yr aflonydd, trwy flinder ac aflonyddwch dy groes sanctaidd, tyrd ataf fi sydd wedi blino er mwyn imi orffwys ynot ti. *Amen.*

YSBRYDOLA NI, O ARGLWYDD

Dyrchafa ein heneidiau, O Arglwydd,
uwchben y cylch o feddyliau gofidus,
i'th bresenoldeb tragwyddol.
Dyrchafa ein meddyliau
i awyrgylch pur, disglair, tawel dy bresenoldeb,
fel y gallwn anadlu'n rhydd,
a gorffwys yno yn dy gariad.
Oddi yno, wedi'n hamgylchynu gan dy dangnefedd,
bydded inni ddychwelyd i wneud neu ddioddef
beth bynnag fydd wrth dy fodd, O Arglwydd bendigedig. *Amen.*

ANGHYFLAWN YDYM HEBOT, ARGLWYDD

O ein Gwaredwr! Wrthym ein hunain fedrwn ni ddim dy garu
di, na'th ddilyn di, nac uno gyda thi,
ond fe ddest ti i lawr er mwyn i ni allu dy garu di,
esgynnaist fel y gallem ni dy ddilyn di,
rhwymaist ni'n agos atat ti,
er mwyn inni gael ein dal yn dynn gennyt.
Gan i ti ein caru ni, gwna i ni dy garu di.
Gan i ti ddod o hyd i ni pan oeddem ar goll,
bydd dy hunan y ffordd,
fel y gallwn ni dy ddarganfod
a chael ein darganfod ynot ti,
ein hunig obaith, a'n llawenydd tragwyddol. *Amen.*

HUNANREOLAETH

C aniatâ, Arglwydd, na wnaf am un eiliad dderbyn i mewn yn
llawen i'm henaid unrhyw syniad sy'n groes i'th gariad di.
Amen.

(Yr Arglwydd) Shaftesbury (1801–85)

*Diwygiwr cymdeithasol, fel Aelod Seneddol ymroddodd i ofalu am
y dosbarthiadau gweithiol; ymladdodd i amddiffyn plant a
gwragedd yn gweithio mewn glofeydd, a bechgyn yn glanhau
simneiau . . . Bu'n Llywydd y Gymdeithas Feiblaidd Frytanaidd a
Thramor am flynyddoedd . . .*

CYNORTHWYA NI, O DDUW

O Dduw, tad y gwrthodedig, cymorth y gwan, darparwr yr
anghenus; rwyt yn ein dysgu bod cariad tuag at yr hil ddynol
yn gwlwm perffeithrwydd ac yn efelychiad o'th fendigaid hunan.

Agor a chyffwrdd â'n calonnau er mwyn i ni ganfod a gwneud, y ddau yn y byd hwn yn ogystal â'r un sydd i ddyfod, y pethau sy'n perthyn i'n tangnefedd. Cryfha ni yn y gwaith yr ymgymerasom ag ef; rho inni ddoethineb, dyfalbarhad, ffydd a sêl, ac yn dy amser dy hun ac yn ôl dy ddymuniad nodda'r canlyniad; er cariad dy Fab Iesu Grist. *Amen.*

John Henry Newman (1801–90)

Arweinydd Anglicanaidd Mudiad Rhydychen, yn ddiweddarach dyrchafwyd yn gardinal yn yr Eglwys Babyddol

O ARGLWYDD, CYNNAL NI

O Arglwydd, cynnal ni trwy gydol dydd ein bywyd blin,
hyd onid estynno'r cysgodion a dyfod yr hwyr,
distewi o ddwndwr byd,
tawelu o dwymyn bywyd,
a gorffen ein gwaith.
Yna, Arglwydd, yn dy drugaredd,
dyro inni lety diogel,
gorffwysfa sanctaidd,
a thangnefedd yn y diwedd,
trwy Iesu Grist ein Harglwydd. *Amen.*

PERAROGL CRIST

Helpa fi i ledaenu dy berarogl di ble bynnag yr af,
boed i mi dy bregethu di heb bregethu,
nid trwy eiriau ond trwy fy esiampl,
trwy rym heintus, dylanwad trugarog yr hyn a wnaf,
llawnder amlwg y cariad sydd yn fy nghalon tuag atat ti. *Amen.*

Henry Alford (1810–71)

Bu'n Ddeon Eglwys Gadeiriol Caergaint, awdur, emynydd

YMDDIRIEDAF AC UFUDDHAF

O Dduw, a orchmynnaist i ni fod yn berffaith, fel yr wyt ti'n berffaith; dod yn fy nghalon, erfyniaf arnat, awydd parhaol i ufuddhau i'th ewyllys sanctaidd, dysg imi o ddydd i ddydd yr hyn yr wyt am imi ei wneud, a rho imi ras a nerth i'w gyflawni. Na fydded imi fyth wrthod y llwybr a ddewisaist imi, na throi oddi wrtho rhag ofn cywilydd. *Amen.*

'YN DY WAITH Y MAE FY MYWYD . . .'

O Dduw, caniatâ na fyddwn yn annoeth, ond yn deall dy ewyllys; nac yn ddioglyd, ond yn ddiwyd yn dy waith; pan redwn nid ag ansicrwydd, nac ymladd drosot fel rhai sy'n malu awyr. Beth bynnag a wnawn, gad inni wneud ein gorau glas: fel pan fyddi di'n galw dy weithwyr i'w gwobrwyo, fe fyddwn ninnau wedi rhedeg felly er mwyn cael, ac wedi brwydro'r frwydr dda, i dderbyn gennyt y goron i fywyd tragwyddol; trwy Iesu Grist ein Harglwydd. *Amen.*

Søren Aaby Kierkegaard (1813–55)

Athronydd a diwinydd o Ddenmarc

Y GWIR BLESER O'TH ADNABOD

Duw ein Tad nefol,
pan fo meddwl amdanat yn deffro ein calonnau,
na fydded i'r deffroad hwnnw fod yn debyg i
dderyn wedi dychryn sy'n hedfan o amgylch
mewn ofn.
Yn hytrach, gad iddo fod yn debyg i blentyn sy'n
deffro o'i gwsg â gwên nefol. *Amen.*

RHO IMI DY DANGNEFEDD

Tawela fy nghalon gythryblus, rho imi dangnefedd.
O Arglwydd, tawela donnau'r galon hon, tawela'i
thymhestloedd!
Tawela dy hun, O f'enaid, fel bod y duwiol yn gallu
gweithredu ynot!
Tawela dy hun, O f'enaid, fel bod Duw'n gallu
ymddiried ynot, er mwyn bod ei dangnefedd yn gallu
dy guddio!
Ie, Dad yn y nef, yn aml rydym wedi deall na all
y byd roi inni dangnefedd, ond gwna ni i deimlo
dy fod di'n gallu rhoi tangnefedd; gad i ni
wybod gwirionedd dy addewid: na all y byd
cyfan gymryd i ffwrdd dy dangnefedd di. *Amen.*

Y GWIRIONEDD

O Arglwydd, rho inni lygaid gwan ar gyfer pethau dibwys a
llygaid clir ar gyfer dy holl wirionedd di. *Amen.*

David Livingstone (1813–73)

*Albanwr, meddyg, cenhadwr a fforiwr enwocaf cyfandir Affrica yn
ei gyfnod. Brwydrodd yn erbyn caethwasiaeth greulon y brodorion
gan fasnachwyr Arabaidd, a threuliodd ef a'i wraig, Mary, lawer
o'u hamser yn dysgu'r bobl. Cynhwyswyd arwyddair ei fywyd yn y
cyngor a roddodd un tro i blant ysgol yn yr Alban: 'Ofnwch Dduw,
a gweithiwch yn galed.' Bu farw yn Chitambo, Ilala, yn agos i Lyn
Bangweolo, Affrica, a chladdwyd ei weddillion yn Abaty
Westminster, Llundain.*

CADARNHA FI, O ARGLWYDD

Diolch i ti, Hollalluog Geidwad Dynion, am fy arbed i cyn
belled ar siwrnai bywyd. A fedraf obeithio am lwyddiant yn y
diwedd? Mae cymaint o rwystrau wedi ymddangos. Na ad i Satan
fy nhrechu, O fy Arglwydd Iesu Da. *Amen.*

O IESU, DERBYN FI

O Iesu, llanw fi yn awr â'th gariad, ac erfyniaf arnat i'm derbyn, a defnyddia fi gan bwyll bach ar gyfer dy ogoniant. O tyrd, tyrd, erfyniaf arnat i'm derbyn i a'm gwasanaeth, a chymer di y clod i gyd. *Amen.*

GWEDDI EIRIOLUS DROS AFFRICA (14 Ionawr 1856)

O Iesu, caniatâ imi ildio i'th ewyllys, ac i ddibynnu yn llwyr ar dy law rymus. Pwysaf ar dy Air yn unig. Ond a wnei di ganiatáu imi eiriol dros Affrica? Ti biau'r achos. Dyma ysgogiad a geir i'r syniad nad yw Affrica ddim yn agored pe bawn i'n marw yn awr! Gwêl, O Arglwydd, sut y mae'r paganiaid yn codi yn fy erbyn, fel y gwnaethant yn erbyn dy Fab. Rwy'n cyflwyno fy ffordd i ti. Ymddiriedaf hefyd ynot y gwnei di arwain fy nghamre. Rwyt ti'n rhoi doethineb yn helaeth i bawb sy'n gofyn i ti – rho fe imi, fy Nhad. Mae fy nheulu yn eiddo i ti. Maent yn gwbl ddiogel yn dy ddwylo. O bydd yn rasol a dilea ein holl bechodau.

Paid â'm gadael, na wrthoda fi. Taflaf fy hun a'm holl ofalon i lawr wrth dy draed. Ti wyddost am fy holl anghenion, am nawr a hyd dragwyddoldeb. *Amen.*

Charles Kingsley (1819–75)

Offeiriad Anglicanaidd, diwygiwr cymdeithasol, bardd a nofelydd. Ymhlith ei nofelau poblogaidd mae Westward Ho! *a* The Water Babies

WYNEB YR ARGLWYDD

O Dduw, caniatâ wrth inni edrych ar wyneb yr Arglwydd, mewn drych fel petai, y cawn ein newid i fod yn debyg iddo, o ogoniant i ogoniant. Cymer oddi wrthym, O Dduw, bob ymffrost a balchder, pob brolio a haerllugrwydd, a rho inni y gwir ddewrder sy'n ei amlygu ei hun drwy dynerwch; y gwir ddoethineb sy'n ei amlygu ei hun drwy symlrwydd; a'r gwir nerth sy'n ei amlygu ei hun drwy wyleidd-dra. *Amen.*

YSGRIFENWYR A DARLLENWYR

Crist ein Harglwydd, Athro'r holl wirionedd, cod yn ein dydd ni awduron Cristnogol a fydd yn gallu mynegi neges yr Efengyl dragwyddol i bobl yn glir a chydag argyhoeddiad.

A rho ras inni ofalu pa beth a ddarllenwn, a sut y darllenwn, ac uwchlaw pob peth i ddal yn dynn wrth eiriau'r Ysgrythur Lân, ac wrthyt ti, Arglwydd Iesu, y Gair ymgnawdoledig, ein Duw hyd byth bythoedd. *Amen.*

DYSG I NI DY FLAENORIAETHAU

Gadawn i'r byd fod yn drech na ni, a byw mewn ofn parhaol o ddamweiniau ac amrywiaethau y bywyd meidrol hwn. Gadawn i bethau fynd ormod eu ffordd eu hun. Ceisiwn yn rhy aml gael yr hyn a fedrwn drwy ein cynllunio hunanol, heb ystyried ein cymdogion. Dilynwn yn rhy aml ffyrdd a ffasiynau'r dydd, gan wneud a dweud a meddwl am unrhyw beth a ddaw i'r brig, yn union am fod cymaint o'n hamgylch. Rhyddha ni oddi wrth ein diddordebau hunanol, ac arwain ni, Arglwydd da, i ganfod dy ffordd di ac i gyflawni dy ewyllys di. *Amen.*

John Ruskin (1819–1900)

Awdur a beirniad celf

AM DY FENDITHION, ARGLWYDD . . .

Mae dy Ysbryd, Arglwydd, o'm hamgylch
yn yr awyr rwy'n ei hanadlu;
mae dy ogoniant, Arglwydd, yn cyffwrdd â mi
yn y goleuni a welaf
a ffrwythlondeb y ddaear
a llawenydd ei chreaduriaid.
Rwyt wedi ysgrifennu imi, o ddydd i ddydd, dy ddatguddiad,
fel yr wyt wedi rhoi imi, o ddydd i ddydd, fy mara beunyddiol,
dysg fi sut i'w dderbyn. *Amen.*

William Walsham How (1823–97)

Ganed yn Amwythig. Bu'n Esgob Cynorthwyol yn Llundain ac yna'n Esgob Wakefield, Swydd Efrog, awdur ac emynydd toreithiog

GWEDDI FOREOL AR DDECHRAU'R WYTHNOS

Caniatâ, O Arglwydd, wrth inni fynd allan unwaith eto i'n gwaith beunyddiol, gofio'r gwirioneddau a ddysgasom, a bydded inni gyflawni'r addewidion a wnaethom ar dy ddydd sanctaidd. Cadw ni rhag ein pechodau cyson, a chadarnha ni i wneud dy ewyllys sanctaidd, fel nad anghofiwn pwy yw'n perchennog a phwy yr ydym yn ei wasanaethu; trwy Iesu Grist ein Harglwydd. *Amen.*

DIOLCH AM DY HOLL DRUGAREDDAU

O drugarocaf a grasol Dad, cynigiwn i ti ein diolchiadau calonnog am dy drugareddau – trugareddau di-rif ac anhaeddiannol . . . Am fwyd a dillad ac am bob bendith y bywyd hwn, rhoddwn ddiolch i ti. Diolchwn yn fwy eto am roddion ysbrydol, a thrugareddau ysbrydol; am ein creadigaeth newydd yng Nghrist Iesu, am gysur a chymorth dy Ysbryd Glân, am feddyliau a dyheadau da, am holl foddion bendithiol gras . . . am dy sanctaidd Air . . . am yr anrhydedd o agosáu atat ti mewn gweddi; uwchlaw pob dim am aberth amhrisiadwy gwerthfawr waed y Gwaredwr. Bendithiwn di, canmolwn di . . . O Arglwydd, gwna ni'n fwy diolchgar i ti am gymaint o'th drugareddau anhaeddiannol, a gwna ni'n fwy teilwng ohonynt; trwy Iesu Grist ein Harglwydd. *Amen.*

DYSG I NI DY RAS

O Arglwydd Iesu Grist, a'th ddarostyngodd dy hun i ddod yn ddyn, ac i gael dy eni i'r byd er ein hiachawdwriaeth: dysg i ni ras gostyngeiddrwydd, glanha'n calonnau o bob balchder a thrahauster, ac felly ffurfia ni'n debyg i'th sanctaidd lun yn y byd hwn, fel yn y byd a ddaw fe'n gwneir ni'n debyg i ti yn dy deyrnas dragwyddol; trwy Iesu Grist ein Harglwydd. *Amen.*

William Bright (1824–1901)

Athro Hanes yr Eglwys yn Rhydychen, clerigwr ac emynydd

CYFLWYNO'R FFYDD

O Arglwydd, caniatâ i bawb sy'n ymwneud â'r ffydd, beidio byth â'i niweidio drwy fwstwr na diffyg amynedd, ond, llefaru dy werthfawr wirionedd mewn cariad, a'i gyflwyno fel y caiff ei garu, fel bod pawb yn gweld ynddo dy ddaioni a'th harddwch. *Amen.*

DYHEAD YR HOLL GREDINWYR

O Oleuni Tragwyddol, goleua ni;
O Rym Tragwyddol, nertha ni;
O Ddoethineb Tragwyddol, dysg ni;
O Drugaredd Tragwyddol, trugarha wrthym
a chaniatâ i ni â'n holl galon ac â'n holl feddwl
geisio dy wyneb di,
a charu dy enw di;
trwy Iesu Grist ein Harglwydd. *Amen.*

WRTH NESÁU ATAT

Hollalluog Dduw, o'r hwn y daw pob gweddi dda, a'r hwn a dywallta ar bawb a ddymuna ysbryd gras a deisyfiad, wrth i ni nesáu atat, gwared ni rhag calonnau oerllyd a meddyliau crwydredig, fel y cawn drwy feddyliau cadarn a theimladau enynnol dy addoli mewn ysbryd a gwirionedd; trwy Iesu Grist ein Harglwydd. *Amen.*

SÔN AM Y CWMWL TYSTION

O Dduw a ddaethost â ni'n agos at gwmni aneirif o angylion, ac at ysbrydion gwyrda wedi'u perffeithio; caniatâ yn ystod ein pererindod ddaearol i ni drigo yn eu cymdeithas, ac yn ein gwlad nefol i ddod yn gyfranogion o'u llawenydd; trwy Iesu Grist ein Harglwydd. *Amen.*

George Macdonald (1824–1905)

Albanwr, nofelydd, bardd a gweinidog

GWEDDI

Pan ddywed dyn wrth y Meddyliwr mawr: 'Dyma un o'th feddyliau di: rwy'n ei ystyried yn awr', dyna weddi – gair i'r galon fawr oddi wrth un o'i galonnau bychain ef. *Amen.*

Leo Nikolayevich Tolstoy (1828–1910)

Rwsiad, awdur dwy o nofelau enwoca'r byd: War and Peace *ac* Anna Karenina; *athronydd . . .*

GWEDDI HWYROL

O Arglwydd, gosod fi i lawr fel carreg a chod fi i fyny fel bara newydd ei grasu. *Amen.*

War and Peace (1865–69)

167

Edward King (1829–1910)

Esgob Lincoln, diwinydd, awdur Llythyron Ysbrydol

DIOLCH I TI, O DDUW

Diolch i ti, O Dduw, am y pleserau a roddaist imi drwy fy synhwyrau: am ogoniant taran, am ddirgelwch miwsig, canu'r adar a chwerthin plant. Diolch i ti, am hyfrydwch lliwiau, am arswyd y machlud, rhosynnau gwylltion yn y gwrychoedd, a gwên cyfeillgarwch. Diolch i ti am bereidd-dra blodau ac arogl gwair. Yn wir, O Arglwydd, mae'r ddaear yn llawn o'th gyfoeth. *Amen.*

SYCHEDWN AMDANAT, ARGLWYDD

O fendigedig Iesu, ein Harglwydd a'n Meistr, bu'n dda gennyt sychedu am ein heneidiau, caniatâ na fyddwn ni'n fodlon â phleserau'r is-fywyd hwn, ond hyd yn oed sychedu am iachawdwriaeth yr eneidiau y buost ti farw er mwyn eu hachub, ac, uwchlaw popeth, sychedu amdanat ti; caniatâ hyn er mwyn dy enw. *Amen.*

Christina Rossetti (1830–94)

Bardd Saesneg a chwaer Dante Gabriel Rossetti

ADFYWIA A CHYSURA NI

O Arglwydd, Iesu Grist, yr hwn wyt fel Cysgod Craig Fawr mewn gwlad lafurus. Yr hwn a weli dy greaduriaid gwan wedi blino ar waith, wedi blino ar bleser, wedi blino ar obaith gohiriedig, wedi blino arnynt eu hunain; yn dy dosturi helaeth a'th gydymdeimlad â ni, a'th dynerwch anhraethol, tyrd â ni, deisyfwn arnat, i mewn i'th orffwysfa. *Amen.*

Alexander Carmichael (1832–1912)

Awdur, hynafiaethwr, astudiwr llên gwerin ac un a fedrai siarad Gaeleg. Cyfieithodd a chyhoeddodd gasgliad o weddïau, emynau, cerddi a chaneuon a adroddwyd iddo, tra oedd yn gweithio yn Ucheldiroedd Gorllewinol yr Alban, Ynysoedd Heledd Mewnol ac Ynysoedd Heledd Allanol rhwng 1855 a 1899 yn Orthora na Gaidheal – Carmina Gadelica (1900); *gweinidog yn Eglwys yr Alban*

DUW AMDANAF

Duw gyda mi'n gorwedd,
Duw gyda mi'n codi,
Duw gyda mi ym mhob pelydryn o oleuni,
Na minnau'n belydryn o lawenydd hebddo,
Nac un pelydryn hebddo.
Crist gyda mi'n cysgu,
Crist gyda mi'n deffro,
Crist gyda mi'n gwylio,
Bob dydd a nos,
Bob dydd a nos.
Duw gyda mi'n gwarchod,
Yr Arglwydd gyda mi'n arwain,
Yr Ysbryd gyda mi'n gadarnhaol,
Hyd byth bythoedd,
Byth bythoedd, *Amen.*
Pennaeth y penaethiaid, *Amen.*

GWEDDI CYN TEITHIO

Bydded bywyd yn fy lleferydd,
A synnwyr yn yr hyn rwy'n ei ddweud,
Blodyn y ceirios ar fy ngwefusau,
Tan imi ddychwel eto.

Y cariad a roddodd Crist Iesu
A lanwo bob calon i mi,
Y cariad a roddodd Crist Iesu
A lanwo fyfi dros bob un.

Tramwyo dyffrynnoedd, tramwyo coedwigoedd,
Tramwyo cymoedd hir a gwyllt.
Y Fair landeg cynnal fi o hyd,
Y Bugail Iesu bydd yn darian i mi,
Y Fair landeg cynnal fi o hyd,
Y Bugail Iesu bydd yn darian i mi. *Amen.*

DIWEDDGLO GORFOLEDDUS

Di angel Duw;
Bydd di'n fflam lachar o'm blaen,
Bydd di'n seren arweiniol uwch fy mhen,
Bydd di'n llwybr llyfn oddi tanaf,
Bydd di'n fugail da, ac yn gefn i mi,
Heddiw, heno, ac am byth.

Rwyf yn flinedig ac rwyf yn estron,
Arwain fi i wlad yr angylion;
Mae'n bryd i mi fynd tua thref
I lys Crist, i dangnefedd y nef. *Amen.*

Dwight Lyman Moody (1837–99)

Efengylwr Americanaidd. Unodd gydag Ira David Sankey ym 1870 a bu cylchdeithiau 'Sankey a Moody' yn boblogaidd iawn, gyda chanu Sankey a phregethu Moody. Buont ym Mhrydain ym 1873 ac ym 1883. Cenir rhai o'u hemynau o hyd.

O IESU, DEFNYDDIA FI

Defnyddia fi, felly, O Waredwr, at unrhyw bwrpas ac mewn unrhyw fodd, fel y mynni. Dyma fy nghalon druan, llestr gwag; llanw hi â'th ras. Dyma fy enaid pechadurus a chythryblus, ysbrydola ac adnewydda ef â'th gariad. Cymer fy nghalon a thrig yno, cymer fy nhafod i gyhoeddi ar led ogoniant dy enw; cymer fy nghariad a'm holl egni er lles i'th bobl grediniol, ac na fydded iti amau cysondeb ac ymddiriedaeth fy ffydd; er mwyn imi allu dweud o'r galon bob amser, 'Mae Iesu fy eisiau i, ac rwyf innau ei eisiau ef.' *Amen.*

William Hay Macdowell Hunter Aitken (1841–1927)

Efengylydd llwyddiannus ar sawl cenhadaeth yn yr Unol Daleithiau a Chanada. Bu'n Ganon Preswyl yng Nghadeirlan Norwich.

O ARGLWYDD, MEDDIANNA NI

O Arglwydd,
cymer ein hymenyddiau ni a meddylia drwyddynt;
cymer ein gwefusau ni a llefara drwyddynt;
cymer ein bywydau ni a phreswylia ynddynt;
cymer ein calonnau ni a gosod hwy ar dân
â chariad atat ti;
ac arwain ni wastad â'th Ysbryd Glân;
trwy Iesu Grist ein Harglwydd. *Amen.*

171

John Hunter (1849–1917)

Gweinidog yn Eglwys Gynulleidfaol yr Alban

DYHEAD POB CRISTION

Caniatâ, O Dduw, i'r hyn a glywsom â'n clustiau ac a ddywedasom â'n gwefusau fod yr hyn a gredwn yn ein calonnau ac a weithredwn yn ein bywydau; trwy Iesu Grist ein Harglwydd. *Amen.*

ANHUNANOLDEB

Arllwys i'n calonnau ysbryd anhunanoldeb, er mwyn i ni, pan fydd ein cwpan yn orlawn, allu rhannu ein llawenydd â'n brodyr. Ti, O Dduw cariad, yw'n Tad nefol, a barodd i'th haul godi ar y drwg a'r da, ac a anfonodd law ar y cyfiawn a'r anghyfiawn, caniatâ i ni allu datblygu'n fwyfwy fel gwir blant i ti, drwy dderbyn i'n heneidiau fwy o'th garedigrwydd dirwgnach a diflino; yr hyn a ofynnwn yn enw Iesu Grist. *Amen.*

Y FFORDD I FYW

Gwna ni'n awyddus bob amser, Arglwydd, i rannu'r pethau da sy gennym. Caniatâ inni y fath fesur o'th Ysbryd fel y cawn fwy o bleser wrth roi nag wrth dderbyn. Gwna ni'n barod i roi'n llawen heb grintach, yn y dirgel heb gyhoeddusrwydd, ac yn gywir heb ddisgwyl diolch, er mwyn Iesu Grist. *Amen.*

Robert Louis Stevenson (1850–94)

Albanwr, awdur enwog (Treasure Island, Kidnapped, Virginibus Puerisque . . .)*, teithiwr anturus, bu'n byw ar Samoa am bum mlynedd olaf ei fywyd*

NODWEDDION Y CRISTION

Caniatâ i ni, O Arglwydd, freindal llawenydd mewnol, a'r serenedd a ddaw o fyw yn agos atat. Adnewydda ynom yn feunyddiol yr ymdeimlad o bleser, a gad i ysbryd y Tad drigo yn ein heneidiau a'n cyrff, gan lanw pob cornel o'n calonnau â goleuni a gras; fel ein bod ni, wrth gario o amgylch haint gwroldeb da, yn gallu bod yn lledaenwyr bywyd, ac yn gallu cwrdd â phob drygioni a damweiniau gwael yn ddewr a chyda hapusrwydd haelfrydig, gan roi diolch i ti yn wastad am bob peth. *Amen.*

GWEDDI DROS Y TEULU

Arglwydd, edrych ar ein teulu wedi ymgasglu yma. Diolch i ti am y lle hwn lle y trigwn, am y cariad sy'n ein clymu ni, am yr heddwch a roddwyd inni heddiw, am obaith i edrych ymlaen at yfory; am yr iechyd, y gwaith, y bywyd a'r awyr glir sy'n gwneud ein bywyd mor braf; am ein ffrindiau yng ngwahanol gyrrau'r ddaear. Dyro inni ddewrder a llonder, a meddwl tawel. Arbed ni er mwyn ein ffrindiau, a meiriola'n hagwedd at ein gelynion. Bendithia, os oes modd, ein holl ymdrechion diniwed; os nad yw hynny'n bosibl, dyro i ni y nerth i ddioddef yr hyn sy'n dod fel y byddwn yn ddewr mewn perygl, yn ddiysgog mewn adfyd, yn rhesymol mewn dicter ac ym mhob dim hyd at byrth angau, yn deyrngar ac yn gariadus i'n gilydd. Fel y mae'r clai i'r crochenydd, fel y mae'r felin wynt i'r gwynt, fel y mae plant i'w tad, gofynnwn ninnau am y cymorth a'r trugaredd hwn er mwyn Crist. *Amen.*

173

GWEDDI AR GYFER Y NADOLIG

O Dduw, ein Tad cariadus, helpa ni i iawn gofio geni Iesu, fel y byddo inni rannu yng nghaneuon yr angylion, balchder y bugeiliaid, ac addoliad y doethion. Bydded i fore'r Nadolig ein gwneud yn hapus i fod yn blant i ti, ac i noson y Nadolig ddod â ni i'n gwelyau â meddyliau diolchgar, gan faddau a derbyn maddeuant, er mwyn Iesu. *Amen.*

GWEDDI HWYROL

Arglwydd, tyrd gyda phob un ohonom i orffwys: os bydd rhai ar ddi-hun, lleddfa'r oriau dwys o wylied; a phan ddychwelo'r dydd, dychwel atom, ein haul a'n diddanydd, a chyfoda ni â wynebau boreol a chalonnau boreol, yn awyddus i lafurio, yn awyddus i fod yn hapus, os llawenydd fydd ein rhan, ac os nodir y dydd gan dristwch, yn gadarn i'w ddioddef. *Amen.*

Robert Ambrose Jones ('Emrys ap Iwan' 1851–1906)

Beirniad llenyddol, ysgrifwr ar bynciau crefyddol a llenyddol. Gweinidog gyda'r Methodistiaid Calfinaidd

GWEDDI I DDIOLCH AM Y CYNHAEAF

O Arglwydd, yr ydym yn cwrdd heddiw mewn modd neilltuol er mwyn diolch iti nid yn unig am roi inni law a gwres, bob un yn ei amser, i dyfu, i aeddfedu ac i gasglu cynnyrch y tir, ond hefyd am dy holl ddoniau inni, yn dymhorol ac yn ysbrydol, ar hyd y flwyddyn a aeth heibio. Yr ydym yn diolch iti, nid yn unig am roi inni bethau da, ond hefyd am ein cadw rhag llawer drwg. Beth a dalwn iti am dy holl ddoniau inni? Fedrwn ni ddim talu iti ond yn unig o'th eiddo dy hun. Am hynny y mae'n dda gennym feddwl mai derbyn dy iachawdwriaeth a'th addoli yw'r diolch mwyaf cymeradwy gennyt ti am ddoniau dy ragluniaeth. Cynorthwya bob un ohonom gan hynny i ddweud â'i galon: "Ffiol iachawdwriaeth a gymeraf, ac ar enw yr Arglwydd y galwaf, fy addunedau a dalaf i'r

Arglwydd." Yr ydym yn teimlo oni wnawn ni hynny, mai ein twyllo'n hunain, a cheisio dy dwyllo dithau y byddwn wrth gwrdd ynghyd fel hyn.

Er ein bod yn cydnabod dy fod ti wedi gwneud dy ran i ni trwy roi inni dywydd tymhorol iawn, eto y mae amgylchiadau yn debyg fel yr ydym yn ofni y bydd llawer, naill ai trwy eu bai eu hunain neu trwy fai rhai eraill, mewn caledi mawr yn ystod y gaeaf sydd ar ddyfod. Gad inni gredu bod dy lywodraeth di ar amgylchiadau yn ogystal ag ar elfennau natur, ac y gelli di drefnu ffordd i roi bwyd a dillad i bawb a ymddiriedo ynot. Os rhoddaist inni beth mor fawr â bywyd, dysg inni gredu mai bychan gennyt bellach yw rhoi inni fwyd i gynnal y bywyd hwnnw; os rhoddaist inni beth mor werthfawr â'r corff, mai bychan gennyt roi inni wisg i ddilladu'r corff hwnnw.

Ond yr wyt ti wedi rhoi inni beth gwerthfawrocach hyd yn oed na'r corff, ac na'r bywyd naturiol sy'n bywiocáu'r corff – yr wyt wedi rhoi inni ysbryd anfarwol. O Arglwydd, portha hwnnw hefyd, â'r bara a ddaeth i waered o'r nef. Dillada hwnnw hefyd â'r Arglwydd Iesu ac â'i gyfiawnder ef, fel na welir cywilydd ein noethder ni yn y dydd mawr y byddi di'n diosg hyd yn oed y bratiau brwnt sy'n awr yn cuddio enaid bryntach na hwythau.

> Rho dy wisg ddisgleirwen, olau,
> Cuddia'n noethni hyd y llawr
> Fel nad ofnom mwy ymddangos
> Byth o flaen yr orsedd fawr.

Gad inni gofio y daw rywbryd amser cynhaeaf pwysicach na'r un a gawsom, pan fedir y rhai sy'n medi, ac y nithir y rhai sy'n awr yn nithio. Na ad inni anghofio bod gennyt tithau dy faes a'th lawr dyrnu, dy ffwrn a'th ysgubor. O dihidla arnom law graslon ym moddion gras, a thywynned dy wyneb arnom fel y tyfom, ac aeddfedu, a dwyn ffrwyth lawer, a hynny i berffeithrwydd. Gwna ni oll y fath rai na wasgerir ni byth gan wynt cryf y farn, ond y casgler ni yn hytrach i'th ysgubor.

Derbyn ein diolch, a gwrando'n gofynion; trwy Iesu Grist ein Harglwydd. *Amen.*

Gweddi Milwr Anhysbys

(Nid yw'r prif lyfrgelloedd: Llyfrgell Genedlaethol Cymru, Aberystwyth; Y Llyfrgell Brydeinig, Llundain; a Llyfrgell y Gyngres, Washington D.C. wedi dod o hyd i unrhyw ffynhonnell ddibynadwy ynglŷn ag awduraeth y weddi hon.)

TU HWNT I BOB DISGWYL

Gofynnais i Dduw am gryfder fel y gallwn lwyddo;
cefais lesgedd fel y dysgwn ufuddhau'n ostyngedig.
Gofynnais am iechyd fel y gallwn gyflawni pethau mawrion;
cefais anhwylder fel y gallwn wneud pethau gwell.
Gofynnais am gyfoeth fel y gallwn fod yn llawen;
cefais dlodi fel y gallwn fod yn ddoeth.
Gofynnais am rym fel y gallwn dderbyn clod dynion;
cefais wendid fel y gallwn deimlo'r angen am Dduw.
Gofynnais am bob dim fel y gallwn fwynhau bywyd;
cefais fywyd fel y gallwn fwynhau pob dim.
Ni chefais ddim y gofynnais amdano;
ond cefais y cyfan y gobeithiwn amdano.
Er gwaetha popeth, atebwyd y gweddïau nas llefarwyd gennyf;
Gwyn fy myd, ymhlith dynion! *Amen.*

John Oxenham (1852–1941)

Defnyddiwyd y ffugenw uchod gan y nofelydd a'r bardd William Arthur Dunkerley wrth lenydda. Ysgrifennodd ymhlith llu o bethau eraill ddeugain o nofelau. Cyhoeddwyd A Little Te Deum of the Commonplace *ym 1928 a daw'r dyfyniad isod ohoni:*

TI DDUW, A FOLWN

Am arwyddion bach ir cyntaf y gwanwyn;
Glasu'r ddaear, glas tyner y nen;
Cegau'r rhychau brown yn agored i dderbyn yr had;
Am dy holl ras mewn blaguryn ffrwydrol ac mewn deilen . . .

176

Am gloddiau persawrus y drain gwynion a'r rhosynnau gwyllt;
Am feysydd o dan haenen aur ac sy'n emog o sêr,
Am bob arlliw o'r blodyn lleiaf,
Am bob llygad y dydd sy'n gwenu ar yr haul;
Am bob aderyn sy'n adeiladu nyth yn llawen mewn gobaith,
Am bob oen sy'n prancio wrth ochr ei fam,
Am bob deilen sy'n siffrwd yn y gwynt,
Am boplys y gwanwyn, a'r dderwen sy'n ymledu,
Am y fedwen frenhinol a'r llwyfen dal sy'n siglo;
Am fendith osgeiddig y gedrwydden fawr,
Am y deng mil o arogldarthau pêr a offrymir gan y ddaear,
Rhoddion melys dail, blodau a ffrwythau i'r allor . . .
Am haf yn aeddfedu ac am gynaeafu;
Am holl ogoniannau'r hydref ar daen —
Pasiant fflamgoch y coedydd aeddfed,
Yr eithin tanllyd, y bryniau dan borffor y grug,
Y dail sy'n siffrwd wrth hedfan o flaen y gwynt
ac sy'n sibrwd wrth orwedd dan y cloddiau;
Am feysydd wedi'u hariannu â'r gwlith barugog;
Am y wefr o gael profi unwaith eto
Fin anadliad cyntaf awel y gaeaf;
Y lluniau ar y ffenestr, y byd gwyn newydd y tu allan;
Dewiniaeth y les ar y perthi pefriog,
Y plu meddal gwyn sy'n lapio'r ddaear mewn cwsg;
Yr oerfel y tu allan, y gwres siriol y tu mewn . . .
Am holl galon gynnes tymor y Nadolig,
Diolchwn i ti, O Arglwydd! *Amen.*

Gweddïau Enwog gol. Cynthia Davies

CYNNAL FI, O ARGLWYDD

Drwy bob munud o'r dydd hwn,
Bydd gyda mi, Arglwydd!
Drwy bob dydd o'r holl wythnos hon
Bydd gyda mi, Arglwydd!
Drwy bob wythnos o'r holl flwyddyn hon
Bydd gyda mi, Arglwydd!

Drwy'r holl flynyddoedd o'r holl fywyd hwn
Bydd gyda mi, Arglwydd!
Felly caiff y dyddiau a'r wythnosau a'r blynyddoedd
Eu llinynnu ar gordyn aur,
A'u cyd-dynnu'n ysgafn oll
I'th gyflawnder, Arglwydd,
Fel, pan â amser heibio,
Y caf o'r diwedd drwy ras
Fod gyda thi, Arglwydd. *Amen.*

DDUW'R DYDD A'R NOS

O Dduw'r dydd prysur;
Dduw'r noson dawel;
Sydd â'i dangnefedd yn lledu drwy'r tywyllwch
I'n croesawu ni â'r goleuni,
Yn ddiogel â'th bresenoldeb agos atom
Lle bynnag y byddwn.
Ti Dduw, ein Hamddiffynnwr mawr
Fe'th garwn ac addolwn Di. *Amen.*

John Wallace Suter (1859–1942)

Litwrgïwr a rheithor ym Massachusetts

DERBYN NI, O DDUW

O Dduw'r tangnefedd, a ddysgaist i ni mai mewn dychwelyd ac
mewn gorffwys y cawn ein hachub, ac mewn tawelwch ac
mewn ffydd y bydd ein cryfder: drwy nerth dy Ysbryd cod ni,
atolygwn i ti, i'th bresenoldeb, lle y gallwn fod yn llonydd a deall
taw ti sydd Dduw; trwy Iesu Grist ein Harglwydd. *Amen.*

BENDITH Y BARA A DORRWYD

O Dduw, gwnaeth dy fendigaid Fab ei hun yn adnabyddus i'w ddisgyblion drwy dorri'r bara: agor lygaid ein ffydd fel y gallwn ninnau ei weld yn ei holl weithiau achubol, yr hwn sy'n byw ac yn teyrnasu gyda thi, yn undod yr Ysbryd Glân, yn un Duw, yn awr ac am byth. *Amen.*

A. A. Pollard (1862–1934)

YN DY LAW

Myn dy ffordd, Arglwydd,
Myn dy ffordd,
Ti yw'r Crochenydd,
A myfi yw'r clai.
Ffurfia fi a gwna fi,
Yn ôl dy ewyllys,
Tra 'mod i'n disgwyl
Wedi ildio ac yn llonydd. *Amen.*

John Henry Jowett (1864–1923)

Pregethwr Cynulleidfaol Saesneg ac awdur nifer o weithiau defosiynol

CÂR DY GYMYDOG . . .

Fy Nhad yn y nefoedd, cofiaf am y rheini
rwyf yn dueddol o'u hanghofio pan weddïaf.
Rwy'n gweddïo dros y rhai nad wy'n eu hoffi.
Amddiffyn fi rhag fy nheimladau;
newid fy nhueddiadau;
rho imi galon dosturiol.
Atolygaf i ti, rho imi'r purdeb calon
sy'n darganfod dy ddelwedd ym mhob un. *Amen.*

179

DIOLCHWN, A MOLWN DI

O Dduw ein Tad, rydym am ddiolch i ti am holl bethau disglair bywyd. Cynorthwya ni i'w canfod, i'w cyfrif ac i'w cofio, fel bod ein bywydau yn llifo o foliant diderfyn; er mwyn Iesu Grist ein Harglwydd. *Amen.*

DROS DY DEULU, O DDUW

Ein Tad ni oll,
clyw fy ngweddi dros bobl o bob llwyth a chenedl.
Bydded i oleuni dy gariad lewyrchu arnynt,
gan ysgafnhau eu beichiau ac esmwytho eu gofidiau.
Yn arbennig gweddïaf dros bobl yr ymylon a'r rhai a
anwybyddwyd.
Bydded fy ngweledigaeth i, a gweledigaeth eraill, yn lledu
fel y deuwn yn fwy ymwybodol o'r anghofiedig a'r rhai
anghynwysedig.
Cynorthwya ni felly i drefnu'n bywydau a'n cymdeithasau yn y
fath fodd fel na chaeir neb allan. *Amen.*

GWERTH Y PETHAU BYCHAIN

Fy Nhad yn y nefoedd,
dysg imi werth y pethau bychain.
Dangos imi sut i gysegru yr hyn a ymddengys yn ddibwys,
ac i adnabod goleuni dy bresenoldeb ymhob eiliad.
Gad imi ymfalchïo yn y dydd drwy gynnig pob munud
i'w waredu gan dy gariad.
Cynigiaf iti fy holl eiliadau. *Amen.*

Percy Dearmer (1867–1936)

Offeiriad Anglicanaidd; Athro Celf Eglwysig, Coleg y Brenin, Llundain; un o olygyddion The English Hymnal, Songs of Praise *a* The Oxford Book of Carols; *cyfansoddodd a chyfieithodd nifer o emynau a charolau enwog*

NEWYDDION DA YR OES NEWYDD

O Dduw, ein Bugail,
rho i'r Eglwys weledigaeth newydd a chariad newydd,
doethineb newydd a dealltwriaeth newydd,
adfywiad i'w ddisgleirdeb, ac adnewyddiad i'w hundod;
fel bo neges dragwyddol dy Fab,
nas difwynwyd gan draddodiadau dynion,
yn cael ei chroesawu fel newyddion da yr oes newydd;
drwyddo ef sy'n gwneud pob peth o'r newydd,
Iesu Grist ein Harglwydd. *Amen.*

Francis Jammes (1868–1938)

Ffrancwr, bardd a nofelydd

RWYF YMA'N DISGWYL

O Dduw, gelwaist arnaf ac rwy'n dod. Lleferais i â'r llais a roddaist imi. Ysgrifennais â'r geiriau a ddysgaist imi.

Felly rwy'n teithio ar hyd yr heol fel asyn wedi'i orlwytho, â'i ben i lawr. Rwy'n barod i fynd ble bynnag a phryd bynnag yr wyt ti yn dymuno. Y gloch! Mae'r angelws yn canu. *Amen.*

UN O'TH GREADIGAETHAU MAWR A MÂN

O Dduw, fy Meistr, os caf i dy ras
I'th weld di wyneb yn wyneb ar ddiwedd bywyd,
Caniatâ i gi bach, a dybiodd un tro
Mai fi oedd Duw, i'm gweld i wyneb yn wyneb! *Amen.*

Amy Carmichael (1868–1951)

*Cenhades yn Yr India, lle y bu am hanner can mlynedd olaf ei
bywyd. Sefydlodd Gymdeithas ryngenwadol Dohnavur yn Tamil
Nadu i ddiogelu plant rhag cael eu cam-drin*

MEDDYLIA DRWOF I . . .

Meddylia drwof i feddyliau Duw;
Fy Nhad, distawa fi,
Hyd nes imi yn dy bresenoldeb sanctaidd, tawel,
Feddwl dy feddyliau di gyda thi.

Meddylia drwof i feddyliau Duw,
Fel y bydded bob amser, ym mhob man,
I'r ffrwd sy'n llifo drwof i
Fynd tua thre mewn gweddi.

Meddylia drwof i feddyliau Duw,
A gad i'm meddyliau i fod
Ar goll fel pyllau-tywod ar draeth
Y môr tragwyddol. *Amen.*

Evelyn Underhill (1875–1941)

*Nofelydd Anglicanaidd, bardd a chyfrinydd – bu'n un o'r
ysgrifenwyr Cristnogol mwyaf dylanwadol yn hanner cyntaf yr
ugeinfed ganrif*

GAD IMI YSTYRIED FY ENAID

Arglwydd, cynorthwya fi i ystyried fy enaid
bychan, di-siâp, amherffaith
sy'n destun cyson i'th weithred greadigol, gariadus,
yma yn awr, ymhlith holl frys fy mywyd beunyddiol
a'i uchelderau a'i iselderau,
ei bryderon a'i densiynau

a'i gyfnodau diflas, anysbrydol –
a rhoi iddo, drwy'r pethau hyn,
ei ffurf ordeiniedig a'i ystyr.
Felly yn holl ddigwyddiadau fy mywyd,
hyd yn oed y mwyaf dibwys,
teimlaf dy bwysedd,
Arlunydd Creadigol. *Amen.*

TYN NI AT EIN GILYDD, O DDUW

O Dduw, yr hwn o'th gariad a wnaethost yr holl genhedloedd yn y byd i fod yn un teulu, cynorthwya ni i gyd i garu ac i ddeall ein gilydd. Cymer i ffwrdd gasineb a chwerwder, gwna i ryfel orffen fel y gallwn oll weithio gyda'n gilydd ar gyfer dyfodiad dy deyrnas a byw yn dy dangnefedd. *Amen.*

EFELYCHWN EIN HARGLWYDD

Arglwydd, cynorthwya fi i wneud dy ewyllys ym mha beth bynnag a roddi imi i'w gwblhau; yn barod i ddefnyddio pethau syml fel cyfryngau cariad,
yn y modd y gwnaethost ti:
y tywel, a'r basn;
y cwpan, y plât, a'r dorth;
yn barod i gyflawni'r dyletswyddau mwyaf gwasaidd er mwyn cariad. *Amen.*

ANFON Y DIDDANYDD ATOM, O DDUW

O Dduw hollalluog, Tad y ddynoliaeth gyfan, gweddïwn arnat i droi atat dy hun galonnau'r holl bobl a'u llywodraethwyr, fel y sefydlir, trwy ddawn dy Ysbryd Glân, heddwch ar sail cyfiawnder, uniondeb a gwirionedd; trwy'r hwn a ddyrchafwyd ar groes i ddwyn pawb ato ef ei hun, dy Fab, Iesu Grist ein Harglwydd. *Amen.*

Albert Schweitzer (1875–1965)

Enillydd Gwobr Heddwch Nobel. Cenhadwr. Ysgolhaig mewn llawer disgyblaeth: Athrawiaeth, Cerddoriaeth, Diwinyddiaeth . . . Cefnodd ar hawddfyd Ewrop a dewisodd Lambaréné i wasanaethu fel meddyg ac i uniaethu â'r brodorion yno, gydol ei oes

DROS YR HOLL GREADURIAID

O Dad nefol,
amddiffyn a bendithia'r cyfan sydd ag anadl;
gwarchod nhw rhag pob drwg
a chaniatâ iddynt gysgu mewn tangnefedd. *Amen.*

DEFNYDDIA FI, O DDUW

Yma, Arglwydd, mae fy mywyd. Gosodaf ef ar yr allor heddiw.
Defnyddia ef fel y mynni. *Amen.*

D. Emrys James ('Dewi Emrys' 1881–1952)

Newyddiadurwr, pregethwr, bardd eisteddfodol llwyddiannus iawn

HIRAETH

O dirion Dad, arwain di – fy enaid
I'th fwynaf oleuni.
Rho loer wen bro fy ngeni
A haul mam yn ôl i mi. *Amen.*

Y GALILEAD

O Grist llwydwedd! Rhyfeddod – yr oesau,
Drylliog Rosyn dyndod;
Y glanaf, addfwynaf Fod,
Gwrthodedig wyrth Duwdod.

Pierre Teilhard de Chardin (1881–1955)

Diwinydd Ffrengig, athronydd a phaleontolegwr

WYNEB DUW

O Arglwydd Dduw, caniatâ imi adnabod mewn eraill ddisgleirdeb dy wyneb di. *Amen.*

HENAINT

Daw henaint oddi wrth Dduw, henaint a arweinia at Dduw, ni wna henaint gyffwrdd â mi oni bai ei fod ef yn ewyllysio. *Amen.*

MOLWCH YR ARGLWYDD YN EI HOLL OGONIANT

Gogoneddus Arglwydd Grist: y dylanwad dwyfol yn gyfrinachol ar led ac yn weithgar yn nyfnderoedd sylwedd, a'r canol disglair lle cwrdd yr holl aneirif ffeibrau amrywiol; pŵer mor ddidrugaredd â'r byd, cyn gynhesed â bywyd; ti yr hwn y mae dy dalcen o wyndra eira, yr hwn wyt â llygaid o dân, a'r hwn wyt â thraed yn loywach nag aur tawdd, ti yr hwn wyt â dwylo yn carcharu'r sêr; ti yr hwn wyt y cyntaf a'r diwethaf, y byw a'r meirw a'r cyfodedig eto . . . atat ti yr hwn y mae fy enaid yn crio allan ag awydd cyn lleted â'r bydysawd: 'Mewn gwirionedd ti yw fy Arglwydd a'm Duw.' *Amen.*

William Temple (1881–1944)

Archesgob Caergaint, diwinydd a phregethwr

DYDD GWEDDI CENEDLAETHOL (1932)

Gweddïwn yn awr dros ein gwlad a thros y byd, gan ddilyn y patrwm a ddysgwyd inni pan weddïwn:
Deuwn yn agos atat ti, Hollalluog Dduw, yr hwn a'n dysgaist ni i fwrw'n holl ofal arnat ti:
Ein Tad, yr hwn wyt yn y nefoedd.
Rydym wedi'n drysu gan nifer a maint y problemau o'n hamgylch, ond mae'n hymddiriedaeth a'n gobaith yn gadarn ynot ti:
Ein Tad, yr hwn wyt yn y nefoedd.
Mae'n gwendid, ein dallineb, a'n hunanoldeb yn ein rhwystro rhag gweithredu'n ddoeth a dewr; ond doethineb a chryfder sy'n eiddo i ti, ac fe roddi di nhw i'r rhai sy'n llwyr ymddiried ynot ti:
Ein Tad, yr hwn wyt yn y nefoedd.
Drwy ein parodrwydd i dderbyn yn siriol yr aberthau a fynnir oddi wrthym er lles pawb:
Sancteiddier dy enw.
Drwy awydd yr holl genhedloedd a'r holl ddosbarthiadau i geisio brawdoliaeth â'i gilydd, ac i gilio oddi wrth arglwyddiaeth, eiddigedd a drwgdybiaeth:
Sancteiddier dy enw.
Drwy dwf undod ymhlith Cristnogion ac ewyllys da ymhlith dynion:
Sancteiddier dy enw.
Wrth sefydlu tangnefedd, ac wrth barodrwydd y cenhedloedd i ddewis cyfiawnder yn hytrach na grym:
Deled dy deyrnas.
Ym mholisi'n Llywodraeth i adfer credyd a ffyniant:
Gwneler dy ewyllys.
Yn y cyfan a wneir ar gyfer sefydlogi dyfodol llywodraeth Yr India:
Gwneler dy ewyllys.
Wrth adfer masnach yn ymddiriedaeth y credyd adferedig a'r ewyllys da cyffredin:

Dyro i ni heddiw ein bara beunyddiol.

Trwy gydweithrediad yr holl ddosbarthiadau yn gweithio er lles pawb:

Dyro i ni heddiw ein bara beunyddiol.

Trwy'r cydymdeimlad sy'n cynorthwyo'r anghenus gartre ac ymhell i ffwrdd:

Dyro i ni heddiw ein bara beunyddiol.

Oherwydd buom ni'n hunanol yn ein dull o gynnal busnes, drwy osod ein diddordebau ni neu yr hyn a berthyn i'r un dosbarth â ni o flaen anghenion pobl eraill:

Maddau i ni ein dyledion.

Oherwydd rydym ni wedi porthi pob chwant o'n heiddo mewn haerllugrwydd cenedlaethol, a darganfod boddhad yn ein nerth dros eraill yn hytrach na'n gallu i'w gwasanaethu:

Maddau i ni ein dyledion.

Oherwydd i ni ymddiried ynom ni ein hunain a'th anwybyddu di:

Maddau i ni ein dyledion.

Os bu i rai ein niweidio drwy ddelio'n dwyllodrus, drwy weithio'n esgeulus neu drwy ecsbloetiaeth:

Maddeuwn ninnau i'n dyledwyr.

Os bu i wledydd eraill tra'n dilyn eu diddordebau hwy lesteirio'n ddiangen ein rhai ni:

Maddeuwn ninnau i'n dyledwyr.

Os ydym wedi dioddef colled neu dristwch drwy uchelgais anghyfiawn pobl eraill:

Maddeuwn ninnau i'n dyledwyr.

Pan fo cyfle i ennill cyfoeth i ni'n hunain heb ystyried tlodi i eraill:

Nac arwain ni i brofedigaeth.

Pan fo gwendid ein cymdogion neu'n cystadleuwyr yn agor y ffordd i ni i'w trechu er lles i ni:

Nac arwain ni i brofedigaeth.

Pan fo pryder yn cyflyru'r meddwl neu ffyniant yn suo'r cydwybod, a'n bod ninnau ar fin dy anghofio di:

Nac arwain ni i brofedigaeth.

Ar adegau o hunanfodlonrwydd, hunangeisio a hunanhyder:

Gwared ni rhag drwg.

Ar adegau o ymffrost mewn buddugoliaeth, o bigogrwydd mewn aflwyddiant, o anobaith pan ohirir gobaith:

Gwared ni rhag drwg.

Ar adegau o ofn ynghylch yr hyn y gall eraill ei wneud i ni, ac o awydd i daro rhag ofn y cawn ni ein taro:
Gwared ni rhag drwg.
Oherwydd dros holl hilion a chenhedloedd a dosbarthiadau ti sy'n teyrnasu fel Brenin; mae dy gariad tadol yn cofleidio pawb; ac yn dy ewyllys mae ein tangnefedd:
Eiddot ti yw'r deyrnas, a'r nerth, a'r gogoniant, yn oes oesoedd. *Amen.*

DEISYFIAD

Bywha di ein cydwybod, O Dduw, â'th sancteiddrwydd, portha ein meddwl â'th wirionedd,
pura ein dychymyg â'th harddwch,
agor ein calonnau i'th gariad,
a phlyg ein hewyllys i'th bwrpas dwyfol. *Amen.*

DYHEAD

Garedicaf Waredwr, rydym am drigo ynot ti: gwna ein calonnau yn drigfan i ti; llanw ein meddyliau â'r syniad a'n dychmygion â llun dy gariad; tyn oddi wrthym unrhyw hunanoldeb neu wendid sy'n ein rhwystro ni rhag clywed neu ufuddhau i'th alwad di; dysg ni i fyw o ddydd i ddydd yn agosach at dy ochr, a gafodd ei thrywanu er mwyn i ni gael byw. *Amen.*

ERFYNIWN ARNAT, O DDUW

Hollalluog a thragwyddol Dduw, tyn felly ein calonnau atat ti, arwain ein meddyliau, llanw ein dychmygion, a chan hynny rheola ein hewyllysion fel y gallwn fod yn eiddo i ti yn hollol, wedi'n llwyr gysegru i ti; yna defnyddia ni, erfyniwn arnat, fel y mynni, ond bob tro i'th ogoniant ac er lles dy bobl di; trwy ein Harglwydd a'n Gwaredwr Iesu Grist. *Amen.*

188

DEISYFIAD

O Arglwydd Iesu Grist, wir Air a Datguddiad y Tad Tragwyddol, tyrd, erfyniwn arnat, a meddianna ein calonnau, gan deyrnasu yno lle mae hawl gennyt i deyrnasu. Llanw ein meddyliau â syniad dy gariad a'n dychymyg â'i lun, fel na fyddo ynom unrhyw awydd a fyddai'n groes i'th ewyllys sanctaidd. Cadw ni, erfyniwn arnat, oddi wrth bawb a all ein gwneud yn fyddar i'th alwad neu'n araf i ufuddhau iddi, yr hwn wyt, gyda'r Tad a'r Ysbryd Glân yn byw ac yn teyrnasu, yn un Duw yn oes oesoedd. *Amen.*

BENDITH

B ydded i gariad yr Arglwydd Iesu ein cynhesu;
Bydded i ogoniant yr Arglwydd Iesu ein diddanu;
Bydded i bresenoldeb yr Arglwydd Iesu ein bywiocáu;
Bydded i ras yr Arglwydd Iesu ein sancteiddio; a
Bydded bendith Duw Hollalluog, y Tad, y Mab, a'r Ysbryd Glân arnom ni ac yn parhau gyda ni am byth. *Amen.*

YN WASTAD GYDA THI

O Dduw, ein Tad cariadus, erfyniwn arnat ti, i'n cadw ni'n wastad gyda thi, er mwyn inni gael yn dy gariad ein nerth a'n tangnefedd; trwy Iesu Grist ein Harglwydd. *Amen.*

CYNORTHWYA NI, IESU

O Iesu bendigedig, yr hwn a ŵyr amhurdeb ein teimladau, culni ein cydymdeimlad, ac oerni ein cariad, meddianna ein heneidiau a llanw ein meddyliau â llun ohonot ti, tor drwy styfnigrwydd ein hewyllys hunanol a ffurfia ni'n debyg i'th gariad.

O neb ond tydi a allai, ein Gwaredwr, ein Harglwydd a'n Duw. *Amen.*

CYSUR CARIAD DUW

O Arglwydd ein Duw, ni all na bywyd nac angau wahanu oddi wrthyt y rhai sy'n ymddiried yn dy gariad, ac mae dy gariad yn cofleidio dy blant yn y byd hwn a'r byd a ddaw, felly una ni â thi mewn cymdeithas fel y byddwn wastad wedi ein huno â'n hanwyliaid naill ai yma neu yno: rho inni ddewrder, cadernid a gobaith, drwyddo ef a fu farw ac a gladdwyd ac a atgyfododd eto drosom, Iesu Grist ein Harglwydd. *Amen.*

ANGHYFNEWIDIOLDEB DUW

O Arglwydd, fel y newidia'r blynyddoedd, bydded i ni ddod o hyd i orffwys yn dy dragwyddol anghyfnewidioldeb di. Cynorthwya ni i wynebu'r flwyddyn newydd â dewrder, yn ffyddiog. Er i fywyd o'n hamgylch newid yn hollol, yr wyt ti'n parhau yr un peth, gan ein harwain â'th ddoethineb a'n gwarchod â'th gariad; trwy ein Hiachawdwr Iesu Grist. *Amen.*

LLAWNDER Y FENDITH

Bydded i gariad yr Arglwydd Iesu
eich tynnu ato'i hun,
Bydded i nerth yr Arglwydd Iesu
eich cryfhau yn ei wasanaeth.
Bydded i lawenydd yr Arglwydd Iesu lanw eich calonnau,
a bendith Duw hollalluog,
Y Tad, y Mab, a'r Ysbryd Glân,
fo i'ch plith ac a drigo gyda chi'n wastad. *Amen.*

William Arthur Hugh Redwood (1883–1963)

Newyddiadurwr, efengylwr, awdur

GWEDDI AGORIADOL

Annwyl Dad, helpa fi nawr i gymuno â thi. O ran cariad ac addoliad, rwy'n fy nghynnig fy hun i ti yn hollol, beth bynnag a ddaw y dydd hwn, a gofynnaf, yn enw Iesu fy Ngwaredwr, i ti gymryd pob rhan ohonof a'i osod yn unol â'th ewyllys.

Beth bynnag a all ddigwydd, na fydded i'm cariad tuag atat fyth simsanu heddiw; pan ddaw'r nos bydded iddo barhau i losgi'n llachar a chyson, a bydded i'w fflam gynnau rhyw galon arall cyn hynny. Bydded fy mywyd yn eiddo i Grist, a'm corff yn dyst iddo heb fyth ildio i ddrygioni.

Cysegra i'th bwrpas fy holl ddoniau meddyliol a rhesymegol, fy nealltwriaeth a'm mynegiant, fy synnwyr cyffredin, fy ngreddf a'm doniolwch. Gad i'm holl nerth nerfol a chorfforol fod at dy alwad, rhag imi ei dreulio'n annoeth neu osgoi unrhyw waith yr wyt ti am imi ei gyflawni; ac os gelwir fi i ryw waith neilltuol, adfywia fi yn ôl yr angen. Ac fel yr wyt ti yn byw ynof fi, Arglwydd Grist, gad imi felly fyw ynot ti er mwyn imi allu gweld eraill trwy dy lygaid di, eu gwasanaethu fel petai â'th ddwylo di a'u caru o'th galon di. *Amen.*

Eric Milner-White (1884–1963)

Anglicanwr – Deon yng Ngholeg y Brenin, Caergrawnt, ac yna yn Efrog. Bu ei lyfrau ar weddi yn nodedig am goethder iaith llawer o'r gweddïau cofiadwy

MYNEGWN DY GLOD

Tyrd di gyda ni, O Arglwydd,
wrth inni fynd i mewn i'th dŷ sanctaidd,
a thyrd di gyda ni,
wrth ddychwelyd a chydio yn nyletswyddau cyffredin bywyd.

191

Mewn addoliad a gwaith gad inni fod yn ymwybodol
o agosatrwydd dy bresenoldeb;
nes bo gwaith ei hun yn addoliad,
a phob un o'n meddyliau yn mynegi dy glod;
trwy Iesu Grist ein Hiachawdwr. *Amen*

TYRD YSBRYD GLÂN

Mewn llawenydd a mawl dathlwn dy ddyfodiad,
Ysbryd sanctaidd Duw,
Ysbryd grym a goleuni,
Ysbryd gras a bywyd.
Tyrd megis gwynt nerthol i'n hadnewyddu;
tyrd megis tân nefol i'n puro;
tyrd megis anadl Duw i'n bywhau;
tyrd megis colomen a rho inni dangnefedd.
Tyrd Ysbryd Glân, i'n c'lonnau ni,
A dod d'oleuni nefol. Amen.

DIOLCHWN, AC ADDOLWN DI

Arglwydd, dysg dy bobl i garu dy dŷ, y gorau o'r holl
anheddau,
dy Ysgrythurau, y gorau o'r holl lyfrau,
dy Sacramentau, y gorau o'r holl roddion,
Cymun y Saint, y gorau o bob cwmni;
a bydded i ni fel un teulu ac mewn un lle ddiolch i ti ac addoli dy
ogoniant. Helpa ni yn wastad i gadw yn sanctaidd dy ddydd di, y
cyntaf o'r diwrnodau, ein Gwneuthurwr, ein Hatgyfodiad, a'n
Bywyd, Duw bendigaid am byth. *Amen.*

SUT I WEDDÏO

Arglwydd, dysg fi i weddïo, i fod eisiau gweddïo, i ymhyfrydu
mewn gweddïo.
Pan weddïaf, dysg fi i weddïo â ffydd, â gobaith, â chariad.

Bydded i weddi fod fy ngwaith cyntaf, fy ngwaith parhaol, fy ngwaith pwysicaf.

Gwaith a wnaf i ti, i eraill, i'r holl fyd.

Gad i'm gweddi fod yn offeryn dy gariad, dy ras, dy hedd er mwyn y rhai y gweddïaf drostynt, ac er fy mwyn i, O annwyl a bendigedig Arglwydd. *Amen.*

RHODD YR YSBRYD

O Ysbryd Glân,
Roddwr goleuni a bywyd,
Trosglwydda i ni feddyliau uwch na'n meddyliau ni,
a gweddïau gwell na'n gweddïau ni,
a nerthoedd grymusach na'n nerthoedd ni,
fel y gallwn dreulio a bod yn dreuliedig
yn ffyrdd cariad a daioni,
yn debyg i ffurf berffaith
ein Harglwydd a'n Hiachawdwr Iesu Grist. *Amen.*

Y DUW SY'N GALW

O Arglwydd Dduw,
yr hwn a elwaist dy weision
i anturiau na fedrwn weld eu terfyn,
ar hyd llwybrau ansathredig hyd yn hyn,
drwy beryglon anhysbys:
Rho inni ffydd
i fentro allan yn ddewr
heb wybod i ble'r awn,
ond yn unig fod dy law yn ein tywys,
a'th gariad yn ein cynnal:
er gogoniant i'th enw. *Amen.*

Mil a Mwy o Weddïau

Karl Barth (1886–1968)

Diwinydd enwog a gweinidog o'r Swistir, gwrthwynebwr Natsïaeth, awdur y campwaith Church Dogmatics

GAIR A GRAS DUW

Gariadus Dad yn y nefoedd: diolchwn i ti am y tragwyddol, bywiol, achubol air a leferaist yn Iesu, ac yr wyt yn dal i'w lefaru wrthym ni ddynion. Ti yn wir yw'r cyntaf i ymwneud â'n hanghenion, a thi yw'r unig un a all eu cyflawni. Felly medrwn a gwnawn ddyrchafu ein llygaid atat ti. Daw ein cymorth oddi wrthyt ti, yr hwn a greodd nefoedd a daear.

Ond yn awr yr ydym bob un ohonom yn sefyll ger dy fron â'n holl wahaniaethau, ac eto'n debyg am ein bod i gyd ar fai gyda thi a chyda'n gilydd. Bydd rhaid i ni i gyd farw ryw ddiwrnod, a heb dy ras byddai'r cyfan ar goll.

Na chaniatâ i ni syrthio, ond parha â'th gysur a hefyd caniatâ fod y gras hwnnw a addawyd ac a roddwyd ar gael i ni i gyd, yn dy annwyl Fab, ein Harglwydd Iesu Grist. *Amen.*

TI, O DDUW, A'TH EWYLLYS DA

O Arglwydd, ein Duw, gwyddom mai trwy dy fawredd annirnadwy y gallwn ni felly alw arnat ti: Arglwydd, ein Duw **ni**, ein Creawdwr **ni**, ein Tad **ni**, ein Gwaredwr **ni**; ac yr wyt ti yn ein hadnabod a'n caru ni i gyd, ac yn awyddus i fod yn adnabyddus a chael dy garu gennym oll; a bod ein llwybrau i gyd yn weledig ac yn rheoledig gennyt ti; er mwyn galluogi pawb i ddod ger dy fron, a'u galluogi i fynd atat ti.

Ac yn awr arllwyswn y cyfan o'th flaen **di**: ein gofalon, er mwyn i **ti** ofalu amdanom; ein hofn, er mwyn i **ti** ei dawelu; ein gobeithion a'n dymuniadau, er mwyn iddynt gael eu cyflawni nid yn ôl ein hewyllys ni, ond yn ôl **dy** ewyllys **di;** ein pechodau, er mwyn i **ti** eu maddau; ein meddyliau a'n chwantau, er mwyn i **ti** eu puro; ein holl fywyd yn yr amser hwn, er mwyn i **ti** ei arwain at atgyfodiad yr holl gnawd ac i fywyd tragwyddol, trwy Iesu Grist, ein Harglwydd. *Amen.*

O DDUW, MADDAU I NI A DERBYN NI

Dad yn y Nefoedd, nid wyt ti wedi ymadael â'r byd, nac oddi wrthym ni oll, nac oddi wrth yr un ohonom chwaith. Pan adawsom di ac y buom ar goll, fe chwiliaist di amdanom a chefaist ni wrth gymodi â'th annwyl Fab Iesu Grist, drwy agor ffordd i ni, ac wrth roi gobaith i ni. Paid ag edrych ar ein pechod yn awr, ond ar dy ras. Rho dy Ysbryd i ni fel y gallwn fod wrth dy fodd. Caniatâ y cawn weddïo arnat ti â'n holl galon, a'th glodfori di yn llawen â'n gwefusau.

Gweddïwn hyn oll drwy Iesu Grist, ein Harglwydd. *Amen.*

GWARED NI, ARGLWYDD DAIONUS

O Arglwydd ein Duw, fe wyddost pwy ydym; pobl â chydwybodau da a rhai drwg, personau sy'n fodlon a'r rheiny sy'n anfodlon, y sicr a'r ansicr, Cristnogion o argyhoeddiad a Christnogion o arferiad, y rheiny sy'n credu a'r rhai hynny sy'n hanner-credu, a'r rhai sy'n anghredu. Ac fe wyddost o ble daethom: oddi wrth gylch o berthnasau, cydnabod a chyfeillion, neu oddi wrth yr unigrwydd gwaethaf; oddi wrth fywyd o ffyniant tawel, neu oddi wrth ddryswch amrywiol a gofid; oddi wrth gysylltiadau teuluol da eu trefn neu oddi wrth y rheiny sy'n anrhefnus, neu dan straen; oddi wrth gylch mewnol y gymuned Gristnogol neu o'i ymyl pellaf. Ond yn awr safwn i gyd o'th flaen, yn ein holl wahaniaethau, eto'n debyg yn y ffaith ein bod i gyd ar fai gyda thi a chyda'n gilydd, gan wybod bod rhaid i bob un ohonom farw ryw ddiwrnod, y byddem ar goll heb dy ras, ond hefyd bod dy ras wedi'i addo a'i fod ar gael i ni oll yn dy annwyl Fab, Iesu Grist. *Amen.*

John Baillie (1886–1960)
A Diary of Private Prayer
cyf. Trebor Lloyd Evans *Bore a Hwyr* (1978)

Albanwr a fu'n dysgu yng Ngogledd America, a gweithio'n ddiflino i hybu gwell perthynas rhwng yr enwadau Cristnogol. Bu'n Athro Diwinyddiaeth ym Mhrifysgol Caeredin. Etholwyd yn Llywydd Cyngor Eglwysi'r Byd, a chyhoeddodd nifer o lyfrau ar weddi

GWEDDI FOREOL

O Dduw, yr hwn o'th gariad a'th dosturi a anfonaist inni Iesu Grist i oleuo ein tywyllwch, rho i mi ddoethineb i elwa drwy ei eiriau, a gras i ddilyn ôl ei droed.

Dywedodd Iesu Grist : *A phan fyddwch ar eich traed yn gweddïo, os bydd gennych rywbeth yn erbyn unrhyw un, maddeuwch iddo.*
O Dduw, rho ras i mi wneud hynny nawr.
Dywedodd Iesu Grist : *Dedwyddach yw rhoi na derbyn.*
O Dduw, rho ras i mi heddiw feddwl nid am yr hyn y gallaf ei gael ond am yr hyn y gallaf ei roi.
Dywedodd Iesu Grist: *Pan fyddi di'n rhoi elusen, paid â gadael i'th law chwith wybod beth y mae dy law dde yn ei wneud.*
O Dduw, caniatâ i'r hyn a roddaf gael ei roi heb i mi fy nghanmol fy hun, a heb unrhyw feddwl am glod na gwobr.
Dywedodd Iesu Grist: *Ewch i mewn trwy'r porth cyfyng.*
O Dduw, rho ras i mi heddiw gadw ar lwybr cyfyng dyletswydd a delio anrhydeddus.
Dywedodd Iesu Grist: *Peidiwch â barnu.*
O Dduw, rho ras i mi heddiw fwrw allan y trawst o'm llygad fy hun cyn sylwi ar y brycheuyn yn llygad fy mrawd.
Dywedodd Iesu Grist: *Pa elw a gaiff dyn os ennill yr holl fyd a fforffedu ei fywyd?*
O Dduw, rho ras i mi heddiw dreulio'r diwrnod hwn fel na chollaf fy enaid, pa beth bynnag arall a gollaf.
Dywedodd Iesu Grist: *Gweddïwch chwi fel hyn* (ac felly, O Arglwydd y gweddïaf): *Ein Tad yn y nefoedd, sancteiddier dy enw; deled dy deyrnas; gwneler dy ewyllys, ar y ddaear fel yn y nef. Amen.*

GWEDDI HWYROL

O Dduw, yr hwn wyt o dragwyddoldeb i dragwyddoldeb, ac nad wyt ar un amser mewn un lle am fod pob amser a phob lle ynot ti, ceisiaf yn awr ddeall fy nhynged fel plentyn i ti. Yma yr wyf, eiddil marwol, ynghanol eangderau natur. Ond bendigedig wyt, O Arglwydd Dduw, am i ti fy nghreu ar dy ddelw dy hun ac anadlu ynof anadl dy fywyd di dy hun. O fewn i'r corff tlawd hwn gosodaist ysbryd cyffelyb i'th Ysbryd di. O fewn i'r llygradwy hwn plennaist anllygredigaeth, ac o fewn i'r marwol hwn anfarwoldeb. O'r ystafell fechan hon a'r awr fer hon gallaf ddyrchafu fy meddwl uwchlaw cymylau amser a lle atat ti, y digreëdig Un, nes i oleuni dy wynepryd oleuo fy holl fywyd.

Pâr i mi gofio mai gwas i'm henaid anfarwol yw fy nghorff marwol:
Pâr i mi gofio mor ansicr yw fy ngafael ar fy mywyd yn y cnawd:
Pâr i mi gofio nad oes i mi yma ddinas barhaus, ond lle i ymdeithio drwyddo a lle i'm profi ac i'm disgyblu:
Pâr i mi ddefnyddio'r byd heb ei gamddefnyddio:
Pâr i mi fod yn y byd heb fod o'r byd:
Pâr i mi fod fel pe bawn heb feddu dim ac eto'n meddu popeth:
Pâr i mi ddeall gwagedd y tymhorol a gogoniant y tragwyddol:
Pâr i'm byd fod wedi ei ganoli ynot ti ac nid ynof fi fy hun.
Hollalluog Dduw, yr hwn a gyfodaist o farw ein Harglwydd Iesu Grist, a'i osod ar dy ddeheulaw mewn gogoniant anfarwol, diolchaf i ti am y gobaith hwn o anfarwoldeb a fu drwy lawer oes yn llonni ac yn goleuo eneidiau dy saint, y gobaith a seliaist yn ddiymod drwy yr un Iesu Grist ein Harglwydd. *Amen.*

GWEDDI FOREOL

Henffych, O Arglwydd fy Mrenin! Mewn parch cyfarchaf di ar ddechrau diwrnod arall! Pob clod a chariad a theyrngarwch a fyddo i ti, y Goruchaf!

Na ad, O Arglwydd Dduw, i'm meddyliau heddiw fod wedi eu meddiannu'n llwyr gan y byd sy'n mynd heibio. Am i ti yn dy gariad roddi imi'r gallu i ddyrchafu fy meddwl i fyfyrio ar bethau anweledig a thragwyddol, gwared fi rhag para'n fodlon ar bethau gweledig a thymhorol. Yn hytrach caniatâ i bob dydd gryfhau fy ngafael ar y byd anweledig a chynyddu fy ymdeimlad o'i realiti, ac ennill fy nghalon i'w ddiddordebau sanctaidd yn y fath fodd, fel na fydd i mi, wrth i'm bywyd ar y ddaear dynnu tua'i derfyn, dyfu'n rhan o'r amgylchfyd diflanedig, ond cael fy nghydffurfio fwyfwy i fywyd y byd a ddaw.

Tydi yr hwn wyt yn gweld ac yn gwybod pob peth, rho ras i mi, rwy'n gweddïo arnat, i'th adnabod a'th weld, fel y byddo i mi, wrth dy adnabod di, fy adnabod fy hunan megis y'm hadwaenir yn berffaith gennyt ti, ac wrth dy weld di y caf fy ngweld fy hun fel yr wyf mewn gwirionedd o'th flaen. Dyro i mi heddiw weledigaeth eglur o bwrpas fy mywyd dros amser fel yr ymddengys yng ngoleuni dy dragwyddoldeb. Dangos i mi fy mychander i a'th fawredd anfeidrol dithau. Dangos i mi fy mhechod i a'th gyfiawnder perffaith dithau. Dangos i mi fy niffyg cariad i a'th gariad difesur dithau. Er hynny dangos i mi yn dy drugaredd, y gallaf fi, er mor fach ydwyf, wneud fy noddfa yn dy fawredd di, ac er mor bechadurus wyf fi, y caf bwyso ar dy gyfiawnder di, ac er mor ddigariad wyf fi y gallaf ymguddio yn dy gariad maddeuol di. Pâr i'm meddyliau aros llawer heddiw gyda bywyd ac angau Iesu Grist fy Arglwydd, fel y gwelwyf bob peth yng ngoleuni'r iachawdwriaeth a ddarperaist i mi yn ei enw ef. *Amen.*

GWEDDI HWYROL

Hollalluog a bendigedig Dduw, diolchaf i ti am y cariad â'r hwn y canlynaist fi holl ddyddiau fy mywyd. Diolchaf i ti am oleuo fy meddwl a'th ddwyfol wirionedd a chynnal fy ewyllys a'th ddwyfol ras. Diolchaf i ti am bob amlygiad o arweiniad dy Ysbryd, ac am y digwyddiadau bychan hynny, nad ymddangosent ar y pryd yn ddim mwy na siawns, ond a ymddangosodd i mi yn ddiweddarach yn rhan o'th bwrpas grasol di i hyfforddi fy enaid. O na ad i mi wrthod dy arweiniad, na diffodd y fflam a oleuaist o'm mewn; yn hytrach gad i mi dyfu beunydd mewn gras a gwybodaeth o Iesu Grist, fy Arglwydd a'm Meistr.

Er hynny, nid amdanaf fy hun yn unig y dymunwn feddwl a gweddïo. Dymunaf gofio ger dy fron fy holl frodyr a chwiorydd dynol sydd mewn angen am dy gymorth. Yn arbennig heno meddyliaf –

am y rhai hynny sy'n wynebu temtasiynau cryfion:

am y rhai hynny sy'n wynebu tasgau uwchlaw eu gallu:

am y rhai hynny sy'n sefyll ym mwlch yr argyhoeddiad:

am y rhai hynny sydd mewn dyled neu dlodi:

am y rhai hynny sy'n dioddef canlyniadau eu camweddau er iddynt edifarhau o'u plegid er ys talm:

am y rhai hynny, oherwydd amgylchiadau bore oes na chawsant gyfle teg mewn bywyd:

am yr holl gylchoedd teuluol a dorrwyd gan angau:

am holl genhadon Teyrnas Nefoedd yn y byd:

am y rhai hynny sy'n dyrchafu lamp y gwirionedd mewn lleoedd unig:

am . . . a . . . a . . .

Dad tirion dynolryw, gwna fi, hyd y mae ynof, yn gyfrwng i'th gariad a'th dosturi dwyfol di gyrraedd calonnau a bywydau ychydig o'r rhai agosaf ataf. *Amen.*

GWEDDI HWYROL

O Dad nefol, rho i mi galon fel calon Iesu Grist, calon barotach i wasanaethu nag i gael ei gwasanaethu, calon lawn tosturi tuag at y gwan a'r gorthrymedig, calon â'i bryd ar ddyfodiad dy deyrnas ym myd dynion.

Dymunaf weddïo heno, O Dduw, dros bob math a chyflwr o ddynion yr arferai Iesu Grist roddi iddynt ystyriaeth a gofal arbennig:

Dros y rhai sy'n brin o fwyd neu ddiod neu ddillad:

Dros y claf a phawb sy'n dihoeni gan glefydau:

Dros y dall:

Dros y cloff a'r anafus:

Dros y gwahangleifion:

Dros garcharorion:

Dros y rhai a ormesir gan unrhyw anghyfiawnder:

Dros ddefaid colledig y gymdeithas ddynol:
Dros ferched a syrthiodd:
Dros yr holl estroniaid unig o fewn ein pyrth:
Dros y rhai sy'n poeni a phryderu:
Dros y rhai sy'n byw bywyd ffyddlon mewn dinodedd:
Dros y rhai sy'n brwydro'n ddewr ym mhlaid achosion amhoblogaidd:
Dros bawb sy'n llafurio'n ddiwyd yn dy winllan.

O Dad, oherwydd dy drugaredd yn peri i'm llinynnau syrthio mewn lleoedd hyfryd, gwared fi rhag bod yn llai byw i anghenion eraill mwy anffodus na mi, ond yn hytrach tuedda fi'n fwy i osod eu beichiau hwy at fy nghalon fy hun. A phe digwyddai i ryw adfyd fy ngoddiweddyd i, na ad i mi bendroni uwch fy nhrallodion fel pe bawn yr unig ddioddefydd yn y byd, ond yn hytrach gwna fi'n ddiwyd mewn gwasanaeth trugarog i bawb sydd mewn angen am fy nghymorth. Pâr felly i allu Crist fy Arglwydd fod yn rymus o'm mewn ac i'w dangnefedd ef feddiannu fy ysbryd. *Amen.*

GWEDDI HWYROL

O Gariad dwyfol, yr hwn wyt yn sefyll yn wastadol wrth ddrysau caeëdig eneidiau dynion, yn curo drachefn a thrachefn, rho ras i mi yn awr i agor led y pen holl ddrysau fy enaid i ti. Heno, tynner pob bollt a bar a ysbeiliodd fy mywyd hyd yma o awyr a goleuni a chariad.

Rho i mi glust agored, O Dduw, i glywed dy lais yn fy ngalw i gamp uchel. Rhy fynych bûm yn fyddar i'th apeliadau ataf, ond yn awr rho i mi wroldeb i ateb: *Wele fi, anfon fi.* A phan lefo unrhyw un o'th blant, fy mrodyr yn y cnawd, mewn angen, rho i mi bryd hynny glust agored i glywed yn y llef honno dy alwad i wasanaeth.

Rho i mi feddwl agored, O Dduw, meddwl parod i dderbyn ac i groesawu pa oleuni newydd bynnag a ewyllysi di ei ddatguddio i mi. Na ad un amser i'r gorffennol fod mor annwyl yn fy ngolwg nes gosod terfyn i'r dyfodol. Rho i mi'r dewrder i newid fy meddwl pan fo galw am hynny. Gwna fi yn oddefgar o syniadau pobl eraill a chroesawgar o ba oleuni bynnag a ddaw i mi drwyddynt hwy.

Rho i mi lygaid agored, O Dduw, llygaid parod i ddarganfod dy breswyliad di yn y byd a greaist. Boed i bopeth hardd fy llenwi â llawenydd, a dyrchafu fy meddwl at dy harddwch diddarfod. Maddau fy nallineb yn y gorffennol i odidowgrwydd a gogoniant natur, i hawddgarwch plant bychain, i arucheledd stori dyn, ac i bob awgrym o'th bresenoldeb sydd yn y pethau hyn.

Rho i mi ddwylo agored, O Dduw, dwylo parod i rannu â phawb sydd mewn angen am y bendithion y cyfoethogaist fy mywyd i â hwy. Achub fi rhag pob bychander a chybydd-dod. Pâr i mi ddal fy arian fel goruchwyliwr, a'm da bydol mewn ymddiriedaeth i ti, i'r hwn y byddo'r holl anrhydedd a'r gogoniant. *Amen.*

GWEDDI HWYROL

O Dduw, anfarwol, tragwyddol, anweledig, cofiaf gyda gorfoledd a diolch y cyfan a fuost ti i ddyn yn y byd hwn:
Cydymaith y dewr:
Cynhaliwr y teyrngar:
Goleuni'r crwydryn:
Llawenydd y pererin:
Arweinydd yr arloeswr:
Cynhorthwy y rhai sy'n llafurio:
Noddfa i'r hiraethus:
Gwaredydd y gorthrymedig:
Cymorth y rhai a demtir:
Nerth y gorchfygwr:
Arglwydd arglwyddi:
Cyfaill y tlawd:
Achubydd y rhai ar ddarfod amdanynt.

Dyro i mi ffydd i gredu y gelli di fod oll yn oll i mi yn ôl fy angen, os ymwrthodaf â phob hunanhyder balch a rhoi fy ymddiried ynot ti . . .

Amlyga dy drugaredd heno, O Arglwydd, i bawb sy'n aros mewn angen am dy help. Bydd gyda'r gweiniaid i'w gwneud yn gryfion, a chyda'r cryfion i'w gwneud yn addfwyn. Cysura'r unig â'th gwmni, a'r rhai dryslyd eu meddwl â'th lonyddwch. Llwydda dy Eglwys i gyflawni ei chenhadaeth fawr, a rho dy fendith ar bawb a fu'n ymdrechu heddiw yn enw Crist. *Amen.*

GWEDDI HWYROL AR Y SUL

Ysbryd Sanctaidd Duw, yr hwn wyt westai grasol ym mhob calon sy'n ddigon gwylaidd i'th dderbyn, preswylia yn awr yn fy nghalon ac arwain fy ngweddi.

Am bob cyfle grasol a breintiau'r dydd hwn, rhoddaf ddiolch i ti, O Arglwydd:
Am y gorffwys a fwynheais heddiw oddi wrth orchwylion beunyddiol:
Am dy wahoddiad i gadw'r dydd yn sanctaidd i ti:
Am dŷ gweddi a gweinidogaeth addoliad cyhoeddus:
Am y sacrament bendigaid yn yr hwn, bob tro y bwytawn ac yr yfwn ef, y cofiwn farwolaeth yr Arglwydd a phrofi ei bresenoldeb bywiol:
Am yr holl symbolau daearol sy'n peri fod sylweddau nefol wedi cael gafael gadarnach ar fy enaid:
Am gymdeithas felys y dydd hwn:
Am hedd y Saboth mewn cartrefi Cristnogol:
Am yr hedd mewnol a lywodraethodd yn fy nghalon rhoddaf ddiolch i ti, O Arglwydd.

Caniatâ, O nefol Dad, na fydd i'r adnewyddiad ysbrydol a brofais heddiw gael ei adael ar ôl a'i anghofio fel y dychwelaf yfory i gylch gorchwylion cyffredin. Dyma ffynnon cryfder mewnol. Dyma'r awel bur y bydd yn rhaid iddi chwythu drwy fy holl fusnes a'm holl bleserau. Dyma'r golau i oleuo fy holl ffordd. Am hynny, O Dduw, galluoga fi i ddisgyblu fy ewyllys mewn oriau o straen yn y fath fodd fel y gallwyf yn onest geisio'r pethau hynny y bûm yn gweddïo amdanynt mewn oriau o hedd.

Cyn rhoi fy mhen i lawr i gysgu, cyflwynaf fy holl anwyliaid i'th ofal di-gwsg: drwy Iesu Grist, fy Arglwydd. *Amen.*

Toyohiko Kagawa (1888–1960)

Japanead, cafodd Kagawa dröedigaeth i Gristnogaeth, derbyniodd ei addysg yn Princeton, UDA, a chysegrodd ei fywyd i weithio ymhlith slymiau Kobe, gan gefnogi: y mudiad llafur, amaethyddiaeth gyfunol, y mudiad yn erbyn rhyfel, pleidlais i ferched, y mudiad tuag at ddemocratiaeth

Y NEWYDDION DA AM FADDEUANT DUW

Arglwydd mawr, ein Tad: wrth alw i gof olygfa Crist yn dioddef yng Ngethsemane, llenwir ein calonnau ag edifeirwch a chywilydd am ein bod yn gwastraffu'n ffôl ein hamser yn segura a gwneud fawr o ddim cynnydd yn y bywyd Cristnogol o ddydd i ddydd . . . Mae'n gywilydd arnom fod rhyfel a thrachwant yn ffynnu a thyfu'n fwy ymosodol bob dydd. Maddau inni am ein difaterwch creulon tuag at y groes, a maddau inni am fod fel y rhai a fu'n sefyll o gwmpas gynt dim ond yn gwylio â rhyw chwilfrydedd gwirion ar y sefyllfa druenus. O dysg i ni, erfyniwn arnat, newyddion da dy faddeuant. Pâr i ddynoliaeth, ddirywiedig fel ag y mae, fyw o'r newydd, a phrysura'r dydd pan gaiff yr holl fyd ei eni drachefn. *Amen.*

Gilbert Shaw (1886–1967)

Offeiriad Anglicanaidd, cyfarwyddwr ysbrydol, awdur

ARGLWYDD, BYDD YN AGOS

Arglwydd, rho inni ras
i ddal ynot ti
pan fo popeth yn flinder ac yn ofn,
a phechod yn gyforiog y tu mewn a thu allan,

pan na wnaf y da rwy'n ei ewyllysio,
ond y drwg nad wy'n ei ewyllysio rwy'n ei wneud,
pan brofir cariad ei hun gan yr amheuaeth
fod cariad yn ffals neu'n farw y tu mewn i'r enaid;
pan ddaw pob gweithred â dryswch newydd, gofid newydd,
cyfleoedd newydd, camddealltwriaethau newydd,
a phob syniad â chyhuddiad newydd.

Arglwydd, rho inni ras
er mwyn inni wybod,
yn y tywyllwch o'n hamgylch,
y niwl pechod sy'n cuddio dy wyneb,
dy fod ti yno
a'th fod ti'n gwybod ein bod ni'n dal i'th garu o hyd. *Amen.*

YN Y DISTAWRWYDD

Iesu rwy'n dy garu
Iesu rwy'n dy addoli
cuddia fi ynot ti
rhwyma fi yn nhawelwch dy dangnefedd
fel na chlywir unrhyw lais
na dychmygu syniad
ond ohonot ti. *Amen.*

MYFI SY'N DDIM, A THI SY'N DDUW

O Dduw, fy Nuw a'm cyfan oll,
hebot ti rwy'n ddim, yn llai na dim,
gwrthwynebwr i'th gariad,
dirmygwr dy ras.
O Dduw, trugarha wrthyf fi bechadur;
dyro imi olwg newydd o'th gariad
ac o'th ewyllys ar fy nghyfer:
rho imi lonyddwch yn fy enaid er mwyn imi dy adnabod
a'th garu di, a dyro imi nerth i gyflawni dy ewyllys,
O Dduw, fy nghyfan. *Amen.*

TÂN Y CARIAD DWYFOL

O Iesu, O Galon Sanctaidd
sy'n llosgi â Chariad Dwyfol,
anfon i'm calon
wreichionyn o'r tân hwnnw
sy'n llosgi ynot ti;
cynhyrfa ynof ysbryd yn llosgi'n fflamllyd;
argraffa arnaf
sêl dy Gariad
fel y gallaf gyflawni dy waith yn deilwng. *Amen.*

Reinhold Niebuhr (1892–1971)

*Gweinidog Bethel, Eglwys Efengylaidd Detroit (1915–28), yna
Athro Cristnogaeth Gymhwysol, Athrofa Ddiwinyddol Union,
Dinas Efrog Newydd, hyd ei ymddeoliad. Ysgrifennwr ar
broblemau moesegol a chymdeithasol*

DIRNADAETH

O Dduw,
dyro inni'r serenedd i dderbyn yr hyn na ellir mo'i newid,
y dewrder i newid yr hyn y gellir ei newid,
a'r doethineb i fedru gwahaniaethu rhyngddynt.
Gan fyw un dydd ar y tro
mwynhau un eiliad ar y tro
derbyn adfyd fel llwybr i heddwch,
cymryd y byd pechadurus hwn fel y gwnaeth Iesu, fel ag y mae,
nid fel y dymunwn iddo fod,
yn ffyddiog y gwnei di bob peth yn iawn
os ildiaf i'th ewyllys
fel y gallaf fod yn weddol hapus yn y bywyd hwn
ac yn hollol hapus gyda thi am byth yn y nesaf. *Amen.*

Mil a Mwy o Weddïau

EIN DUW TRUGAROG

O Arglwydd,
maddau yr hyn a fûm,
bendithia yr hyn ydwyf,
a chyfeiria yr hyn a fyddaf. *Amen.*

DY GARIAD SY'N EIN CYNNAL

O Arglwydd,
gwnaethost ni yn rhai pitw bach,
a deuwn â'n blynyddoedd i ben
fel chwedl a adroddir;
helpa ni i gofio
fod, y tu hwnt i'n dydd byr ni,
dy gariad tragwyddol di. *Amen.*

Corrie ten Boom (1892–1983)

Efengylydd ac awdures o'r Iseldiroedd, yn ystod yr Ail Ryfel Byd bu o gymorth mawr i gannoedd o Iddewon ddianc o afael y Natsïaid. Ar ôl ei charchariad yn Ravensbrüch, agorodd gartrefi i adsefydlu trueiniaid gwersyll-garcharau a ffoaduriaid

DDUW DAD, ARWAIN NI

O Dad, arwain ni ar hyd y llwybrau yr wyt ti yn eu dewis i ni, beth bynnag y byddont. Helpa ni bob dydd i sylweddoli nad wyt ti'n cysgu nac yn huno ac na fyddi di'n gadael i'n traed lithro. Diolchwn i ti am ein harwain yn ôl dy ddoethineb. *Amen.*

MAWRHYDI'R ARGLWYDD

O Arglwydd, mor fawr wyt Ti! Ni allaf ond ymgrymu a'th addoli di am dy ardderchowgrwydd a'th ddoethineb. *Amen.*

TRWY LYGAID FFYDD

A rglwydd, drwy'r Ysbryd Glân gwna fi'n dyst rhugl a llawen i ti. Rwyf am edrych atat ti, ac nid ataf fi. Tro fy ngolwg drwy'r Ysbryd Glân, i'r cyfeiriad iawn. *Amen.*

CWMNI IESU

A rglwydd Iesu, diolch i ti am dy fod gyda mi yn wastad, a phan edrychaf i fyny, mi'th welaf di. Mae popeth arall yn fychan, o'i gymharu â'r llawenydd hwn. *Amen.*

DILYN DUW, GAM WRTH GAM

O Dad, diolchwn i ti nad oes rhaid i ni fyth gerdded mewn tywyllwch, oherwydd yr wyt ti yn ein harwain ac yn dangos y ffordd inni gam wrth gam. *Amen.*

IESU, EIN LLOCHES

D iolch i ti, Arglwydd Iesu, am fod yn guddfan i ni beth bynnag a ddigwydd. *Amen.*

DIGON UN DYDD AR Y TRO

H elpa fi, Arglwydd, i fyw un dydd ar y tro. Diolch i ti, fod dy ras yn ddigonol am heddiw ac nad oes angen i mi flino am yfory, oherwydd bydd dy ras yn ddigonol am yfory hefyd. *Amen.*

ARGLWYDD, DYSG IMI DY FFORDD

A rglwydd, eto yr wyf gyda thi yn barhaol, er bod dy ffordd wedi'i chuddio oddi wrthyf. Mi wn dy fod yn fy nghynnal i â'th law dde. Rwyt yn fy arwain i yn ôl dy gyngor, hyd yn oed pan na welaf ddim ond tywyllwch. Rwyt yn gwneud llwybr imi yn y diffeithwch ac yn peri imi gyrraedd y nod. Arglwydd, mae cywilydd arnaf fy mod i mor aflwyddiannus. Helpa fi i sylweddoli bod dy bresenoldeb cynhaliol yno yn wastad. *Amen.*

Lewis Valentine (1893–1986)

Gweinidog, gwladgarwr, awdur. Ym 1936, gyda Saunders Lewis a D. J. Williams, llosgodd adeiladau ar safle ysgol fomio ym Mhenyberth ac fe'i carcharwyd am naw mis.

Cyfansoddodd nifer o emynau, yr enwocaf – 'Gweddi dros Gymru' – Dros Gymru'n gwlad, O Dad dyrchafwn gri . . .

O GYNHALIWR HAEL, MADDAU I NI

O Dduw tragwyddol, yn dy law di y mae bywyd a marwolaeth. Dy ewyllys di a greodd bopeth, a'th ragluniaeth di sy'n cynnal popeth. Ymgrymwn ger dy fron gyda methiannau a siom a phechu blwyddyn yn pwyso arnom, a chan ymbil ar i ti, yn ôl dy drugaredd, drugarhau wrthym. Rhown ddiolch i ti am y bywyd a'r bara a roddaist inni o ddydd i ddydd. Fel y cerddwn yn nes i'r bedd, dyro fod ein ffydd yn cryfhau, ein gobaith yn dyrchafu a'n cariad yn ehangu. Cymorth ni i gofio mai dy rodd di ydyw pob diwrnod ac y dylid ei dreulio yn ôl d'orchymyn, ac mai d'ewyllys di yw inni dderbyn dyletswyddau pob diwrnod a'u gwneud yn llawen fel y gweddai i rai sy'n ceisio dilyn ôl traed dy Fab, Iesu Grist, ein Harglwydd ni. *Amen.*

EFELYCHWN GARIAD CRIST

O Dad tragwyddol a hollalluog, a roddaist i ddynion orchymyn newydd i garu ei gilydd; dyro inni hefyd ras fel y cyflawnom hynny. Gwna ni'n fwyn, yn gwrtais, ac yn ddiolchgar. Cyfeiria'n bywyd fel y ceisiom les ein brawd mewn gair a gweithred. Trwy rin yr Ysbryd Glân, sancteiddia inni bob cyfeillgarwch a chyfathrach; er ei fwyn ef a'n carodd ac a'i rhoddes ei hun trosom, Iesu Grist ein Harglwydd. *Amen.*

CARIAD CYFLAWN, O DDUW

O Arglwydd, dyro imi dy garu â'm holl galon, ac â'm holl feddwl ac â'm holl enaid, a charu fy nghymydog er dy fwyn di, fel y trigo ynof gariad brawdol, a marw ynof bob cenfigen a gerwinder a drwg ewyllys. Llanw 'nghalon â meddyliau o gariad a thangnefedd a thosturi, a thrwy geisio llawenydd a daioni eraill a chydymdeimlo â hwy yn eu gofidiau a'u treialon, a bwrw ymaith bob annhegwch a beirniadaeth lem, dy ddilyn di sydd yn gywir ac yn berffaith. *Amen.*

RWYF AM DY ADNABOD, O DDUW

O Dduw, sydd yn oleuni i'r galon a'th edwyn, yn fywyd i'r enaid a'th garo, yn nerth i'r meddwl sy'n dy geisio; helpa ni i'th adnabod, fel y gallom dy garu yn wirioneddol, dy garu fel y gallom dy wasanaethu, a'th wasanaethu di sydd ryddid perffaith; trwy Iesu Grist ein Harglwydd. *Amen.*

RHO GYSUR I'R TLAWD A'R GWAN

O Arglwydd ein Duw, cyfod a gwêl drueni'r tlawd, a chlyw ocheneidiau'r gorthrymedig. Nid wyt ti'n derbyn wyneb. Nid yw tywysogion na chyfoethog yn fwy i ti na'r tlawd a'r truan a'r gwan. Dyro gyfiawnder i'r gwan a'r anghenus, a deled dy deyrnas ar y ddaear yn fuan; trwy Iesu Grist ein Harglwydd. *Amen.*

Leslie D. Weatherhead (1893–1976)

Bu'n weinidog yn Eglwys Gynulleidfaol City Temple, *Llundain, am yn agos i ddeng mlynedd ar hugain. Roedd gyda'r cyntaf i ddangos y gallai seicoleg gynnig rhai ystyriaethau cynorthwyol i weinidogaeth iachâd Gristnogol. Gwnaeth llyfrau fel* A Plain Man looks at the Cross *i nifer deimlo yr hyn a wnaeth Iesu drosom. Yn* A Private House of Prayer *cynigiodd hyfforddiant mewn gweddïo drwy ddychmygu ein gweddïo beunyddiol fel tŷ saith ystafell â gweddïau enghreifftiol ym mhob ystafell*

AR GYFER Y FLWYDDYN NEWYDD

O Dduw nad yw'n newid gyda'r blynyddoedd cyfnewidiol, rydym ni, greaduriaid amser, yn edrych yn ôl ar y ffordd y daethom. Diolchwn i ti am dy holl garedigrwydd cariadus ar hyd y daith. Pan oedd yr heol yn dywyll ni fethaist di nyni, er i ni dy adael di i lawr yn fynych. Maddau i ni a chynorthwya ni i wneud yn well.

Edrychwn ymlaen heb wybod yr hyn a all ddigwydd yn y flwyddyn sydd newydd ddechrau. Cynorthwya ni i fyw pob dydd yn ei dro, i ymddiried ynot gymaint yn y cysgod ag yn yr heulwen ac i ddod o hyd i'n ffordd ni wrth olau dy ewyllys.

O Dydi, sy hefyd yn arweinydd ac yn nod, a'th gwmnïaeth yn gynhaliaeth a chryfder, atolygwn iti, tyrd gyda ni i mewn i'r Flwyddyn Newydd a thywys ni o'r dechrau hyd derfyn ein siwrnai mewn tangnefedd; trwy Iesu Grist ein Harglwydd. *Amen.*

TŶ GWEDDI PREIFAT

Ystafell 1: CADARNHAD O BRESENOLDEB DUW

Wrth imi ymgrymu yn yr ystafell dawel a wnes yn fy nghalon, O Arglwydd, gad i lonyddwch dy bresenoldeb ddisgyn arnaf. *Amen.*

Ystafell 2: ADDOLIAD A MOLIANT

Rwy'n troi fy meddyliau yn dawel, O Dduw, i ffwrdd oddi wrthyf fy hunan atat ti. Rwy'n dy addoli di. Rwy'n dy ganmol di. Rwy'n diolch i ti. Rwy'n troi yma oddi wrth y bywyd twymynol hwn er mwyn ystyried dy sancteiddrwydd – dy gariad – dy serenedd – dy lawenydd – dy benderfynoldeb enfawr – dy ddoethineb – dy harddwch – dy wirionedd – dy hollalluowgrwydd terfynol. Yn araf rwy'n sibrwd y geiriau mawrion hyn amdanat ti a gadael i'w teimlad a'u pwysigrwydd suddo i mewn i fannau dyfnion fy meddwl. *Amen.*

Ystafell 3: CYFFES A MADDEUANT

Arglwydd annwyl, maddau imi am fod cymaint o'm crefydd yn ymwneud â myfi. Rwyf i eisiau cytgord â thi. Rwyf eisiau tawelwch meddwl. Rwyf eisiau iechyd corfforol – ac felly rwy'n gweddïo. Maddau imi, oherwydd fy mod wedi dy wneud di yn fodd a minnau yn ddiwedd. Mi wn y cymer amser i'm diddyfnu o'r hunanofal ofnadwy hwn ond, O Dduw, cynorthwya fi, oherwydd ni all uffern fod yn ddim arall ond bywyd lle mae yr hunan yn y canol. A fedraf i fyth ymadael â'r hunan fel y gwna dynion wrth adael llong ar fin suddo, dim ond i ddarganfod y bydd y tonnau yn eu dwyn i fyny ac y bydd llaw ddwyfol yn eu hachub? Ni all fy iachawdwriaeth ddod ond oddi wrthyt ti, O Arglwydd. Paid â'm gadael. Maddau a chynnal fi a gwna fi'n wironeddol eiddo i ti, yn gymuniad llwyr i ti. *Amen.*

Ystafell 4: YMLACIAD

Cynorthwya fi yn awr i fod yn dawel, yn ymlacio ac yn dderbyngar, yn derbyn y syniad o'th ras iachusol ar waith, yn ddwfn y tu mewn i'm natur. *Amen.*

Ystafell 5: DEISYFIAD

R wy'n ymbil, O Arglwydd, mai heddiw y caf wybod ag
ymwybyddiaeth sicr fy mod yn dy ddwylo di; yn iach neu'n
glaf, yn hapus neu'n drist, wrth waith neu wrth chwarae, gydag
eraill neu wrthyf fy hun, bydded imi ddyfod yn fwy ymwybodol fy
mod yn preswylio y tu mewn i'th ragluniaeth bwrpasol.

Ni olyga afiechyd gosb na'th anghymeradwyaeth. Dydy sbort a
sbri ddim yn 'seciwlar'. Dydy manion bethau fy mywyd ddim yn
fforffedu dy ddiddordeb ynof i.

Dyro imi'r ymdeimlad o'th bresenoldeb, sy'n deillio o'th
ymbreswyliad a'th gariad cofleidiol, a chaniatâ imi oedi fwyfwy i
ddwyn i gof fy mod, ymhob sefyllfa, yn byw ynot ti ac yn wastad
yn wrthrych dy ofal. *Amen.*

Ystafell 6: EIRIOLAETH

D yrchafaf fy nghalon, O Dduw, ar ran pawb sy'n ysglyfaeth i
ofnau pryderus, sy'n methu meddwl am ddim ond amdanyn
nhw eu hunain a bod pob galwad a wneir arnynt yn eu llanw â
rhagofn, a'r ymdeimlad na allant ymdopi â'r cyfan a ddisgwylir
wrthynt.

Rho iddynt y cysur o wybod fod y teimlad hwn yn glefyd, nid yn
llwfrdra; bod miliynau wedi teimlo'n debyg iddynt, bod yna ffordd
drwy'r dyffryn tywyll hwn, a bod golau yn y diwedd.

Arwain hwy at y rhai sy'n gallu eu cynorthwyo a'u deall a dangos
iddynt y llwybr i iechyd a hapusrwydd. Cysura a chynnal hwy
drwy bresenoldeb cariadus yr Iachawdwr sy'n adnabod ac yn deall
ein holl ofid a'n hofn, a rho iddynt wroldeb digonol i wynebu pob
diwrnod, a gorffwysa'u meddyliau â'r syniad y byddi di yno gyda
nhw bob cam o'r ffordd. *Amen.*

Ystafell 7: MYFYRDOD

Tyrd, yn yr eiliad tawel hwn o fyfyrdod; galw fi eto, arwain fi yn dy ffordd sydd orau i mi, gad i sicrwydd dy gyfeillgarwch wasgaru fy ofnau. Gad i bob cysgod wneud imi edrych i fyny i'th wyneb bendigedig. Gad imi godi yn y man a'th ddilyn di. *Amen.*

George Fielden Macleod (1895–1991)

Gweinidog yn Eglwys yr Alban yng Nghaeredin ac yna yn Glasgow, sylfaenodd Gymuned Iona ym 1938. Bu'n Llywydd yr Eglwys, darlledwr, awdur. Anrhydeddwyd ym 1967 yn Arglwydd am Oes – Barwn Macleod o Funiary

EIN HEGLWYS NI

Gadewch inni weddïo dros ein heglwys ni,
y lle y cawsom ni ein codi –
y lle rydym nawr yn addoli;
Gadewch inni gofio am ei chyflawniadau;
Plant, ymhlith holl sothach addysg gamarweiniol,
yn parhau i afael yn yr awr;
gan fynd o amgylch yn maddau
am eu bod yn gwybod iddynt gael maddeuant;
a mynd o amgylch yn ddi-ofn
am eu bod yn gwybod bod drwg wedi'i orchfygu.
A ninnau,
yn faddeugar ac yn ddi-ofn oherwydd yr hyn a ddysgasom yno,
yr holl gamarwain wedi'i ysgubo i ffwrdd;
a hen bobl heb ofni croesi'r ffin,
a rhai'n galaru ar ôl anwyliaid,
ond nid yn chwerwi,
am y gwyddant nad yw y gadair wag
yn wag am byth,
oherwydd fe fydd yna gwrdd eto.

213

Mil a Mwy o Weddïau

A phobl ifanc,
wedi'u temtio gan nwyd neu chwilfrydedd,
ac wedi gwrthsefyll chwant neu anonestrwydd
oherwydd yr hyn a ddysgasant
yn rhy aml ym meius gymdeithas yr eglwys gartref;
Bendithiwn di, O Dduw, am yr eglwys gartref honno.
Gadewch inni gofio'i gwendidau,
Mae'n aml yn rhy frau i wynebu'r storm fodern,
yr eglwys gartref honno.
Rhy gydffurfiol i fyd sy'n marw.
Rhy barchus i'r meddwyn
neu i'r truan deimlo'n gartrefol ynddi.
Rhy ofalus ynglŷn â'i harian i gyhuddo cymdeithas feddiangar.
Rhy bryderus ynglŷn â'i heddwch mewnol
i ddweud y gair cignoeth am y Groes
fel ffordd tangnefedd i'r byd.
Gofynnwn i ti, Arglwydd,
dresbasu felly ar yr eglwys gartref honno
er mwyn iddi fod yn esgeulus â doleri a phunnoedd,
yn fwy gofalus o feddwon,
yn ddewrach o ran heddwch,
yn fwy meddiangar o gariad.
Ac yna am mai pob un ohonom ni yw'r eglwys gartref honno,
cynorthwya ni i ystyried eto
ein hagwedd at arian yng ngoleuni dy dlodi,
ein hagwedd tuag at feddwon a'r anlladwyr
yng ngoleuni dy gariad di tuag atynt,
ein hagwedd tuag at ryfel
yng ngoleuni dy ffordd ryfedd di o'i ystyried.
Rhag ofn, pan siaradwn mor feirniadol
am wendid ein heglwys gartref,
wrth gydgerdded fe ddylwn dy wynebu di, Arglwydd Grist,
yn sydyn wrth y tro yn yr heol
fedrwn ni ddim osgoi dy edrychiad distaw arnom,
dy edrychiad distaw ar bob un ohonom
yn dweud mor glir:
'Ti sy'n gyfrifol am wendid yr eglwys gartref.' *Amen.*

Winifred Holtby (1898–1935)

Beddargraff y nofelydd yn Rudstone, Swydd Efrog

DYHEAD UN NOFELYDD

O Dduw, rho imi waith
hyd derfyn fy mywyd;
A bywyd
hyd derfyn fy ngwaith.

D. Martyn Lloyd-Jones (1899–1981)

*Cymro Cymraeg, ganed yng Nghaerdydd, ond treuliodd ei
flynyddoedd ffurfiannol yn Llangeitho, Ceredigion. Meddyg,
gweinidog gydag Eglwys y Methodistiaid Calfinaidd; bu'n
weinidog llwyddiannus Capel San Steffan, Llundain (1939–68) ac
yn bregethwr rhyfeddol, awdur*

CWMNÏAETH EIN DUW

O Dduw, caniatâ i ni ddeall fod yr un a anwyd gynt ym
Methlehem wedi ei eni hefyd yn ein calonnau ni; yn Grist
bywiol oddi mewn, byth yn ymadael â ni. O Arglwydd, dilyn ni i'n
cartrefi, ein gwaith, ble bynnag yr awn ac ym mha beth bynnag a
wnawn. Bydded inni ddeall na fyddi di byth yn ein gadael, a
thystiwn am y cysylltiadau hyfryd o'th agosatrwydd a'th ras.

Bendithia, O Dduw, y rhai hynny sydd am dy adnabod di'n well
a'r gwirionedd yn gliriach. Ac yn awr, bydded i ras ein Harglwydd
a'n Gwaredwr Iesu Grist, cariad Duw a chymdeithas yr Ysbryd
Glân drigo gyda ni drwy weddill ein byr ac ansicr bererindod
ddaearol a hyd byth bythoedd. *Amen.*

MADDEUANT A CHARIAD EIN DUW

Hollalluog a bythol fendigaid Dduw, diolchwn i ti am ffyddlondeb dy gariad. Diolchwn i ti, O Arglwydd, fel y byddi pryd bynnag y deuwn atat yn iawn, gan gydnabod ein pechod ac edrych yn unig ar Iesu Grist a'i waed, yr wyt yn maddau'n llwyr i ni a'n hadnewyddu a'n hadfer ni. Clyw ni, felly, O Arglwydd, a gogonedda dy enw yn ein mysg ac i ti y rhoddwn bob moliant a phob anrhydedd a gogoniant. Clyw ni, O Arglwydd, a maddau'n llwyr bob pechod wrth i ni eiriol am y trugareddau hyn, a chynnig dim ond enw a haeddiant dy Fab, ein Harglwydd a'n Gwaredwr, Iesu Grist. *Amen.*

GAIR SICR EIN DUW

Arglwydd, diolchwn i ti eto am dy air. Rydym yn dueddol o grwydro, yn lleihau a thynnu oddi wrtho, gan wneud pethau'n hawdd i ni ein hunain, ond bendithiwn di am y gair hwn, sy'n ein dysgu a'n hyfforddi ni, yn ein rhybuddio a'n diogelu ni rhag ymosodiadau cynnil y gelyn sy'n ymweld fel angel goleuni ac yn troi a gwyrdroi hyd yn oed dy air sanctaidd.

Arglwydd, diolchwn i ti am y ffydd sy gennym; bydded i ti roi mwy o sicrwydd clir i ni, i'n galluogi drwy ymroddiad i wneud ein hetholedigaeth yn siŵr. Rwyt ti wedi paratoi y ffordd ar gyfer hyn. Caniatâ fod dy blant annwyl yn adnabod heb unrhyw amheuaeth yr Ysbryd sy'n dwyn gydag ef y dystiolaeth mai nhw yw plant Duw, drwy Grist ein Harglwydd. *Amen.*

YR UGEINFED GANRIF AC YMLAEN

Etifeddiaeth hynod yr ugeinfed ganrif oedd y ffaith fod dros bum mil o gapeli wedi eu hadeiladu yn y ganrif flaenorol gan Ymneilltuwyr brwdfrydig a deimlai ddylanwad grymus y diwygiadau crefyddol a fu gynt. Roedd serch hynny arwyddion clir fod dirywiad yn rhif aelodau'r capeli yn sicr o ymestyn i mewn i'r ganrif newydd. Gyda diwygiad 1905 a charisma Evan Roberts ac eraill, enillwyd miloedd o eneidiau newydd i Grist a throwyd y dirywiad yn gynnydd sylweddol. Ymhen ychydig o flynyddoedd gwelwyd y dirywiad eto'n amlwg ac ar ôl erchyllterau'r ddau Ryfel Byd (1914–18; 1939–45) gwaethygodd y sefyllfa'n gyflym. Mynegodd un sylwebydd dibynadwy yr ystadegyn hwn: dim ond rhyw saith y cant o'n poblogaeth o dair miliwn sy'n mynychu capel neu eglwys ar y Sul y dyddiau hyn, sef degawd cyntaf yr unfed ganrif ar hugain.

Y Frenhines Salote o Tonga (1900–65)

Cafodd ei haddysg yn Seland Newydd, a bu'n Frenhines o 1918 ymlaen. Cofir amdani ym Mhrydain am ei phresenoldeb lliwgar urddasol yn y coroni ym 1953, ond yn ei hynysoedd ei hun cofir amdani am ei rhan allweddol yn y weithred o uno Eglwys Rydd Tonga â'r Eglwys Fethodistaidd ym 1924

GWNA NI'N UN YNG NGHRIST, O DDUW

O Dduw ein Tad Nefol, deuwn atat â chalonnau diolchgar oherwydd dy holl gariad mawr di tuag atom. Diolchwn yn bennaf i ti am rodd dy annwyl Fab, ynddo ef yn unig y gallwn ni fod yn un. Rydym yn wahanol i'n gilydd mewn hil ac iaith, mewn pethau materol, mewn rhoddion, mewn cyfleoedd, ond mae gan bob un ohonom galon ddynol sy'n adnabod llawenydd a thristwch, pleser a phoen. Un ydym yn ein hangen am dy faddeuant, dy nerth, dy gariad; gwna ni'n un yn ein hymateb cyffredin i ti, fel y cawn wedi ein hymrwymo gan gariad cyffredin ac yn rhydd o fwriadau hunanol, gydweithio er lles pawb a chynnydd dy deyrnas; trwy Iesu Grist, ein Harglwydd. *Amen.*

Peter Marshal (1902–49)

Albanwr a ymfudodd i'r Unol Daleithiau, ordeiniwyd yn weinidog gan y Presbyteriaid, ym 1948 apwyntiwyd yn gaplan i'r Senedd yn Washington D.C., awdur

GOSTYNGEIDDRWYDD

Arglwydd, lle rydym yn anghywir
gwna ni'n fodlon newid,
A lle rydym yn gywir
gwna ni'n hawdd ein trin. *Amen.*

GWEDDI A OFFRYMWYD YN Y SENEDD (10 Mawrth 1948)

O Dduw ein Tad, na ad i ni fod yn fodlon oedi i weld yr hyn a fydd yn digwydd, ond rho inni'r penderfyniad i wneud i bethau iawn ddigwydd.

Tra bo amser yn hedeg, gwared ni rhag amynedd sydd o'r un natur â llwfrdra.

Rho inni'r dewrder i fod naill ai'n dwym neu'n oer, i ymgeisio am rywbeth, rhag ofn inni gael ein denu gan unrhyw beth. Yn enw Iesu. *Amen.*

James Kitchener Davies (1902–52)

Dramodydd a bardd, fe'i hystyrir yn un o lenorion mwyaf treiddgar yr ugeinfed ganrif. Daw'r weddi o'i bryddest rymus Sŵn y Gwynt sy'n Chwythu *(1953):*

ACHUB A CHADW FI, O DDUW TRUGAROG

Y Duw hwyrfrydig i lid a faddeuo fy rhyfyg
Yn pulpuda, yn canu emynau a gweddïo arno Ef,

218

a wisgodd amdano awel y dydd,
i ddyfod i oglais fy ais i'm dihuno o'm hepian.
Gofynnais am i'r gwynt a fu'n ymorol â'r sgerbydau
anadlu yn f'esgyrn sychion innau anadl y bywyd.
Eiriolais ar i'r dymestl nithio â'i chorwynt
garthion f'anialwch, a mwydo â'i glawogydd
grastir fy nhir-diffaith oni flodeuai fel gardd.
Apeliais â thaerineb heb ystyried –
heb ystyried (O arswyd) y gallai E 'nghymryd i ar fy ngair,
y gallai E 'nghymryd i ar fy ngair ac ateb fy ngweddi
ac ateb fy ngweddi.

     Wrandäwr gweddïau, bydd drugarog,
a throi clust fyddar rhag clywed f'ymbilio ffals,
rhag gorfod creu sant o'm priddyn anwadal.

     Y Diymod heb gysgod cyfnewidiau un amser
na letha fi ag unplygrwydd ymroad,
ond gad imi fela ar grefyddolder y diletant,
o flodyn i flodyn yn D'ardd fel y bo'r tywydd.

     Y Meddyg Gwell,
sy'n naddu â'th sgalpel rhwng yr asgwrn a'r mêr,
atal Dy law rhag y driniaeth a'm naddai
yn rhydd oddi wrth fy nghymheiriaid a'm cymdogaeth,
yn gwbl ar wahân i'm tylwyth a'm teulu.

     Bererin yr anialwch,
na osod fy nghamre ar lwybr disberod y merthyr
ac unigrwydd pererindod yr enaid.

     O Dad Trugareddau, bydd drugarog,
gad imi gwmni 'nghyfoedion, ac ymddiried fy nghydnabod,
a'r cadernid sydd imi yn fy mhriod a'r plant.
Y Cynefin â dolur, na'm doluria
drwy noethni'r enaid meddal, a'i adael wedi'i flingo
o'r gragen amddiffynnol a fu'n setlo am hanner-can-mlynedd
yn haenen o ddiogi tros fenter yr ysbryd,
na châi tywodyn anghysuro ar fywyn fy ego.
Rwy'n rhy hen a rhy fusgrell a rhy ddedwydd fy myd,
rhy esmwyth, rhy hunan-ddigonol,
i'm hysgwyd i'r anwybod yn nannedd dy gorwynt.
Gad imi lechu yng nghysgod fy mherthi, a'r pletiau'n fy
       nghlawdd.

Frenin brenhinoedd, a'r llengoedd angylion wrth Dy wŷs
    yn ehedeg,
a gwirfoddolion yn balchïo'n Dy lifrai – Dy goron ddrain
    a'th bum archoll –
paid â'm presio a'm consgriptio i'r lluoedd sy gennyt
ar y Môr Gwydr ac yn y Tir Pell.
    Yr Iawn sydd yn prynu rhyddhad,
gad fi ym mharlwr y *cocktails* i'w hysgwyd a'u rhannu
gyda mân arferion fy ngwarineb
a'r moesau sy mewn ffasiwn gan fy mhobol.
Na fagl fi'n fy ngweddïau fel Amlyn yn ei lw,
na ladd fi wrth yr allor y cablwn wrth ei chyrn, –
ond gad imi, atolwg, er pob archoll a fai erchyll,
gael colli bod yn sant.
    "Quo vadis, quo vadis?" I ble rwyt ti'n mynd?
Paid â'm herlid i Rufain, i groes, â 'mhen tua'r llawr.
    O Geidwad y colledig,
achub fi, achub fi, achub fi
rhag Dy fedydd sy'n golchi mor lân yr Hen Ddyn:
Cadw fi, cadw fi, cadw fi
rhag merthyrdod anorfod Dy etholedig Di,
Achub a chadw fi
rhag y gwynt sy'n chwythu lle y mynno.
Boed felly, Amen,
    ac Amen.

George Appleton (1902–93)

Awdur, Cyn-Archesgob Perth, Awstralia, ac Archesgob Jerwsalem (1969–74)

GWEDDI DROS GREADURIAID Y BYD

O Dduw, diolchaf i ti
am yr holl greaduriaid a wnaethost,
mor berffaith yn eu math –
anifeiliaid mawr fel yr eliffant a'r rhinoseros,
anifeiliaid doniol fel y camel a'r mwnci,
anifeiliaid cyfeillgar fel y ci a'r gath,

rhai sy'n gweithio fel y ceffyl a'r ych,
rhai ofnus fel y wiwer a'r gwningen,
rhai mawreddog fel y llew a'r teigr,
adar a'u caniadau.
O Arglwydd, rho inni'r fath gariad tuag at dy greadigaeth,
fel bo cariad yn bwrw allan ofn,
a bod dy holl greaduriaid yn gweld mewn dyn
eu hoffeiriad a'u cyfaill,
trwy Iesu Grist ein Harglwydd. *Amen.*

GWEDDI DROS HEDDWCH

O Dduw o lawer enw,
Carwr pob cenedl,
Gweddïwn am heddwch
Yn ein calonnau,
Yn ein cartrefi,
Yn ein cenhedloedd,
Yn ein byd,
Heddwch dy ewyllys,
Heddwch ein hangen. *Amen.*

Y CRIST YMRODDGAR

O Grist,
roeddwn yn arfer meddwl bod rhaid imi
barhau i chwilio,
a pharhau i ofyn,
a pharhau i guro,
nes bod ti'n ymateb.
Nawr gwn mai
dim ond chwilio sydd eisiau cyn imi gael,
dim ond gofyn sydd eisiau a byddi di'n ateb,
dim ond curo a bydd dy ddrws yn llydan agored.
Nid wyt yn mynnu taerineb, ond ffydd yn unig.
O rasol, ymroddgar Arglwydd. *Amen.*

221

GWEDDI ADEG YR YSTWYLL

O Dduw, mae angen seren arnom i gychwyn ein siwrnai drwy'r byd. Helpa ni i weld yn y baban a aned ym Methlehem y seren dragwyddol a wnaiff ein harwain ni i'r man y mae gwirionedd a chariad a thrugaredd yn cwrdd, er mwyn i ninnau benlinio gyda bugeiliaid a brenhinoedd a dod o hyd i lawenydd a llonyddwch calon yn Iesu Grist. *Amen.*

EIN BARA BEUNYDDIOL

O Arglwydd, gwyddom ein bod yn byw mewn byd toreithiog, a bod digon o fwyd i bawb. Helpa ni i sylweddoli fod gennym ddigon ar gyfer angen pob un ond nid ar gyfer trachwant pob un.

Rho inni galonnau trugarog, consýrn anhunanol, a gofal cariadus, er mwyn i bawb gael cyflawnder bywyd yn ôl dy ewyllys, O Arglwydd y dorf newynog a'r deuddeg basgedaid dros ben. *Amen.*

UN EGLWYS SANCTAIDD AC APOSTOLAIDD

Arglwydd yr Eglwys,
gwna'r Eglwys yn un,
iachâ ein rhaniadau;
gwna'r Eglwys yn sanctaidd,
yn ei holl aelodau ac yn ei holl ganghennau;
gwna'r Eglwys yn gatholig,
i bawb ac ym mhob gwirionedd;
gwna'r Eglwys yn apostolaidd,
gyda ffydd a chenhadaeth yr apostolion cyntaf,
Gofynnwn hyn yn enw Iesu Grist ein Harglwydd. *Amen.*

AM YCHWANEG O FFYDD

A rglwydd, cynydda fy ffydd,
fel y gallaf gofleidio dy ewyllys yn llwyr.
Arglwydd, cynydda fy ffydd,
fel y symudir y mynydd o anawsterau.
Arglwydd, cynydda fy ffydd fel na fyddaf
fyth heb ryw waith creadigol i ti.
Arglwydd, cynydda fy ffydd fel na fyddaf
fyth yn ddiamynedd nac yn rhwystredig.
Arglwydd, cynydda fy ffydd fel y gallaf redeg atat ymhob sefyllfa.
Arglwydd, cynydda fy ffydd fel y gallaf ymddiried ynot
mewn methiant tybiedig neu orchfygiad.
Arglwydd, cynydda fy ffydd fel y gallaf barhau fel petai
i'th ganfod di sy'n weladwy yn unig i lygad ffydd.
Arglwydd, llanw fi â ffydd, gobaith a chariad,
y dydd hwn ac yn wastad. *Amen.*

GOBEITHIWN YNOT, O DDUW

D iolch i ti, O Dduw am y gobaith a ddaw i ni o ymddiried ynot.
Y gobaith sy'n ein calonogi i ddal ati yng ngwaith y deyrnas,
ac yn ein cadw rhag ymollwng yn wyneb amgylchiadau anodd.
Y gobaith sy'n ein hargyhoeddi fod y da yn drech na'r drwg, ac
mai dy deyrnas di, yn y diwedd, fydd yn ennill y dydd.
Y gobaith sy'n ein gwroli i wynebu gofidiau bywyd, a thywyllwch
angau, am ein bod yn credu ein bod yn ddiogel ynot ti, pa beth
bynnag a ddaw. *Amen.*

GWEDDÏO DROS YR HYN SYDD I DDOD

C aniatâ, O Arglwydd,
mai'r blynyddoedd sydd ar ôl fydd
y rhai mwyaf sanctaidd
y rhai mwyaf cariadus
y rhai mwyaf aeddfed.

Diolchaf i ti am y gorffennol ac yn arbennig am iti gadw'r gwin gorau hyd yn awr.

Cynorthwya fi i dderbyn trafferthion heneiddio fel y cyfle i baratoi fy enaid ar gyfer y bywyd cyflawn a rhydd sydd i ddod yn ôl dy unig Fab, Iesu Grist ein Harglwydd. *Amen.*

DIWEDDGLO

Caniatâ, O Arglwydd, i ni gael cerdded yn dy bresenoldeb, gyda'th gariad yn ein calonnau, dy wirionedd yn ein meddyliau, dy gryfder yn ein hewyllysion; fel y bydd gennym, pan safwn yn y diwedd ger dy fron, sicrwydd o'th groeso a'r llawenydd o ddychwelyd. *Amen.*

Alan Paton (1903–88)

Cyn-brifathro ysgol ddiwygio, awdur y nofel: Cry the beloved Country *(1948), sefydlydd a chyn-gadeirydd Plaid Ryddfrydol De Affrica*

YMROI I GREU HEDDWCH

Dyro ddewrder i ni, O Arglwydd, i sefyll i gael ein cyfrif, sefyll dros y rhai na fedrant sefyll drostynt eu hunain, sefyll drosom ein hunain pan fo angen gwneud hynny.

Na foed inni ofyn dim yn fwy na thi.

Na foed inni garu dim yn fwy na thi,

oherwydd wedyn nid ofnwn ddim byd.

Na foed i ni gael unrhyw Dduw arall ond tydi,

boed hwnnw'n genedl neu blaid neu wladwriaeth neu eglwys.

Na foed inni chwilio am unrhyw heddwch ond yr heddwch sy'n perthyn i ti, a gwna ni'n offerynnau iddo,

gan agor ein llygaid a'n clustiau a'n calonnau,

i fod yn ymwybodol o'r gwaith dros heddwch y gallwn

ei wneud er dy fwyn di. *Amen.*

Gweddïau Enwog gol. Cynthia Davies

CÂR DY GYMYDOG

Helpa fi, O Arglwydd, i fod yn fwy cariadus. Helpa fi, O Arglwydd, i beidio ofni caru'r gwrthodedig, y gwahanglwyfus, y wraig feichiog ddi-briod, y bradwr i'r Wladwriaeth, y dyn allan o'r carchar. Helpa fi drwy fy nghariad i adfer ffydd y dadrithiedig, y siomedig, y galarus. Helpa fi drwy fy nghariad i fod yn dyst o'th gariad di. A'r diwrnod hwn bydded imi'r gallu i gyflawni rhyw waith dros heddwch er dy fwyn di. *Amen.*

Dag Hammarskjöld (1905–61)

Lladdwyd Dag Hammarskjöld, Ysgrifennydd Cyffredinol y Cenhedloedd Unedig, brodor o Sweden, mewn damwain awyren ar ei ffordd i'r Congo.

Cafwyd llawysgrif ymhlith ei bapurau yn dwyn y geiriau 'trafodaethau â mi fy hun ac â Duw'. Cyhoeddwyd y deunydd hwn mewn cyfrol dan y teitl Markings *ym 1964*

CYDNABYDDWN FAWREDD DUW

Ti yr hwn sy drosom ni,
  Ti yr hwn sy'n un ohonom ni,
Ti yr hwn sy hefyd ynom ni,
Gad i bawb dy weld di ynof fi hefyd,
Gad imi baratoi y ffordd o'th flaen di,
Gad imi ddiolch i ti am bopeth a ddaw i'm llaw,
Gad imi beidio anghofio am anghenion pobl eraill,
Cadw fi yn dy gariad
Fel y dymunet i'r cyfan gael ei gadw yn f'un i.
Gad i'r cyfan yn fy modolaeth gael ei gyfeirio at dy ogoniant di
Ac na fydded imi fyth ddigalonni.
Oherwydd rwyf dan dy law di,
Ac ynot ti mae pob nerth a daioni.
Rho imi galon bur – fel y gwelaf di,

Mil a Mwy o Weddïau

Calon ostyngedig – fel y clywaf di,
Calon gariadus – fel y gwasanaethaf di,
Calon ffyddlon – fel y trigaf ynot ti. *Amen.*

SYMLRWYDD DAIONI

Mae daioni yn rhywbeth mor syml:
Yn wastad byddwch fyw er mwyn eraill,
nid byth i geisio mantais i chi eich hunan.

IE, ARGLWYDD!

Mae'r nos yn agosáu –
Am yr hyn a fu – Diolch!
Am yr oll a fydd – Ie!

Yma mae Hammarskjöld yn diolch i Dduw am y cyfan a fu: am y gorffennol, a'r presennol hyd yn hyn. Ynglŷn â'r dyfodol ymddiriedia'n llwyr yn nhrefn ac ewyllys Duw wrth ychwanegu 'Ie!' digyfaddawd. (Gweler *Y Daith Anorfod,* Saunders Davies (1993) am ystyr cyflawn 'Ie'.)

Dietrich Bonhoeffer (1906–45)

Gweinidog yn Eglwys Lutheraidd yr Almaen. Gwrthododd ei ran ef o'r Eglwys gyfaddawdu â Hitler ac oherwydd ei gysylltiad â'r cynllun aflwyddiannus i ladd Hitler fe'i carcharwyd ym 1943. Cafodd ei ddienyddio gan y Natsïaid ym 1945. Erys ei esiampl, ei ysgrifau a'r Llythyron a Phapurau o Garchar *yn ysbrydoliaeth i'r Eglwys a pherchir ef yn eang fel merthyr*

CLYW FI, O DDUW GWAREDOL

O Dduw, yn y bore bach galwaf arnat,
Cynorthwya fi i weddïo
Ac i ganolbwyntio fy meddwl arnat;
Ni fedraf wneud hyn ar fy mhen fy hun.

Ynof fi mae tywyllwch,
Ond gyda thi mae goleuni;
Rwyf i'n unig, ond nid wyt am fy ngadael;
Rwyf i'n wangalon, ond gyda thi mae cymorth;
Rwyf i'n annifyr, ond gyda thi mae tangnefedd.
Ynof fi mae chwerwder, ond gyda thi mae amynedd;
Ni ddeallaf dy ffyrdd,
Ond fe wyddost y ffordd i mi.

O Dad nefol,
Fe'th ganmolaf a diolchaf i ti
am gael gorffwys gyda'r nos:
Fe'th ganmolaf a diolchaf i ti am y diwrnod newydd hwn;
Fe'th ganmolaf a diolchaf i ti am dy ddaioni
a'th ffyddlondeb gydol fy mywyd.

O sanctaidd a thrugarog Dduw,
fy Nghreawdwr a'm Gwaredwr,
fy Marnwr a'm Hiachawdwr,
Rwyt ti'n f'adnabod ac yn gwybod y cyfan amdanaf.
Rwyt yn casáu ac yn cosbi drygioni heb ystyried pwy yw pwy
yn y byd hwn a'r byd i ddod;
Rwyt yn maddau pechodau y rhai
sy'n taer weddïo am faddeuant;
Rwyt yn caru daioni, ac yn ei wobrwyo ar y ddaear hon
â chydwybod lân
ac, yn y byd a ddaw,
â choron cyfiawnder.

Rho ryddid yn ôl imi,
a galluoga fi felly i fyw yn awr
fel y medraf ateb ger dy fron di a dynion.
Arglwydd, beth bynnag a ddaw'r dydd hwn,
bydded clod i'th enw di.
Amen.

William Barclay (1907–78)

Diwinydd y Testament Newydd. Gweinidog yn Eglwys yr Alban. Datblygodd yn ddarlledwr, yn ddarlithydd ac yn Athro yng Ngholeg y Drindod, Glasgow. Bu ei gyfrolau o fudd i filoedd o bregethwyr, a'i lyfrau ar weddi yn fendith i laweroedd. Cyfathrebwr neilltuol

GWEDDI FOREOL

O Dduw, rho imi drwy'r dydd heddiw
Ras yn llawen i ddweud Gwnaf, pan ofynnir imi helpu
rhywun arall;
Nerth yn benderfynol i ddweud Na, pan demtir fi
neu fy annog i wneud unrhyw beth sy'n ddrwg;
Amynedd i ddweud wrthyf fy hun Pwylla, pan
wyf yn llawer rhy frysiog;
Penderfyniad i ddweud Nawr, pan wyf yn dueddol
o ohirio rhywbeth y dylid ei wneud heddiw;
Ufudd-dod i ddweud wrthyt ti, Arglwydd, Beth wyt
ti am imi ei wneud ymhob dewis a ddaw i'm rhan heddiw?
Clyw fy ngweddi, drwy Iesu Grist fy Arglwydd. *Amen.*

GWEDDI FOREOL

O Dduw, diolch i ti am fy ngwneud fel yr wyf.
Diolch i ti am iechyd a nerth;
Am lygaid i weld;
Am glustiau i glywed;
Am ddwylo i weithio;
Am draed i gerdded a rhedeg;
Am feddwl i ystyried;
Am gof i gofio;
Am galon i garu.
Diolch i ti am
Rieni sy'n garedig imi;
Cyfeillion sy'n gywir imi;
Athrawon sy'n amyneddgar â mi;

Diolch i ti am y bywyd rhyfeddol hwn. Helpa fi i geisio'n fwyfwy i fod yn deilwng o'th holl roddion.

Gofynnaf am hyn er mwyn Iesu. *Amen.*

GWEDDI FOREOL

O Dduw, rwyt wedi rhoi bywyd imi, a gwn dy fod am imi wneud rhywbeth buddiol ag ef.

Helpa fi:

i gadw fy nghorff yn iach;

i gadw fy meddwl yn frwdfrydig;

i gadw fy syniadau yn bur;

i gadw fy ngeiriau yn lân a chywir.

Gofynnaf hyn er mwyn Iesu. *Amen.*

GWEDDI FOREOL

Dragwyddol Dduw, yr hwn a roddaist inni'r rhodd yma o ddiwrnod arall, helpa ni i'w ddefnyddio'n ddoeth ac i ddefnyddio'n dda yr amser yr wyt wedi ei roi inni'n ogystal.

Helpa ni i beidio â gwastraffu amser ar y pethau anghywir, ac ar y pethau dibwys.

Helpa ni i beidio â threulio'n hamser mewn segurdod, a chael yr oriau'n dychwelyd i ti heb eu defnyddio ac yn ddiwerth.

Helpa ni i beidio â gohirio tan yfory yr hyn y dylid ei wneud heddiw, ac i gofio na fedrwn ddweud â sicrwydd a ddaw yfory byth.

Helpa ni i wneud yn llwyr bopeth a fydd i'w wneud, a'i wneud fel petai i ti, a phan ddelom i'r hwyr na fydd un peth heb ei orffen na dim wedi'i wneud yn wael; trwy Iesu Grist ein Harglwydd. *Amen.*

GWEDDI FOREOL

Dragwyddol Dduw, caniatâ inni gyfrif y dydd wedi'i wastraffu pan na ddysgwn rywbeth newydd, a phan nad ydym ychydig ymhellach ar y ffordd tuag at ddaioni a thithau.

Helpa ni i geisio gwella'n gwaith bob dydd.
Helpa ni i geisio adnabod rhywun yn well bob dydd.
Caniatâ inni bob dydd ddysgu mwy o hunanfeistrolaeth a
hunanreolaeth.
Caniatâ inni bob dydd wybod sut i reoli ein tymer a'n tafod.
Caniatâ inni bob dydd adael ein beiau ymhellach y tu ôl,
a thyfu'n debycach i'n Harglwydd.
Felly caniatâ ar ddiwedd y dydd hwn, ac ar ddiwedd pob dydd y
byddwn yn agosach atat ti na phan ddechreuodd y dydd; trwy Iesu
Grist ein Harglwydd. *Amen.*

GWEDDI FOREOL

O Dduw, ein Tad, yr hwn a'n gorchmynnodd ni i fod yn
oleuadau yn y byd tywyll hwn, cynorthwya ni yn ystod y
dydd hwn i fod yn gymorth ac yn esiampl i bawb y byddwn yn
cwrdd â nhw.
Cynorthwya ni i ddod â chysur i'r sawl sy'n tristáu,
a chadernid i'r sawl a demtir.
Cynorthwya ni i ddod â gwroldeb i'r sawl sy'n ofnus,
ac arweiniad i'r sawl na ŵyr beth i'w wneud.
Cynorthwya ni i ddod â sirioldeb i'r sawl sy'n ddigalon,
a chefnogaeth i'r sawl sy'n ddi-hwyl.
A chaniatâ wrth inni symud ymhlith gwŷr a gwragedd
y dydd hwn, y cânt ynom ni gipolwg o'r Meistr,
sy piau ni a'r un yr ydym yn awyddus i'w wasanaethu.
Gofynnwn hyn er mwyn dy gariad. *Amen.*

GWEDDI HWYROL

Maddau imi, O Dduw, am yr holl bethau anghywir
a wnes i heddiw.
Maddau imi:
am waith esgeulus;
am astudio yn ddifeddwl;
am wastraffu amser;
am ddyletswyddau a esgeuluswyd.

O Dduw, rwy'n wir flin am hyn oll. Helpa fi i ddangos fy mod yn flin drwy geisio gwneud yn well yfory, er mwyn Iesu. *Amen.*

GWEDDI HWYROL

O Dduw, ein Tad, diolchwn i ti am y dydd hwn sy'n ymadael â ni yn awr:
Am unrhyw gipolwg o brydferthwch a welsom;
Am unrhyw atsain o'th wirionedd a glywsom;
Am unrhyw garedigrwydd a gawsom;
Am unrhyw ddaioni y llwyddasom i'w wneud;
Ac am unrhyw demtasiwn y rhoddaist ti inni ras i'w orchfygu.
Diolchwn i ti, O Dduw.
Gofynnwn i ti faddau inni am unrhyw beth a ddifethodd
ac a andwyodd y dydd hwn:
Am unrhyw air na ddylasem fod wedi ei lefaru;
Am unrhyw weithred na ddylasem fod wedi ei gwneud;
Am bob peth sydd yn ein cywilyddio pan gofiwn amdano;
Maddau i ni, O Dduw.
Dragwyddol Dduw, sy'n rhoi y dydd inni i weithio a'r nos i orffwys; caniatâ inni noson dda o gwsg, pan awn i orffwys;
a dihuna ni yn y bore wedi'n hadnewyddu, yn awyddus i'th wasanaethu di a'n cyd-ddynion yn well. Gofynnwn hyn, trwy Iesu Grist ein Harglwydd. *Amen.*

GWEDDI AR Y SUL

O Dduw, ein Tad, diolchwn i ti am y Sul, dy ddydd di.
Diolchwn i ti am y dydd hwn o orffwys, lle rhown o'r neilltu ein gwaith a'n gorchwylion beunyddiol er mwyn gorffwys ein cyrff, adfywio ein meddyliau, a chryfhau ein hysbryd.
Diolchwn i ti am yr addoli a ddigwydd ar y dydd hwn, lle rhown o'r neilltu ein gofalon a'n gofidiau er mwyn inni ganolbwyntio pob meddwl arnat ti'n unig.
Diolchwn i ti am dy Eglwys. Diolchwn i ti am y gyfeillach a fwynhawn ynddi, am yr addysg a roddir inni ynddi; am yr arweiniad ar gyfer bywyd a byw a dderbyniwn ynddi.

Diolchwn i ti am ddarllen dy Air, am bregethu dy wirionedd,
am ganu dy glod, am weddïau dy bobl, ac am sacramentau dy ras.
Caniatâ inni dderbyn y dydd hwn y fath nerth ac arweiniad
i'n galluogi i fynd allan i gerdded gyda thi, a pheidio dy adael di,
unrhyw ddydd yn ystod yr wythnos sydd o'n blaen; trwy Iesu Grist
ein Harglwydd. *Amen.*

GWEDDI HWYROL AR Y SUL

O Dduw ein Tad, caniatâ ar ddiwedd y dydd hwn dy fod yn agosach atom ac yn anwylach.
Anfon ni yn ôl yfory i'n dyletswyddau a'n tasgau â mwy
o wybodaeth yn ein meddyliau, a mwy o gariad yn ein calonnau,
a sicrach gafael yn dy law.
Helpa ni i beidio anghofio y gwirionedd a ddysgasom heddiw.
Caniatâ na fu'r cynyrfiadau yn ein calonnau o ddim pwrpas
o gwbl.
Helpa ni i fynd allan ac i fyw yr hyn a glywsom, ac i wneud yr hyn
a broffesasom.
Caniatâ i ni ddod i ddiwedd y dydd hwn â'r ymdeimlad
o faddeuant o'n pechodau, a chyda'r pŵer glanhaol ynom
i'n galluogi i fyw'n agosach i'r modd y dylem.
Cofiasom eto y dydd hwn sut y bu i Iesu Grist farw drosom; anfon
ni allan yfory i fyw er ei fwyn ef; trwy Iesu Grist ein Harglwydd.
Amen.

GWEDDI GŴYL Y NADOLIG

A rglwydd Iesu, cofiwn dy eni ar y Nadolig cyntaf.
Cynorthwya ni i gofio nad oedd lle yn y llety,
a chadw ni rhag llenwi'n bywyd fel na byddo lle i ti.
Cynorthwya ni i gofio'r stabl, a'r preseb yn grud,
a chadw ni rhag chwennych y cyfoeth, y cysur a'r hawddfyd na
chefaist ti mohonynt.
Cynorthwya ni i gofio dyfodiad y bugeiliaid a'r doethion a deled y
syml a'r dysgedig, y mawr a'r bach yn un wrth dy addoli
a'th garu di.

Cynorthwya ni i gofio dy fagwraeth ar aelwyd gyffredin, a gwared ni rhag ystyried unrhyw orchwyl yn rhy fach neu'n rhy gyffredin i'n dwylo ni.

Cynorthwya ni i gofio dy ufudd-dod i'th rieni, ac i ti dyfu mewn doethineb a maintioli a ffafr gyda Duw a dyn, felly, helpa ni i anrhydeddu'n rhieni, i ddisgyblu'n hunain mewn modd a fyddo'n ennyn parch ein cyd-ddynion, ac yn llonni dy galon di.

Gwrando'n gweddi, er mwyn dy gariad. *Amen.*

YN YSBRYD Y NADOLIG

O Arglwydd Dduw, Hollalluog, Tad yr holl deuluoedd, yr hwn na ellir cau yr un drws yn ei erbyn: myn dy le ar aelwydydd ein gwlad i'w sancteiddio a'u puro mewn cariad; a thrwy dy Fab a anwyd mewn stabl, dwysbiga'n calonnau i glywed cri y rhai sy'n ddigartref ac sy'n gorfod byw mewn amgylchiadau annymunol ac annerbyniol.

Yn y cyfnod hwn o roi a derbyn, cynorthwya ni i gofio geiriau Iesu, 'Gwell yw rhoddi na derbyn.' Rho yn ein calonnau y cariad sy'n gwybod mai gwneud eraill yn hapus sy'n esgor ar wir ddedwyddwch, ac mai rhannu sy'n esgor ar wir gyfoeth; trwy Iesu Grist ein Harglwydd. *Amen.*

GWEDDI GŴYL Y PASG

O Dduw, ein Tad, diolchwn i ti y Pasg hwn am fywyd Iesu:
Am iddo orfod dysgu fel y mae'n rhaid i ninnau ddysgu, am iddo orfod mynd i'r ysgol, i ddysgu crefft a chyflawni gorchwylion, fel y mae'n rhaid i ninnau.

Am iddo orfod ennill ei fywoliaeth fel y bydd yn rhaid i ninnau, am ei fod yn gwybod am fywyd a gwaith pob dydd.

Diolchwn i ti, O Dduw.

Am ei eiriau doeth a'i weithredoedd o gariad, am ei garedigrwydd wrth y gwael, y dioddefus a'r digalon, am ei gyfeillgarwch, hyd yn oed â'r rhai a ddiystyrwyd gan eraill.

Diolchwn i ti, O Dduw.

Diolch i ti am ei farwolaeth,
am ei ddewrder wrth wynebu'r Groes,
am ei ufudd-dod i'th ewyllys,
am ei gariad wrth ddioddef drosom.
Diolchwn i ti, O Dduw.
Diolchwn i ti am ei atgyfodiad ar fore'r trydydd dydd,
am ei fuddugoliaeth ar angau,
am ei fod yn fyw o hyd,
am ei fod gyda ni bob amser hyd y diwedd,
am na all dim mewn bywyd na marwolaeth ein gwahanu ni
oddi wrtho.
Diolchwn i ti, O Dduw. *Amen.*

IESU, EIN HARGLWYDD ATGYFODEDIG

Arglwydd Iesu, ar Sul y Pasg, er na allwn dy weld, helpa ni i'th deimlo'n agos. Helpa ni i sylweddoli o'r newydd nad cymeriad mewn stori wyt ti, ond person byw a real, yn nes atom na'n hanadl ein hunain. Gweddïwn am gael dy adnabod fel ein Harglwydd atgyfodedig. Gofynnwn hyn er mwyn dy gariad. *Amen.*

GWEDDI AR GYFER Y PENTECOST: Y SULGWYN

O Arglwydd Iesu, galluoga ni drwy dy Ysbryd i wybod y gwirionedd, fel y daw'n eglur i ni beth y dylem ei gredu a'i gyflawni.
O Arglwydd Iesu, rho i ni galonnau a meddyliau sy'n barod
i ddysgu fel, o wrando, y cawn ddysgu ac ufuddhau.
O Arglwydd Iesu, rho i ni dy Ysbryd fel y cofiwn amdanat pan dueddwn i'th anghofio, ac fel y cawn ein hatgoffa o'th orchmynion pan demtir ni i'w torri.
O Arglwydd Iesu, helpa ni i sylweddoli bod pob darganfyddiad a llwyddiant, pob harddwch a gwirionedd, ym myd llenyddiaeth, meddygaeth a gwyddoniaeth yn waith yr Ysbryd, yn defnyddio pobl heb yn wybod iddyn nhw eu hunain.
O Arglwydd Iesu, pan na ddeallwn fel y dylem, rho i ni dy Ysbryd fel y daw'r cyfan yn eglur i ni. *Amen.*

YN NERTH YR YSBRYD

O Dduw, ein Tad, rho i ni brofiad o'th Ysbryd Glân.
Goleua'n meddyliau, pura'n calonnau, nertha'n bywydau,
fel y cyflawnwn yr hyn sy'n amhosibl yn ein nerth ein hunain;
trwy Iesu Grist ein Harglwydd. *Amen.*

Y PENTECOST neu'r SULGWYN

Y tragwyddol a bythol-fendigaid Dduw, ar y dydd hwn yr
anfonaist dy Ysbryd yn rymus ar dy bobl; bydded dy Ysbryd
arnom ninnau.
Bydded dy Ysbryd yn ein meddyliau, i arwain ein syniadau tuag at
y gwirionedd.
Bydded dy Ysbryd yn ein calonnau, i'w glanhau oddi wrth bob
drwg a thrachwant aflan.
Bydded dy Ysbryd ar ein gwefusau, i'n cadw oddi wrth bob siarad
gwag, ac i'n cynorthwyo ni drwy ein geiriau i'th gymeradwyo di i
eraill.
Bydded dy Ysbryd ar ein llygaid, fel na chânt bleser o edrych ar
bethau gwaharddedig, ond y byddont yn sefydlog ar Iesu.
Bydded dy Ysbryd ar ein dwylo fel y byddont yn ffyddlon mewn
gwaith ac yn eiddgar mewn gwasanaeth.
Bydded dy Ysbryd ar ein holl fywydau, fel y byddont yn gryf
â'th nerth, yn gall â'th ddoethineb, ac yn hyfryd â'th gariad;
trwy Iesu Grist ein Harglwydd. *Amen.*

PAN DDAW NEWYDDION DA

O Dduw, fy Nhad, yr hwn a ddosrannodd fy holl fywyd imi,
diolchaf i ti am y newyddion da a ddaeth imi heddiw.
Diolchaf am y llwyddiant a roddaist imi, fod fy ngobaith wedi'i
gyflawni, fy mreuddwyd wedi'i gwireddu, a'm huchelgais wedi'i
gyrraedd. Cadw fi heddiw ac yn y dyddiau sydd i ddod rhag pob
rhodres a balchder. Helpa fi i gofio na fedraf wneud unpeth hebot
ti. Felly cadw fi drwy fy holl ddyddiau mewn gostyngeiddrwydd ac
yn ddiolchgar i ti; trwy Iesu Grist ein Harglwydd. *Amen.*

PAN DDAW NEWYDDION DRWG

O Dduw, ein Tad, pa beth bynnag a ddaw ar ein traws gwna ni'n barod i aros ar ein traed a'i wynebu'n gadarn. Sicrha ni na fydd rhaid inni brofi unpeth na allwn ei ddioddef. Sicrha ni fod dy ras yn ddigonol i wneud hyd yn oed ein gwendidau yn abl i wynebu a choncro unrhyw beth a ddaw i gwrdd â ni. Gwna ni'n hyderus yng nglyn y cysgod dwfn tywyll dy fod ti yno i gysuro a chynnal; a phan awn drwy'r dyfroedd dy fod ti yno i'n dal i fyny ac i ddod â ni drwyddynt i'r ochr draw; trwy Iesu Grist ein Harglwydd. *Amen.*

CYMHWYSA EIN SYNIADAU, O DAD

O Dad, rho inni'r gostyngeiddrwydd sy'n
Sylweddoli ei anwybodaeth,
Cyfaddef ei gamsyniadau,
Cydnabod ei angen,
Croesawu cyngor,
Derbyn cerydd.
Helpa ni bob amser
I ganmol yn hytrach na beirniadu,
I gydymdeimlo yn hytrach na chondemnio.
I gefnogi yn hytrach na pheidio â chefnogi,
I adeiladu yn hytrach na dinistrio,
Ac i feddwl am bobl ar eu gorau yn hytrach nag ar eu gwaethaf.
Gofynnwn hyn er mwyn dy Enw. *Amen.*

AR GYFER PEN BLWYDD

O Dduw, heddiw mae blwyddyn arall o fywyd yn gorffen a blwyddyn arall o fywyd yn cychwyn.
Diolch i ti am fy nwyn i'n ofalus drwy flwyddyn arall.
Caniatâ imi fod nid yn unig flwyddyn yn hŷn, ond flwyddyn yn ddoethach.
Helpa fi i elwa drwy brofiad, fel na wnaf yr un camsyniadau drosodd a throsodd eto.

O Dduw, ar ddiwedd un flwyddyn o fywyd ac ar ddechrau un arall, ni fedraf beidio â chofio am y cyfan yr oeddwn yn bwriadu ei wneud a'i fod yn ystod y flwyddyn a aeth heibio, a minnau mewn gwirionedd wedi cyflawni cyn lleied. Helpa fi yn y flwyddyn sy'n cyrraedd i wireddu fy addunedau a'm bwriadau, fel na fyddaf, hwyrach, pan ddof i'w diwedd, yn edifar am ddim; trwy Iesu Grist fy Arglwydd. *Amen.*

ANSAWDD FY NGWAITH, O DDUW

O Dduw, mae dy Air yn dweud wrthyf, pa beth bynnag y bydd fy llaw am ei wneud, fod rhaid imi ei wneud â'm holl egni.
Helpa fi heddiw i ganolbwyntio fy holl sylw ar beth bynnag rwy'n ei wneud, a chadw fy meddyliau rhag crwydro a'm meddwl ar y testun hwnnw.
Pan astudiaf, helpa fi i astudio â'm holl feddwl.
Pan chwaraeaf, helpa fi i chwarae â'm holl galon.
Helpa fi i wneud un peth ar y tro, ac i'w wneud yn dda.
Gofynnaf hyn er mwyn Iesu. *Amen.*

YR AWYDD I DDYSGU

O Dduw, ein Tad, trown atat heddiw i wrando a dysgu.
Cymer oddi wrthym:
y diogi na fyn ddysgu,
y rhagfarn na all ddysgu,
a rho i ni feddyliau anturus i feddwl,
cof effro i gofio,
ac ewyllys gref i gyflawni.
Hyn a ofynnwn er mwyn Iesu. *Amen.*

DUW CARIAD YW

O Arglwydd Iesu, ti a'n hysbysodd drwy dy Air dy fod yn ein caru, ac a roddaist dy fywyd drosom, cadw ni yn y cariad hwnnw, a chymorth ni fwyfwy i ddarllen, caru a deall dy Air, fel y dysgwn amdanat ti, yr Ysbryd Glân a'th Dad yr hwn sydd yn y nefoedd. *Amen.*

GWERTH MADDEUANT DUW

A rbed ni, O Dduw, rhag y beiau sy'n ein difetha a gwared ni rhag y pechodau sy'n ein hamgylchynu fel, o dderbyn maddeuant dy gariad, ac o gael ein hamddiffyn gan dy nerth a'n cryfhau drwy dy ras, y gallwn fyw mewn daioni a phurdeb holl ddyddiau ein bywyd; trwy Iesu Grist ein Harglwydd. *Amen.*

GWEDDI DROS ANIFEILIAID

O Dduw, ti a wnaethost bob peth byw, ac sy'n eu caru bob un.
Bendithia'r holl greaduriaid byw, yn arbennig y rhai sy mewn gwasanaeth ac yng nghartrefi pobl.
Caniatâ na fydd unrhyw un byth yn ddifeddwl, yn ddidostur, neu'n fwriadol greulon i'r anifeiliaid mud sy heb lais i fynegi a heb rym i'w hamddiffyn eu hunain rhag gweithredoedd pobl.
Caniatâ i'r rheiny sy'n cadw anifeiliaid anwes yn eu cartrefi ofalu'n iawn amdanynt, heb fyth eu hesgeuluso, na pheri iddynt ddioddef yn ddiangen mewn unrhyw fodd.
Bendithia'r holl anifeiliaid sy'n dal yn gaeth, a bydded i'w meistri a'u hyfforddwyr eu trin â charedigrwydd.
Rhoddodd yr anifeiliaid eu cryfder a'u gallu i weithio i ddynion, ac yn aml hyd yn oed eu hymroddiad a'u cariad; caniatâ i ddynion roi iddynt hwy ofal haeddiannol fel creaduriaid y bu i'th ddwylo eu llunio a'th galon eu gwarchod.
Hyn a ofynnaf er mwyn dy gariad. *Amen.*

GWEDDI'R CERDDOR

O Dduw, diolchaf i ti am dy rodd i ddynion o fiwsig. Diolchaf i ti

Am y miwsig sy'n sôn am ofidiau'r galon ddynol, ac sy hefyd yn gallu eu lleddfu hwy;

Am fiwsig sy'n mynegi llawenydd dynol;

Am y miwsig sy'n gwefreiddio a herio ysbryd dyn;

Am y miwsig sy'n mynegi pethau na all geiriau eu dweud.

Diolchaf i ti am roi imi'r gallu i fwynhau miwsig ac i'w ddeall. Diolchaf i ti am y gallu i'w greu. Diolchaf i ti yr un fath am y miwsig sy'n peri i draed dynion ddawnsio ac am y miwsig sy'n peri i galonnau dynion weddïo.

Cynorthwya fi i'th addoli ac i'th wasanaethu di yn dy rodd o fiwsig, a chaniatâ imi fod yn barod bob pryd i ddefnyddio'r rhodd hon sy gennyf er dy wasanaeth ac er llawenydd dynion; trwy Iesu Grist fy Arglwydd. *Amen.*

GWEDDI AELOD O'R CÔR A GWEDDI ORGANYDD

Diolch i ti, O Dduw, am roi imi'r fraint o arwain moliant dy bobl yn dy dŷ heddiw.

Helpa fi bob tro i gofio nad cyfle yw hwn i mi ddangos y doniau sydd gennyf ond cyfle i'th wasanaethu di a'th bobl yn dy dŷ. Felly gwareda o'm calon bob syniad o'r hunan ac o falchder, a helpa fi i ganu a chynhyrchu miwsig yn unig oherwydd fy mod yn dy wir garu â'm holl galon.

Helpa fi i gofio fod yna rai â chalonnau sy'n haws i'w cyrraedd a'u cyffwrdd drwy fiwsig na thrwy leferydd, ac fel hyn helpa fi i gofio fod gennyf fi hefyd fy ngweinidogaeth ac y gallaf innau eto heddiw ddod â rhywun atat ti.

Gofynnaf hyn er mwyn Iesu. *Amen.*

Rita Snowden (1907–99)

Ganed yn Seland Newydd. Bu'n gwasanaethu a chenhadu yno ar ran yr Eglwys drwy gydol ei hoes. Ysgrifennodd dros hanner cant o lyfrau defosiynol a daeth yn ddarlledwr cyson. Derbyniodd anrhydeddau lu ac enillodd ei hysgrifennu enwogrwydd rhyngwladol iddi

GWNA FI'N GYTBWYS YN FY NGWEITHREDOEDD, O DDUW

O Dduw, hawdd yw caru'r holl fyd, ond anodd yw caru'r un sy'n gweithio yn fy ymyl;
O Dduw, hawdd yw ymgyrchu am heddwch yn y byd, ond anodd yw cyfrannu at heddwch y tu mewn i'm cartref;
O Dduw, hawdd yw cael fy nghyfareddu gan ryw wirionedd newydd, a'th golli di yn yr hyn a wyddwn ers talwm;
O Dduw, hawdd yw rhannu fy nghartref a'm heiddo â phobl rwy'n eu hoffi; dysg fi sut i fod yn hael tuag at eraill.
Galluoga fi heddiw i ddweud rhywbeth, neu i wneud rhywbeth a wnaiff wahaniaeth
i'r rhai digalon,
i'r rhai dibrofiad,
i'r rhai diobaith.
Na fydded i unrhyw achos hunanol o'm heiddo, fy nhroi i oddi wrth rywun heddiw. Er mwyn dy gariad. *Amen.*

EIN CEIDWAD

O Dduw, bendithia bawb sy'n dy addoli.
O godiad haul
Hyd y machlud hwyr,
Rho inni o'th ddaioni,
A chyda'th gariad, ysbrydola ni. *Amen.*

GWEDDI DROS ANIFEILIAID

O Dduw yr hwn sy'n rhoi bywyd i'r holl greaduriaid, clyw fy ngweddi heddiw ar ran y rhai sy heb y llais sy gen i – maent oll yn ddibynnol ar apêl fyddar.

Bendithiaf di am eu hamrywiaeth enfawr, yn arbennig am y rheiny sy, oherwydd eu natur yn gallu rhannu ein bywyd dynol, ac sy'n dibynnu arnom am eu gofal.

Ymfalchïaf yn y cyfan y mae'r anifeiliaid anwes yn ei olygu i blant bychain, i'r unig, ac i'r oedrannus. Gweddïaf dros yr holl anifeiliaid byw sy mewn caethiwed.

Gofynnaf am dy fendith ar sgiliau milfeddygon ac ar holl aelodau yr holl gymdeithasau a sefydlwyd i ddiogelu iawnderau syml creaduriaid.

Gofynnaf am dy fendith ar yr holl greaduriaid sy'n gweithio ac ar bawb sy'n gyfrifol amdanynt – fel y dilëir esgeulustod, caledi a chreulondeb.

Gwyddom am dy bryder cariadus ynglŷn â'r rhain a greaist i gyddrigo â ni, oherwydd sicrwydd ein Meistr dy fod ti yn nodi hyd yn oed gwymp un aderyn y to. Gweddïaf, yn ei enw ef. *Amen.*

GWEDDI CYN MYND I'R CAPEL NEU'R EGLWYS

O Dduw, tyrd â mi i'r oedfa heddiw yn yr ysbryd iawn. Gad imi godi mewn da bryd i wneud yr hyn sy'n rhaid imi, heb wylltio.

Bendithia ein gweinidog yn ei baratoadau – bywha ei ysbryd, a ffurfia ei neges mewn geiriau ffres a gafaelgar. Gad i ogoniant a mawredd yr Efengyl afael yn hollol ynddo. Bendithia'r rhai sydd â dyletswyddau ynglŷn â'r eglwys – i gynnal eu gweinidogaeth, ac i ysbrydoli addoliad pob un ohonom. Bendithia'r rhai sy'n rhannu'r sedd â mi – yn arbennig unrhyw ddieithriaid.

Bendithia, yn wir, bawb sy'n dy addoli mewn enwadau eraill; y rhai sy'n dy addoli mewn mannau eraill; y rhai sy'n dy addoli mewn ieithoedd eraill; pawb sy'n chwilio amdanat yn gyfrinachol y tu allan i unrhyw gapel neu eglwys.

Plant dy deulu mawr dynol ydym oll – a wnaethpwyd i'th geisio, i'th adnabod, i'th garu, i'th wasanaethu. *Amen.*

YN Y BORE

Y diwrnod newydd hwn yw dy rodd i mi; gad imi ei dderbyn
yn awyddus a'i ddefnyddio'n iawn, O Dduw.
Caniatâ fod pob gair a lefaraf yn addas i ti ei glywed,
A phob cynllun a driniaf yn addas i ti ei fendithio,
A phob gweithred a wnaf yn addas i ti ei rhannu.
Cadw fi'n wrol os bydd pethau'n profi'n ormesol;
Cadw fi'n siriol os bydd pethau'n profi'n anniddorol;
Cadw fi'n ddigynnwrf os bydd yr annisgwyl yn digwydd;
Cadw fi'n amyneddgar os byddaf ynghlwm â gweithredoedd ffôl
pobl eraill.
Felly bydded imi wneud fy ffordd yn obeithiol drwy'r dydd hwn
gan dreulio fy nghariad, fy egni a'm hamser er dy fwyn. *Amen.*

ALLAN YN YR AWYR AGORED

Am y pethau syml a gymeraf yn ganiataol yn aml, O Dduw,
diolchaf i ti yn awr:
Am anferthedd y nen,
Am ffrwythlondeb y ddaear,
Am ddŵr a'i adlewyrchiadau, yn tywallt-dasgu'n glir, â'i rym
bywhaol o hyd;
Am gân yr adar,
Am symudiad naturiol anifeiliaid gwyllt,
Am griciaid a sioncod y gwair, ac adenydd
gwawnaidd gweision y neidr;
Am grymedd gosgeiddig coesennau gwair,
Am liwiau newidiol dail,
Am nerth glanhaol, iachusol gwyntoedd;
Am burdeb a her copaon mynyddoedd,
Am arswyd taranau,
Am egni diddiwedd a thynfa'r llanw.
Uwchlaw hyn oll, rhoddaf ddiolch iti am osod yn fy
mhersonoliaeth gyfrinachau sydd â'u gwreiddiau yn
nhragwyddoldeb, grym i'th addoli di, i'th garu di, ac i'th
wasanaethu di yn awr ac yn wastad. *Amen.*

YN YR HWYR

O Dduw, fe wyddost pa mor flinedig ydwyf. Rho imi orffwys corff a meddwl; a chryfha fy ymddiriedaeth yn dy gariad.
Maddau imi na chyflawnwyd rhai o'm haddewidion disglair a wnaed y bore 'ma.
Tyrd â mi'n llawen i ddiwrnod arall a'i gyfleoedd.
Er anrhydedd a gogoniant i ti. *Amen.*

GWEDDI CERDDOR

O Dduw, y mae tu hwnt i'm galluoedd i feddwl beth fyddai cyflwr y byd hwn heb gerddoriaeth.
Bendithiaf di am seiniau arbennig adar, nentydd, gwyntoedd a moroedd grymus.
Bendithiaf di am hwiangerddi a chaneuon gwerin a phleser soniarus ieuenctid cynnar.
Bendithiaf di am gerddoriaeth ddofn a chyffrous sy'n cyfleu i'r galon ddynol mewn tristwch neu lawenydd yr hyn na all geiriau ei fynegi.
Bendithiaf di am adegau di-rif pan fu i gerddoriaeth fy arwain allan o wendid i gryfder, allan o fychandra i mewn i fawredd ysbrydol.
Amen.

CYN SIOPA AM DDILLAD

Mae'n rhyfeddol, O Dduw, i wybod dy fod yn gofalu sut y dilledir y bryniau a sut y gwneir y coed, yr adar a'r creaduriaid byw yn barod ar gyfer bywyd.
Sylwaf yn aml ar gotiau cathod a chŵn, y plu ar adar y to sy'n werth fawr o ddim ac esgyll pysgod.
Sylwaf ar gotiau ceffylau a gwartheg a geifr, ac eraill anghyffredin sy ond yn y sŵ – eliffantod, jiraffod, asynnod, teigrod, eirth y Gogledd.

243

I bob un o'r rhain, ac i lawer mwy, rhoddaist yr hyn sy'n addas i'w cynefin a natur eu bywyd. Mae pob un wedi ei ddilladu mor gymwys.

Gad imi ddarganfod, o'r cyfan sy gan y siopau i'w gynnig, yr hyn sy orau i'm ffordd i o fyw. Rho imi synnwyr cyffredin a chwaeth.

Arbed fi rhag trachwantu am yr hyn na allaf ei fforddio.

Cadw fi rhag cael fy nhemtio i fynd ar ôl ffasiwn nad yw'n gweddu i mi.

Rho imi amynedd i barhau i chwilio os na fedraf ddod o hyd i'r peth iawn yn syth.

Gad i'm dillad corfforol beidio â bod yn fwy o gonsýrn imi na dilladu fy nghalon a'm meddwl. Gad imi fod yn hyfryd yn fewnol – gyda diffuantrwydd, ffydd, llawenydd, cariad, balchder o'th ddewisaf wneuthuriad. *Amen.*

Frank Colquhoun (1909–97)

Canon Preswyl ac Is-ddeon Eglwys Gadeiriol Norwich. Bu'n offeiriad plwyf am flynyddoedd a chyhoeddodd doreth o weddïau amrywiol

PARATOI AT Y NADOLIG

Diolchwn i ti, O Dduw ein Tad, am gael dy Fab Iesu Grist yn rhodd, y bu ei ddyfodiad i'r byd hwn yn hysbys gan y proffwydi gynt, ac a gafodd ei eni er ein mwyn mewn gostyngeiddrwydd a thlodi ym Methlehem.

Wrth i ni baratoi unwaith eto i ddathlu ei eni, llanw ein calonnau â'th lawenydd di a'th dangnefedd, a galluoga ni i'w groesawu fel ein Hiachawdwr; fel y caiff ynom, pan ddaw eto yn ei ogoniant a'i fawredd bobl wedi'u paratoi ar ei gyfer; yr hwn sy'n byw a theyrnasu gyda thi a'r Ysbryd Glân, yn un Duw, yn awr a hyd byth. *Amen.*

WRTH DDISGWYL Y NADOLIG

E in Tad nefol, wrth inni baratoi eto at y Nadolig, cynorthwya ni yn ein bywydau prysur i ddod o hyd i ysbaid o dawelwch, ystyriaeth a gweddi; er mwyn i ni fyfyrio ar ryfeddod dy gariad a chaniatáu i hanes geni'r Iachawdwr dreiddio i mewn i'n calonnau a'n meddwl. Felly, bydded ein llawenydd yn ddyfnach, ein haddoliad yn fwy dilys, a'n bywydau yn deilyngach oherwydd y cyfan a wnaethost drosom drwy ddyfodiad dy Fab, Iesu Grist ein Harglwydd. *Amen.*

DILYN FFORDD CRIST

A ddolwn di, O Grist, am i ti er ein mwyn osod o'r neilltu dy nerth a'th ogoniant
a'th wisgo dy hun yn nillad ein dynoliaeth,
i fyw mewn tlodi yma ar y ddaear
ac i ddioddef angau ar y groes.
Dysg i ni wers dy ostyngeiddrwydd,
a gwacâ ein bywydau o bob balchder a hunanoldeb
fel y deuwn o hyd i'n llawenydd a'n cyflawnder
drwy wasanaethu eraill yn dy enw ac er dy fwyn. *Amen.*

GWEDDI RHIENI AR ENEDIGAETH MAB NEU FERCH

D ad Nefol, dyna dda wyt ti!
Mor rhyfeddol yw dy weithredoedd!
Canmolwn di am dy holl roddion
ac yn arbennig am dy rodd i ni
o'r plentyn annwyl yma.
Â'n calonnau cymerwn ato/ati
a chroesawn ef/hi i'n cartref
fel arwydd o'th gariad;
ac yn ddiolchgar rhown ef/hi yn ôl i ti,
er mwyn iddo/iddi dy garu a'th wasanaethu dros ei holl ddyddiau,
yn enw Iesu ein Harglwydd. *Amen.*

245

O DAD, CLYW EIN CRI

O Dduw'r gwirionedd, gwared ni rhag crefydd sy'n ddim ond pentyrru geiriau:
fel ailadrodd ymadroddion crefyddol sy bellach wedi colli eu hystyr;
fel ynganu gweddïau gweigion heb affliw o enaid i'r un ohonynt;
fel galw Iesu, 'Arglwydd, Arglwydd', pan fethwn hawlio ei sofraniaeth.
Gweddïwn ar i'r Efengyl ddod i mewn i'n bywydau nid yn unig mewn gair ond hefyd yng ngrym yr Ysbryd, a bod ein cariad yn fwy na thestun geiriol neu siarad ond yn wir, ac yn ei fynegi ei hun drwy weithrediadau.
Cynorthwya ni, ein Tad, i wireddu y weddi hon wrth ofyn i ti yn enw Crist ein Harglwydd. *Amen.*

BEIBL I BAWB O BOBL Y BYD

Dad, diolchwn i ti am roddi i ni dy Air ysgrifenedig yn y Beibl, tystiolaeth o'th ddatguddiad i ddynoliaeth yr holl genedlaethau.
Arwain ni wrth ei ddarllen, er mwyn i ni wybod nid yn unig ei ddysgeidiaeth ond ei ystyr hefyd; a bydded i'w neges fod yn ysgrifenedig yn ein calonnau ac yn amlwg yn ein bywydau; er gogoniant i'r hwn yw y Gair Byw, ein Hiachawdwr Iesu Grist. *Amen.*

DYFODIAD TEYRNAS DDUW

O Dragwyddol Dduw, Tad y ddynoliaeth gyfan, ynot yr ydym yn byw ac yn symud ac yn bod. Trugarha wrth yr holl hil ddynol. Tosturia wrthynt am eu hanwybodaeth, eu ffolineb, eu gwendid, a'u pechod. Cod faner i'r cenhedloedd, O Arglwydd; brysia ddyfodiad dy deyrnas; a thyrd i mewn â chyfiawnder tragwyddol; er anrhydedd i'th Fab, ein Harglwydd a'n Gwaredwr Iesu Grist. *Amen.*

DROS Y RHAI SY'N AMAU A'R DRYSLYD

O Arglwydd ein Duw, addawodd dy fendigedig Fab i'w ddilynwyr na chaent gerdded mewn tywyllwch ond yng ngoleuni'r bywyd. Tosturia wrth bawb sy'n dioddef o amheuaeth neu benbleth, a chaniatâ iddynt weld dy oleuni di yn Iesu, a dysgu, ymhlith dirgelion bywyd, gerdded yn ostyngedig drwy ffydd ynddo ef. Gofynnwn hyn er mwyn ei enw. *Amen.*

DYDD GWENER Y GROGLITH

Cyfres o saith o weddïau yn seiliedig ar eiriau olaf Iesu ar y Groes

"O Dad, maddau iddynt, oherwydd ni wyddant beth y maent yn ei wneud." (Luc 23:34)

Dy gariad, Arglwydd Iesu,
a barodd i ti gael dy hoelio ar y groes.
Dy gariad a'th gadwodd yno
pan allet fod wedi galw am lengoedd o angylion.
Dy gariad a ymbiliodd dros dy lofruddion
drwy weddïo, 'Dad, maddau iddynt.'
Cynorthwya ni, Arglwydd grasol,
i gydio mwy yn dy gariad,
i dderbyn maddeuant,
ac i ddysgu maddau i eraill
fel y cawsom ni faddeuant,
er mwyn dy gariad. *Amen.*

"Yn wir, 'rwy'n dweud wrthyt, heddiw byddi gyda mi ym Mharadwys." (Luc 23:43)

O Grist, Brenin gogoniant,
pan orchfygaist golyn angau
agoraist deyrnas nef
i bawb a gred ynot.
Derbyn ein moliant am dy gariad dihafal
wrth farw dros ddynion pechadurus.

247

Mil a Mwy o Weddïau

Agor dy deyrnas i ni
fel y gwnest i'r lleidr edifar;
a chofia ni yn awr, O Arglwydd,
ac yn awr ein marwolaeth
er mwyn dy fawr drugaredd. *Amen.*

"Wraig, dyma dy fab di." "Dyma dy fam di." (Ioan 19:26–27)

Diolchwn i ti, Arglwydd Grist,
am i ti, drwy lafurio yn dy ddioddefaint
ddod â Theulu'r Cadw newydd yr Eglwys i fodolaeth,
lle mae dy gariad yn gweddnewid ein holl gysylltiadau.
Tyn ni sy'n gredinwyr yn agosach at ein gilydd
wrth droed y groes.
Dysg ni i groesawu a gofalu am ein gilydd
mewn ufudd-dod i'th air;
ac una ni mewn cymdeithas drugarog
fel aelodau o un teulu,
i wasanaethu teyrnas ein Tad ac i wneud ei ewyllys,
er gogoniant ei enw. *Amen.*

"Fy Nuw, Fy Nuw, pam yr wyt wedi fy ngadael?" (Mathew 27:46; Marc 15:34)

Allan o dywyllwch Calfaria,
O sanctaidd Fab Duw,
clywn dy lef unig o ymollyngiad,
ac ymgrymwn mewn edifeirwch,
cydnabyddwn ein heuogrwydd.
Cariaist ein pechodau yn dy gorff ar y pren.
Cefaist dy wneud yn felltith drosom;
blasaist angau ar ran pob dyn.
Iesu, Oen Duw, Gwaredwr y byd,
trugarha wrthym,
a dysg ni i ddeall i ti fod yn adawedig
fel na chawn ni fyth fod yn adawedig
ond i gerdded yng ngolau presenoldeb Duw,
yn awr a byth bythoedd. *Amen.*

248

"Y mae arnaf syched." (Ioan 19:28)

Mab y Dyn, yr hwn a ddioddefaist yn dy gorff
wewyr sychedu i farwolaeth,
ac yn dy ysbryd a sychedaist
am iachawdwriaeth y byd:
dyfnha ein dealltwriaeth o'th ddioddefiadau
a enillodd i ni ein hachubiaeth,
a chynydda ynom y dyheadau ysbrydol hynny
yr wyt ti'n unig yn gallu eu diwallu;
fel y cawn, wrth newynu a sychedu am gyfiawnder,
ein digoni gan holl gyflawnder Duw
a'th wasanaethu a'th foli di am byth. *Amen.*

"Gorffennwyd." (Ioan 19:30)

O Waredwr y byd, canmolwn di eto
am fuddugoliaeth y groes
ac am dy waith gorffenedig.
Rwyt wedi gwneud drosom
yr hyn na fedrem fyth ei wneud ein hunain,
a'r hyn nad oeddem yn haeddu i ti ei wneud;
ac yr wyt wedi ei wneud unwaith ac am byth.
Drwy dy berffaith a'th holl-ddigonol aberth
concwerwyd pechod,
dinistriwyd angau,
achubwyd dyn,
ac agorwyd y nefoedd.
I Dduw y byddo'r gogoniant byth bythoedd. *Amen.*

"O Dad, i'th ddwylo di yr wyf yn cyflwyno fy ysbryd." (Luc 23:46)

Dad y trugareddau a Duw cariad,
yn ei air olaf ar y groes
cyflwynodd dy Fab ein Gwaredwr ei ysbryd i'th ddwylo di.
Heddiw yr ydym ni am wneud yn debyg.
Yn dy ddwylo di yn unig yr ydym yn ddiogel:

249

Ni ddymunwn fod yn unrhyw le arall.
Ac felly, ein Tad, derbyn ni yn awr,
wrth inni ein cyflwyno ein hunain i'th ddwylo,
ein heneidiau a'n cyrff,
mewn bywyd ac mewn angau,
dros amser a hyd dragwyddoldeb. *Amen.*

(gw. cyfraniad Caryl Micklem (1925–2001) ar yr union destun).

Lesslie Newbigin (1909–98)

Esgob yn Eglwys De India, bu yno am bedair blynedd ar bymtheg ar hugain yn byw ymhlith Hindwiaid a daeth yn hyddysg yn Islam. Eto drwy'r cyfan oll, glynodd wrth yr argyhoeddiad taw trwy Grist, Ail Berson y Drindod, y mae adnabod Duw, ac nad oes un ffordd arall at Dduw Dad ond trwyddo ef, y Mab Ymgnawdoledig ac Atgyfodedig

Y GALON GYNHWYSFAWR

A rglwydd, rho imi
galon gadarn i gario fy meichiau fy hun,
calon dyner i gario beichiau eraill,
a chalon grediniol i osod fy holl feichiau arnat ti,
am dy fod yn gofalu amdanom. *Amen.*

Y Fam Teresa o Calcutta (1910–97)

Lleian fach o Albania a fu'n byw ymhlith y tlotaf yn slymiau Calcutta oedd y Fam Teresa. Yno daeth o hyd i Grist wrth uniaethu â'r trueiniaid oedrannus a methedig a'u gwasanaethu. Gofalodd yn gariadus amdanynt yn ei chwfaint ym misoedd olaf eu bywyd

CYFFES – MEWN YSBRYD A GWEITHREDOEDD

M ae fy nghyfrinach yn eithaf syml. Gweddïaf, a thrwy fy ngweddi byddaf yn un mewn cariad â Christ, a gwelaf fod gweddïo arno yn gyfystyr â'i garu ef, ac mae hynny yn golygu cyflawni ei eiriau. Cofiwch am ei eiriau yn Efengyl Sant Mathew:

'Roeddwn yn newynog ac ni roesoch fwyd imi,
Roeddwn yn sychedig ac ni roesoch ddiod imi,
Roeddwn yn ddieithr ac ni roesoch groeso imi,
yn noeth ac ni roesoch ddillad amdanaf,
yn glaf ac yng ngharchar ac nid ymwelsoch â mi.'

Mae fy mhobl bach tlawd yn slymiau'r byd yn debyg i'r Crist dioddefgar. Ynddyn nhw mae Mab Duw yn byw a marw, a thrwyddynt dengys Duw ei wir wyneb imi. Mae gweddi i mi yn golygu fy mod am bedair awr ar hugain bob dydd yn un ag ewyllys Iesu, i fyw iddo ef, drwyddo ef, a chydag ef.

Os gweddïwn
fe gredwn
Os credwn
fe garwn
Os carwn
fe wasanaethwn.

Dim ond y pryd hynny y gallwn droi
y cariad sy gennym at Dduw
yn weithred fywiol
Drwy wasanaethu Crist
yng nghuddwisg ofidus
y Tlawd.

FFRWYTH TANGNEFEDD

O ffrwyth tangnefedd mae GWEDDI.
A ffrwyth gweddi yw FFYDD.
Ffrwyth ffydd yw CARIAD.
Ffrwyth cariad yw GWASANAETH.
Ffrwyth gwasanaeth yw TANGNEFEDD. *Amen.*

Tom Rees (1911–70)

Efengylydd, awdur, darlledwr, trefnydd gwersylloedd i fechgyn o'r slymiau . . . arweinydd ymgyrchoedd Eglwysi Unedig. Llanwodd Neuadd Frenhinol Albert dros hanner cant o weithiau – dyma'r weddi a offrymwyd ganddo yno ar ddiwedd ymgyrch 1950:

CYFFES A CHRI, O DDUW

O Dduw,
ti yw fy Nghreawdwr, a minnau yw dy greadur.
Rwyt ti mor enfawr
a minnau mor fach a dinod.
Rwyt ti'n sanctaidd a chywir
a minnau'n hollol anghywir a dryslyd.
O Arglwydd Iesu, ni ddeallaf bethau, ond gyda'm holl galon credaf
i ti waedu a marw ar y groes drosof fi.
Credaf hefyd iti atgyfodi a'th fod heddiw'n fyw.
Er na all fy meddwl afael yn hyn oll eto,
Rwyf am ddod atat yn awr:
Gyda'm hanwybodaeth –
os gweli di'n dda dysg fi;
Gyda'm pechod –
os gweli di'n dda maddau i mi a phura fi;
Gyda'm hanffyddiaeth –
os gweli di'n dda rho imi ffydd;
Gyda'm gwendid –
os gweli di'n dda rho imi dy nerth;
Gyda'm calon ddrwg –
os gweli di'n dda rho imi dy burdeb;
Gyda'm dallineb –
os gweli di'n dda rho imi fy ngolwg;
Gyda'm tywyllwch –
os gweli di'n dda rho imi dy olau.
Tyrd i mewn i'm calon –
os gweli di'n dda gwna fi'n Gristion. *Amen.*

Pennar Davies (1911–96)
Cudd fy Meiau gol. R. Tudur Jones (1998)

Ysgolhaig, diwinydd, heddychwr, awdur a bardd

O DDUW CYFLAWN

O Dduw Dad, dyro imi dy wasanaethu'n llwyrach. Hebot ti nid wyf ddim. Llanw'r gwacter ynof. Dysg imi, er mwyn y Croeshoeliedig, roddi iti fy mhopeth. N'ad imi gadw dim byd ar ôl. Achub fi i achub rhagor er gogoniant i'r enw sydd goruwch pob enw. *Amen.*

Y CYMODWR MAWR

O Arglwydd da, Gogoneddwr Tragwyddol y llwch a'r llaid, Tad yr hollfyd afradlon, Brawd a Cheidwad y pechaduriaid, Diddanydd y proffwyd a'r apostol a'r sant, y Cymodwr mawr, wele fi'n ceisio cymod â thi. Mor aml y caseais fy mhechod ac eto methu yn y weithred, â chuddio fy mhechod rhag fy llygaid fy hunan. Fy Nuw graslon, dyro imi gyflawnder edifeirwch. Triga yn fy nghalon; sefydla dy deyrnas yno; goresgyn fy mywyd oll â'th rymusterau glân; gwna fi'n eiddo llwyr i ti. Dyro imi dy adnabod fel yr wyt a byw bob awr o'm hoes yn dy bresenoldeb. Dyro imi'r melyster anhraethadwy'n hyfrydwch parhaol. A dyro imi weld y byd yn drigfan i'r Goruchaf a'm cyd-ddynion yn frodyr a chwiorydd i'r Ceidwad a wnaeth Groes a Gorsedd yn un. Er mwyn yr enw sydd goruwch pob enw. *Amen.*

MEDDIANNA DY WAS

Fy Nhad, fy Mrawd, fy Nghalon! Maddau bob gwendid a phob gwastraff sydd ynof. Y Gweithiwr cryf, di-wastraff wyt ti. Meddianna dy was. Llanw fy mywyd â'th obaith; tywys fy mywyd â'th ddoethineb. Dyro imi waith a gweithia ynof. Er mwyn dy enw. *Amen.*

IACHÂ FY ENAID

Y Crist, y Mab Tragwyddol, y Brawd Anniflan, y Gŵr Gofidus a Chynefin â Dolur, maddau imi. Iachâ fy enaid, glanha fy ngwefusau. Na ad imi wawdio'r dynionach am nad ydynt yn debyg i'r Dyn. Dyro imi gariad maddeugar y Groes, yr awr hon a phob awr o'm hoes! *Amen.*

GRIST IESU, TYRD ATAF

G rist Iesu, ymwêl â'th gyfaill hiraethus. Tyrd ataf, gyda'th chwerthiniad tyner a'th gyffyrddiad tosturiol. Tyrd i fwyta ac i ymgomio ac i gysgu yn fy nghartref. Llonna fy mywyd â'th rasusau glân. Cofleidia fi â'th wirionedd mwyn. Breinia fy nghnawd â'th gusan tangnefedd. Nid oes imi frawd ond tydi – tydi a'th frodyr! Tyrd ataf, tyrd ataf. *Amen.*

YSTYRIAETHAU'R NADOLIG

O Anadl Ffroenau Mab Duw, anadla arnaf. Dyro imi nerth ei Gariad a syberwyd ei Ymdrech a'i Aberth. Llanw fy enaid a'm corff ag angerdd y Creu a gwewyr y Geni a buddugoliaeth yr aberth a syfrdandod y Cyfodi o Feirw. Anadla ynof, Anadl y Bywyd, yn awr a thros byth. *Amen.*

ARGLWYDD IESU, DAL YNOF

A rglwydd Iesu, teimlaf fy mod yn cilio oddi wrthyt y dyddiau hyn. Achub fi rhag trai a llanw fy nghymundeb ysbrydol â thydi. Rhwyma fy enaid â rheffynnau dy gariad. Yn awr a thros byth. *Amen.*

GRAS SY'N ACHUB

O Dduw fy Nhad a'm Gwaredwr, argyhoedda fi fod Gras yn achub lle y bo Natur yn methu. Ti yw'r Preswylydd mawr, y Perchen Tŷ Tragwyddol. Nodda fy ngwendid yn awr a hyd byth. Trwy Iesu Grist. *Amen.*

O FRENIN Y BYD

O Arglwydd, Iesu, Brenin yr Iddewon, Brenin y brenhinoedd, Brenin y byd, derbyn ein gwrogaeth; canys ynot ti y mae pob rhinwedd a phob clod. Mae dy Groes yn rhan o wead yr holl fyd, yn rhan o batrwm hanes dyn, yn rhan o dystiolaeth ein cydwybod – y rhan sydd yn rhoi ystyr a llewyrch i'r cyfan.

Un fuom mewn pechod; un ydym mewn anwiredd. Ond hwn yw undod uffern, yr undod marwol sydd yn ein rhannu yn erbyn ein gilydd ac yn ein herbyn ein hunain! Una ni yn dy Gariad dy hun.

Gwelwn y ffug-undod yn nirmyg y rhai a oedd yn myned heibio ac yn dweud, 'Gwared dy hun, a disgyn oddi ar y groes'; yng ngeiriau'r archoffeiriaid, 'Eraill a waredodd; ei hun nis gall ei wared. Disgynned Crist, Brenin yr Israel, yr awr hon oddi ar y groes, fel y gwelom ac y credom'; yng nghabledd y drwgweithredwr a groeshoeliwyd gyda thi, 'Os tydi yw Crist, gwared dy hun a ninnau'; yng ngwatwar y milwyr, 'Os tydi yw Brenin yr Iddewon, gwared dy hun'. Gwelwn y ddynoliaeth ranedig yn ymuno i sarhau dy Gariad!

Ond yr wyt yn eiriol drosom ar y Groes, O Ryfeddod yr Hollfyd, una ni dros byth yn y Maddeuant diderfyn sydd yn gogoneddu nef a daear.

Cysura holl Fforddolion y Groes y dydd heddiw. Yr anghenus, y trallodus, y gweddw, yr amddifad, y di-obaith, y diymgeledd – cymer ni oll. Tydi a ddyrchafwyd oddi ar y ddaear, tyn bawb atat dy hun. At bwy yr awn ond atat ti? *Amen.*

GWIREDDA EIN FFYDD

Arglwydd graslon, gwiredda ein ffydd, cyflawna ein breuddwydion, rhagora ar ein deisyfiadau. Trwy'r gŵr a fu gynt dan hoelion. *Amen.*

CRI'R ENAID EDIFAR

O Dad, maddau imi. *Amen.*

COFIA'N GWLAD

O Arglwydd Dduw Rhagluniaeth, a ddygaist i fyny feibion Israel allan o dir yr Aifft, a'r Philistiaid o Cafftor, a'r Syriaid o Cir, arwain di ein Cymru fach ni yn y dyddiau hyn. Cedwaist hi o ganrif i ganrif; dangosaist iddi orfoledd dy deyrnas; megaist ynddi saint ac apostolion a diwygwyr. Peraist iddi fethu mewn grym ac amlhau mewn gras. Nid dy ewyllys di yw ei bod yn darfod mewn gwarth heb lefaru wrth y gwledydd. Rhoddaist iddi genadwri hedd a Thywysog Tangnefedd. Tywallt dy Ysbryd arni'r awron. Llefara trwyddi wrth fyd a barlyswyd gan ofn. Llanw hi â'th gariad modd y gwasanaetho hi dy deyrnas mewn rhyddid. Trwy Iesu Grist, Brenin cenedl a Brenin byd. *Amen.*

O IESU, AROS GYDA MI

O Iesu Hawddgar, na thro oddi wrthyf. Yr wyf i am dy weld a'th adnabod. Buost gyda mi lawer tro, yn cyffwrdd â mi, yn gwenu arnaf, yn chwerthin yn dyner am ben trwstaneiddiwch fy muchedd. Ond yn awr yr wyf am dy weld di a llewyrch yr Orsedd Wen ar dy glwyfau glân. Na thro oddi wrthyf, Iesu Mawr. Gad imi dy gofleidio di, Di Lendid daear a nef. Ynot ti y mae nawn a nos, hydref a gwanwyn, ysictod yr angau a jiwbil y nef, gobaith dyn a goruchelder Duw. Na thro oddi wrthyf. Aros gyda mi. Y Bywyd Tragwyddol wyt ti, fy Arglwydd a'm Duw. *Amen.*

ARGLWYDD, CYNNAL FI

O Arglwydd pob hyfrydwch, dyro imi hyder y caiff y byd hwn, er gwaethaf pob llygredd, ogoneddu dy enw; y caiff Eglwys Crist, er gwaethaf pob gwrthgiliad, hysbysu dy gariad trwy'r ddaear; y caiff fy enaid i, er gwaethaf pob siom, bwyso ar dy dosturi yn oes oesoedd. *Amen.*

CANLYN IESU

O Arglwydd Iesu Grist, yr wyf am fod gyda thi. Yr wyf yn ceisio dy ddilyn di. Ond gwn na allaf dy ddilyn heb ymgysegru'n llwyr i'th achos gogoneddus. Teimlaf fod llawer o gymhellion yn fy nal i'n ôl, ac arswydaf rhag edrych arnynt. Ond gwn dy fod di, wrth gamu ymlaen yn disgwyl imi dy ganlyn.
O Arglwydd Iesu, tyrd yn ôl i wenu arnaf, i ddweud wrthyf am ymwroli a'th ddilyn. Tosturia wrthyf. Yr wyt ti'n fy adnabod yn well nag yr wyf yn fy adnabod fy hun. Dyro imi dy law. Dyro imi dy law. *Amen.*

DYLEDUS WYF I TI, O DDUW

O Dduw Dad, llanw fy mywyd â diolch a moliant. Dyro imi dderbyn dy ddoniau'n llawen a'u defnyddio'n wasanaethgar. Gwna fy nghorff yn deml i'th Ysbryd Glân. *Amen.*

Austen Williams (1912–2001)

Canon mygedol St Martin-yn-y-Maes, Llundain

DEUOLIAETH Y CREDADUN

Rwyf yn ddau berson;
mae'r naill yn dyheu am dy wasanaethu'n llwyr,
a'r llall yn ofni.
O Arglwydd, tosturia wrthyf.
Rwyf yn ddau berson;

mae'r naill am lafurio hyd y diwedd, a'r llall yn flinedig yn barod.
O Arglwydd, tosturia wrthyf.
Rwyf yn ddau berson:
mae'r naill yn gwybod am gyflwr dioddefaint y byd, a'r llall heb
wybod ond am ei gyflwr ei hun.
O Arglwydd tosturia wrthyf.
A bydded i Ysbryd ein Harglwydd Iesu Grist
lanw fy nghalon a chalonnau pob un ym mhobman. *Amen.*

Hugh Charles Blackburne (1912–95)

Anglicanwr, bu'n weithgar ymhlith y lluoedd arfog yn ystod yr Ail
Ryfel Byd, Esgob Thetford

GWEDDI DROS EIN CARTREF

R adlonaf Dad,
dyma ein cartref;
gad i'th dangnefedd orffwys arno.
Gad i gariad drigo yma:
cariad sy'n cynnwys caru'n gilydd,
cariad at y ddynoliaeth,
cariad at fywyd ei hun
a chariad atat ti, O Dduw.
Gad inni gofio bod
angen llawer o ddwylo i godi tŷ, ac
angen llawer o galonnau i wneud cartref. *Amen.*

O DDUW, YMDRECHWN I'TH ADNABOD

D ad nefol, diolchwn i ti am dy holl ddaioni i ni:
am ryfeddod dy greadigaeth,
am hapusrwydd gwyliau,
am gariad dynol a chyfeillgarwch.
Gad inni dy adnabod yn well drwy dy Fab Iesu,
a byw ein bywydau er gogoniant i ti
ac mewn gwasanaeth i eraill,

drwy nerth dy Ysbryd Glân ynom ni,
yn awr a byth bythoedd. *Amen.*

Albert Kenneth Cragg (1913–)

Anglicanwr, Esgob cynorthwyol yn Jerwsalem a thair esgobaeth yn Lloegr, awdur diflino, awdurdod ar Islam

O ARGLWYDD, BYWHA DY EGLWYS

Mae pob rhan o'n hanes, O Arglwydd, yn rhan o'n hanes ni oll. Oherwydd nid ynys mo eglwys, yn gyflawn ynddi ei hunan. Am frwdfrydedd dy wasanaethyddion yn y canrifoedd gynt, bendithier dy enw, O Arglwydd: am feini hynafol a litwrgïau, am addysg goeth a disgyblaethau hirion o weddïau a heddwch, bendithier dy enw, O Arglwydd, a phob sant, O Arglwydd, cadw, adnewydda a lluosa, yn y tragwyddol Grist. *Amen.*

SANCTEIDDIER DY ENW

O Arglwydd cariadon dynoliaeth, y rhai er dy fwyn sy'n torri ffiol alabaster bywyd, bywha dy eglwys heddiw â brwdfrydedd y saint, fel y gwneler dy enw, drwy weddi a dysgeidiaeth, drwy ddisgyblaeth ac aberth, yn wirioneddol hysbys. *Amen.*

Ronald Stuart Thomas (1913–2000)

Offeiriad yn yr Eglwys yng Nghymru. Cenedlaetholwr brwdfrydig a bardd Saesneg toreithiog ac uchel ei glod

PENLINIO

Eiliadau o lonyddwch mawr,
Penlinio o flaen allor
O bren mewn eglwys gerrig
Yn yr haf, disgwyl i Dduw

Mil a Mwy o Weddïau

Lefaru; yr aer yn risiau
I ddistawrwydd; yr heulwen
Yn f'amgylchynu, fel petawn wedi cyflawni
Rôl theatraidd. A'r cynulleidfaoedd
Yn llonydd; yr holl dorf agos honno
O ysbrydion yn disgwyl, fel fi,
Y neges
              Ysgoga fi, O Dduw,
Ond nid eto. Pan lefaraf
Er taw ti sy'n llefaru
Trwof fi, mae rhywbeth ar goll.
Mae'r ystyr yn y disgwyl. *Amen.*

Y WEDDI

Gwared fi rhag sychder hir
    y meddwl. Gad i ddail
o'r Groes ddeilgoll
   gwympo arnom, gan ein golchi
ni'n lân, a throi ein hydref
   yn aur drwy'r llifeiriant o'u ffynnon. *Amen.*

Dylan Thomas (1914–53)

Bardd a llenor, ganed yn Abertawe i rieni â'u gwreiddiau mewn ardaloedd Cymraeg eu hiaith yn siroedd Caerfyrddin a Cheredigion. Bu'n llwyddiannus iawn â llu o gerddi, straeon byrion, cylchdeithiau darlithio yn yr Unol Daleithiau . . . darlledwyd ei 'ddrama i leisiau': Under Milk Wood *(1954) – daw'r weddi isod o drosiad meistrolgar y Prifardd T. James Jones,* Dan y Wenallt *(1968)*

GWEDDI AR FACHLUD HAUL

Wrth ddihuno gyda'r wawr
    Yn ôl f'arfer, Arglwydd mawr,
Gofynnaf iti roi dy hedd
I greaduriaid crud a bedd.

260

A chyda'r machlud yn ddi-ffael
Gofynnaf am dy fendith hael,
Cans Ti yn unig Arglwydd mawr
A ŵyr yn siŵr pwy wêl y wawr.

Nid oes neb drwy'r Wenallt oll
Yn ôl dy farn yn llwyr ar goll,
Cans gwn yn siŵr mai Tad wyt ti
A wêl bob tro ein gorau ni.

Rho undydd eto, Arglwydd da,
A'th fendith hwyrol caniatâ!
Ac wrth yr haul sy'n mynd am sbel
Cawn ddweud nos da, heb ddweud ffarwél. *Amen.*

Etty Hillesum (1914–43)

Iddewes ddysgedig oedd Etty a garcharwyd gan y Natsïaid yn Westerbork, gwersyll tramwy, y tu allan i Amsterdam. Ysgrifennodd y weddi yn ystod ei hamser yno tra'n ceisio cynorthwyo trueiniaid eraill ar eu ffordd i wersylloedd difodi. Astudiodd yr Hen Destament a'r Testament Newydd, a chadwodd ddyddiadur. Ym Medi 1943 anfonwyd hi a'i rhieni i Auschwitz, ac yno lladdwyd y tri

Y PARATOI CYN CWRDD Â THI

Mor fawr yw anghenion dy greaduriaid ar y ddaear hon, O Dduw. Maen nhw'n eistedd yno'n siarad yn dawel, heb amau dim, ac yn sydyn mae eu hangen yn ffrwydro yn ei holl noethni. Wedyn, maen nhw yn bentyrrau o ddiflastod dynol, yn anobeithiol ac yn analluog i wynebu bywyd. A dyna'r funud y mae fy ngwaith i yn dechrau.

Nid yw dy gyhoeddi di yn ddigon, O Dduw, i'th gymeradwyo i galonnau eraill. Mae'n rhaid clirio llwybr tuag atat ti ynddyn nhw, O Dduw, ac i wneud hynny mae'n rhaid bod yn feirniad awyddus am yr enaid dynol . . . Dechreuaf ar fordaith ymchwil araf gyda phob un a ddaw ataf i.

261

A diolchaf i ti am y rhodd enfawr o fod yn alluog i ddarllen pobl. Ambell waith maen nhw'n debyg i dai â'u drysau'n agored. Cerddaf i mewn iddynt a chrwydraf drwy'r coridorau a'r ystafelloedd, ac y mae pob tŷ wedi'i ddodrefnu ychydig yn wahanol, ac eto maen nhw i gyd yn debyg a rhaid troi pob un ohonynt yn drigfan wedi'i gysegru i ti, O Dduw.

Ac mi addawaf i ti, gwnaf, addawaf, y ceisiaf ddod o hyd i lety a lloches i ti mewn cymaint o dai ag sy'n bosibl. Mae yna nifer fawr o dai gwag, ac fe'u paratoaf nhw i gyd i ti, y lojar mwyaf anrhydeddus! *Amen.*

John Vernon Taylor (1914–2001)

Esgob Caerwynt, awdur

YSBRYDOLA FI I UNIAETHU Â THI

A rglwydd Iesu Grist,
yn fyw ac o amgylch yn y byd,
helpa fi i'th ddilyn ac i ddod o hyd i ti yno heddiw,
yn y mannau lle'r wyf yn gweithio,
cwrdd â phobl,
gwario arian,
a chynllunio.
Cymer fi fel disgybl dy deyrnas,
i ganfod drwy dy lygaid,
a chlywed y cwestiynau yr wyt yn eu codi,
i groesawu pawb â'th ymddiriedaeth a'th wirionedd,
ac i newid y pethau sy'n gwrth-ddweud cariad Duw,
drwy rym y groes
a rhyddid dy Ysbryd. *Amen.*

W. Rhys Nicholas (1914–96)

Bardd, pregethwr grymus, bugail gofalus o'i bobl, awdur amryw o gyfrolau; dichon taw ef oedd un o emynwyr mwyaf Cymru yn rhan olaf yr ugeinfed ganrif, os nad yn wir y mwyaf un

GWEDDI FOREOL

O Arglwydd Dduw ein tadau, awdur pob daioni, derbyn ein diolch am y cyfle hwn i'th addoli. Daethom yma ar fore newydd i ganu dy glod ac i ddweud eto pa mor fawr wyt ti.

Ti sy'n galw'r wawr o'r dwyrain ac yn trefnu pob machlud a diwedd dydd. Mae'r goleuni a'r tywyllwch yn eiddo i ti. Yr wyt yn dwyn yr awelon i'w hynt ac yn galw'r tymhorau i fod. Ti sy'n creu pob ffurf a llun sydd yn y cread.

Ond arnom ni y rhoddaist dy nod a'th ddelw, a thrwy ysbryd dyn y daw'r eneiniad dwyfol i'r byd. Er dy fwyn yr ydym ni yn bod, – ac er ein mwyn ninnau y mae dy gariad di. Am hynny, dysg i ni garu'r gorau a'r hardda' a'u gwasanaethu drwy holl ddyddiau'n hoes.

Diolch i ti am ddangos dy ffordd i ni trwy yr Arglwydd Iesu Grist. Er mwyn eraill y bu ef fyw. Er mwyn eraill y bu ef farw, – ac er mwyn eraill y mae ef yn byw yn oes oesoedd. Trwyddo ef y cawn ninnau weld ac adnabod y gwir. Cynorthwya ni i fod ar ein gorau ym mhob peth.

Cofia heddiw yn dy gariad am y rhai y daeth cysgod ar eu llwybrau, – cysgod hiraeth neu siom neu afiechyd. Anfon dy Ysbryd Glân i oleuo'r dydd a'r nos iddynt. Wrth weddïo ar eu rhan gofynnwn am arweiniad i fod o wasanaeth i bawb sydd mewn angen. Cynorthwya ni i ddangos ystyr ac ysbryd yr Efengyl ar bob cyfle a gawn.

> Iesu tirion, gwna ni'n siriol, fel y wawr ar fryniau'r byd;
> Troi bob nos yn hyfryd olau fyddo'n hawydd ni o hyd.

Yn enw Iesu Grist y gofynnwn hyn oll. *Amen.*

GWEDDI'R IFANC

Diolchwn i ti, O Dduw,
am gwmni a help rhai sy'n gwybod yn well na ni,
am bob cyngor ac esiampl dda,
am iaith a diwylliant ein gwlad,
am waith dy eglwys drwy'r holl fyd,
am Iesu Grist, ein Harglwydd a'n Gwaredwr.

Cadw ni, O Dduw,
rhag mynnu ein ffordd ein hunain,
rhag gwrthod arweiniad doeth,
rhag casáu eraill am eu bod yn credu'n wahanol i ni,
rhag anghofio'r rhai sy'n llai ffodus na ni,
rhag ceisio pleser fydd yn boen i eraill.

Dysg ni, O Dduw,
i roi parch lle mae parch yn ddyledus,
i fwynhau creu yr hyn sy'n hardd,
i geisio a charu'r gwir,
i adnabod a gwneud yr hyn sy'n dda,
i roi'r clod a'r moliant i'th enw di. *Amen.*

Y DDAEAR DDA

O Arglwydd y gogoniant glân,
rhoddaist inni'r ddaear
yn dreftadaeth dda
ac yn ymddiriedaeth barhaus,
a gwelsom ryfeddod ei gwead
mewn lliw,
a llun
a phatrwm.
Ei hawyr oedd bur,
ei ffynhonnau'n fyrlymog lân,
a'i gwyrddlesni yn ddiogelwch iachusol.

Ond fel anifail yn sathru meillion
buom ddibris o'n hetifeddiaeth,
gan chwythu gwenwyn i'r entrych,
llygru'r dyfroedd
a rheibio'r fforestydd glaw.
Holltasom graidd yr atom
a rhyddhau grymuster brawychus
sy'n torri dros ein terfynau simsan
a threiddio i'n hesgyrn,
ac esgyrn ein hepil
a'n hanifeiliaid.

Maddau inni am asideiddio'r llynnoedd,
am roi ein carthion
i'r nentydd rhedegog
ac i'r môr aflonydd,
a rhoi had marwolaeth
yn chwaraele'r plant.
Trugarha wrthym,
am inni lygadu'r elw
heb weld y golled,
am inni fynnu cael
heb geisio cadw.
Tyn ni o gysgodion ein rhyfyg
i'r goleuni sy'n iacháu.

O Grëwr doeth,
O Gynhaliwr gofalus,
gwna ni yn gyfeillion
i'r ddaear dda;
dysg ni i adnabod yr harddwch
sy'n iachawdwriaeth,
a'r purdeb
sy'n cynnal y gwerthoedd gwâr,
a thrwy ryfeddod dy ras
arwain ni at ffynnon y dyfroedd byw,
ac at yr Hwn a ddaeth
i geisio ac i gadw yr hyn a gollasid. *Amen.*

SUL CYMORTH CRISTNOGOL

'Mawr yw yr Arglwydd a theilwng iawn o fawl . . . Fel y mae dy enw, O Dduw, felly y mae dy fawl, yn ymestyn hyd derfynau'r ddaear.'

I ti y rhoddwn glod heddiw am mai ti yw'r Creawdwr a'r Cynhaliwr mawr. Dy ddaioni yw sail ein bywyd a'th faddeuant yw gobaith ein hiachawdwriaeth. Nid yn ôl ein pechodau y gwnaethost â ni, ac nid yn ôl ein hanwireddau y telaist i ni. Diolch i ti am roi yn well na'n haeddiant i bawb ohonom. Ond maddau inni, os ydym ar ôl derbyn dy fendithion yn methu rhannu ag eraill fel y dylem.

Ar y Sul arbennig hwn deisyfwn ar i ti agor ein calonnau mewn cydymdeimlad â'r rhai sydd mewn angen ym mhob man. Mor anodd i ni, yng nghanol ein llawnder, yw sylweddoli'n iawn beth yw gwewyr eisiau, a phoen newyn, a baich tlodi mawr. Ond gwelsom ddarluniau o'r cyrff toredig, a'r plant annwyl oedd â'r golau yn pylu yn eu llygaid. O Arglwydd, gwna ni yn fwy sensitif i angen pobl eraill a bendithia bob ymdrech i gwrdd â'r gofyn.

Diolch iti am fudiad dyngarol fel Cymorth Cristnogol, am lafur ac arweiniad ei swyddogion, am help cyson y gweithwyr gwirfoddol. Mae rhywrai yn barod i guro drysau; mae eraill yn barod i'w hagor a chyfrannu'n hael flwyddyn ar ôl blwyddyn. Diolch am fod y Ffydd Gristnogol yn fwy na phroffes wag, a bod cydymdeimlad yn fwy na geiriau. Mae miloedd o bobloedd byd ag angen bwyd arnynt, ac y mae Iesu yn dal i ddweud wrth ei ddilynwyr, 'Rhoddwch *chwi* iddynt beth i'w fwyta.' Gwna ni'n barod ein hymateb ac yn hael ein cymorth, a bendithia bob trefnu gofalus a fydd yn dileu'r pellteroedd er mwyn achub bywydau. Cynorthwya ni hefyd i weld a deall beth yw gwir angen ein brodyr a'n chwiorydd yn nhiroedd y newyn.

Fe wyddom, Arglwydd, fod ein hymdrech ni yn fach, a'r gofyn yn fawr. Ond gweddïwn am i rywrai o'r newydd gael eu hysgogi i weithredu cyfiawnder a thrugaredd yn y byd yn enw Iesu Grist, gan gofio'i eiriau ef, 'Yn gymaint â'i wneuthur ohonoch i un o'r rhai hyn, fy mrodyr lleiaf, i mi y gwnaethoch.'

Yn dy drugaredd cofia'r dioddefus ym mhob man, a chofia'r eglwysi yn eu tystiolaeth dros gariad achubol dy Fab. Nid i ni, O Dduw, nid i ni, ond iddo ef y byddo'r clod a'r anrhydedd byth mwy. *Amen.*

SUL Y BEIBL

Ti, Lefarwr ac Anfonwr y Bywiol Air, trown atat gyda diolch yn ein calon am i ti ddweud yn glir wrthym amdanat dy hun. Rhoist i ni dy feddwl a'th ewyllys yn y Gair, a hwn yw trysor ein Ffydd:

Mae'n agor ffenestri'r deall.
Mae'n curo wrth ddrws ein calon.
Mae'n gosod sylfaen i'n byw.
Mae'n ein perswadio a'n hargyhoeddi.
Mae'n ein ceryddu a'n barnu.
Mae'n ein goleuo mewn tywyllwch.
Mae'n ein nerthu mewn gwendid.
Mae'n ein cysuro mewn tristwch.
Mae'n dweud yn fendigedig amdanat,
 Ac am Iesu, a'i farwol glwy'.
Mae'n cryfhau'n ffydd a gloywi'n tystiolaeth.

I ti y mae'r diolch, am iti ysbrydoli'r awduron oll a'r cyfieithwyr mewn gwledydd lawer. Buont yn gyfryngau yn dy law i dynnu'r nefoedd i'r ddaear.
Cynorthwya ni i drysori'r Gair, nid i'w osod yn ofalus o'r neilltu, ond i'w roi yng nghanol ein bywyd. Dysg inni fwydo'r meddwl â'i wirionedd ac i lanw'n calon â'i ryfedd rin.

Bendithia, O Dduw, waith Cymdeithas y Beibl a phawb sy'n rhoi o'u dawn i ledaenu dy Air di. Arddel waith ac ymgysegriad y rhai sy'n dysgu'r Gair i genhedlaeth ifanc mewn Ysgol ac Ysgol Sul a chartref, a rho dy nerth i bawb ohonom fyw yn ôl y gwirionedd. Gofynnwn hyn yn enw Iesu Grist, y Gair a wnaethpwyd yn gnawd ac a drigodd yn ein plith ni. *Amen.*

GWEDDI'R NADOLIG

Ti, O Dduw, yw Creawdwr y bydoedd;
Ti a roddaist fflam i'r haul,
llewyrch i'r lloer
a sirioldeb i'r sêr.
Ti a greaist ddyn ar dy ddelw
a'i osod yng nghanol amrywiaeth y cread,
ei dir a'i fôr,
ei ddydd a'i nos,
ei fryniau a'i ddyffrynnoedd,
ei goed a'i blanhigion,
ei adar a'i anifeiliaid oll.

Er hynny, crwydrodd dyn ymhell oddi wrthyt ti.

Ond pan ddaeth yr awr
trefnaist ffordd i'w ddwyn yn ôl.
Anfonaist dy Fab dy hun
ar y Nadolig cyntaf
yn faban gwynfydedig.
Daeth y Gair bywiol i wisg o gnawd,
daeth tragwyddoldeb i breseb bach,
a daeth Mair yn fam fendigaid
i Geidwad y byd.

Diolchwn i ti am y newyddion da
a lanwodd wacter y byd,
am glod yr angylion
a ddeffrôdd y gân
yng nghalonnau meibion a merched dynion.
Diolch i ti am y bugeiliaid
a ddaeth o dawelwch y meysydd
i bentre Bethlehem
i geisio'r Oen di-fai.
Ac am ddoethion a ddaeth o bellter byd
i roi eu rhoddion drud
i Arglwydd pob doethineb.

Cynorthwya ni i ddathlu'r Nadolig hwn
o dan gymhelliad yr Ysbryd Glân.
Cadw'n llawenydd yn bur
ac ym mhob rhoi a derbyn
gwna ni yn gyfryngau dy gariad di.
Uwchlaw pob peth
cynorthwya bobloedd byd
i faddau i'w gilydd
fel yr wyt ti yn maddau i ni,
fel y daw Tywysog Tangnefedd
i'w deyrnas yn ein calonnau oll,
ac fel y byddo
gogoniant yn y goruchaf i Dduw
a thangnefedd ar y ddaear
i bawb sy'n ei dderbyn ef. *Amen.*

GWEDDI AR FFURF SALM

Ti, O Dduw, yw ein goleuni mewn tywyllwch,
ein nerth mewn gwendid,
ein llawenydd mewn tristwch,
ac ar lwybrau ffals y byd
Ti sy'n ein galw at ffordd y gwirionedd.
Ynot y mae'r gras sy'n puro
a'r cariad sy'n achub.
Ti sy'n agor ffenestri ein deall
fel y gallwn weld yr hyn sy'n dda,
yr hyn sy'n hardd,
a'r hyn sy'n dragwyddol wir.
Ti yw ffynnon pob doethineb
a tharddle pob ysbrydoliaeth
a thrwy dy nerth y daw pob celfyddyd ragorol,
a phob creu daionus.
Rhoddi i ddynion gydwybod dda,
a chalon i ysgwyddo cyfrifoldeb.
Yn dy gariad yr wyt yn gwmni i'r unig,
yn nerth i'r gwan,
ac yn falm i'r dolurus rai.

Fel mam yn arbed ei phlant
y cedwi y rhai sy'n credu,
a thrwy dy Fab, Iesu Grist,
y gelwi bawb i gysgod dy drugaredd.
Ni a'th ogoneddwn ac a'th gyfarchwn di,
fel tarian ein bywyd,
ac angor ein ffydd,
ac fel maddeuwr ein holl bechodau
drwy Iesu, ein Harglwydd a'n Ceidwad mawr. *Amen.*

GWEDDI AR GYFER GŴYL DEWI

Gogoneddwn dy enw di, O Dduw, am saint yr oesoedd, a diolchwn yn arbennig heddiw am Dewi, ein nawddsant ni. Llawenhawn wrth gofio am gadernid ei ffydd ac am ei dystiolaeth loyw i'r Arglwydd Iesu Grist.

Diolchwn am fod ffydd Dewi, a ffydd yr holl saint, wedi dylanwadu'n drwm ar ein gwlad, a bod ein treftadaeth grefyddol yn un mor gyfoethog. 'Eraill a lafuriasant, ac ni a aethom i mewn i'w llafur hwy.'

Gwna ni bawb yn deilwng o'r gorffennol da hwn, a chynorthwya ni i gadw Cymru yn wlad grefyddol.

Dros Gymru'n gwlad, O Dad, dyrchafwn gri,
Y winllan wen a roed i'n gofal ni;
D'amddiffyn cryf a'i cadwo'n ffyddlon byth,
A boed i'r gwir a'r glân gael ynddi nyth;
Er mwyn dy Fab a'i prynodd iddo'i hun,
O crea hi yn Gymru ar dy lun.

Bendithia ni, o bob oed. Dy fendith arbennig fo ar y plant a'r rhai ifanc y mae dyfodol ein gwlad yn eu dwylo. Dysg inni bawb heddiw barchu'r etifeddiaeth a gawsom yn iaith a diwylliant ein gwlad, a chynorthwya ni i'w trysori a'u cyfoethogi. Dysg inni garu Cymru ac ymfalchïo ynddi, a gwna ni'n barod ar yr un pryd i garu pobloedd gwledydd eraill a'u parchu. Uwchlaw pob dim cadw ni rhag llithro i feddwl mai trwy rym arfau y diogelir ein gwlad. Cryfha'n ffydd mewn heddwch ac ewyllys da, a gwna ni'n genhadon gwir dros Iesu Grist, Arglwydd y gogoniant. *Amen.*

CYFLAWNDER IESU

Iesu'r Eiriolwr mawr, gwrando'n cri a'n cyffes.
Iesu Bethlehem, derbyn ein carol a'n mawl.
Iesu o Nasareth, bendithia'n cartrefi a'n teuluoedd.
Iesu'r Meddyg da, iachâ ni.
Iesu, Goleuni'r byd, llewyrcha arnom yma, heddiw.
Iesu'r Ffordd, llonna'n calonnau wrth gydgerdded â ni bererinion,
ar hyd dy ffordd di.
Iesu, Ffynnon Jacob, rho inni'r dyfroedd byw.
Iesu'r Bugail da, tywys ni i gorlan dy ofal grasol.
Iesu'r Wir Winwydden, gwna ni yn ganghennau ffrwythlon ynot ti.
Iesu Gethsemane, cadw ni rhag hepian a chysgu pan ddylem fod yn
effro er dy fwyn.
Iesu Pen Calfaria, maddau inni, am na wyddom beth a wnawn.
Iesu'r Atgyfodiad a'r Bywyd, anfon dy Ysbryd i'n bywhau a'n
sancteiddio i fywyd gwell er mawrhad i ti, ac er gogoniant
Duw Dad. *Amen.*

MOLI'R CREAWDWR

I'r Crëwr a'r Cynhaliwr da, rhown glod,
yr hwn a roes i'r cread ei ffurf
ac i fywyd ei elfen.
Efe a dynnodd y llenni ar fore cynta'r byd
a gosod trefn ar y tryblith,
a chreu môr a thir,
a dydd a nos,
a haf a gaeaf.

Gosododd haul yn ei gylchdro i gwmpasu'r cyfanfyd,
i alw'r bywyd o'r pridd a'r blagur o'r pren,
a galwodd yr awel, y glaw a'r gwlith
i gynnal gwyrth y creu,
i chwyddo'r dywysen,
i liwio'r blodyn ac i felysu'r ffrwyth.

271

O bair y creu y daeth anifeiliaid ac adar,
y pysgod a'r trychfilod mân,
yn un sbloet o fywyd,
nes deffro'r coedwigoedd i gri a chwiban a chân.
Ac wele, yr oedd y cread yn gyfannedd dymunol
yn disgwyl yr etifedd.

Yna,
ar ei ddelw ef ei hun,
creodd efe ddyn
i dderbyn y dreftadaeth gyfoethog;
anadlodd arno
a rhoi gwefr y bywyd tragwyddol yn ei enaid;
galwodd ef allan i'w waith
i lafurio'r tiroedd,
ac i hau a medi ar dymhorau'r cyfle.

Rhoes iddo ddychymyg a deall a dawn
i gredu gwirionedd,
i lunio harddwch,
ac i gynnal daioni.
Ac ar ddydd cynaeafu'r cnwd
y dyn a gyfyd ei olwg
ac a gydnebydd Arglwydd yr holl fyd.

I'r Crëwr a'r Cynhaliwr da, rhown glod. *Amen.*

Toc H (sefydlwyd 1915)

Cymdeithas Gristnogol a ffurfiwyd yn Talbot House, Gwlad Belg, yn ystod y Rhyfel Byd Cyntaf i ddynion (dros 16 oed) o bob dosbarth, enwad a phlaid wleidyddol. Mae cymdeithas debyg ar gyfer y merched yn bodoli. Erys Toc H yn ffynhonnell o weithgareddau cymdeithasol Cristnogol.

CYFEILLGARWCH FFYDDLON

O Dduw tragwyddol, yr hwn sy'n gofalu dros bob un ohonom, caniatâ na chaiff y cyfeillgarwch sy rhyngom yma ei rwygo

272

gan bechod, na'i anghofio bellach oherwydd gofalon y byd hwn; ond am ein bod wedi'n cydrwymo gan gadwyn anweledig dy gariad, y cawn ein tynnu'n agosach atat ti ac at ein gilydd, trwy Iesu Grist ein Harglwydd. *Amen.*

YN DY AMSER DI, O DDUW

A rafa fi, Arglwydd. Esmwytha guriad fy nghalon drwy ddistewi fy meddwl. Pwylla fy nghyflymdra drwy ddangos imi bellter tragwyddol estyniad amser. Rho imi yn ystod dryswch fy niwrnod o lonyddwch y bryniau tragwyddol. Gad imi wybod hud a lledrith nerth adferol cwsg. Dysg imi'r gelfyddyd o gymryd aml hoe fach o funud ar y tro . . . o arafu a sylwi ar flodyn, anwesu ci, darllen llinell neu ddwy o lyfr da. Caniatâ imi edrych i fyny at ganghennau derwen anferth a deall iddi dyfu'n fawr a chryf oherwydd iddi dyfu'n araf a theg.

Arafa fi, Arglwydd, ac ysbrydola fi i osod fy ngwreiddiau yn ddwfn ym mhridd gwerthoedd parhaol bywyd er mwyn imi dyfu tuag at sêr fy nhynged fwyaf. *Amen.*

O DDUW, LLEDA FY NGORWELION

O Dad, sydd wedi creu pawb ar dy ddelw dy hun ac sy'n caru pawb a greaist, na ad i'n teulu ni ymwahanu oddi wrthyt ti drwy adeiladu rhwystrau hil a lliw. Yn yr un modd y ganed dy Fab ein Gwaredwr o fam o Hebraes, ond a ymfalchïodd yn ffydd y wraig o Syria a'r milwr o Rufain, gan groesawu'r Groegiaid a'u ceisiau, a derbyn gŵr o Affrica i gario'i groes; dysg i ni ystyried aelodau pob hil yn gydetifeddion yn nheyrnas Iesu Grist ein Harglwydd. *Amen.*

D. J. Evans (1917–2004)
Gweddïau Cyfoes (1997)

Y DEWIS

Arglwydd, rydw i wedi dewis!
Rydw i wedi gwneud penderfyniad mawr,
penderfyniad mwyaf fy mywyd:
rydw i wedi penderfynu dy ddilyn di, Arglwydd;
o hyn ymlaen, rydw i ar dy du di.
Nid penderfyniad byrbwyll, emosiynol ydyw, Arglwydd,
ond, gyda dy gymorth di, ffrwyth meddwl a myfyrdod
a'm dygodd i'r casgliad mai dyma'r dewis gorau.
Ac yn awr, Arglwydd, rydw i'n tyngu llw o ffyddlondeb a
theyrngarwch i ti,
i'th eglwys ac i'th wasanaeth.
Does gen i fawr i'w gynnig i ti,
Ond y mae gennyf fy mywyd,
fy nghorff ac unrhyw dalent sydd gennyf i'w rhoi i ti.
Wn i ddim, Arglwydd, beth wnei di ohonof a thrwof fi,
na chwaith beth a fynni di i mi ei wneud,
na pha le na pha fodd y mynni i mi ei wneud.
Rydw i'n gadael hyn oll i ti gan ddisgwyl dy alwad,
dy arweiniad a'th arfogaeth.
Rydw i'n fy rhoi fy hun i'th alwad.
Yr hyn a fedraf, rwyf am ei wneud i ti.
Felly, rho le a chyfle i mi yn dy winllan, neu
rho lygad i mi weld fy nghyfle.
Rho ryw gornel bach i mi, Arglwydd,
ond rydw i am deimlo bod fy angen,
ac y gallaf fod o ryw gymorth a gwasanaeth.
  "Er nad wyf fi na haul na lloer
  I'r cread mawr i gyd,
  Gall plentyn bychan lawenhau
  Rhyw gornel bach o'r byd."
Gwna fi yn "seren fach loyw lân".
Dydy'r wobr,
y gyflog neu'r gydnabyddiaeth ddim yn bwysig,
er y bydd angen bwyd a dillad a rhai pethau eraill i fyw.

Defnyddia fi rywfodd, yn rhywle, Arglwydd,
yw fy ngweddi yn awr,
dim ond i mi gael treulio pob awr yn dy waith. *Amen.*

CYFEILLION

Roedd gennyt ti gyfeillion, Iesu.
Eu dewis wnest ti, a thi a'u dewisodd
yn gyntaf i fod yn weision i ti,
yn ddiweddarach yn gyfeillion.
Fe ddwedaist dy holl gyfrinachau wrthynt!
Deuddeg oeddynt i gychwyn, a deuddeg gwahanol i'w gilydd o ran
natur, personoliaeth, a daliadau crefyddol a gwleidyddol.
Ond fe'u gwnest yn gwmni, Arglwydd, heb eu gwneud yn debyg
i'w gilydd, ac yn gyfeillion heb iddynt gytuno â'i gilydd, nac â thi,
bob amser.
Fe'ch rhwymwyd yn gymdeithas gan un peth cyffredin i chwi oll,
sef CARIAD:
dy gariad di atynt hwy,
a'u cariad hwy atat ti ac at ei gilydd,
cariad a geryddodd droeon, ac a dderbyniodd gerydd.
Fe fuont yn ffyddlon a theyrngar iti ar y cyfan,
nes dyfod awr dy brofedigaeth fawr pan
fradychodd un dy gyfrinachau,
pan wadodd un unrhyw berthynas â thi,
ac y cefnodd y gweddill arnat, ond un,
i'r hwn y rhoddaist ofal dy fam.
Rhwygwyd y gwmnïaeth dros dro, Arglwydd,
ond fe fuost yn dyner wrthynt:
er y bradychu, y gwadu a'r cefnu, fe'u ceraist hyd yr eithaf,
a buost ffyddlon iddynt hyd angau, angau'r Groes.
Diolch i ti, Arglwydd, am gyfannu'r gwmnïaeth, ac iddynt
hwythau yn eu tro am fod yn ffyddlon hyd angau i tithau.
Roedd gennyt ti gyfeillion eraill hefyd, Arglwydd,
nad oedd cymdeithas yn eu harddel na chysegr yn eu croesawu.
Cymysgaist â hwynt, a swpera gyda rhai ohonynt,
ond heb golli dy gymeriad –
ond yng ngolwg y ceidwadol, y cyfundrefnol a'th gaseion.

Diolch i ti, Arglwydd, am dy gyfeillgarwch, a'r cyfeillion
a geraist, a geryddaist, a gywiraist ac a godaist i fywyd gwell.

Mae gennyf finnau gyfeillion, Arglwydd, fel tithau, ac o'm dewis
fy hun:
rhai o'r un anian a diddordeb â mi,
y gallaf ymddiried fy nghyfrinachau iddynt,
heb ofni cael fy ngwerthu na'm gwrthod.
Arglwydd, clyma ni fwyfwy wrth ein gilydd â rheffynnau cariad.
Ac fel tithau, Arglwydd, mae gennyf finnau gyfeillion nad ŷnt yn
boddio pawb; nac yn fy moddio innau chwaith.
Boed fy mywyd a'm hesiampl, Arglwydd, yn ddylanwad daionus a
dyrchafol ar y rhain; boed iddynt trwof fi adnabod dy gariad di.
O Arglwydd, gwna fy nghalon fel dy galon di –
yn ddigon mawr i gynnwys yr holl fyd. *Amen.*

Dewi Tomos (1917–)

Canon yn Eglwys Gadeiriol Tyddewi, awdur, bardd

GWERTH GEIRIAU IESU

O Dduw'r canrifoedd a'r datguddiadau, gan iti lefaru wrthym
yn dy Fab, gad i ni o glywed ei eiriau eu hystyried, ac o'u
hystyried, orfoleddu ynddynt, er mwyn dy enw. *Amen.*

'HWN YW FY NGHORFF'

O Arglwydd Iesu Grist,
tyred i'n plith yn dy nerth atgyfodedig,
a dangos dy hun i ni ar doriad y bara,
er clod a gogoniant i'th enw. *Amen.*

IESU GOSTYNGEDIG, COFLEIDIA NI

O Dduw ein Tad,
Na ad i ni gael ein twyllo
gan rwysg y byd a'i rym
gan gofio mai un llariaidd, yn marchogaeth ar asyn
a orchfygodd y byd,
ac a ddaw i farnu'r cenhedloedd
a theyrnasu'n oes oesoedd. *Amen.*

CATH ARALL . . .

Cath arall ydyw hi.
Ond y mae ganddi
Bâr o glustiau,
A phâr o lygaid,
A dannedd,
Ac ewinedd, fy Nhad.
Ac ni chlywais i mohoni'n
Aflonyddu yn y nos,
Na'i gweld yn bwyta'i chathod bach.
A gall fod yn ben llygotwraig.
Ond cath arall yw hi.
Eto i gyd, y mae'n fwy o werth na llwyth o rawn;
Yn fwy o werth na dafad flith
A'i hoen
A'i gwlân,
A hynny am ei bod yn ddiwerth:
Yn ddim ond canu crwth a maldod,
Ac yn llepian maldod fel llepian llaeth,
Ac yn llenwi bylchau'r plant,
A dyfodd yn rhai mawr –
Yn llepian hufen y maldod sydd dros ben.
Diolch iti, O Dad,
Cans gwyddom beth yw gwerth y gath arall –
Y gath ddiwerth.
A hebddi, byddai bywyd yn dlotach. *Amen.*

William Franklin Graham (1918–)

Bu Billy Graham yn weinidog yn Eglwys Fedyddiedig De America a thrwy ei ymgyrchoedd ar bob cyfandir enillodd filoedd lawer o eneidiau i Grist. Ar ddiwedd pob cyflwyniad gwahoddwyd pobl i godi o'u seddau a symud i'r blaen a gweddïo'n syml, derbyn cariad Duw a'u cyflwyno eu hunain iddo ef:

I DDUW SY'N FY NGHARU

Arglwydd Iesu, rwy'n gwybod fy mod i'n bechadur. Rwy'n credu i ti farw dros fy mhechodau. Yn awr, rwy'n troi oddi wrth fy mhechodau ac yn agor drws fy nghalon a'm bywyd. Rwy'n dy dderbyn di fel fy Arglwydd a'm Gwaredwr personol. Diolch i ti am fy achub i yn awr. *Amen.*

CRIST, FY NGWAREDWR

ODduw, rwy'n bechadur; mae'n ddrwg gennyf am fy mhechod; rwy'n fodlon troi oddi wrth fy mhechod. Rwy'n derbyn Crist yn Waredwr; cyffesaf ef yn Arglwydd; rwyf am ei ddilyn ef, a'i wasanaethu ef yng nghymdeithas ei Eglwys. Yn enw Crist. *Amen.*

T. J. Davies (1919–2007)

Pregethwr bywiog, lladmerydd grymus, eciwmenydd, arloeswr eglwysig, awdur . . .

YR URDD WEDDI

(Offrymwyd yn Oedfa Sefydlu'r Parchg W. J. Edwards yn weinidog ar Eglwysi Annibynnol y Priordy a Chana ac Eglwys Bresbyteraidd Bancyfelin, Caerfyrddin, ddydd Sadwrn, 11 Gorffennaf, 1992)

Arglwydd, ma' cryn ddryswch
A phenblethdod
Ymlith gyrwyr gwibiog y ffordd fawr
Sy' ar eu teithiau penwythnosol i'r traethau.

Methu'n deg â dyfalu pam fod cynifer
Yn cyfeirio i gapel ar b'nawn Sadwrn.
Awgrymodd un mai cymanfa o Iddewon sy 'ma,
Yn synagoga eu Saboth i Jehofa.
Siawns nad oeddynt yn agosach ati nag y tybiasant.
Yn sicr, fydde na' ddim oedfa oni bai am Iddew ifanc.
Rhai ag acen estron, drwchus yn mynnu
Ma' sesiwn o Bingo sy 'ma.
Ac yn dwys holi am y maes parcio agosaf!
Caerfyrddin yn cael enw da am y cyfryw bethe:
Las Vegas y Gorllewin!
Yn sicr ma' gambl fawr yma:
Gambl ar ran gofalaeth yn mentro eu harian,
A'u hymddiriedaeth,
Ar un person.
Gwir iddynt asesu ei gamp ar y cwrs
Ym Meirionnydd.
Heb os, mae'n gambl ar ran y gweinidog a'i deulu.
Un peth yw clirio'r clwydi ym Mhenllyn,
Peth arall yw rhedeg ar wastadedd brasderog Dyffryn Tywi.
Gweddïwn y cânt *Full House*
Ac y bydd e' a'r ofalaeth yn taro'r jacpot
I Iesu Grist.
Awgrym llai gwreiddiol oedd yr un a fynnai
Fod yma angladd.
"Oll yn eu gynau duon
Ac ar eu tristaf wedd,"
Er na welson nhw yr un arch nac elor chwaith.
Sylwi ar wedd syber wynebe sobor.
'Na gymwynas a wnâi'r gweinidog â'r ofalaeth
Ac â Chymru,
Pe gallai, trwy ryw ryfedd wyrth,
Newid y ddelwedd angladdol, fynwentaidd.
Dod â lliw lle bu du;
Dod â gorfoledd lle ma' galarnadu.
Ond, Arglwydd, smo'r dryswch yn gyfyngedig i'r tu fas;
Ma' fe y tu fewn, hefyd.
Be' yw diben y cwrdd hwn?
Be ydyn ni yn ei 'neud yma?

Cyngor un gŵr doeth i egin bregethwyr oedd,
"Peidiwch â gollwng eich cynulleidfa ar olwynion fflat."
Gwyddost fod 'na lot yn dod bob Sul
Ar olwynion felly –
Ma' ffyrdd yr hen fyd ma'n greulon i deiars pobol,
A'r gwynt yn cael ei golli,
A hwythau yn ffyrlincan yn herciog, boenus,
Yn cael taith yr anialwch yn llawn tylle a pheryglon.
Helpa'r gweinidog i roi gwynt yn nheiars teulu'r Ffydd,
Ac i'w hadfer i hwyl teithio eto,
A'u gollwng i'r byd mawr yn ôl
Wedi eu trwsio.
Dyna pam yr ydym ni yma, Arglwydd,
Cyhoeddi fod Iesu Grist mewn busnes
Yng Nghaerfyrddin.
A'i fod fel erioed yn awyddus i drwsio,
Crocs, bangyrs . . . "y rhai a gurwyd mewn tymhestloedd".
Dyro fod y weinidogaeth hon,
                    yn adfer,
                    yn adnewyddu.
Lle digalon yw mynwent ceir:
Pentwr o freuddwydion yn chwilfriw,
Peiliau o ddisgwyliadau yn yfflon.
Rhagorach yw gweld rhai wedi eu paratoi
I redeg yr yrfa.
Dyro mai dyna fydd profiad yr ofalaeth hon –
Teimlo eu bod yn perthyn i gymdeithas
Sydd â'u gobeithion yn fyw,
A'u breuddwydion yn gynnwrf.
Rho yn llaw y gweinidog yr allwedd
A'i galluoga i danio peiriannau,
Fel bo sŵn bywyd yn y parthau hyn,
A rhuo peiriannau sy'n ysu am waith;
trwy Iesu Grist ein Harglwydd. *Amen.*

NADOLIG

M a' hi'n Nadolig unwaith eto.
Y coed yn goleuo;
Y cyhoedd yn gwario;
Yr archfarchnadoedd yn torheulo;
Siôn Corn yn trampio;
Y teledu yn perfformio;
Yr adar wedi eu stwffio;
Y cracyrs yn tanio;
Yr eisin yn sgleinio;
Y gwinoedd yn wincio;
Y cwrw yn llifo;
Y cyrcs yn popio;
Y tiliau'n ticio,
Ond? . . . Ond? . . .
Pa le mae yr hwn a anwyd yn Frenin yr Iddewon?

Fe'i gwelais,
Os ei weld, hefyd,
Mewn preseb sidêt.
Angylion plastig yn syllu arno,
Eu hadenydd yn rhy llonydd i ysgwyd y dwst.
Gwartheg, geifr ac asynnod
Na fedrant genhedlu o'i gwmpas.
A bugeiliaid na fuont erioed yn byseddu
Oen bach newydd ei eni
Yn gadwyn ddiymadferth yn ei wylio.
Gwair a gwellt heb nabod tail
Yn haenau drosto.
(Nid oes galw am garthu beudy gwartheg plastig!)
Ai peth fel hyn yw'r 'Dolig, Arglwydd?
Ai peth fel hyn yw'r geni ym Methlem?
Ai i weld hyn y teithiodd y doethion?
Ai dyma'r rhyfeddod a gyffrôdd yr angylion
I ganu uwch meysydd Bethlem?

Cofiwn i'r tri gŵr doeth
Holi'n y plas.

281

Cynddeiriogwyd Herod a lladdodd y plant.
Deil Herod i gyflawni ei anfadwaith o hyd.
Ac nid yw'n brin o help.

Y plant yn gelain o gwmpas.
Onid ydym yn eu lladd â gormod?
Onid ydym wedi eu boddi mewn siocled?
Onid ydym wedi lladd y Mab bach er mwyn yr arian mawr?
Ers pa bryd y mae'r Mab bach mewn hosan 'Dolig?

Gofyn ydym ni, Arglwydd,
Dwêd, ble ma' cael hyd i'r Mab bychan?
Euthum i'r festri nos y goeden Nadolig.
Euthum i'r gwesty nos y gwledda.
Euthum i'r cartre nos cyn 'Dolig.
Lle ma' fe? . . . Lle ma' fe?
Rwy'n chwilio am sens yng nghanol y nonsens;
Rwy'n chwilio am bwyll yng nghanol y gorffwylledd;
Rwy'n chwilio am oleuni yng nghanol y twllwch;
Rwy'n chwilio am ddysgawdwr yng nghanol y discos;
Rwy'n chwilio am safon yng nghanol y sêls;
Rwy'n chwilio am gydwybod yng nghanol y goleuadau;
Rwy'n chwilio am dangnef yng nghanol y dadwrdd;
Rwy'n chwilio am heddwch yng nghanol yr helynt;
Rwy'n chwilio am y Crist yng nghanol y cawdel;
Rwy'n chwilio am y Baban yng nghanol y Babel;
Rwy'n chwilio am nefoedd yng nghanol uffern;
Rwy'n chwilio am gwmni i rannu cred;
Rwy'n chwilio am gred i'w rhannu.
Rwy'n chwilio . . . Rwy'n chwilio . . . Rwy'n chwilio.
                                        Arglwydd,
Pa le y mae yr hwn a anwyd yn frenin yr Iddewon?

Cystal cydnabod,
Rym ni i gyd ar goll,
Fel gwlad,
Fel gwareiddiad,
Fel gwladwriaeth,
Fel Gorllewin,

Fel cenhedlaeth,
Fel capeli,
Fel personau,
Fel personiaid,
Y cwbl lot ohonom.
Ac mae'r anialwch uffernol o'n cwmpas
Yn ategu hynny.
Ond? . . . Ond? . . .
Pa le y mae yr hwn a anwyd yn frenin yr Iddewon?

Arna' i mae'r bai, Arglwydd.
Ond 'na fe, 'dydw i, mwy nag eraill,
Ddim wedi edrych lan ers blynydde.
A phan ddyrchefais fy llygaid,
Yno 'roedd y Seren yn llewyrchu
Uwchben y Gair,
A'm gwahodd i fynd i mewn,
Fel y bugeiliaid a'r doethion gynt
At y crud.
Yno 'roedd y Mab bach yn ei ddiniweidrwydd diymadferth
Yn cogran siarad
Ei neges a'i naws,
Wrth y rhai a oedd yn ddigon agos ato i'w glywed.
Pam rŷn ni, Arglwydd, yn dianc oddi wrth hwn?
Pam rŷn ni, Arglwydd, wedi codi marchnad swniog i foddi hwn?
Pam rŷn ni wedi troi tŷ gweddi yn ogof lladron?
Pa le mae yr hwn a anwyd yn frenin yr Iddewon?

Holais a chwiliais lawer lle.
Fe'i cefais,
'yn y dwys ddistawrwydd'.
Fe'i cefais yn ei Air,
A dychwelais innau fel y doethion gynt
Ar hyd ffordd arall,
Y 'ffordd newydd wnaed gan Iesu Grist
I basio heibio i uffern drist'. *Amen.*

John Robert Walmsley Stott (1921–)

Offeiriad Anglicanaidd, ysgolhaig, diwinydd; bu'n llafurio gydag eraill, i ehangu amcanion cenhadu i gynnwys efengylu a gweithredu cymdeithasol

Y SACRAMENT HWN

O Arglwydd Iesu Grist, diolchwn yn ostyngedig i ti am ddewis bara a gwin i fod yn symbolau o'th gorff a'th waed, a roddwyd ar y groes am ein pechodau, ac i ti orchymyn i ni gofio amdanat yn y modd yma. Dyfnha ein hedifeirwch, cryfha ein ffydd ac ehanga ein cariad tuag at ein gilydd, fel wrth fwyta ac yfed y sacrament hwn o'n prynedigaeth fe gawn ymborthi'n wir arnat ti yn ein calonnau drwy ffydd a diolchgarwch, er mwyn dy Enw mawr a theilwng. *Amen.*

ARGLWYDD, DYSG I NI SUT I WEDDÏO

Gofynnwn ni iti, Arglwydd Iesu, fel y gofynnodd dy apostolion iti, ein dysgu sut i weddïo. Oherwydd mae ein hysbryd yn barod, er bod ein cnawd yn wan. Serch hynny diolchwn iti am ganiatáu inni alw dy Dad ein Tad. Helpa ni i ddod ato â symlrwydd plentyn, i fod â chonsýrn ynglŷn â'i ogoniant, ac i rannu ag ef ein hanghenion, er mwyn dy enw. *Amen.*

Michel Quoist (1921–97)

*Bu'r Abbé Michel Quoist yn awdur crefyddol poblogaidd iawn ac yn ddarlithydd a darlledwr cyson ar y teledu yn Ffrainc. Dywedodd, "Yfory ni ofynna Duw, 'Am beth wnest ti freuddwydio? Am beth wnest ti feddwl? Am beth wnest ti gynllunio? Am beth wnest ti bregethu?' Mae ef am ofyn, '**Beth wnest ti?**'"*

ARGLWYDD, MAE GEN I AMSER

Es allan, Arglwydd,
Daeth dynion allan.

Roeddent yn mynd a dod.
Cerdded a rhedeg.
Roedd popeth yn rhuthro, ceir, lorïau, y stryd, yr holl dref.
Roedd dynion yn rhuthro rhag gwastraffu amser.
Roeddent yn rhuthro ar ôl amser.
I ddal i fyny ag amser.
I ennill amser.

Da bo chi, syr, esgusodwch fi, 's dim amser gen i.
Bydda i 'nôl, fedra i ddim aros, 's dim amser gen i.
Mae'n rhaid imi orffen y llythyr 'ma – 's dim amser gen i.
Mi garwn eich helpu, ond 's dim amser gen i.
Fedra i ddim derbyn, does gennyf fi ddim amser.
Fedra i ddim meddwl, fedra i ddim darllen, rwy' wedi fy moddi
mewn gwaith, 's dim amser gen i.
Hoffwn weddïo, ond 's dim amser gen i.

Rwyt ti'n deall, Arglwydd, yn syml 's dim amser ganddyn nhw.
Mae'r plentyn yn chwarae, 's dim amser ganddo'r funud hon . . .
Yn hwyrach . . .
Mae'r bachgen ysgol â'i waith cartref i'w wneud, 's dim amser
ganddo . . . Yn hwyrach . . .
Mae'r myfyriwr â'i gyrsiau, a chymaint o waith, 's dim amser
ganddo . . . Yn hwyrach . . .
Mae'r dyn ifanc â'i fabolgampau, 's dim amser ganddo . . .
Yn hwyrach . . .
Mae'r dyn ifanc priod â'i dŷ newydd, i'w drefnu, 's dim amser
ganddo . . . Yn hwyrach . . .
Mae gan y tad-cuod a'r mam-guod eu hwyrion, 's dim amser
ganddynt . . . Yn hwyrach . . .
Maen nhw'n sâl, cânt eu triniaethau, 's dim amser ganddynt . . .
Yn hwyrach . . .
Maen nhw'n marw, does ganddynt ddim . . .
Rhy hwyr! . . . Does dim mwy o amser ganddyn nhw!
Ac felly mae pawb yn rhedeg ar ôl amser, Arglwydd.
Ânt drwy fywyd gan redeg – yn frysiog, yn wthlyd, yn orlwythog,
yn wyllt, a heb gyrraedd unman.
'S dim amser ganddynt.

Mil a Mwy o Weddïau

Er gwaethaf eu holl ymdrechion maent yn dal yn brin o amser,
o lawer iawn o amser.
Arglwydd, mae'n rhaid dy fod wedi gwneud
camsyniad yn dy gyfrifiadau.
Mae camsyniad mawr yn rhywle.
Mae'r oriau'n rhy fyr.
Mae'r dyddiau'n rhy fyr.
Mae ein bywydau'n rhy fyr.

Ti, Arglwydd, y tu hwnt i amser, sy'n gwenu wrth ein gweld ni yn
ymladd ag ef.
Ac fe wyddost ti beth yr wyt yn ei wneud.
Nid wyt yn gwneud camsyniadau yn dy ddosbarthiad o amser i
ddynion.
Rhoddi i bob un amser i wneud yr hyn yr wyt am iddo'i wneud.

Ond rhaid inni beidio colli amser,
                    gwastraffu amser,
                    lladd amser,
Am fod amser yn rhodd yr wyt yn ei rhoi inni,
Ond rhodd fyrhoedlog.
Rhodd na ellir mo'i chadw.

Arglwydd, mae gen i amser,
Mae gen i ddigon o amser,
Yr holl amser yr wyt ti'n ei roi imi,
Blynyddoedd fy mywyd,
Dyddiau fy mlynyddoedd,
Oriau fy nyddiau,
Maent i gyd yn eiddo imi.
Fy eiddo i'w llanw, yn dawel, yn bwyllog,
Ond i'w llanw'n hollol, hyd at yr ymylon,
I'w cynnig i ti, fel y gelli o'u dŵr merfaidd
wneud gwin cyfoethog tebyg i'r un a wnest
unwaith yng Nghana Galilea.
Arglwydd, dydw i ddim yn gofyn iti heno am
amser i wneud hyn a'r llall,
Ond i'th ras gyfleu yn gydwybodol, yn yr amser
yr wyt yn ei roi imi, yr hyn yr wyt am imi
ei wneud. *Amen.*

RHODD TAD

Canmolwn di, Dad, am y môr, yr wybren a'r sêr.
Canmolwn di am egni'r atom.
Canmolwn di am olew yn llifo fel afonydd,
am y rocedi fel mellt ymhlith y sêr,
am loerennau yn hofran dros y planedau.
Canmolwn di, Dad, am wyddoniaeth a thechnoleg.
Canmolwn di am y sylwedd a greaist,
sy, er iddo ymddangos yn farw i'n llygaid ni,
eto'n sylwedd byw,
sylwedd wedi'i drawsnewid,
man cyfarfod gweithred ddwyfol a gweithgarwch dynol.

Canmolwn di, Dad, am yr arlunwyr a'r technegwyr,
am yr ysgolheigion a'r gweithwyr di-rif
sy'n cymryd y sylwedd hwnnw, a'i ddefnyddio, a'i drawsnewid.
Canmolwn di am Gynllun Tragwyddol dy gariad,
sy'n llywodraethu datblygiadau mawr y bydysawd.

Canmolwn di am dy Fab. Trwyddo ef daeth pob peth i fodolaeth,
ac ni cheir un peth ond trwyddo ef.
Trwyddo ef, rwyt yn parhau i greu pob peth,
i'w gwneud yn sanctaidd,
i roi bywyd iddynt,
i'w bendithio,
ac i'w rhoi i ni.
Mae trwyddo ef, a chydag ef, ac ynddo ef,
Duw y Tad hollalluog,
ac yn undeb yr Ysbryd Glân,
yr ydym yn dy anrhydeddu a'th ogoneddu di
hyd byth bythoedd.

Arglwydd, gad imi fod yn un sy, o bryd i'w gilydd,
yn nhawelwch y nos,
yn edrych â llygaid mab
ar yr hyn a greaist,
fel y gallaf foliannu y Creawdwr.
Gad imi fod fel plentyn cynhyrfus ger bron y Tad,
fel y gall ef wenu i lawr ar y plentyn ydwyf i. *Amen.*

AILDDARGANFOD NATUR

Arglwydd, diolch i ti am ganiatáu imi ddarganfod fy ffrind
a fu ar goll:
fy ffrind, y ddaear.
Mae'r ddaear, wedi'r cyfan, wedi'i gwneud o'r un sylwedd
â minnau,
ac mae hi eisiau'r golau a'r gwres o'r un haul.

Roeddem wedi colli cyswllt â'n gilydd ers amser.
Bellach ni welais,
nac ymweld,
na hyd yn oed siarad â'm ffrind.
Meddyliais,
neu'n hytrach meddyliasom ni, fy mrodyr a minnau,
nad oedd arnom angen, bellach, am y ddaear.

Arglwydd, daethom o hyd i'n ffrind eto, ond y mae hi'n sâl,
yn glwyfedig, ac wedi blino'n llwyr.
Rhoddaist hi i ni unwaith, a derbyniasom hi pan
oedd heb ei difetha,
yn wyllt
ond yn gallu cael ei thrin.
Bradychodd rhai ohonom hi i'r 'datblygwyr'
a mynasant hwy iddi ei phuteinio ei hunan,
fel y gallent gymryd eu pleser penrhydd ohoni.
Ac yn awr, yn hagr a heintiedig,
mae'r ddaear yn codi cyfog arnom pan nesawn ati.

Arglwydd, mae'r ddaear heb freichiau,
nid oes ganddi lais.
Gad i mi fod yn amddiffynnwr iddi.
Gad i mi ymladd ar ei rhan.
Oherwydd ti, Arglwydd, a roddodd y ddaear i mi;
rhoddaist hi i mi ac i bob un.
Wrth ei hamddiffyn hi
a'i datblygu yn ôl dy ddymuniad,
Byddaf unwaith eto yn ei hachub hi
ac, wrth ei hachub hi,
achubaf fy holl frodyr. *Amen.*

288

BU FARW FY FFRIND NEITHIWR, ARGLWYDD . . .

Bu farw fy ffrind neithiwr, Arglwydd,
ei fywyd
ar drai yn llwyr,
yn ymladd y cancr hyd yr awr olaf,
gyda'i deulu a thîm meddygol gofalgar.

Nid wy'n dweud, Arglwydd,
taw hyn oeddet ti ei eisiau,
gwneler dy ewyllys,
a llai fyth rwy'n dweud: gwneler dy ewyllys sanctaidd.
Ond rwy'n adrodd wrthyt, yn dawel fach . . .
yn dawel fach, achos byddai cymaint o bobl
yn methu deall.
Rwy'n adrodd wrthyt, Arglwydd, bu farw fy ffrind . . .
ac ni fedraist wneud dim ynglŷn ag e;
ni fedraist wneud yr hyn roeddwn wedi hir ddisgwyl,
ni fedraist wneud yr hyn roeddwn mor ffôl â gobeithio amdano.
Ac rwy'n wylo,
wedi fy rhwygo,
yn yfflon,
ond mae 'nghalon yn heddychlon
oherwydd, y bore 'ma, deallais ychydig yn well
dy fod ti yn wylo gyda fi.

Do, Arglwydd, mi ddeallais . . .
diolch i ti,
a diolch i'm ffrindiau;
ond helpa fi i gredu
dy fod ti eisiau bywyd,
nid angau,
a hynny oherwydd yr wyt yn caru mwy,
rwyt yn dioddef mwy nag un ohonom
pan weli di gymaint o'th blant
yn marw cyn eu hamser.

Ar wahân i rai eithriadau,
a hyn yw dy ddirgelwch,
deallais hynny oherwydd dy barch a'th gariad tuag atom
doeddet ti byth am gymryd ein lle
yn y frwydr yn erbyn afiechyd,
ond bob tro cynigiaist ddioddef gyda ni
a brwydro gyda ni.

Deallais . . .
oherwydd i'm ffrind, Arglwydd,
yn lle gofyn i ti am wyrth,
ofyn i ti roi i'w dîm meddygol
y nerth i ymchwilio
ac i frwydro hyd yr eithaf yn eu hymdrechion i ddarganfod iachâd.

Ar ei ran ef ei hun,
ymbiliodd arnat i roi iddo wroldeb i ddioddef,
i dderbyn y ddwy driniaeth lawfeddygol,
y triniaethau a'r holl brofiad o boen,
fel bod eraill ar ei ôl
hwyrach yn dioddef llai
a hyd yn oed yn cael eu hiacháu ryw ddydd.

Ar ran ei deulu a'i ffrindiau
ni ofynnodd am y gras i ildio,
ond am y gras i wrthsefyll bywyd,
i'w barchu,
i'w ddatblygu,
a hyd yn oed ar y diwedd, wedi ei suo gan y miwsig a garai,
gofynnodd ar ran pob un . . .
am y pleser o fyw.

Arglwydd, nid offrymodd fy ffrind ei ddioddefaint,
oherwydd arferai ddweud bod dioddefaint yn ddrygioni
ac nid da gan Dduw ddioddefaint.
Cynigiodd ei frwydr hir a phoenus
yn erbyn dioddefaint;
yr egni anferth hwn,
y cryfder a ddangosodd,
diolch i ti, Arglwydd,
yr helaethrwydd o gariad a ffydd yr oedd ei angen
fel na ddigalonnai,
ond credu bod y bywyd hwn
i'w adfer drwot ti,
y tu hwnt i farwolaeth.

Arglwydd, ni roddodd fy ffrind
ei ddioddefaint,
ond fel tydi,
gyda thi,
O Iesu fy Ngwaredwr,
rhoddodd ei fywyd
er mwyn i ni gael byw.

Bu farw fy ffrind neithiwr, Arglwydd,
ac rwy'n wylo,
ond mae fy nghalon yn dawel,
er i'm ffrind farw neithiwr,
ynghyd â thi,
rhoddodd fywyd i mi. *Amen.*

Cyril G. Williams (1922–2005)

Bu'n weinidog gyda'r Annibynwyr, ysgolhaig, Athro Prifysgol yng Nghanada a Chymru, diwinydd, awdur

MADDAU EIN DIOFALWCH

Ymarswydwn, O Dduw, yn dy bresenoldeb. Mor fawr wyt ti! Mentraist roddi i ninnau allu i ofalu am y ddaear ond anghofiasom ein bod yn gyfrifol i ti am ein stiwardiaeth. Dyro faddeuant. Dyro ddoethineb. *Amen.*

ANRHYDEDDWN YR ARGLWYDD

O Dduw, dysg ni, ym mhob bro, i nabod y gwir broffwydi, a'u hanrhydeddu, ac uwchlaw pob dim i anrhydeddu'r hwn sy'n Arglwydd bro a byd. *Amen.*

GAD INNI DDEALL DY EWYLLYS

Diolchwn i ti am bob un sy'n gymorth i eraill godi a chadw safon byw yng ngwir ystyr y gair trwy wneud dy ewyllys di. *Amen.*

AGOR EIN LLYGAID I'TH OGONIANT

Dall ydym i d'ogoniant di, O Arglwydd.
Dyro i ni weld un rhan o brydferthwch dy sancteiddrwydd.
A digon fydd i ni. *Amen.*

BARA'R BYWYD A BARHA

Diolch, Arglwydd, am dy gonsýrn am fara beunyddiol a bara'r bywyd. Tydi yw'r Bywyd sy'n angau pob angau. Gwnaethost y wyrth o borthi'r pum mil;
Arwain dy ddisgyblion heddiw i borthi'r miliynau –
Dyro'r ewyllys a'r gallu i wneud hyn. *Amen.*

TI DDUW A FOLWN, DRWY AIR A GWEITHRED

Maddau i ni, O Dduw, am roi ein bryd ar dduwiau sydd mor feidrol â ni. Gwna ni'n gymorth i eraill dy ganfod di, yr unig wir Dduw.
Buom yn wrandawyr y gair yn hir,
Trwy dy ras, O Dduw,
Gwna ni yn wneuthurwyr y gair. *Amen.*

LLEDA'N GORWELION

O ran y gwelwn, O Arglwydd.
Maddau i ni am ystyried mai'r rhan yw'r cyfan. *Amen.*

DYSG NI SUT I YMWROLI

Dyro i ni fentro mwy yn dy enw di,
ac arwain ni at y rhai sydd â'r angen mwyaf. *Amen.*

PROCIA NI, O ARGLWYDD

Arglwydd, trugarha wrth y rhai sydd â llygaid ganddynt ond yn ddall. *Amen.*

DEFFRO A BYWIOCÂ NI, ARGLWYDD

Dyro eto glywed caneuon gwaredigaeth yn ein gwlad a'r Halelwia yn enaid pob un. *Amen.*

GWEDDÏWN A GWEITHREDWN

Diolch bod dy ras, O Dduw, yn fwy na mesur meddwl dyn. Ynot ti, trwy Grist Iesu, y mae undod yr eglwys. *Amen.*

293

Urdd Gobaith Cymru (sefydlwyd 1922)

Sefydlwyd ym 1922 gan Syr Ifan ab Owen Edwards ar gyfer Ieuenctid Cymru. Seilir addewid aelodaeth ar egwyddor ffyddlondeb i Gymru, i Gyd-ddyn ac i Grist, a chedwir safiad anwleidyddol ac anenwadol. Un o nodweddion yr Urdd yw darlledu Neges Ewyllys Da flynyddol oddi wrth Ieuenctid Cymru i Ieuenctid y byd

Hybu'r ymwybyddiaeth genedlaethol ymhlith yr Ieuenctid sydd y tu ôl i'r brwdfrydedd iachus a berthyn i'w holl weithgareddau: eisteddfodau, mabolgampau, cyngherddau, cyrsiau, canolfannau, cylchgronau . . .

Y NADOLIG

Diolchwn i ti, O Arglwydd ein Tad nefol, am y newyddion da o lawenydd mawr sy'n eiddo inni heddiw; ac nid i ni yn unig ond i'r holl bobl, canys ganwyd i ni i gyd yn ninas Dafydd geidwad, yr hwn yw Crist yr Arglwydd. Agor ein llygaid fel y gwelom o'r newydd ei ogoniant ac y delom i'w addoli ef.

Gwared ni rhag bod yn rhy ddall ein meddyliau, yn rhy galed ein calonnau, yn rhy amharod ein hewyllys i Iesu allu dyfod i'n bywydau ni heddiw. Ganer ef drachefn yn ein bywyd personol, ym mywyd ei Eglwys, ym mywyd ein gwlad a'n byd. Na fydded ei bod yn wir am ein byd ni heddiw nad oes lle i'r Ceidwad yn llety ein bywyd ni.

Mawrygwn dy Enw Sanctaidd am y cyfan sydd yn Iesu Grist ar gyfer holl angen bywyd. Diolchwn iti am yr hyn sydd ganddo ef i'w ddysgu inni, ac amdano'n Waredwr ac yn Arglwydd sydd yn deilwng o'n gwasanaeth a'n haddoliad. Gwna ni'n fwyfwy parod i'w dderbyn ef yn Arweinydd ac yn Frenin arnom.

Tyred hefyd, O Arglwydd ein Duw, â'th oleuni at y cenhedloedd hynny sy'n dal i fod mewn tywyllwch. Trefna di ein bywyd fel bo gwirionedd, cariad a thangnefedd yn ffynnu rhwng dosbarthiadau a chenhedloedd yr holl fyd.

Ac yn y dyddiau hyn o hapusrwydd a llawenydd bydded dy fendith ar bawb sy'n dioddef, er mwyn Iesu Grist. *Amen.*

Alec Motyer (1924–)

Ganwyd yn Nulyn, bu'n gweinidogaethu yn Wolverhampton, Bryste, Llundain a Bournemouth, yn athro Hebraeg yng ngholegau Bryste ac yn arbenigwr ar Eseia

Y GAIR SY'N BYWIOCÁU

O Arglwydd Gwirionedd

Gwna dy Air
yn ddigon clir i hyfforddi,
yn ddigon cyfoethog i ryngu bodd,
ac yn ddigon argyhoeddiadol i ailgyfeirio ein bywydau;

Trwy Iesu Grist ein Harglwydd. *Amen.*

GRIST, DATGUDDIA DY HUN I NI

Arglwydd Iesu Grist, amser maith yn ôl yn y synagog fe gymerodd rhywun y sgrôl o'r Ysgrythur Sanctaidd a'i gosod yn dy ddwylo er mwyn iti ei hagor, ei darllen a'i defnyddio i gyfeirio atat dy hunan: os mynni cymer y Beiblau sy gennym a datguddia dy hun i ni. Fel y gwnaethost gyda'r rhai a gerddodd i Emaus, agor yr Ysgrythurau i ni, llanw ein meddyliau â'u gwirionedd, pâr i'n calonnau losgi ynom, ac anfon ein traed allan i gyfeiriadau newydd.
Gofynnwn hyn er mwyn dy enw. *Amen.*

Caryl Micklem (1925–2001)

Bu'n weinidog gyda'r Eglwys Ddiwygiedig Unedig am hanner can mlynedd: emynydd (geiriau a thonau), awdur a golygydd casgliadau o weddïau cyfoes

TYSTIOLAETH

O Dduw, ein Tad,
Ni adewaist dy hun erioed heb dyst.
Mae byd natur yn dystiolaeth o'th rym;
Ym myd dynion mae dy gariad a'th gyfiawnder yn amlwg.

Arglwydd Iesu Grist
Tyst i gariad y Tad,
Dy dystiolaeth di sy'n hanfodol a hollbwysig.
Ti ydy'r tyst allweddol sy'n cyfeirio gwŷr a
gwragedd at y gwirionedd am Dduw a dyn.

Ysbryd Glân Iesu
Tyst mewnol yng nghalonnau a meddyliau dynion,
Ti hefyd sy'n ein cymell ni i roi tystiolaeth ar
ran Iesu.

O Dduw, Dad, Fab ac Ysbryd, helpa ni i fod yn dystion effeithiol i
ti, trwy Iesu Grist ein Harglwydd. *Amen.*

Y FFORDD

Dad, diolchwn i ti, am i ni dderbyn cymorth ar y ffordd tuag
atat drwy brofiad teithwyr eraill.
Diolchwn i ti am yr hyn a wyddom am y disgyblion cyntaf, eu
methiannau cynnar a'u llwyddiannau olynol yn enw Crist.
Diolchwn i ti am y merthyron a'r saint y mae eu hanes yn ein
calonogi i weithredu a dioddef er mwyn yr efengyl.
Diolchwn i ti am y rheini y bu eu hysgrifennu, yn y Beibl ac mewn
llyfrau eraill, yn ein hannog i ddyfalbarhau.
Diolchwn i ti am bawb y gwyddom amdanynt a fentrodd ymlaen
yn ddiwyro er gwaethaf y gofidiau ac ymyrraeth a diflastod bywyd
beunyddiol.

Gweddïwn dros bobl ifanc sy'n cychwyn ar y siwrnai. Yn aml rydym yn bryderus rhag ofn iddynt golli'r ffordd gywir. Helpa nhw i ddod o hyd i'r porth cul sy'n arwain at fywyd, i gyfri'r gost ac i beidio edrych yn ôl.

Gweddïwn dros bobl wrth iddynt ymsefydlu yn eu gyrfaoedd a gosod cartref. Na fydded iddynt gael eu denu oddi ar y llwybr gan ddisgwyliadau llachar. Bydded iddynt fodloni ymlwybro pan fo brwdfrydedd cynnar yn dechrau diffodd.

Gweddïwn dros y canol oed, wrth i'r ffordd ddod yn rhy gyfarwydd o lawer, a'r disgwyliadau yn drech na'r gwirioneddau. Bydded iddynt adnewyddu eu nerth wrth droi atat, rhedeg heb flino, a cherdded heb ddiffygio.

Gweddïwn dros yr henoed, wrth iddynt gyrraedd diwedd yr heol. Bydded iddynt dderbyn y cymorth angenrheidiol, a bydded eu profiadau o fudd i galonogi pobl iau ar hyd yr heol. Rho iddynt olwg glir o ben y siwrnai fel na fyddant yn ofnus oherwydd ti yw eu harweinydd.

Arglwydd, na ad i neb fod ar goll ar ddiwedd y daith. Tyrd â ni bob un yn ddiogel adref i'th bresenoldeb di. *Amen.*

DIRGELWCH EIN DUW

O Dduw'r Tad, Dduw tu hwnt i ni, fe'th addolwn di.
Ti yw dyfnder y cyfan sydd yn bod.
Ti yw sail ein bodolaeth.
Fedrwn ni fyth afael ynot, eto ti sy'n mynnu gafael ynom ni;
mae'r bydysawd yn llefaru amdanat, a daw
dy gariad atom drwy Iesu.
Dduw'r Mab, Dduw gerllaw i ni, fe'th addolwn di.
Ti yw perffeithrwydd dynoliaeth.
Dangosaist inni yr hyn y dylai bywyd dynol fod.
Ynot gwelwn gariad dwyfol a mawredd
dynol yn un.
Dduw'r Ysbryd, Dduw o'n hamgylch ni, fe'th addolwn di.
Rwyt yn ein tynnu at Iesu a'r Tad.
Ti yw'r nerth sydd ynom.
Rwyt yn rhoi bywyd helaeth i ni ac rwyt yn gallu'n
gwneud y gwŷr a'r gwragedd hynny yr ydym i fod.

Dad, Fab ac Ysbryd;
Dduw, tu hwnt, gerllaw ac o'n hamgylch ni;
Fe'th addolwn di. *Amen.*

DECHRAU

D ad, heddiw yw dydd y dechreuadau newydd.
Ar y dydd cyntaf o'r wythnos dechreuaist dy waith o
greu bywyd o ddim.
Ar y dydd cyntaf o'r wythnos atgyfodaist Iesu a dechreuaist
dy waith o greu bywyd newydd o angau.
Ar y dydd cyntaf o'r wythnos anfonaist dy Ysbryd a
dechreuaist dy waith o greu bywyd newydd ym mhob un.
Heddiw cynorthwya ni i fyw fel pobl sy wedi ail
ddechrau; i fyw heddiw a phob dydd gyda'r bywyd
a ddaw i ni drwy Iesu Grist ein Harglwydd. *Amen.*

RHINWEDDAU'R CYMUN

A m y bara a fwytasom,
Am y gwin a yfasom,
Am y bywyd a roddaist i ni
O Dad a Mab ac Ysbryd Glân,
Molwn di.

Am fywyd Crist ynom ni
A dry ein hofnau'n rhyddid
I gynorthwyo'n gilydd,
O Dad a Mab ac Ysbryd Glân,
Molwn di.

Am nerth Crist i'n harwain,
Yn ein bywyd a'n hangau,
Gyda phob un o'th bobl
O Dad, O Fab ac Ysbryd Glân,
Molwn di. *Amen.*

CYMDEITHAS

Dad, dy deulu di ydym, ni a phob un arall yn y byd a wnaethost. O'r dechreuad rwyt wedi casglu gwŷr a gwragedd i un gymdeithas. Rwyt am i bawb deimlo eu bod nhw'n perthyn, ac nid i deimlo ar wahân am eu bod nhw'n wahanol i eraill. Rydym ni'n ceisio cyfyngu ein cymdeithasau i gylch ein ffrindiau, i bobl debyg i ni, ac i rai o'r un dras â ni.

Felly rwyt yn anfon proffwydi i'n hatgoffa fod y tlawd a'r newynog hefyd yn blant i ti. Anfonaist Iesu i ddangos nad yw dy gariad di yn cydnabod tras, dosbarth, ideoleg na hyd yn oed crefydd. Rwyt ti bob amser yn dymchwel y rhwystrau a godwn.

Dad, dy deulu di ydym bob un, helpa ni i sylweddoli hyn a byw fel y dylai dy blant fyw. *Amen.*

Y GWIR DANGNEFEDD

Dangos i ni, Arglwydd da,
y tangnefedd y dylem ei geisio,
y tangnefedd y dylem ei roi,
y tangnefedd y gallwn ei gadw,
y tangnefedd y mae'n rhaid ei hepgor,
a'r tangnefedd a roddaist yn Iesu ein Harglwydd. *Amen.*

AR HYD Y FFORDD

Dad,
fedrwn ni ddim peidio â meddwl am ein bywyd fel siwrnai. Nid rhyw gylch mohono yn cynnwys genedigaeth, tyfiant, aeddfedrwydd a dirywiad. Rydym ni yn teithio o'n dechreuadau hyd at ein tynged. Gobeithiwn gyrraedd rhywle gwell na'r man lle y cychwynasom.

Ti yw pen ein siwrnai. Ond nid nepell oddi wrthyt yw ein man cychwyn; oherwydd yr wyt ti yno yn ein hetifeddeg, yn ein hamgylchfyd cynharaf. Yr unig fodd y gallwn dy gyrraedd yw wrth benderfynu cychwyn o'r man hwn a symud tuag atat. Dim ond ar ôl inni fentro teithio y sylweddolwn pa mor fendithiol yw'r siwrnai.

Gwyddom y ffordd, mai trwy Iesu y deuwn atat. Drwy ei ganlyn ef, ufuddhau iddo, uniaethu ein hunain ag ef, dioddef gydag ef, cyfodi gydag ef y cawn gyfeiriad i ddod o hyd i'r ffordd. Cynorthwya ni i beidio petruso, na chrwydro oddi ar y ffordd, ac i ddilyn ei lwybr ef. *Amen.*

DYDD GWENER Y GROGLITH

Cyfres o saith o weddïau yn seiliedig ar eiriau olaf Iesu ar y Groes:

"O Dad, maddau iddynt, oherwydd ni wyddant beth y maent yn ei wneud." (Luc 23:34)

Diolchwn i ti Dad, am fod Iesu wedi gwneud yr hyn a ddywedodd wrth eraill ei wneud, a maddau i'r rheiny a wnaeth ddrwg iddo ef. Cynorthwya ni i faddau i eraill o'n calonnau. A maddau i'n byd ni am barhau i wneud gweithredoedd o greulondeb mawr. *Amen.*

"Yn wir, rwy'n dweud wrthyt, heddiw byddi gyda mi ym Mharadwys." (Luc 23:43)

Diolchwn i ti Dad, am fod Iesu wedi rhoi'r sicrwydd hwn i ddyn a oedd yn bendant ei fod yn haeddu marw. Dihuna ni a phob pechadur i wir ddealltwriaeth o'r hyn yr ydym a'r hyn a wnaethom. Ond rho inni hefyd yr un sicrwydd pa beth bynnag a wnaethom na all dim ein gwahanu ni oddi wrth dy gariad. *Amen.*

"Wraig dyma dy fab di." "Dyma dy fam di." (Ioan 19: 26–27)

Diolchwn i ti Dad, am fod Iesu wedi meddwl am eraill hyd yn oed pan oedd ar fin marw. Cadw ni rhag hunandosturi, a rhag pendroni dros ein drwg weithredoedd a'n hanffodion. Cynorthwya ni i fod yn debyg i Grist i'n cymydog, yn gweithredu fel y buasai Iesu'n gweithredu, yn cyfryngu dy gariad. *Amen.*

"Fy Nuw, fy Nuw, pam yr wyt wedi fy ngadael?" (Marc 15:34; Mathew 27:46)

Diolchwn i ti Dad, am fod Iesu wedi bod yn gwbl ddynol, ac nid yn ddieithryn i wewyr anobaith. Cynorthwya ninnau hefyd drwy y cyfnodau tywyll, er mwyn i ni ymddangos â ffydd gadarnach. *Amen.*

"Y mae arnaf syched." (Ioan 19:28)

Diolchwn i ti Dad, am fod rhywun wedi ateb y gri hon. Cynorthwya ni i ateb cri y rheini yn ein byd sy'n newynog. *Amen.*

"Gorffennwyd." (Ioan 19:30)

Diolchwn i ti Dad, am fod Iesu wedi marw gan gredu iddo wneud dy ewyllys a chyflawni dy waith. Bydded i ni hefyd fod yn benderfynol, a phan fyddwn ninnau farw na fydd eisiau pryderu inni wastraffu dy rodd o fywyd. *Amen.*

"O Dad, i'th ddwylo di yr wyf yn cyflwyno fy ysbryd." (Luc 23:46)

Diolchwn i ti Dad, am fod Iesu wedi marw gan ymddiried yn llwyr ynot. Bydded i bob Cristion feddu'r un sicrwydd ar awr angau. Bydded inni wybod fod Iesu wedi concro angau i bawb ohonom. *Amen.*

(gw. cyfraniad Frank Colquhoun (1909–97) ar yr union destun)

Llyfr yr Addoliad Teuluol (1926)

GWEDDI DROS YR YSGOL SUL

Ein Duw a'n Tad, diolchwn i ti am yr Ysgol Sul, ac am y bendithion amhrisiadwy a gyfrennaist inni trwyddi, gan ei gwneud yn gyfrwng i godi cenhedlaeth ar ôl cenhedlaeth o rai yn gwybod dy Air ac yn ofni dy enw. Parha, O Arglwydd grasol, i'w llwyddo'n fwyfwy, ac i adeiladu dy bobl drwyddi. Rho dy ras i'r Athrawon. Bydded ynddynt feddwl yr Arglwydd Iesu, ei dosturi at ddyn a'i gariad at blant bychain, a phâr iddynt fod, mewn gair a bywyd, yn esiamplau i'r sawl a fyddo dan eu gofal. Bendithia, hefyd, bawb o'r disgyblion, yn hen oed, yn ganol oed ac yn ieuenctid. Bydded i bob un ohonynt gael dy Air Sanctaidd yn llusern i'w draed ac yn llewyrch i'w lwybr. Bendithia waith yr Ysgol Sul i'w dwyn i adnabod dy ewyllys, ac i gysegru eu bywyd i'th wasanaeth; trwy Iesu Grist ein Harglwydd. *Amen.*

Timothy Dudley-Smith (1926–)

Cyn Esgob Thetford, emynydd toreithiog, awdur

DIOLCHWN AM IAITH A'I DEFNYDD

Dad, diolchwn iti am y rhodd o iaith ac am y gair ysgrifenedig. Diolchwn iti am ysgrifenwyr, cyhoeddwyr ac argraffwyr, am lyfrau a llyfrgelloedd, ac am y lledaenu gwybodaeth a'r rhannu profiad a ddaw inni drwy'r dudalen brintiedig.

Diolchwn iti am y llyfrau a fu o gymorth i lunio'n bywydau ac i ffurfio ein chwaeth a'n gwerthoedd; maent wedi darparu ein meddwl, llefaru â'n calonnau, ein cyfoethogi neu'n diddanu, tra buom mewn gwynfyd neu adfyd.
Dysg inni werthfawrogi llythrennedd a'i ddefnyddio'n iawn, drwyddo ef y mae ei eiriau yn eiriau bywyd, ein Gwaredwr, Iesu Grist. *Amen.*

DIODDEFWYR AFIECHYD MEDDWL

Dad, gweddïwn dros y rhai sy'n dioddef o afiechyd meddwl a phawb sy'n anniddig â meddwl trwblus. Bydd iddynt yn oleuni yn eu tywyllwch, yn lloches ac yn nerth mewn cyfnod ofnus. Rho sgiliau arbennig a chalonnau tyner i'r rhai sy'n gofalu amdanynt, a dangos iddynt y ffordd orau i gynorthwyo yn dy waith o iacháu; trwy Iesu Grist ein Harglwydd. *Amen.*

ARWAIN NI, O DDUW

O Dduw, mae dy ddoethineb wedi gosod yn ein calonnau ysfa i chwilio am wybodaeth a rheolaeth ym myd natur, dysg ni i ddefnyddio pob gwyddor, dyfais a thechnoleg,
nid i anafu ond i iacháu,
nid i ddinistrio ond i adeiladu,
nid i rannu ond i uno dy deulu dynol ynghyd mewn llwyddiant ac urddas.
Ac na ad i'n gwybodaeth drechu'n doethineb;
trwy Iesu Grist ein Harglwydd. *Amen.*

DUW SY'N GALW

Arglwydd, yma ar ran dy eglwys di a'n heglwys ni, galw wir fugail,
person duwiol,
gweinidog Crist;
a gwna ni, gydag ef neu hi,
yn eglwys lawen ac addolgar
ac yn unedig mewn tystiolaeth,
yn weithgar, gofalgar, moliannus a chariadus,
er gogoniant i'th enw;
trwy Iesu Grist ein Harglwydd. *Amen.*

Selwyn Hughes (1928–2006)

Cymro o Fochriw, Caerffili. Gweinidog. Sylfaenydd a Chyfarwyddwr Crusade for World Revival (CWR), *awdur darlleniadau dyddiol* Every Day with Jesus *am dros 30 o flynyddoedd. Derbyniodd radd D.D., er anrhydedd, gan Brifysgol Brunel (t. 493)*

DIBYNNAF ARNAT, O DDUW

O Dduw fy nhad, sylwaf pan ddaw problemau nad oes angen imi grio na chwyno. Gallaf wneud miwsig allan o'r methiant, cân allan o'r cawdel a llwyddiant allan o bob llanastr.

Teimlaf yn drist wrth gofio am y troeon pan na ddiolchais i'r rhai hynny a ddaeth â'th fendithion i'm bywyd – dy weithredwyr. O hyn ymlaen mae'n rhaid imi fod yn fwy teimladwy ac effro. Cynorthwya fi, Dad annwyl.

Dad, maddau imi os af drwy'r dydd heb ystyried bendithion arferol bywyd. Cynorthwya fi i ddatblygu fy ngolwg fel na chollaf yr un o'r llu o fanteision a gaf gennyt ti. Rho imi galon ddiolchgar, Arglwydd annwyl.

Pa beth a roddi di imi heddiw fel y gallaf ei gynnig yn ôl i ti mewn diolchgarwch, mewn clod ac addoliad? Cynorthwya fi, fel nad anghofiaf unrhyw beth. Yn enw Iesu. *Amen.*

GWNA FI'N DEBYG I IESU

Dad, rwy'n ymwybodol na fedraf mewn gwirionedd fy ngweld fy hun fel yr wyf ond yn dy oleuni di. Edrychaf ar bechodau pobl eraill â llygaid agored ond rwyf yn ddall yn aml i'm gwendidau fy hun. Helpa fi i fod yn onest â fi fy hunan.

O Dduw, helpa fi i fod yn debycach i Iesu. Rho imi ewyllys gadarn ac ysbryd diwyro sy'n gwrthod cydymffurfio â'r hyn sy'n anghywir.

Helpa fi i efelychu'r dewrder tawel a fu mor amlwg yn dy Fab.

Arwain fi i ffwrdd oddi wrth fy hunan-fychandra at dy lawnder digonol di. Rwyf mor ddiolchgar bod yna ddrws sy'n arwain atat ti.

Helpa fi i gerdded drwy'r drws hwnnw, ac i fod â mwy o gonsýrn am eraill nag amdanaf fi fy hun.

Dad, rwyf am fod yn un sy'n ei roi ei hun i ti ac i ofalu am eraill. Helpa fi i fod yn ffyddlon yn y pethau bychain er mwyn imi fod yn deilwng o bethau mwy.

Adeilada i mewn i'm bywyd egwyddorion da a duwiol, gweddïaf. Yn enw Iesu. *Amen.*

Edwin C. Lewis (1928–)

Bu'n dysgu mewn ysgolion Cymraeg penodedig yng Ngorllewin Morgannwg, yna'n weinidog gyda'r Annibynwyr, awdur

AM DDARLLEN GAIR DUW

Diolch i ti, O Dduw, am rodd iaith, a'r gallu i gysylltu â'n gilydd o'i defnyddio. Diolchwn hefyd am sgiliau darllen ac ysgrifennu, am gyfleustra papurau newydd, llyfrau a chyfrifiaduron, ac am lyfrgelloedd niferus a llyfrgellwyr deallus.

Drwy ddarllen testunau goleuedig, deuwn i ddysgu mwy a mwy ynghylch y blaned hon a'r bydysawd a greaist ti yn y dechreuad; am rywogaethau'r holl greaduriaid mawr a mân; am hynodrwydd y pum cyfandir, y moroedd dyfnion, y gofod eang a'r haul a'r lleuad a'r Llwybr Llaethog; ac yn ogystal amdanom ni ein hunain a'r hil ddynol.

Testun diolch sy gennym, O Arglwydd, ein Duw. Dyledus ydym, a'n diolchiadau pennaf sydd i ti am *Y Beibl*, rhodd fendigedig dy ddeheulaw i ni, lle y cawn dy Air a'th addewidion drwy Batriarchiaid, Proffwydi ac Ysgrifau'r Hen Destament, yna yn y Testament Newydd cawn gyflawniad drwy'r Newyddion Da am ddyfodiad Iesu: ei eni gwyrthiol, ei weinidogaeth, ei ddioddefaint a'i farwolaeth ar fryn Calfaria, ac ar y Trydydd Dydd – Y Pasg gwynfydedig – ei atgyfodiad i fywyd tragwyddol.

Maddau i ni ein gwendidau a'n ffaeleddau, a chaniatâ, O Dduw trugarog, fod ein hymdrechion i fyw yn ôl dy ganllawiau di yn dderbyniol yn dy olwg, ac y cawn yn y diwedd fynediad tawel i'th ogoniant ac i gwmni dy saint; trwy haeddiannau ein Harglwydd Iesu, y Gair ymgnawdoledig. *Amen.*

DILYNWN ÔL Y SAINT

O Dduw, ein Harweinydd Mawr,
cydnabyddwn taw pererinion ydym bob un,
benthycwyr nid meddianwyr,
ac nad oes inni yma ddinas barhaus.
Tywys ni heddiw a phob diwrnod
yn ôl dy gynllun di.
Cynorthwya ni drwy dy ewyllys,
i ddarganfod eto a dilyn
olion traed ein cyndeidiau,
wrth iddynt encilio o'r neilltu
i bant neu fryn
lle na fyddai:
na delw,
na gwenwisg,
na litwrgi,
i'w rhwystro rhag dy addoli di
mewn gostyngeiddrwydd diffuant anffurfiol.
A bydded i'n hymdrechion ni fod yn deilwng
o'th fendith nefol; trwy Iesu Grist ein Harglwydd. *Amen.*

AR SUL Y PASG

O Dduw, ein Tad nefol, sancteiddier dy Enw. Cofiwn heddiw yn arbennig am yr hanes a fu yn Jerwsalem ar y dydd cyntaf o'r wythnos honno, i'r gwragedd galarus a gofidus ddod at y bedd, a darganfod y garreg wedi'i symud, a'r bedd yn wag. Dyma ni yn awr yn dathlu eto y wyrth a wnaethost ar y Trydydd Dydd – ar fore Sul y Pasg hwnnw. Na fydded i ni anghofio am eiliad y siom, y poen, yr ing, y gwewyr a'r dioddefaint a brofodd Iesu drosom ni, ar groes Calfaria, cyn iddo farw yno rhwng dau leidr. Maddau i ni, O Dduw.

Drwy dy rym a'th nerth y daeth yr holl fydysawd i fodolaeth, a thithau, O Dduw, a'n creodd ni ar dy lun a'th ddelw dy hun er mwyn i ni adlewyrchu dy lun a rhannu dy ogoniant. Ti sydd yn ein cynnal a'n cadw. Ti a atgyfododd i fywyd tragwyddol dy unig anedig Fab, ein Harglwydd Iesu Grist, a chredwn fod yna ran gydag ef yn y bywyd hwnnw i bob un sy'n credu'n ffyddiog yn y Newyddion Da.

Diolchwn i ti, am bob cyfle i ddynesu atat; drwy Iesu Grist ein Harglwydd. *Amen.*

GWEDDI FOREOL

Bore da, Arglwydd!
Diolch i ti, rwy'n effro.
Maddau i mi fy niffygion.
Dyma fy Meibl,
Dyma le bach tawel,
A dyma fi.
Agor fy nghlustiau,
Agor fy llygaid,
Agor fy meddwl,
Agor fy nghalon,
A llefara wrthyf.
Rwyf yma'n barod i wrando.
Llanw fi â'r Ysbryd Glân
I'm hatgyfnerthu
Ac anfon fi allan yn siriol
I wneud dy waith. *Amen.*

ANGHENION FY NGHYD-DDYN?

O Dduw Dad cariadus,
fe wyddost ti y cyfan oll amdanaf.
Bob bore a hwyr yn dawel fach
rwyf am droi atat,
a pharatoi lle i tithau agosáu ataf fi
er mwyn imi ddysgu mwy amdanat,
deall dy ffordd yn well,
a gwrando arnat.
Dyma sydd uchaf yn fy meddwl:
ac wrth geisio edrych tuag atat ti

ni allaf beidio â sylwi
ar anghenion fy nghyd-ddynion.
Ysbrydola fi yn feunyddiol
i wneud rhywbeth da
er eu lles, yn dy enw di. *Amen.*

ARGLWYDD IESU, CYMER FI

A rglwydd, cymer fy meddwl
er mwyn i mi sylweddoli dy dangnefedd.
Arglwydd, cymer fy llygaid
er mwyn i mi weld dy ogoniant.
Arglwydd, cymer fy nghlustiau
er mwyn i mi glywed cri'r anghenus.
Arglwydd, cymer fy ngwefusau
er mwyn i mi gyhoeddi'r Newyddion Da.
Arglwydd, cymer fy nghalon
a phura hi â'th gariad.
Arglwydd, cymer fy nwylo
er mwyn i mi wneud daioni.
Arglwydd, cymer fy nhraed
er mwyn i mi arwain eraill atat ti.

Arglwydd, cymer fi'n gyfan gwbl
a meddianna fi'n llwyr i'th bwrpas. *Amen.*

DROS BAWB SY'N DIODDEF

O Dduw, cymeradwywn i'th ofal tyner, bawb sy'n dioddef ac
yn gofidio, gan erfyn arnat i roi i bob un yn ôl ei angen.
Lleda eu gorwelion, ysgafnha eu dioddefaint, cryfha eu hysbryd a
dyfnha eu ffydd ynot ti, ein Crëwr a'n Cynhaliwr; trwy Iesu Grist
ein Harglwydd. *Amen.*

DIOLCH, O DDUW, AM DY GREAD

Diolch, O Dduw, am dy gread hardd,
am dlysni llwyn a chyfoeth gardd;
am leisiau llon y plant a'u sbri
wrth chwarae pêl o gylch y tŷ;
am gân yr adar uwch fy mhen,
a naid y wiwer ar y pren;
am laeth y fuwch ac wy yr iâr,
ffyddlondeb ffrind, a chwmni gwâr;
am wanwyn mwyn a'i flagur ir
ac olion gwaddod yn y tir;
am wên yr haul ar fore haf
ar gae o wenith melyn braf;
am liwiau coeth holl goed y fro
pan ddêl yr hydref yn ei dro;
am gwrlid glân y gaeaf gwyn
a leda'n ddistaw dros y glyn . . .

Diolch, O Dduw, am ein creu bob un
ar lun ohonot ti dy hun,
am Grist a'i Groes, a'r cyfan sydd
yn tarddu'n rhad o'r Trydydd Dydd.
Diolch, O Dduw. *Amen.*

Y PETHAU TRAGWYDDOL

Diolch i ti, ein Tad nefol, am holl brydferthwch y byd hwn. Rydym, bob un ohonom, o ddydd i ddydd ar bererindod drwyddo. Agor ein llygaid i'w weld a'i werthfawrogi.

Diolchwn i ti hefyd am yr holl bethau sy gennym, a chofiwn taw 'dros dro' y maent.

Gofala na chawn ymserchu mewn unrhyw beth byrhoedlog ar hyd y ffordd. Dysg ni, O Dduw, i garu'n ffyddlon dy bethau di: y pethau tragwyddol.

Gwna ni i ystyried ar ein taith taw rhodd o'th law yw pob diwrnod newydd, a chynorthwya ni i lenwi pob un ohonynt â gweithredoedd da yn dy enw di; trwy Iesu Grist ein Harglwydd. *Amen.*

GWEDDI FEUNYDDIOL

Hollalluog Dduw, ein Crëwr a'n Cynhaliwr, deuwn atat yn wylaidd a gostyngedig. Canmolwn ac addolwn di. Diolchwn i ti am ein cynnal a'n cadw hyd yr awron. Derbyn ein diolch am fwyd, dillad, cwmni, cartref . . . ac uwchlaw pob dim, diolchwn i ti am brynedigaeth y byd hwn drwy dy unig Fab, Iesu Grist, am foddion gras ac am obaith gogoniant. Maddau i ni ein pechodau. Trugarha wrthym am yr holl ddrygioni a wnaethom ar feddwl, gair a gweithred yn erbyn dy ddwyfol fawredd – ar yr amod ein bod ni hefyd yn maddau'n llwyr i bob un a wnaeth gam â ni. Cofiwn am bawb sy'n dioddef: y cleifion yn ysbytai'r wlad, rhai mewn cartrefi nyrsio, eraill gartref ar eu haelwydydd eu hun. Rho iddynt esmwythâd, taena d'adain drostynt i'w hamgeleddu ac i bawb sy'n trin a thrafod cleifion, rho amynedd, tynerwch a doethineb, a'r wybodaeth eu bod hwy hefyd yn cyflawni rhan o waith achubol dy deyrnas. Gweddïwn dros yr hen a'r methedig, yr ifanc a'r gwan, yr unig, y digartref, yr estron, y gwrthodedig gan gymdeithas . . . Cofiwn am y rhai sy'n galaru – bydd yn agos atynt i'w cysuro.
Gweddïwn dros drigolion 'Y Trydydd Byd' a chyflwr yr anghenus yno: y tlodion, y newynog, y cleifion, y gorthrymedig, yr ifanc, yr hen, y di-waith, y difreintiedig . . . Mae'r rhestr yn faith, O Dduw. Ennyn ynom yr awydd i'w cynorthwyo â gweithredoedd nid yn unig â gweddïau.
Wedi'r storm, y daeargryn, y tân a'r distawrwydd llethol, ymdawelwn yn awr i wrando arnat . . .
O Dduw, arwain a chynnal ni ar y ffordd, er lles dy deyrnas; trwy Iesu Grist ein Harglwydd. *Amen.*

YMDDYGIAD Y CRISTION

O Dduw, galluog ac amyneddgar,
o'th ddaioni tuag atom
cadw ni bob amser yn ostyngedig.
Wrth geisio gwneud tro da i rywun
na fydded inni feddwl mwy am y digwyddiad,
a chadw ni rhag sôn eto amdano.
Gwna ni i ddeall nad yw ond yr hyn

310

yr wyt ti yn ei ddisgwyl oddi wrthym;
oherwydd gwnaethost eisoes gymaint drosom ni;
trwy Iesu Grist ein Harglwydd. *Amen.*

DELFRYD Y CRISTION

Dragwyddol a Hollalluog Dduw,
Dyfnha ein ffydd
Ynot ti.
Dyfnha ein ffydd
Yn dy Air Ymgnawdoledig,
Iesu'r Crist Atgyfodedig.
Dyfnha ein ffydd
Yn dy Air ysgrifenedig ac anffaeledig,
Y Beibl Cysegr-lân.
Dyfnha ein ffydd
Yn dy Eglwys fyd-eang
Drwy i ni gysylltu'n agos â'i holl weithgareddau.

Llanw ni â nerth dy Ysbryd Glân:
Gwna ni'n genhadon cymwys
I rannu'r Newyddion Da, hwnt ac yma,
Ac â phawb o bobl y byd;
Trwy Iesu Grist ein Harglwydd. *Amen.*

GOFYN BENDITH CYN BWYTA MEWN FESTRI, GWESTY,
BWYTY, NEUADD . . .

O Dduw, ein Tad nefol,
diolchwn i ti am y bwyd hwn;
am y rhai a'i tyfodd,
am y rhai a'i cariodd,
am y rhai a'i paratôdd,
am y rhai a'i coginiodd,
am y rhai sy'n gwasanaethu wrth y byrddau.
Gofynnwn yn awr, yn enw'n Harglwydd Iesu Grist, am dy fendith
ar y rhai sy'n ei fwyta. *Amen.*

GWEDDI AR GYFER Y PENTECOST : Y SULGWYN

*T*yrd, *Ysbryd Glân, i'n calonnau ni*
    A dod d'oleuni nefol;
Tyrd megis Anadl Duw:
  A'n cynhyrfa.
Tyrd megis Tafodau Tân:
  A'n pura'n llwyr.
Tyrd megis Dyfroedd Byw:
  A'n bywiocâ.
Tyrd megis Gwynt Nerthol:
  A'n plyga i'th bwrpas.
Tyrd megis Colomen Wen:
  A'i hedd i ni.
Tyrd megis y Diddanydd mwyn:
  A'n cysura.
Tyrd, Arglwydd, yn dy holl gyflawnder:
  A llanw ni â'th ras. *Amen.*

Daw'r cwpled cyntaf o emyn Lladin o'r 9fed ganrif – Veni, Creator Spiritus.
Cynhwyswyd cyfieithiad Saesneg o'r emyn yn y Llyfr Gweddi Gyffredin *(1662) a chafwyd cyfieithiad i'r Gymraeg o'r Saesneg gan Rowland Fychan (c. 1587–1667) yn yr argraffiad Cymraeg cyntaf o'r* Llyfr Gweddi Gyffredin *a gyhoeddwyd ym 1664.*

CWRS BYWYD

*A*rglwydd
  cydgerdda â ni ar hyd y llwybr
i ffresni'r ardd: lle na fyddai
nac egin na deilen,
na blagur na blodyn,
na ffrwyth na chynhaeaf,
heb dy fendith di, O Dad.
Cydgerdda â ni ar hyd llwybr y mynydd
hyd yr unigeddau:
i feddwl ac ystyried,
i agosáu ac ymddiried,
yn dy ffordd di, O Dduw.

Cydgerdda â ni ar hyd ffordd y Pererin
i lawr y llethrau:
ar hyd glyn cysgod angau –
a thrwodd i borfeydd gwelltog
yn ymyl dyfroedd tawel,
i gydnabod dy arweiniad di.
Arglwydd,
ar ein taith tuag atat:
pan faglwn, dal yn dynn ynom,
pan syrthiwn, cod ni i fyny,
pan erlidir ni gan ddrwg, gwared ni,
pan drown oddi wrth ddaioni, tro ni nôl,
ac yn y diwedd tyrd â ni
i mewn i'th ogoniant. *Amen.*

Anhysbys

Gerrit D. Schut (1930–)

Athro a Gweinidog ordeiniedig yn Eglwys Bresbyteraidd St. Andrew, Costa Mesa, California

GWEDDI MEWN PRIODAS

ODduw cariadus bendithia'r ddeuddyn ifanc hyn sy wedi eu huno mewn glân briodas.

Dybla eu llawenydd a hanera eu trafferthion fel bod ganddynt ill dau y gallu i drafod beth bynnag a ddaw ar eu traws yn y dyfodol.

Rho iddynt iechyd ac egni i ddarparu ar gyfer angenrheidiau bywyd.

Rho iddynt ddawn tynerwch, syniad eang o ddealltwriaeth, a chariad i wrthsefyll holl dreialon bywyd.

Rho iddynt barodrwydd i edrych heibio i wendidau ei gilydd ac i ganfod eu rhinweddau unigol.

Os cânt blant, bydded iddynt hwy gael eu meithrin yn ofn yr Arglwydd.

Yn eu hanawsterau, llewyrched enfysau o obaith. Oddi mewn i'w gorfoledd bydded i gariad ddisgleirio.

313

Pan ddaw henaint yn ei dro a hwyrnos bywyd yn euro'r machlud mwyn, bydded iddynt ddal i gerdded law yn llaw a chalon wrth galon. *Amen.*

CAPTEN Y LLONG

Beilot Mawr Annwyl, cynorthwya fi i gyfeirio'r llong yma drwy gyfnewidion dŵr a thywydd.

Gafael yn y llyw gyda mi drwy lonyddwch a storm, ddydd a nos, haul a niwl, tan imi gyrraedd pen y daith.

Ti yw capten fy iachawdwriaeth. Ti fydd yn llywio llong fy enaid drwy unrhyw storm ddaearol neu dywyllwch, tan imi gyrraedd hafan ddiogel o'r diwedd. *Amen.*

YMRWYMIAD

Dysg i ni, O Arglwydd, fod ymrwymiad yn air cyfrifol i bob Cristion.

Nid oes un ohonom yn gwbl unig; mae pob un yn perthyn i rywun mewn rhyw ffordd gyfrifol.

Bydded i'n gair fod yn ymrwymiad, a'n haddewid yn adlewyrchiad o'n gonestrwydd os yw'n rhesymol ac o fewn gallu dynol.

Maddau inni os ydym yn addo'n dwyllodrus fwy nag y medrwn ei gyflawni.

Diolchwn i ti am dy ymrwymiad i ni drwy ddatguddiad dy Air.

Diolchwn i ti fod Iesu wedi ei ymrwymo'i hun i ni er mwyn i ni gael ein hachub oddi wrth ein pechodau. *Amen.*

YR YSBRYD GLÂN

Dad, diolchwn i ti am yr Ysbryd Glân, ein Diddanydd. Mae dy Air yn dweud y bydd yn bresennol gyda ni ym mhob sefyllfa.

Bydd yn ein galluogi ni, yn ein cefnogi ni, yn gweddïo ar ein rhan o flaen dy orsedd, ac yn gweinidogaethu dy Air i ni.

Bydd dy Ysbryd Glân yn ein barnu ni'n euog o bechu, fe rydd nerth inni yn ein gwendid, ac fe oleua ein meddyliau o ran y gwirionedd.

Gweddïwn y daw o ganghennau ein bywydau drwy allu'r Ysbryd, y ffrwyth o fywyd hyfryd yng ngwastraffdiroedd gwyllt newynog ein byd. *Amen.*

CYMYDOG

Dad yn y nef, mae fy nghymydog yn llawer mwy na dim ond yr un sy'n byw drws nesaf imi. Mae e'n berson sydd â breuddwydion, gobeithion, dyheadau, ac anghenion. Mae e'n rhan o'r amgylchedd yr wyf fi yn byw ynddo, drych lle gwelaf fy hunan.

Bydded i mi garu fy nghymydog fel fi fy hun a dangos consýrn am ei obeithion a'i anafiadau ef fel pe baent yn eiddo i mi. *Amen.*

Desmond Mpilo Tutu (1931–)

Archesgob De Affrica, ymgyrchydd gwrth-apartheid ac enillydd Gwobr Nobel

GWEDDI SEFYDLU NELSON MANDELA YN ARLYWYDD, 1994

Bendithia ein gwlad hyfryd, O Arglwydd,
gyda'i hamrywiaeth rhyfeddol o bobl,
o hilion, diwylliannau ac ieithoedd.
Bydded i ni fod yn genedl
o chwerthin a llawenydd,
o gyfiawnder a chymod,
o heddwch ac undod,
o dosturi, gofalgar a chyfrannog.
Gweddïwn y weddi hon am wir wladgarwch,
yn enw grymus Iesu ein Harglwydd. *Amen.*

GWIRIONEDDAU

Daioni sy'n gryfach na drygioni;
Cariad sy'n gryfach na chasineb;
Goleuni sy'n gryfach na thywyllwch;
Bywyd sy'n gryfach na marwolaeth:
Ni biau'r fuddugoliaeth drwyddo ef sy'n ein caru. *Amen.*

Hoob Oosterhuis (1933–)

Jeswit, caplan ymhlith y myfyrwyr yn Amsterdam. Bu gydag eraill yn gyfrifol am ddiwygio litwrgi yr Iseldiroedd. Mae nifer o'i lyfrau gweddi a cherddi wedi'u cyfieithu i'r Saesneg

PARATOA NI, O DDUW I DDERBYN IESU

Rwyt yn ein disgwyl ni
hyd nes ein bod yn agored i ti.
Rydym yn disgwyl dy air
i'n gwneud yn dderbyngar.
Cyweiria ni i'th lais,
i'th ddistawrwydd di,
llefara a thyrd â'th Fab inni –
Iesu, gair dy dangnefedd.
Mae dy air yn agos,
O Arglwydd ein Duw,
mae dy ras yn agos.
Tyrd atom, felly,
Na fydded inni fod yn fyddar i ti,
ond gwna ni'n dderbyngar ac agored
i Iesu Grist dy Fab,
a ddaw i chwilio amdanom a'n hachub ni
heddiw a phob dydd
yn oes oesoedd. *Amen.*

GWNA NI'N DDERBYNGAR, O DDUW

O Dduw,
gwna ni'n dderbyngar ac yn agored
a boed inni dderbyn dy deyrnas
fel plant yn cymryd bara o law eu tad.
Gad inni fyw mewn tangnefedd,
gartref gyda thi, holl ddyddiau'n hoes. *Amen.*

David Adam (1936–)

Cyn-löwr, ficer Ynysmetgawdd, awdur nifer o weddïau cyfoes yn null y patrwm Celtaidd

COD FI I FYNY

A rglwydd, sylwais ar graen yn codi llwyth trwm
Cod fi, Arglwydd,
O dywyllwch i oleuni
O iselder ysbryd i lawenydd
O amheuaeth i obaith.

Cod fi, Arglwydd,
O dristwch i chwerthin
O salwch i iechyd
O gysgodion i ddisgleirdeb.

Cod fi, Arglwydd,
O ofn i obaith
O wendid i gryfder
O ffolineb i synnwyr.

Cod fi, Arglwydd,
Daethost i lawr i'n codi ni
Disgynnaist i uffern i'n codi i'r nef
Ymwelaist ag angau i'n codi ni i fywyd.
Tyrd, Arglwydd, cod fi i fyny, atolygaf i ti. *Amen.*

Mil a Mwy o Weddïau

AGORIADAU

O Arglwydd Dduw, Creawdwr y cyfan
Agor fy llygaid i brydferthwch
Agor fy meddwl i ryfeddod
Agor fy nghlustiau i eraill
Agor fy nghalon i ti. *Amen.*

GWARED NI RHAG DRWG

A mgylchyna fi, Arglwydd,
Cadw amddiffynfa yn agos
A pherygl ymhell.

Amgylchyna fi, Arglwydd,
Cadw obaith i mewn
Cadw amheuaeth allan.

Amgylchyna fi, Arglwydd,
Cadw oleuni yn agos
A thywyllwch ymhell.

Amgylchyna fi, Arglwydd,
Cadw heddwch i mewn
Cadw ddrygioni allan. *Amen.*

YMDDIRIEDAF YN YR ARGLWYDD

G osodaf fy nwylo yn dy rai di, Arglwydd,
Gosodaf fy nwylo yn dy rai di.
Gosodaf fy ewyllys yn dy un di, Arglwydd,
Gosodaf fy ewyllys yn dy un di.
Gosodaf fy nyddiau yn dy rai di, Arglwydd,
Gosodaf fy nyddiau yn dy rai di.
Gosodaf fy meddyliau yn dy rai di, Arglwydd,
Gosodaf fy meddyliau yn dy rai di.

Gosodaf fy nghalon yn dy un di, Arglwydd,
Gosodaf fy nghalon yn dy un di.
Gosodaf fy mywyd yn dy un di, Arglwydd,
Gosodaf fy mywyd yn dy un di. *Amen.*

DATGANIADAU

Credaf, O Dduw, mai ti yw
Tad tragwyddol heddwch ·
Tad tragwyddol grym
Tad tragwyddol yr holl bobl.

Credaf, O Dduw, mai ti yw
Arglwydd a rhoddwr dyheadau
Arglwydd a rhoddwr bywyd
Arglwydd a rhoddwr cariad.

Credaf, O Dduw, mai ti yw
Ysbryd yr holl ogoniant
Ysbryd yr holl ddaioni
Ysbryd yr holl ras.

Credaf, O Dduw, mai ti yw
Yr un sy yma a gyda mi yn awr. *Amen.*

ARGLWYDD, BYWIOCÂ FI

Arglwydd, cynydda
Fy awydd am fywyd
Fy ngweledigaeth o ogoniant
Fy ngwrandawiad o'th alwad
Fy ngafael ar wirionedd
Fy ymateb i'th gariad
Fy sensitifrwydd tuag at eraill
Fy nhynerwch tuag at y greadigaeth
Fy awyddfryd am ryfeddod
Fy nghariad tuag atat. *Amen.*

RHO DY HUNAN INNI

O Arglwydd, rho dy hunan inni uwchlaw pob peth.
Yn dy ddyfodiad yn unig y cawn ein cyfoethogi.
Yn dy ddyfodiad y daw dy wir roddion.
Tyrd, Arglwydd, er mwyn i ni rannu rhoddion dy bresenoldeb.
Tyrd, Arglwydd, gyda iachâd y gorffennol.
Tyrd a dofa'n hatgofion.
Tyrd â llawenydd ar gyfer y presennol.
Tyrd a rho fywyd i'n bodolaeth.
Tyrd â gobaith ynglŷn â'r dyfodol.
Tyrd a rho ymdeimlad o'r tragwyddol.
Tyrd â nerth ar gyfer ein hewyllysion.
Tyrd â phŵer ar gyfer ein meddyliau.
Tyrd â chariad ar gyfer ein calon.
Tyrd â serch tuag at ein henaid.
Tyrd, Arglwydd, uwchlaw pob peth, rho dy hunan.
A chynorthwya ni in rhoi ein hunain i ti. *Amen.*

CRIST, Y CYMORTH A'R CYFAILL

Grist, galwaf ar dy Enw, am i ti fod gyda mi. Nid wyf byth ar fy
mhen fy hun, byth heb gymorth, byth heb gyfaill, am fy mod
yn trigo ynot ti a thithau ynof fi! 'Er imi gerdded trwy ddyffryn
tywyll du, nid ofnaf niwed, oherwydd yr wyt ti gyda mi.' *Amen.*

AROS, O ARGLWYDD, GYDA NI

Arglwydd, rwyt yn gymorth hawdd ei gael mewn cyfyngder.
Tyrd, adfywia
Gwared
Adfer
Yn ein tywyllwch tyrd fel goleuni
Yn ein tristwch tyrd fel llawenydd
Yn ein cyfyngderau tyrd fel tangnefedd

Yn ein gwendid tyrd fel nerth
Tyrd Arglwydd i'n cynorthwyo
Adfywia
Gwared
Adfer ni

O Arglwydd
Agor ein llygaid i'th Bresenoldeb
Agor ein meddyliau i'th ras
Agor ein gwefusau i'th glodydd
Agor ein calonnau i'th gariad
Agor ein bywydau i'th iachâd
A bydded dy Ysbryd yn ein plith. *Amen.*

CEISIAF DY WELD

Grist, gad imi dy weld di mewn eraill.
Grist, gad i eraill dy weld di ynof fi.
Grist, gad imi weld:

Ti yw y galwr
Ti yw y tlotyn
Ti yw y dieithryn wrth fy nrws.

Ti yw y crwydryn
Y newynog
Ti yw yr un digartref
Heb wely.

Ti yw y dyn
Wedi dy yrru'n wallgof
Ti yw y plentyn
Yn crio mewn poen.

Ti yw y llall sy'n ymweld â mi
Agor fy llygaid er mwyn imi weld. *Amen.*

321

TI SYDD DDUW

Ti yw tangnefedd pob tawelwch,
Ti yw y man i guddio rhag niwed,
Ti yw'r goleuni sy'n llewyrchu yn y tywyllwch,
Ti yw gwreichionen dragwyddol y galon,
Ti yw y drws sy'n llydan agored,
Ti yw y gwestai sy'n aros y tu mewn,
Ti yw y dieithryn wrth y drws,
Ti yw'r un sy'n galw'r tlawd,
Ti yw f'Arglwydd sydd gyda mi byth,
Ti yw fy nghariad, cadw fi rhag cam,
Ti yw'r ffordd, y gwirionedd a'r bywyd,
Ti yw 'Ngwaredwr, y dydd hwn. *Amen.*

CROESO ITI, ARGLWYDD IESU

Tyrd, Arglwydd Iesu,
Tyrd fel Brenin.

Teyrnasa yn ein calonnau,
Tyrd fel cariad.

Teyrnasa yn ein meddyliau,
Tyrd fel heddwch.

Teyrnasa yn ein gweithredoedd,
Tyrd fel grym.

Teyrnasa yn ystod ein dyddiau
Tyrd fel llawenydd.

Teyrnasa yn ein tywyllwch
Tyrd fel goleuni.

Teyrnasa yn ein cyrff,
Tyrd fel iechyd.

Teyrnasa yn ein llafur,
Tyrd fel gobaith.

Deled dy Deyrnas
I'n plith. *Amen.*

GWEDDI HWYROL

Wrth fy ngwarchod i
Bydded i'r Tad
Fod drosof fi
Y Gwaredwr
Boed danaf fi,
Boed yr Ysbryd
O'm hamgylch i,
Y Sanctaidd Dri
Yn f'amddiffyn i
Cyn daw'r hwyr
Rho'th fendith lwyr,
Sanctaidd Dri
Sylwa arnaf fi,
Pan ddaw'r nos ddu
Clyw fy nghri,
Sanctaidd Dri
Amgylchyna fi
Bydded felly –
Amen i ti,
Sanctaidd Dri
Ynglŷn â mi. *Amen.*

Alistair Maclean (1885–1936)

Gweinidog yn Eglwys yr Alban. Casglodd lu o weddïau o Ynysoedd Heledd, a chyhoeddwyd hwy yn Hebridean Altars *(1937)*

FFARWÉL YR YNYSWR

O Sanctaidd Grist, bendithia fi â'th bresenoldeb pan fyddo fy nyddiau'n flinedig a'm cyfeillion yn brin. Bendithia fi â'th bresenoldeb pan fyddo fy llawenydd yn gyflawn, rhag ofn imi anghofio'r Rhoddwr yn y rhodd. Bendithia fi â'th bresenoldeb pan ddof i'r diwedd. Cynorthwya fi yn y tywyllwch i ddarganfod y rhyd. Ac ar fy ymadawiad cysura fi â'th addewid lle bynnag y byddi di, yno y bydd dy was. *Amen.*

DEALLTWRIAETH

IESU, mab y Forwyn Fair, pwysaf ar d'addewid,
os byddaf fyw yn llwyr i ti o ddydd i ddydd,
caf eto fyw gyda thi am byth. *Amen.*

ANGEN Y CELT

O Dduw bydd gyda mi
Yn hwn, dy ddydd,
Bob dydd,
Ac ym mhob ffordd,
Gyda mi a throsof fi,
Yn hwn, dy ddydd. *Amen.*

Rex Anthony Chapman (1938–)

Canon yr Eglwys Gadeiriol, Carlisle

DWYLO'R ARGLWYDD DDUW

I'th ddwylo di, Arglwydd, ymddiriedwn ein hysbryd,
i'th ddwylo di, dwylo agored a diniwed cariad,
i'th ddwylo di, dwylo derbyngar a chroesawgar cariad,
i'th ddwylo di, dwylo cadarn a dibynadwy cariad,
ymddiriedwn ein hysbryd. *Amen.*

BYDD O GYMORTH IMI, ARGLWYDD

Rwyf wedi blino, Arglwydd. Rhy flinedig i feddwl, rhy flinedig
i weddïo, rhy flinedig i wneud un peth. Yn orflinedig, wedi fy
llwyr wacáu o bob adnodd, 'yn llafurio wrth y rhwyfau yn erbyn
blaenwynt', wedi fy ngwasgu i lawr gan rym cyn gryfed â'r môr.
Arglwydd yr holl nerth a'r cadernid, 'dy ffordd di oedd drwy'r
môr, dy lwybr drwy y dyfroedd nerthol'; llonydda fy enaid, cymer
drosodd, Arglwydd yr holl nerth a'r cadernid. *Amen.*

LLAWENYDD Y DYRCHAFAEL

Nid yn unig yr wyt yn atgyfodedig ac yn fyw, ti yw'r
Arglwydd.
Dyma dy ddyrchafael, dy oruchafiaeth dros yr holl fydysawd.
Rwyt yn sefyll dros ac yn uwch na'r gorau mewn bywyd – fel ei
ffynhonnell.
Rwyt yn sefyll yn uwch na'r cyfan gwaethaf sydd – fel enillydd
terfynol.
Rwyt yn sefyll yn uwch na'r holl rymoedd a'r awdurdodau – fel
barnwr.
Rwyt yn sefyll yn uwch na'r holl fethiant a gwendid a phechod –
fel maddeuant a chariad.
Ti yn unig sy'n deilwng o deyrngarwch llwyr ac ymroddiad
cyflawn.
Ti yw'r Arglwydd,
'Fy Arglwydd a'm Duw.' *Amen.*

W. J. Byron Evans (1938–2000)

Gweinidog gyda'r Bedyddwyr, Ysgrifennydd Cymdeithas y Beibl yng Nghymru, a Phennaeth Cefnogaeth Ryngwladol y Gymdeithas. Bu'n gweinidogaethu yn Llundain: Castle Street, Eglwys y Bedyddwyr Cymraeg a Seion, Eglwys y Presbyteriaid, Ealing Green

Y DEYRNAS

'Deled dy deyrnas.'
    Mor aml y dywedais y geiriau
gan gredu 'mod i'n eu gweddïo!
'Deled dy deyrnas?'
Ie, iawn;
ond gofyn am fyd heb broblemau a wneuthum lawer tro;
byd lle mae popeth yn hyfryd a theg a melys;
byd o gynghanedd . . . persain.
Ond 'dyw pethau ddim fel 'na, Arglwydd:
mae rhyfeloedd, a sôn am ryfeloedd;
mae poen a thrachwant a chasineb;
mae plant yn marw ar domennydd sbwriel y byd.
Yn dy nerth a'th allu di,
oni allai pethau fod yn wahanol?
Mae arnaf ofn:
mae pob owns o'm diwinyddiaeth
a phob modfedd o athrawiaeth
yn fy ngadael yn oer,
a'm cwestiynau bach mawr
heb eu hateb.
Ac eto, os mai felly y mae,
efallai, yn dy gariad a'th ddoethineb a'th drefn,
mai felly y mae i fod.
Helpa fi i lynu mewn ffydd pan na ddeallaf;
i gerdded mewn gobaith drwy'r niwl;
i chwilio amdanat yn y nos.
Pan na ddeallaf,
helpa fi i dderbyn. *Amen.*

HYNODRWYDD DUW

Myfi yw'r awel sy'n anadlu ar y môr.
Myfi yw'r don yn y môr.
Myfi yw siffrwd y dail.
Myfi yw pelydrau'r haul.
Myfi yw llewyrch y lloer a'r sêr.
Myfi yw'r grym sydd yn y coed wrth dyfu.
Myfi yw'r blagur pan dyr yn flodeuyn.
Myfi yw symudiad y pysgodyn.
Myfi yw grym y twrch pan ladd.
Myfi yw cyflymder yr hydd.
Myfi yw nerth yr ych wrth i'r swch dorri i'r ddaear.
Myfi yw nerth y dderwen braff.
Myfi yw natur popeth sydd,
a meddyliau pob peth byw,
y rhai a ganmolant fy enw.

Ti, O Dduw, a ddaeth ataf yn ddiarwybod i mi, ac a gyffyrddodd â'm calon, yw'r un Duw a welaf yn Iesu Grist ac yn yr eglwys, a'i sacramentau. Ac yr wyt bellach yn byw yn fy nghalon, ac nid yn unig yn fy meddwl. *Amen.*

CREDO'R DIODDEFWR

CREDAF . . . yn Nuw fel y mae wedi egluro'i hun i mi. Credaf ei fod ym mhob peth, ym mhob person ac ym mhob man, ac ynof fi.
CREDAF . . . mewn Natur, fel datganiad o bopeth sydd yn dda, yn iawn a glân. Credaf yn iawnder natur, sy'n real.
CREDAF . . . mewn pobl fel y maent, heb eu barnu a heb angen eu beirniadu.
CREDAF . . . yn f'afiechyd, ac yng ngrym alcohol a chyffur. Credaf yn eu gallu i'm meddiannu eto, os caniatâf iddynt.
CREDAF . . . y bydd fy mywyd yn ddireol eto, heb nerth Duw a'm penderfyniad i gadw'r gelynion draw.
CREDAF . . . yn yr HEN FI, nad oedd yn dda i mi na chennyf fi. Nid yw'n dda i mi nawr, nac i neb arall.

CREDAF . . . yn f'adferiad, a'm penderfyniad i wneud popeth o fewn fy ngallu i'w ddiogelu.

CREDAF . . . ynof fi fy hun, fel yr wyf, ac yn y fan lle'r wyf, gan wybod nad wyf yn berffaith. Ond fel yr wyf, credaf ynof fi a'm gwerth.

CREDAF . . . mewn bywyd, fel ag y mae i mi nawr, ac fel y mynn Duw iddo ddatblygu, os mynn iddo barhau.

CREDAF . . . yn heddiw. Aeth ddoe ac echdoe heibio. Ni anwyd yfory na thrannoeth. Y mae heddiw, yn awr, yma, yn ffaith. Derbyniaf ef yn rhodd ryfeddol i'w defnyddio, fel ag y mae.

CREDAF . . . yng nghymdeithas fy nghyd-ddioddefwyr, a'r cymorth a gaf ynddi. Credaf yn fy mhenderfyniad i geisio gofyn am gymorth pan fo'i angen arnaf.

CREDAF . . . mewn gobaith. Hebddo fe dderfydd amdanaf.

CREDAF . . . mewn daioni, ac yn fy nheimladau da a glân. Ar y llwybr hwnnw y daw dedwyddwch.

CREDAF . . . yn yr eglwys, fel corff gweledig Crist a Duw, yn estyn dwylo mewn gwahoddiad ac ymgeledd grasol.

CREDAF . . . yn Iesu Grist, yn bresenoldeb byw yn fy mywyd, yn amddiffynnydd ac yn gyd-deithiwr ar bob rhan o siwrnai seithug fy modolaeth.

Bydded felly!

Elfed ap Nefydd Roberts (1936–)

Gweinidog profiadol, Prifathro Coleg Diwinyddol Unedig Aberystwyth. Derbyniodd radd D.D., er anrhydedd, gan y Brifysgol, Llywydd Cymanfa Gyffredinol yr Eglwys Bresbyteraidd, golygydd, darlledwr, awdur nifer o lyfrau, yn bennaf ym maes gweddi

DYRCHAFWN EIN CALONNAU

Tydi, ein Tad, yn dy gariad mawr a roddaist i ni yr holl fendithion hynny sy'n gwneud dyddiau ein heinioes yn hardd ac yn llawen: Dyrchafwn ein calonnau mewn clod i'th enw.

Am harddwch, am ffresni'r dydd, am ogoniant y cread ac am gywreinrwydd natur: Diolchwn i ti, O Dduw.

Am fwyd, am anadl einioes, am gyrff iach ac am feddyliau clir: Diolchwn i ti, O Dduw.

Am bobl, am gwmni ffrindiau ac am esiampl y rhai fu'n gymorth ac yn ysbrydiaeth i ni: Diolchwn i ti, O Dduw.

Am dy eglwys, am gymdeithas y saint, am fendithion addoli ac am y fraint o gael cyfrannu i fywyd y byd: Diolchwn i ti, O Dduw.

Am yr Arglwydd Iesu Grist, am gyfoeth ei ddysgeidiaeth, am oleuni ei esiampl, am rin ei aberth ac am rym ei atgyfodiad: Diolchwn i ti, O Dduw. *Amen.*

DUW'R ADNEWYDDWR

Arglwydd bywyd, ti yn unig sy'n diwallu ein hanghenion dyfnaf. Â dyfroedd tawel dy ras yn unig y cawn ein disychedu. Yn dy Ysbryd di yn unig y cawn ein hadnewyddu. Cadw ni yn agos atat, ac adnewydda ein ffydd, ein cariad a'n bywyd ysbrydol.

Gweddïwn dros bawb sy'n llesg a blinedig: rhai mewn afiechyd; rhai mewn iselder ysbryd; rhai mewn ofn ac amheuaeth; rhai wedi cefnu arnat, wedi rhoi'r gorau i weddïo a'u heneidiau'n hesb. Estyn iddynt ddŵr y bywyd ac adnewydda hwy.

Arglwydd, adfer a bywha ni, a chadw ni yn dy gariad hyd y diwedd. *Amen.*

POBL MEWN ANGEN

O Dduw, ffynnon pob tosturi a rhoddwr pob diddanwch, clyw ein hymbiliau ar ran dy fyd ac ar ran dy bobl ym mhob man sydd mewn angen am gymorth dy gariad tyner:

Pobl anhapus y byd — y galarus, yr unig, yr amddifad a'r diymgeledd a'r rhai sydd heb neb i'w caru;

Pobl anghenus y byd — y newynog, y tlodion, y caethion a'r gorthrymedig na wyddant am gariad Duw na gofal cyd-ddyn;

Pobl anghyfrifol y byd — y rhai sy'n gorthrymu eraill ac yn ddifater i adfyd y gwan a'r diamddiffyn;

Pobl addfwyn y byd — y rhai sy'n tystio mewn gair a gweithred i ffordd dra rhagorol cariad Crist.
Dyro iddynt oll brofiad o rym dy gariad a phenderfyniad i efelychu'r Arglwydd Iesu Grist yn ei diriondeb a'i dosturi. *Amen.*

Y PRESENOLDEB DWYFOL

Pan ddeuaf i mewn i'th bresenoldeb di,
yng nghynulleidfa dy bobl neu yn unigedd fy ystafell,
yno y mae teml y temlau, y cysegr sancteiddiolaf:
ti dy hunan yw'r allor,
ti dy hunan yw'r goleuni,
ti dy hunan yw'r wledd.
Gad i'm defosiwn a'm gweddïau godi atat fel arogldarth fel y bydd
undeb a chymundeb rhyngof a thydi;
dy Ysbryd yn ymdywallt i'm henaid
a'm henaid yn ymgolli ynot ti –
ti ynof fi a minnau ynot ti,
y Tragwyddol, yr Anfeidrol, y Sanctaidd. *Amen.*

TANGNEFEDD

Arglwydd,
diolchwn i ti am rodd dy dangnefedd,
i ddistewi'n meddyliau,
i orlifo'n calonnau,
i lonyddu'n cyrff,
i leddfu'n hofnau.
Cymorth ni i ymdawelu ger dy fron,
i ymlacio yn hedd dy bresenoldeb,
ac i'n derbyn ein hunain a'n gilydd
fel yr wyt ti yn ein derbyn ni.

Agorwn ein calonnau, Arglwydd,
i dderbyn ac i ddathlu rhodd dy dangnefedd:
y tangnefedd sy'n deillio ohonot ti,
na all y byd ei roi na'i gymryd oddi wrthym;
y tangnefedd sy'n ymlid pob cynnwrf ac ofn.

Arglwydd, tyrd yn dy dangnefedd
i ganol hynt a helynt ein bywyd:
i ganol cyffro dyddiau ieuenctid;
i ganol prysurdeb canol oed;
i ganol balchder ein llwyddiant;
i ganol siom ein methiant;
i ganol anterth ein hiechyd;
i ganol poen ein dioddefaint;
i ganol cysgodion henaint;
i ganol braw ein diwedd:
tyrd i fod yn nerth ac yn ddiddanwch i ni.

Arglwydd, tyrd yn dy dangnefedd
i ganol gwaith a thystiolaeth dy eglwys:
i ganol rhin addoliad dy bobl;
i ganol cymdeithas y ddau neu dri;
i ganol ein gobaith pan welwn arwyddion twf;
i ganol ein siom pan welwn y gwaith yn methu;
i ganol dryswch ein chwilio am dy ewyllys;
i ganol poen rhannu yn nioddefiadau'r byd;
i ganol ein hymdrech i rannu'r ffydd ag eraill;
i ganol ein hymchwil am undeb ac adnewyddiad:
tyrd i fod yn oleuni ac yn ysbrydiaeth i ni.

Arglwydd, tyrd yn dy dangnefedd
i ganol dynoliaeth ranedig a briw:
i ganol rhyfeloedd a therfysgoedd ein byd:
i ganol ing y clwyfedig;
i ganol torcalon y weddw a'r amddifad;
i ganol dychryn y ffoadur a'r alltud;
i ganol llid a dialedd y gormeswr;
i ganol trafodaethau arweinyddion y gwledydd;
i ganol tystiolaeth ddewr y tangnefeddwyr;
i ganol pechod a chywilydd ein creulonderau:
tyrd i fod yn obaith ac yn waredigaeth i ni.

Arglwydd, gad i'th dangnefedd
ein meddiannu oddi uchod,
ein llenwi oddi mewn,

ein hamgylchynu oddi allan,
ein cofleidio a'n cynnal,
rhag i ddim gynhyrfu'n calon a rhag inni ofni.
Tyrd, Arglwydd Iesu, i drigo yn ein plith yn wastad. *Amen.*

GWASANAETH

D ad pob daioni a rhoddwr pob dawn,
   rhoddaist i ni ddyhead i'th geisio,
 nerth i'th wasanaethu,
 anadl i'th foliannu
a lleferydd i sôn amdanat.
Cynorthwya ni i ddefnyddio'r doniau hyn
 i offrymu iti fawl ac addoliad,
 ac i ymroi yn ffyddlon i'th waith.

Diolchwn i ti, O Dduw,
 am bob gweledigaeth o'th wirionedd
 a roddaist i ni yn dy Fab, Iesu Grist.
Diolchwn i ti
 am iddo fynd o amgylch gan wneud daioni
 a gwasanaethu'r gwan a'r anghenus.
Diolchwn i ti
 am iddo'n dysgu i garu'n gilydd,
 ac am iddo roi inni esiampl o ostyngeiddrwydd
 a gwasanaeth wrth olchi traed ei ddisgyblion.
Diolchwn i ti
 am iddo gymryd agwedd gwas
 a'i roi ei hun mewn cariad a thosturi drosom.
O fyfyrio ar ei wyleidd-dra,
 cymorth ni i weld y gogoniant sydd mewn gwasanaeth
 a'r urddas a berthyn i'r isel rai.

O Dad, cymorth ni i ddilyn esiampl Iesu Grist,
 i ymroi i'th wasanaethu di
 a'n cyd-ddyn yn dy enw.
Cymorth ni i'th wasanaethu yn ein gwaith beunyddiol
 trwy gysegru pob dawn a gallu sydd ynom i ti.

Cymorth ni i'th wasanaethu yn ein hymarweddiad a'n buchedd
  fel y bo'n bywydau yn dystiolaeth i ti.
Cymorth ni i'th wasanaethu yn dy eglwys
  trwy ymateb i'th alwad i fod yn bobl i ti.
Cymorth ni i'th wasanaethu
  trwy estyn cysur a chymorth i'n cyd-ddyn,
  a thrwy hynny gyflawni cyfraith Crist.

O Dad, cyflwynwn i ti
  y gorthrymedig a'r newynog,
  y diymgeledd a'r llesg,
  y trallodus a'r trist.
Gweddïwn dros bawb sy'n gweini arnynt
  ac yn gweithio i leddfu poen a gorthrwm:
  meddygon sy'n iacháu a chysuro;
  gwyddonwyr sy'n ymchwilio a darganfod;
  athrawon sy'n dysgu ac arwain;
  pawb sy'n estyn cymorth ac ymgeledd
  i'r trist, y gwan a'r anghenus,
  a phawb sy'n cyflawni gweinidogaeth Crist y gwas.

Gwna ni oll yn gyfryngau dy dosturi i eraill.
Cymer ein dwylo a defnyddia hwy yn dy waith;
  cymer ein calonnau a llanw hwy â chariad Crist;
  cymer ein traed a thywys hwy yn dy lwybrau.
Gofynnwn hyn yn enw ac yn haeddiant Iesu Grist,
  ein Harglwydd a'n Gwaredwr. *Amen.*

MADDAU INNI, ARGLWYDD

Arglwydd daionus,
cyffeswn i ni dy siomi,
i ni fyw'n hunanol ac anystyriol,
gan fynnu dilyn ein ffordd ein hunain
ac anghofio anghenion eraill
a gofynion dy gariad di.
Ymbiliwn am dy faddeuant
i'n rhyddhau o'n beiau

ac am nerth dy Ysbryd
i fyw yn ôl dy orchmynion
trwy Iesu Grist, ein Harglwydd. *Amen.*

CYFFES

E in Tad,
yr ydym wedi pechu yn erbyn y nef
ac yn dy erbyn di.
Nid ydym yn haeddu ein galw'n blant i ti.
Dychwelwn atat mewn edifeirwch.
Trugarha wrthym a derbyn ni'n ôl,
Fel rhai a fu farw,
ond a ddaethom yn fyw drachefn,
fel rhai a fu ar goll,
ond a gafwyd hyd inni;
trwy Iesu Grist ein Harglwydd
a ddaeth i'n ceisio ac i'n cadw
i fywyd tragwyddol. *Amen.*

DIOLCH, O DDUW, AM Y CYFAN OLL

O Dduw pob gras,
Tad ein Harglwydd Iesu Grist
ein creawdwr, ein gwaredwr
a rhoddwr popeth da:
dyrchafwn ein calonnau atat
a diolchwn i ti
am dy ragluniaeth helaeth a thyner,
am dy fendithion sy'n newydd bob bore,
am oleuni dy wirionedd,
am dy agosrwydd atom bob amser
ac am arweiniad a thangnefedd
yr Ysbryd Glân.
Derbyn ein diolch,
cadw ni yn dy gariad,
a thywys ni yn y diwedd

i'r gogoniant tragwyddol,
lle mae llawnder llawenydd
a heddwch byth bythoedd;
trwy Iesu Grist ein Harglwydd. *Amen.*

DUW'N GYSGOD I'R ANGHENUS

O gofio, Arglwydd, dy fod yn cysgodi dy blant yn dy gariad, cyflwynwn i ti y rhai ym mhob rhan o'r byd sydd mewn perygl oherwydd rhyfel a therfysg; y rhai sy'n dlawd ac yn brin o fwyd; y rhai sy'n anabl ac o dan anfantais; y rhai sy'n hen, yn unig ac yn ofnus; plant bach sy'n cael eu camdrin; pobl ifanc sydd wedi gadael cartref.

Estyn dy ofal drostynt a chadw hwy yn ddiogel yn dy gariad.
Amen.

MEDDIANNA FY NGHALON

Arglwydd Iesu, fy Ngwaredwr, gad i mi nesáu atat ti yn awr. Y mae fy nghalon yn oer; cynhesa hi â gwres dy gariad;
y mae fy nghalon yn aflan; glanha hi â'th werthfawr waed;
y mae fy nghalon yn dywyll; goleua hi â llewyrch dy wirionedd;
y mae fy nghalon yn wan; cryfha hi â nerth dy Ysbryd;
y mae fy nghalon yn wag; llanw hi â'th bresenoldeb dwyfol.
Arglwydd Iesu, y mae fy nghalon yn eiddo i ti;
meddianna hi a thrig o'i mewn, yn awr a phob amser. *Amen.*

TYRD I'N PLITH

O Arglwydd Iesu Grist,
fel y daethost gynt i ddwyn gobaith a goleuni i'n byd,
tyrd at bawb sydd mewn angen amdanat heddiw.
Tyrd i'r mannau hynny sydd yng ngafael rhyfel a gormes,
a thywys bobl i ganfod heddwch a chyfiawnder.
Tyrd i blith y tlawd, y newynog a'r difreintiedig,

a symud bopeth sy'n diraddio ac yn llethu dy blant.

Tyrd i blith y gwan, yr unig a'r trallodus,

a rho iddynt nerth a diddanwch dy bresenoldeb.

Tyrd i blith y rhai nad ydynt yn dy adnabod a datguddia iddynt dy gariad a'th drugaredd.

Tyrd i ganol dy Eglwys ac i blith dy bobl ym mhobman i'w bywhau i gyflawni dy waith ac i estyn dy deyrnas.

Tyrd, O Grist, i'n calonnau ninnau;

maddau i ni bopeth sy'n llesteirio'n tystiolaeth,

a gwna ni'n wir ddisgyblion i ti. *Amen.*

Meurwyn Williams (1940–98)

Gweinidog heriol gyda'r Annibynwyr, cyfathrebwr, darlledwr – ei gred gadarn oedd taw cyfrwng tystiolaeth i'r Efengyl oedd darlledu Cristnogol

GWEDDI FOREOL

O Dad, diolch i ti am y cyfle hwn eto i uno â'n gilydd mewn gweddi. Cedwaist ni'n ddiogel drwy'r nos a rhoi cyfle newydd arall i ni dy foli a'th addoli di drwy fyw ein bywydau er dy fwyn. Rwyt ti'n rhoi sawl cyfle i ni i'th ddangos di, ond rydyn ni'n ymwybodol iawn mai eu hanwybyddu fyddwn ni'n aml a mynnu dilyn ein mympwyon ein hunain yn hytrach na wynebu her d' Efengyl di.

Gofynnwn yn awr am dy gwmni i bawb sy'n teimlo'n unig heddiw – rhai sy'n ystyried byw hyd yn oed yn fwrn. Mae 'na rai sy'n gofidio nad yw eu hiechyd yr hyn garen nhw iddo fod – bydd di'n gysur iddynt. Mae rhai'n cael eu llethu gan ofalon bywyd, methu cael gwaith, dim digon o arian i gael dau ben llinyn ynghyd – rydyn ni'n cofio amdanynt yn ein gweddi ac yn eu cyflwyno i gyd i'th ofal tadol di.

Gofynnwn hyn yn enw Iesu, ein Harglwydd. *Amen.*

DIOLCH AM IESU

Hollalluog Dduw – down ger dy fron i ddiolch i ti yn bennaf am dy rodd fawr i ni yn Iesu Grist. Mae llawer ohonom ni sy'n cyd-weddïo nawr heb ddechrau ystyried arwyddocâd Iesu i'n bywyd yn llawn. Cyffeswn mai enw yw e i lawer ohonom – ac rŷm ni'n sychedu am iddo lanw'r gwacter sydd yn ein heneidiau. Wrth i ni gofio'i eni ef i'n byd, pâr iddo gael ei eni o'r newydd yn ein calonnau – fel bo ein bywyd yn gyfrwng i'w ddangos ef i eraill.

Tyrd felly Iesu da i'n calonnau ni – gwna ni'n wir ddilynwyr i ti.

Gweddïwn yn arbennig nawr dros y rheini fyddai'n caru rhan yn ein gweddi. Rhai o blith y cwmni sy'n cyd-addoli nawr falle. Mae rhai ohonom yn unig – llanw'n bywydau â'th bresenoldeb . . . Eraill ohonom yn gweld cornel yn wag. A wnei di fod yn agos atom?

Lle mae 'na ofidio a galaru a hiraethu, bydd di yn freichiau tragwyddol oddi tanom i'n cynnal.

Rŷm ni'n gallu gofyn hyn i ti, gan fod llawer ohonom yn gwybod o brofiad y gelli di yn dy gariad lapio dy hun yn dynn amdanom.

Derbyn ein diolch felly am bob rhodd a gawn – popeth sy'n dod i'n rhan yn ein bywyd sy'n ei wneud yn werth ei fyw. Gofynnwn ein gweddi yn enw Iesu Grist, ein Harglwydd. *Amen.*

Y BYD CYFOES

Ein Tad, diolch i ti am ein bod yn cael ein galw gennyt ti i fod yn wir anghydffurfwyr. Cyfaddefwn ei bod yn llawer haws gennym ni ddilyn ffasiwn yr oes a byw yn ôl safonau simsan y gymdeithas gyfoes yn hytrach na sicrhau fod egwyddorion yr Efengyl yn cael tir da i dyfu yn ein bywyd.

Mae mynd yn erbyn y llif yn anodd, O Dad. Mae gwneud safiad yn dy enw di yn galw am ddewrder. Allwn ni, ar ein pennau'n hunain, wneud dim mwy na gofyn am dy Ysbryd a'th nerth di ynom –

337

wedyn mae popeth yn bosibl. Y dröedigaeth honno yw'r hyn a geisiwn, O Dad.

Rŷm ni'n diolch i ti am yr holl fendithion y cawn ni'r pleser o'u mwynhau. Mae ffiol y fendith yn gorlanw yn aml, diolch i ti. Hyd yn oed pan fyddwn ni'n teimlo nad yw bywyd yn deg iawn yn ei ymwneud â ni – helpa ni i sylweddoli bod gyda ni le i ddiolch i ti ym mhob dim.

Gweddïwn nawr dros y rheini sy'n unig, neb yn galw heibio am oriau weithiau – diolch i ti am bob cyfrwng sy'n gallu bod yn gwmni ac yn gysur iddyn nhw.

Mae 'na rai sy'n wynebu ofnau na wyddom ni ddim amdanynt. Ar yr wyneb fe allan nhw ymddangos yn gadarn iawn ond mae eu calonnau'n curo'n gyflym weithiau wrth ofni afiechyd a marwolaeth. Bydd di'n gadernid iddynt.

Bydd yn gydwybod i arweinwyr a llywodraethwyr gwledydd – helpa nhw i ystyried pobol fel pobol, ac fel rhai sy'n haeddu parch.

Gofynnwn y weddi hon, a'n gweddïau i gyd, yn enw Iesu yr Athro a'n dysgodd i weddïo gan ddweud EIN TAD . . .

BENDITHION DUW

O Dad, diolchwn i ti am y cyfle hwn i ddod atat mewn gweddi. Mae gyda ni i gyd lawer rheswm dros ddiolch i ti oherwydd rwyt ti'n tywallt dy fendithion arnom yn gyson. Diolchwn am ryfeddod y cread o'n cwmpas, am wyrthiau tymhorol byd natur, am bobol sy'n gwneud ein bywyd yn werth ei fyw. Gwyddom hefyd mai ti sy'n rhoi dawn i'r cerddor, gallu creadigol i'r cerflunydd a medr i'r artist. Ac rwyt ti'n ein galluogi ninnau i werthfawrogi eu doniau nhw. Diolchwn i ti, O Dad. Ond diolchwn hefyd dy fod wedi plannu hadau ym mhob un ohonom ninnau i ddweud amdanat ti a'th wasanaethu di yng Nghrist. Cynnal ni yn y mannau lle'r ŷm ni'n wan yn ein tystiolaeth. Pan wyt ti'n ewyllysio i ni wneud un peth, neu fynd i un cyfeiriad, maddau i ni ein bod ni mor benstiff a mynnu dilyn trywydd arall. Gwna ni'n well tystion i ti os gweli'n dda.

Bydd gyda phawb yn awr a fyddai'n caru rhan yn ein gweddi – mae angen pob un ohonom yn wahanol – a'r rhyfeddod yw dy fod ti'n gallu diwallu'r holl anghenion hynny. Rho i ni felly, bob un ohonom, yn ôl ein hangen.

Gofynnwn hyn yn enw Iesu Grist ein Harglwydd. *Amen.*

GWEDDI DROS ERAILL

O Dad, diolch am dy ofal a'th ddarpariaeth gyson ar ein cyfer. Mae gennyt ti gonsýrn amdanom bob amser, ac mae dy fendithion yn cael eu diwel arnom. Diolchwn ninnau i ti nawr am holl roddion dy ragluniaeth. Dangosaist dy gariad tuag atom i'r eithaf yn Iesu; helpa ni i fynegi'n diolch yn llawn drwy fyw ein bywyd wrth egwyddorion yr Efengyl. Dysg ni, Arglwydd, i beidio â mynd heibio i bobol. Weithie, fe gyfaddefwn, nid oes gennym lawer o amynedd tuag at rai ohonyn nhw, dim llawer o feddwl ohonyn nhw weithie, chwaith. Fe'i cawn yn hawdd iawn anwybyddu eraill ar dro, Arglwydd. Ond rwyt ti wedi ein dysgu fod pob person yn cyfrif yn dy olwg di, ac os ydyn nhw'n blant i ti, yna mae'n gyfrifoldeb ac yn anrhydedd arnom ninnau i'w caru fel brodyr a chwiorydd. Llanw ni felly, â'th Ysbryd di, fel y bydd i ni fyw, nid er ein mwyn ein hunain, ond er dy fwyn di, ac o ganlyniad, er mwyn eraill.

Arglwydd, fe gyfaddefwn fod y byd yn dal i fod yn gymysgedd o anrhefn a chamddeall. Rŷn ni'n darllen mewn papurau, ac yn clywed ar y newyddion am densiwn a thyndra rhwng gwahanol wledydd a phobloedd. Mae'n anodd gennym ddeall sut i ddod i delerau â'r cyfan, Arglwydd. Cofiwn i Iesu ein dysgu nad oes lle yn ein bywyd i uchelgais afiach ac uchafiaeth, ac nad yw atgasedd ac eiddigedd yn rhan o arfogaeth yr un sy'n dilyn Iesu. Gwyddom hefyd fod cariad a chyfiawnder yn rhinweddau y dylem eu meithrin mewn perthynas â'n gilydd, ac ar lefel ehangach rhwng cenedl a chenedl. Cynorthwya ni felly i weld perthnasedd efengyl

Iesu Grist ar gyfer ein bywyd ni, ein dyddiau ni, a bywyd y byd, gan ddwyn ar gof i ni fod y cariad y bu Iesu yn sôn amdano yn allweddol os ydym i weld cyd-ddeall a chydymdeimlad rhwng pobloedd.

Gwrando ein gweddi dros ein byd, a throsom ein hunain Arglwydd, wrth i ni erfyn dy faddeuant am ein beiau yn dy erbyn di ac yn erbyn ein cyd-ddyn. *Amen.*

Y BYD A'I ARGYFYNGAU

Gweddïwn nawr dros ein byd yn ei densiynau a'i gyfyngder. Yn y pen draw fe gredwn ni mai wrth i ni fyw yn ôl y goleuni gawn ni yn yr Efengyl, a hynny'n troi'n esiampl – mai trwy hynny y gellir adeiladu perthynas dda, gyfiawn a chariadus ag eraill.

Ac o feddwl am eraill fe gofiwn ni nawr am bawb yn ein cwmni ni'r awr hon, a phawb o'n cydnabod fyddai'n caru cael eu cofio yn ein gweddïau.

Bwrw dy gysgod tyner, O Dad, dros bawb sy'n unig a llesg, y rhai sy'n ofnus a gwan heddiw – y rheini sy'n teimlo bod pobol wedi cefnu arnyn nhw a'r rheini sy'n gweld cornel yn wag ar ôl colli rhywun annwyl iddyn nhw.

Rŷm ninne'n diolch am dy holl fendithion a'th garedigrwydd tuag atom ac yn erfyn maddeuant am ein beiau a'n methiannau yn enw Iesu Grist ein Harglwydd. *Amen.*

DIOLCH AM Y GAIR

Rŷm ni'n dod ger dy fron yn awr Arglwydd yn llawn diolch i ti am dy garedigrwydd tuag atom. Rŷm ni'n darllen straeon a hanesion yn y Beibl sy'n dangos i ni dy fod wedi poeni am ddyn erioed. Hyd yn oed pan fo dynion wedi gwrthod dy ddilyn ac ufuddhau i'th alwad arnyn nhw – rwyt ti wedi gafael ynddyn nhw ac wedi eu denu i ufuddhau i'th ewyllys yn y pen draw. A dyna'n gobaith ninnau – y bydd i ti ymaflyd ynom a'n gwneud yn eiddo llwyr i ti.

Rŷm ni am ddiolch i ti hefyd am y Gair – a'r neges a gawn ni ynddo. Rhyfeddwn at berthnasedd hanes dy ymwneud di â dynion, i'n cyfnod ni. Mae hyd yn oed y straeon yn dwyn neges i'n bywyd a'n hamgylchiadau. Cynorthwya ni i ddarllen y geiriau yn ystyriol bob amser.

Gweddïwn nawr dros bawb a garai ran yn ein gweddi: y rhai sy'n wael eu hiechyd ac yn isel eu hysbryd – yr unig a'r ofnus;

y rheini sy'n teimlo fod pawb wedi eu hanghofio a bod bywyd yn faich;

y rheini sydd wedi blino am fod y nos wedi bod yn hir a'r meddwl yn gythryblus.

Gofynnwn nawr am dy gymorth i'r rhai fydd heddiw yn gorfod gwneud penderfyniadau fydd yn effeithio ar fywydau pawb ohonom; y rhai sy'n methu cael gwaith, a bywyd o ganlyniad yn fwrn; y rhai sy mor dda eu byd nes methu deall sefyllfa eraill – y rhai sy mewn gwrthdaro a chynnen.

O Dduw, gwrando'n gweddi ar eu rhan. *Amen.*

TEULU DUW

Heddiw, Arglwydd, bydd pobol yn cael eu geni, a bydd pobol yn marw;

Bydd pobol yn priodi, yn gadael cartref, ac yn sefydlu eu haelwydydd eu hunain;

Bydd pobol yn gwledda, yn newynu, yn gwneud arian, dwyn arian, a rhoi arian i ffwrdd;

Bydd pobol yn llwyddo ac yn methu;

Bydd rhai yn lladd, bydd rhai pobol yn caru.

Dyma dy deulu di, Arglwydd, ac mae e'n deulu mawr, O Dad. Mae
y tu hwnt i ddirnadaeth, ac eto fe wyddom ein bod yn rhan ohono.
Arglwydd, tyn ni'n agosach at ein gilydd fel plant i ti; dysg ni i
ofalu am ein gilydd, a gofidio am ein gilydd, nid mewn gweddi
achlysurol, ond yn y ffordd y gwariwn ni'n harian a threulio'n
hamser, a bwrw'n pleidleisiau a magu'n plant.

Adnewydda'r teimlad yng nghalon pawb ohonom ein bod *yn*
perthyn i'n gilydd, boed i'r syniad o deulu fod yn real yn ein
meddwl ac yn ein bywyd, fel y gallwn ofyn hyn yn enw Iesu, a'n
dysgodd ni i'th alw di yn 'Dad'. *Amen.*

GER BRON TUDALEN FLAEN PAPUR NEWYDD

Taflu papur newydd allan 'roeddwn i, Arglwydd. Ac yna
dechreuais ddarllen –
darllen y dudalen flaen – y newyddion pwysig –
rhyfel, damwain, etholiad, lladrad, protest.
Ac yna bu bron i mi ei daflu heb feddwl, Arglwydd.

Brawychwyd fi wrth ddarllen. Roeddwn wedi gweld y cyfan o'r
blaen –
wedi bwrw golwg drosto, fwy neu lai.

Yn fy mraw, trof atat ti, Arglwydd, a gofyn i ti dderbyn y cyfan.
Cymer newyddion y dydd, Arglwydd.
Gwêl bob gair, y penawdau, pob brawddeg.
Dyma newyddion fy myd i fel y mae ar y dudalen flaen.
Arglwydd Dduw Hollalluog, dyma fy myd i.

* * * * *

Cenfigen, marwolaeth, rhyfel, cariad, sioc, tristwch, llawenydd.
Da a Drwg.
Rwyt ti, Arglwydd, yn darllen dros ysgwydd y cyhoeddwr.
'Does dim cyfrinachau'n cael eu celu rhagot.
Helpa ni i roi pob rhan o fywyd, pob munud bob dydd,
ger dy fron di, a gofyn i ti edrych dros y cyfan.

Yr wyt ti'n edrych.
Dy fyd di yw hwn.
Ac mae ei hanes fel pasiant o'th flaen di.
Oblegid yn Iesu Grist yr oeddet ac yr wyt ti yn Newyddion Da ym mywyd-pob-dydd dynion. *Amen.*

Cyfoeth o'i Drysor: Gweddïau Hen a Newydd
gol. Enid Morgan (1992)

Canon yn Eglwys Gadeiriol Llandaf, awdures, emynydd

NADOLIG

IESU fab Mair, daethost i deulu dynol a rhannu ein profiadau ni, bydd gyda ni'r Nadolig hwn yn ein cartrefi, bendithia ein plant, ein teuluoedd a'n cyfeillion, llanw ni â llawenydd a diolchgarwch a dawn rhyfeddu wrth ddeall dyfnder ac uchder a lled dy gariad. *Amen.*

SUL Y BLODAU

Frenin Nef a Daear, daethost ti i Jerwsalem yn marchogaeth ar gefn asyn a dangos dy frenhiniaeth; gwyddom mai yn ein calonnau ni yr wyt am deyrnasu. Cynorthwya ni i'th ddilyn yn dy wyleidd-dra, dy aberth a'th gariad, er gogoniant Duw Dad. *Amen.*

CYNHAEAF

Hollalluog Dduw, a'n dysgodd trwy dy Air ein bod yn dibynnu nid yn unig ar waith dwylo gwŷr a gwragedd ond hefyd ar dy ofal grasol di, moliannwn di am dy roddion ym myd natur. Dyro i ni yn ychwaneg, galonnau diolchgar a dysg ni i sylweddoli ein bod ym mhob peth yn gyd-weithwyr â thi sy'n awdur a rhoddwr pob peth daionus; trwy Iesu Grist ein Harglwydd. *Amen.*

GOLCHI TRAED

O Fab y Dyn, a gymeraist dywel a dŵr a golchi traed dy ddisgyblion; pâr i ni ddeall yr hyn a wnaethost, a dysg i ni ddilyn esiampl dy ostyngeiddrwydd fel y gallwn mewn cariad wasanaethu'n gilydd o gariad atat ti, ein Gwaredwr a'n Harglwydd. *Amen.*

Jim Cotter (1942–)

Offeiriad Anglicanaidd, ysgrifennwr litwrgaidd

I BAWB SYDD Â RHAN YN YR EGLWYS

A nnwyl Dduw, fel yr ymdrechwn i ddeall a defnyddio'n gymwys y gwaith a ymddiriedaist i ni, gosod o'n blaen eto ffordd Iesu, a gweithia drwom yn dy Ysbryd, er mwyn i ni stiwardio ein hymdrechion mewn ffyrdd na fydd yn rhwymo eraill ond yn eu rhyddhau i gymryd eu rhan nhw yn etifeddiaeth bywyd. Bydded i ni dyfu nid mewn taldra ond mewn gostyngeiddrwydd. *Amen.*

CANLLAW'R CRISTION

O Dduw trugarog, tueddwn i feio eraill a chasáu ein hunain am wneud hynny, sycha o'n llygaid y lluwch sy'n ein dallu, er mwyn i ni drin ein gilydd yng ngoleuni dy dosturi ac yn ysbryd Iesu Grist yr hwn yw Goleuni'r byd. *Amen.*

Y DISGWYL

Y n nyfnder fy modolaeth
 Deuaf yn dawel a llonydd;
Arhosaf amdanat ti, fy Nuw,
 Ffynhonnell fy iachawdwriaeth. *Amen.*

344

Noel Anthony Davies (1943–)

Gweinidog gyda'r Annibynwyr, bu'n Ysgrifennydd Cyffredinol Cyngor Eglwysi Cymru a Chomisiwn yr Eglwysi Cyfamodol; yna'n Ysgrifennydd Cyffredinol Cytûn; yn awr yn Gydlynydd Addysg a Hyfforddi yr Undeb yn Ne Cymru

ADNABOD: TYSTIOLAETH YR YSGRYTHUR

Cannwyll, Arglwydd, yn llosgi ac yn llewyrchu,
fflam wan, a phob awel yn bwgwth ei diffodd, ond fflam
i oleuo ambell gornel o dy bresenoldeb,
i daflu ambell gysgod i awgrymu siâp dy ogoniant.
Felly diolch am y canhwyllau,
y gair tyner o gydymdeimlad, y gair cadarn o her,
y gair sy'n clymu perthyn, y llaw sy'n codi'r syrthiedig,
yr haelioni sy'n dangos tosturi, yr haelioni all newid byd,
y weddi sy'n eiriau gras, y weddi sy'n ochenaid enaid,
y gweld sy'n agor ffenestr ar ogoniant dy wirionedd.
Diolch am gannwyll sy'n llosgi.
Ond ni wna un gannwyll oleuo'r tŷ; gyda'i gilydd y
mae'r canhwyllau ar eu gorau:
amrywiaeth gwahanol eiriau profiadau ffydd,
grym sy'n codi a chlymu wrth gydio llaw wrth law,
haelioni sy'n troi'n gymdeithas o rannu,
cylch o weddïau ar draws y byd sy'n fur o dân,
amrywiaeth o lygaid i'n galluogi i weld holl
liwiau anhygoel ffenestri lliw dy ogoniant.
Diolch am ganhwyllau'r Ysgrythur, canhwyllau
teulu'r ffydd, sy'n ganhwyllau'r adnabod.
Ond diolch nad oes rhaid dibynnu ar y canhwyllau.
Diolch fod gennym yn Iesu oleuni sy'n disgleirio'n llachar i
bob cornel, ar bob person, ymhob oes, drwy dystiolaeth yr
Ysgrythur. Diolch am newyddion da y gwir adnabod sy'n
ein gwahodd i ddod a chael bywyd yn Iesu. *Amen.*

YN GYTÛN

A rglwydd, ar y Pentecost cyntaf,
roedd dy ddisgyblion yn gytûn yn yr un lle,
pan ddaeth gwynt a thân dy Ysbryd,
i'w nerthu a'u bywhau.
Heddiw, yng Nghymru, wrth i ninnau, dy deulu, dyfu i
fod yn gytûn ymhlith ein gilydd,
dyro i ninnau hefyd wynt a thân dy Ysbryd,
i'n nerthu a'n bywhau.
Agor lygaid ein meddyliau, Arglwydd,
er mwyn i ni ddirnad gyda'n gilydd, ewyllys Crist Iesu, fel y
gallom dyfu, yn ffydd yr Ysgrythur,
       mewn moesoldeb personol,
       mewn cyfrifoldeb teuluol,
       mewn ymateb proffwydol,
       mewn gwasanaeth cymdeithasol,
i fod yn unfryd ac yn unllais.
Agor ein breichiau, Arglwydd,
er mwyn i ni dderbyn ein gilydd, fel y derbyniodd Crist ni,
       drwy gydnabod ein gilydd,
       drwy rannu adnoddau â'n gilydd,
       drwy fod yn bartneriaid â'n gilydd,
mewn gweinidogaeth a chenhadaeth.
Una ni, Arglwydd, â'r holl bobloedd sydd heddiw yn dy foli,
ymhob iaith a diwylliant, pob cenedl a chyfandir, fel y gallom
ynghyd roddi clod i ti, Dduw pob gobaith, a chael ein llenwi
ynghyd, â phob llawenydd a thangnefedd, wrth i ni arfer ein ffydd,
nes ein bod trwy nerth yr Ysbryd Glân, yn gorlifo â gobaith. *Amen.*

ADNABOD Y MAB

M or aml, ein Duw, yr ydym yn tybied ein bod yn gwybod
                  yn deall
                  yn adnabod:
'Onid mab Joseff yw hwn?'

Diolch i ti, Dduw, fod Iesu yn fab Joseff a Mair
        yn un ohonom ni
        yn rhannu'n cnawd,
gyda'i wreiddiau mewn teulu arbennig
      ymhlith pobl arbennig
       mewn traddodiad arbennig.
Diolch am fab Joseff a Mair, plentyn ei gyfnod,
 am Iesu ein Brawd, brawd hynaf ein teulu.
Ond maddau i ni, ein Duw, am fethu gweld y tu hwnt i'r dyn
 dy ogoniant di yn wyneb Iesu Grist.
Agor ein llygaid i ganfod y Gair yng nghnawd hwn,
   y Gair oedd o'r dechreuad,
   ystyr y bydysawd a diben ein byw,
   a phob peth sy'n fyw yn fyw â'i fywyd ef.
Pa ryfedd, Arglwydd, i ni erioed fethu gweld yn y brawd y
                        Mab
             ac yn y Mab y Tad?
Heddiw, yng nghwlwm dy deulu, agor ein llygaid,
 fel y gallwn ddechrau gweld a chredu. *Amen.*

Gweddïau
gol. *D. Tecwyn Evans (1945)*

YR YSGRYTHURAU SANCTAIDD

Hollalluog Dduw, Tad ein Harglwydd Iesu Grist, yr hwn a orchmynnodd i'r goleuni lewyrchu o dywyllwch, ac a lewyrchodd yn ein calonnau i roddi goleuni gwybodaeth gogoniant Duw yn wyneb Iesu Grist. Diolchwn i ti am y Gair a ddaeth yn gnawd ac a drigodd yn ein plith ni, yn llawn gras a gwirionedd. Diolchwn i ti am yr Ysgrythurau sydd yn tystiolaethu amdano, canys gwyddom mai er mwyn ein dysgu ni yr ysgrifennwyd hwy; fel y gallem, trwy amynedd a diddanwch yr Ysgrythurau, gael gobaith . . .

O Dad y Goleuni a roddodd inni Ysgrythurau sydd yn fuddiol i argyhoeddi, i geryddu ac i'n hyfforddi mewn cyfiawnder. Dysg i ni dy ddeddfau, a pherffeithia ni ymhob gweithred dda. Na fydded i neb ohonom fod yn wrandäwr yn unig, gan anghofio; eithr, yn hytrach, gwna ni oll yn wneuthurwyr, yn gweithio, fel y byddom ddedwydd yn ein gweithredoedd.

Mawrygwn dy ras yn dy weision sydd yn llafurio i gyfieithu ac i ledaenu'r Ysgrythur Lân. Llwydda eu hymdrechion. Deled y dydd yn fuan, O Arglwydd y cynhaeaf, y cyflawnir dy Arfaeth. Deled dy Deyrnas. Gwneler dy ewyllys, megis yn y Nef, felly ar y ddaear hefyd.

Ac yn awr, O Dduw ein Tad, a'n carodd, ac a roddodd inni obaith da trwy ras, diddana ein calonnau, a sicrha ni a'th holl saint ym mhob gair a gweithred dda; trwy Iesu Grist ein Harglwydd. *Amen.*

John Roger Jones

GWEDDI FOREOL

Dyro inni ras O Arglwydd, i dreulio'r dydd hwn er dy ogoniant di. Cadw ni yn ystod y dydd rhag pob perygl, ac amddiffyn ni rhag pob drwg. Gad inni deimlo dy fod ti yn wastadol gyda ni, a nertha ni ym mhob sefyllfa i ddodi ein holl ymddiried a'n gobaith ynot ti. Arwain ni'n barhaus i wybod dy ewyllys di, a nertha ni â'th ras fel y gallom ym mhob peth gyflawni dy fwriadau dwyfol.

Cyflwynwn i sylw dy drugaredd, O Arglwydd grasusol, bob aelod o'r teulu hwn sydd yn absennol o'n plith, a phawb o'n hanwyliaid sydd ymhell o'n golwg ni. Diolch iti am na all pellter lle nac amser, na chyfnewidiadau bywyd na marwolaeth, eu dwyn hwynt allan o gylch dy ofal a'th gariad. Bydd di yn gysgod drostynt ac yn amddiffynfa iddynt, a phâr iddynt hwythau ym mhob man brofi diddanwch a gorfoledd dy gymdeithas.

Cofia'r byd yn ei drallod a'i flinder, ac esmwythâ ei loes. Dyro dy ymgeledd i bawb sydd yn dioddef, y claf a'r cystuddiol, y pryderus a'r profedigaethus, a phawb sydd mewn gorthrymder.

Hyn oll a erfyniwn arnat yn enw ac yn haeddiant ein Harglwydd Iesu Grist. *Amen.*

T. J. Rowlands

GWEDDI HWYROL

Ein Tad yr hwn wyt yn y nefoedd, plygwn ger dy fron â chalonnau diolchgar.

Maddau inni, O Arglwydd grasol, bechodau'r dydd hwn a phechodau ein hoes. Maddau bob gair angharedig, pob meddwl gwamal, pob cymhelliad hunanol, pob cam ag eraill mewn meddwl a gweithred, a phob anufudd-dod i'th ewyllys sanctaidd. O Ysbryd sanctaidd, glanha ni oddi wrth bob pechod, ac arwain ni i fyw ac i feddwl yn ffordd yr Arglwydd Iesu. Diolchwn i ti, ein Tad, am anfon dy Uniganedig Fab i'n byd i fyw ac i farw drosom, a gweddïwn am i ti ein gwneud yn ddisgyblion cywir a ffyddlon iddo ef. Gwna ni yn fwy addfwyn a goddefgar. Boed inni weld y gorau yn ein gilydd, a thrwy dy ras orchfygu'r drwg sydd ynom. Cynorthwya ni i ddwyn ein beichiau yn ddirwgnach, a hefyd i ddwyn beichiau ein gilydd gan gyflawni felly gyfraith Iesu Grist ein Prynwr.

Dyro dy gysgod dros bawb sydd heno yn dilyn eu galwedigaethau ar dir a môr ac yn yr awyr, a chadw hwy rhag pob niwed, er mwyn dy enw.

Tydi, Ofalwr y gweddwon, Tad yr amddifaid, Cyfaill yr unig a Gwaredwr pechaduriaid, clyw ein cri yr awron ar ran y claf, y trallodus, yr unig, y tlawd a'r digartref, a phawb y mae bywyd yn anodd ac yn ddyrys iddynt. Boed iddynt loches ynot ti, a thywys di hwynt er dy ogoniant.

Derbyn ninnau fel teulu ar derfyn y dydd i'th ffafr a'th ymgeledd grasol. Dysg inni dy garu'n fwyfwy a'th wasanaethu'n ffyddlonach. Cynorthwya ni i fyw bob dydd i ti, ac ymddiried pob yfory dieithr i'th ddoethineb anfeidrol.

Gofynnwn hyn oll yn enw Iesu Grist ein Harglwydd. *Amen.*

Charles Jones, Prestatyn

FFYDD

A tat ti y nesâf, O Dduw, mewn llawn hyder ffydd. Rho imi ras i'th geisio; agor lygaid fy meddwl i'th weld. Bendithia fi, O Dad nefol . . . Eithr heb ffydd ni allaf dy weld, na rhyngu bodd yn dy olwg, na gwneud dy ewyllys. Rho imi, gan hynny, yn fy meddwl a'm calon, y golau sanctaidd a rydd imi feddyliau uchel a pharchedig am dy fawredd, nes dy weld yn drysor di-drai ac yn olud parhaus fy enaid tlawd.

Yna, O Arglwydd daionus, myfi a ddysgaf ymddiried ynot yn llwyr, a rhoddi holl bwys fy enaid arnat ti yn dy Sanctaidd Fab, Iesu; oblegid drwy ffydd yn ei enw ef yn unig y'm cyfiawnheir ger dy fron. Trwy ras yr ydym yn gadwedig, trwy ffydd; a hynny nid ohonom ein hunain: dy rodd di ydyw. Gweddïaf am yr hyder bywiol a thawel a ddaw drwy dy adnabod di, a'r modd y gallaf ddod atat fel plentyn ufudd bob awr a dydd o'm hoes.

Dysg imi, hefyd, fy Nhad tirion, ymddiried ynot pryd na allaf weld dy ffordd yn glir a golau o'm blaen; dysg imi rodio wrth ffydd, ac nid wrth olwg: fel y gallaf anturio'r cwbl er dy fwyn, a diystyru pob croes a siom hyd oni ddelo'r dydd y caf dy weld heb len a heb orchudd ar dy wyneb.

Gwrando fy ngweddi yn enw a haeddiant dy annwyl Fab Iesu Grist, fy Arglwydd. *Amen.*

Stephen O. Tudor

NERTH YN ÔL Y DYDD

G ogoniant yn y goruchafion i Dduw, ac ar y ddaear tangnefedd i ddynion sydd wrth ei fodd ef. Myfi a'th folaf ac a'th fendithiaf, myfi a'th addolaf ac a'th ogoneddaf. I ti y diolchaf am dy ragorol ogoniant, Arglwydd Dduw, Frenin nefol, Dduw Dad hollalluog.

Cydnabyddaf mai ynot ti yr wyf yn byw, symud a bod. Myfi a'th fendithiaf am fy nghreu, am fy nghadwraeth, 'ac am holl fendithion y bywyd hwn; eithr uwchlaw pob dim, am dy anfeidrol gariad ym mhrynedigaeth y byd trwy ein Harglwydd Iesu Grist; am foddion gras, ac am obaith gogoniant'.

Dy blentyn di ydwyf, O Dad: ti a'm creodd, ti a'm prynodd, a thydi yn unig a all fy sancteiddio a'm diogelu yn awr ac yn oes oesoedd. Llanw fi â'th Ysbryd; iachâ fi, O Iesu grasusol, cymer feddiant llwyr ohonof. Meddianna fi, a thywys fi â'th gyngor ac â'th Ysbryd sanctaidd. Bydd gyda mi ym mrwydr bywyd, o ddydd i ddydd. Gwna fi'n eofn, yn eiddgar, yn ddewr a diflino. Rho imi sylweddoli beunydd nad yw fy ymdrech yn erbyn gwaed a chnawd yn unig, ond hefyd yn erbyn tywysogaethau, yn erbyn bydol lywiawdwyr y byd hwn, yn erbyn drygau ysbrydol yn y nefolion leoedd. Caniatâ fy ngwisgo â'th holl arfogaeth di, fel y gallaf sefyll yn erbyn holl gynllwynion y diafol; ac wedi gorffen pob peth, sefyll.

Nac arwain fi 'i brofedigaeth, eithr gwared fi rhag drwg. Canys eiddot ti yw'r deyrnas, a'r nerth, a'r gogoniant, yn oes oesoedd.' *Amen.*

J. R. Pugh, Caerfyrddin

MAWL I DDUW

Ti, O Dduw a folwn, ac â'r cwbl sydd ynom dy enw sanctaidd a fendithiwn. Digon i ni yw cael gwybod mai o'th ewyllys da y crewyd ni: nid o'th allu ar wahân i'th ddoethineb a'th anfeidrol gariad. Dyro i ni ras i gofio hyn er mwyn dy glodfori beunydd am ein creu, a'n creu ar dy ddelw. Diolchwn i ti am adnoddau digonol natur i'n cynnal yn ein hymdaith ddaearol. Mawrygwn dy dynerwch yn cyfoethogi'r galon â serch, a'r gydwybod â fflam o'th sancteiddrwydd, ac am agor drws gwybodaeth i'r deall. Yr wyt yn ein coroni â thrugaredd ac â thosturi. A pha fodd y gallwn dy iawn foliannu am drysorau dy Air, a'r gogoniant a ddatguddiaist yn wyneb Iesu Grist? Maddau, Dad Nefol, na byddai gennym fwy o ddawn i ganmol dy ddoniau.

Dyro inni ymwisgo â gwisg moliant. Na ad inni roddi heibio'r wisg hon wrth ddyfod i ddiwedd y Saboth, ac wrth ymadael â'th gysegr. Boed hon yn wisg am ein heneidiau yn ein cartrefi ac yn ein gorchwylion; yn ein myfyrdodau ac ar ein teithiau; yn ein cynlluniau ac yn ein siomedigaethau. Dyro gymorth inni gadw'r wisg amdanom mewn dyddiau tywyll a brwydrau, wrth drin y cleddau a chario'r groes. Er inni fethu â chanu dy fawl, gan mor ddiffygiol yn aml yw ein ffydd, cadw, Arglwydd, sŵn y delyn yn ein henaid. Dyro inni weld y cymylau a'r tywyllwch yn cilio, a ninnau yn y dydd newydd yn seinio dy glod yn sicrach ac yn uwch nag erioed.

Ti, O Dduw, a folwn am yr iachawdwriaeth fawr yng Nghrist – yn ddigon i ni, yn ddigon i bawb. Aed hon ar led nes llenwi â gorfoledd ein daear oll. Ychwanega beunydd rif y rhai a fydd yn dechrau yma ar y ddaear ganmol dy gariad yng ngoleuni Aberth y Groes, a'u cân yn para i dragwyddoldeb maith. I ti, Dduw Hollalluog; i ti, Frenin y tragwyddol oesau – y byddo'r anrhydedd a'r gallu a'r mawl yn awr a byth. *Amen.*

Elfed

LLAWENYDD

A tat ti, yr hwn sydd yn rhoddi yng ngenau dy blant ganiad newydd ac yn llenwi eu calonnau â lluniaeth ac â llawenydd, y dyrchafaf fy enaid mewn diolch. Llawenychaf ger dy fron, megis â llawenydd amser cynhaeaf, am dy holl ddoniau, gan gofio mai oddi wrthyt ti y daw pob rhoddiad daionus a phob rhodd berffaith.

Llawenychaf ynot trwy nerth fy iechyd, ac ymhyfrydaf â'r ysbryd ifanc sydd gan bawb a obeithia ynot ti. Mor hyfryd, O Dduw, yw cofio mai tydi sydd yn gorchymyn y bore, ac â'th hael ysbryd yn adnewyddu rhyfeddodau'r wawr. Molaf di am weld blodau ar y ddaear, ac wrth glywed cân aderyn. Ymhyfrydaf, O Dad tirion, yn y doniau a ddaw imi bob bore o newydd.

Mawrygaf dy enw ac ymlawenhaf ynot oherwydd cymdeithas ceraint a chyfeillion, a hyfrydwch oriau diddan. Llawenychaf am waith i'w wneud ac am iechyd i'w gyflawni.

Cadw fi, nefol Dad, i gofio'r gras a'm dilynodd holl ddyddiau fy mywyd. Na ad i'r cyfarwydd fyth fynd yn gyffredin yn fy ngolwg. Gad imi ddeall mai ti sydd yn gwisgo'r lili ac yn cofio aderyn y to.

Addolaf di am dy gariad mawr tuag ataf, a thrwyddo ymlawenhaf ynot yn wastad; drwy Iesu Grist ein Harglwydd. *Amen.*

D. Myrddin Davies

CARIAD

Mawr a rhyfedd yw dy weithredoedd, O Arglwydd Dduw Hollalluog: cyfiawn a chywir yw dy ffyrdd di, Brenin y Saint. Teilwng wyt, O Arglwydd, i dderbyn gogoniant ac anrhydedd a gallu, canys ti a greaist bob peth, ac oherwydd dy ewyllys di y maent, ac y crewyd hwynt.

Hollalluog a thragwyddol Dduw, yr hwn a luniaist y greadigaeth i'th foliannu, ac yn dy gariad a'n creaist ni ar dy ddelw dy hun i'th ogoneddu; ti, O Arglwydd, o'th fawr drugaredd a'th gariad, a ddatguddiaist dy hun trwy anfon dy Uniganedig Fab i gymryd arno ein cnawd ac i ddioddef angau'r Groes er ein prynu a'n golchi ni oddi wrth ein pechodau yn ei waed ei hun. Mawl a diolch a fo i'th enw bendigedig am na all nac uchder na dyfnder ein gwahanu ni oddi wrth dy gariad di yr hwn sydd yng Nghrist Iesu ein Harglwydd.

Arglwydd pob daioni a gras, yr hwn wyt deilwng o gariad mwy nag a fedrwn ni ei roddi na'i amgyffred, llanw fy nghalon, myfi a atolygaf arnat, â'r fath gariad tuag atat fel y trigaf byth ynot ti, a thithau ynof innau; ac felly dy garu di uwchlaw pob peth, fel y byddo i mi fwynhau dy addewidion, y rhai sy fwy rhagorol na dim a fedraf fi ei ddisgwyl.

Erfyniaf arnat yn ostyngedig dywallt yn awr arnaf dy Lân Ysbryd, fel y gogoneddaf dydi mewn gair a gweithred; a thrwy dy ddwyfol allu pâr i mi dy garu di â'm holl enaid, a'm cymydog fel fi fy hun, fel na bo dim yn rhy galed i mi ei wneud na'i ddioddef mewn ufudd-dod i'th ewyllys sanctaidd.

Ac, o'th drugaredd, rho i mi ras felly i ganlyn esiampl dioddefiadau a gostyngeiddrwydd yr Arglwydd Iesu Grist, fel y byddaf yn gyfrannog o'i Atgyfodiad a chynyddu'n fwyfwy tebyg iddo ef, ac fel y caf o'r diwedd goron y bywyd yr hon a addewaist ti i'r rhai a'th gâr – trwy Iesu Grist ein Harglwydd, i'r hwn gyda thi a'r Ysbryd Glân y bo'r gogoniant a'r anrhydedd byth bythoedd. *Amen.*

W. T. Havard

DYNGARWCH DYNOL

Ein Tad graslon a thrugarog, gobaith holl gyrrau'r ddaear, a ffynhonnell pob llawenydd a thangnefedd, bendithiwn dy enw sanctaidd, am ddatguddio ohonot dy hun i ni yn Iesu Grist fel Duw cariadus, sy'n dad i ddynion ym mhob man, a'i drugaredd yn lletach na mesurau ein meddwl, a'i dosturi uwchlaw ein hamgyffred.

Gweddïwn heddiw dros dy deulu mawr, ein brodyr a'n chwiorydd o bob llwyth ac iaith a chenedl a lliw. Ti a wisgaist ym Methlehem gynt ein natur ni, yn sŵn llu'r nef yn canu am dangnefedd ar y ddaear ymysg dynion sydd wrth dy fodd di. Dyro i ninnau ras i barchu ein perthynas â dynion, i ddymuno eu gwasanaethu a'u cynorthwyo fel rhai a grewyd ar dy ddelw di. Maddau inni alw ein gilydd yn elynion, a ninnau'n blant yr un Tad tragwyddol; maddau inni ganiatáu i hunanoldeb a thrachwant ein harwain i wadu ein perthynas â'n gilydd, a thrwy hynny ein perthynas â thi.

Diolchwn am Iesu Grist, Tywysog Tangnefedd, y Gair a ddaeth yn gnawd ac a drigodd yn ein plith ni nes i ni weld ei ogoniant ef, yn llawn gras a gwirionedd. Disgynned ei ysbryd arnom ni a'n cyd-ddynion oll drwy'r byd i arwain ein traed yn llwybrau cyfiawnder a heddwch. Ac na foed ffydd y cenhedloedd mwyach mewn arfau trais a dinistr; mewn cyfrwystra a thwyll a chynllwyn. Argyhoedda ddynion mai ffordd Iesu yw unig ffordd buddugoliaeth a bywyd; ffordd aberth a chariad ac ewyllys da; ffordd addfwynder a maddeuant a thrugaredd; ffordd y groes, ffordd dioddefaint. Rho ras i ninnau oddef cam heb ddial, fel y gallom ddatguddio grym cariad ein Gwaredwr i ddatod rhwymau caethiwed dynolryw, ac i ddwyn dynion i gymod â'i gilydd drwy eu dwyn i gymod â thi.

Ein Tad sanctaidd, dangos i ni, dy blant afradlon, y ffordd i ddinas y cariad tragwyddol, a dysg inni barhau i weddïo mewn llawn hyder ffydd: 'Deled dy Deyrnas; gwneler dy ewyllys ar y ddaear.' *Amen.*

Llywelyn C. Huws

Angela Ashwin (1949–)

Awdures sawl llyfr gweddi, cartrefa yn Northumberland

DERBYN FI, O ARGLWYDD

Arglwydd fy mywyd,
rhoddaf iti fy amser,
fy enw da,
fy ngofidiau a'm dyheadau.
Diolch i ti
am dderbyn yr hyn rwy'n ei gynnig
a'i drawsnewid,
fel y derbynnir
y rhodd hon o'm bywyd
i'th egni mawr o gariad. *Amen.*

PERERINDOD BYWYD

Grist ein Harglwydd,
aros gyda ni ar ein pererindod drwy fywyd:
pan betruswn, cynorthwya ni,
pan faglwn, dal ni,
a phan syrthiwn, cod ni i fyny.
Helpa ni i ddod, gam wrth gam, i'n hail feddiannu ni ein hunain, ac atgoffa ni dy fod wedi teithio'r ffordd hon o'n blaenau ni. *Amen.*

DIOLCH AM SAIN, CERDD A CHÂN

Diolchwn i ti, Arglwydd, am fiwsig: am gynganeddion coeth a rhythmau grymus, am felodïau tawel ac am y cytganau mawr cyffrous. Pan fyddwn yn gwrando ar fiwsig, neu pan rannwn yn ei greu, bydded inni ymroi â'n holl sylw, fel bo'n calonnau yn ogystal â'n pennau yn agored i'r awgrymiadau o ogoniant a ddaw'n aml drwy fiwsig. *Amen.*

MEWN GALAR

Fy Nuw,
paham y gadewaist i hyn ddigwydd?
Paham yr wyt ti wedi'n gadael ni?
Greawdwr – paham difodi?
Waredwr – paham dinistrio cyfanrwydd?
Darddle cariad – paham rhwygo ymaith
yr un a gerais gymaint?
Paham? Paham, O Dduw?

Yn y pwll hwn o dywyllwch,
sy wedi ei gafnu allan gan alar a sgrechian,
estynnaf allan at yr un a gerais
ac ni fedraf mo'i chyffwrdd.

Ble wyt ti, Dduw?
Ble wyt ti,
ond yma
yn fy nghlwyfau
sy hefyd yn glwyfau i ti?

O Dduw,
tra taflaf atat
fy ngwylltineb dolurus a'm chwerwder,
cydia ynof,

ac aros yma
nes i'r bonyn haciog hwn o 'mywyd
ddarganfod gwyrddni eto. *Amen.*

Y WRAIG Â'R GWAEDLIF

Arglwydd,
rwyf am estyn atat
a cheisio cyffwrdd â thi,
ond mae llawer o rymoedd yn fy ngwthio
ac y mae fy ofnau i yn fy rhwystro.

Rwyf am estyn atat
a cheisio cyffwrdd hyd yn oed â dy wisg,
ond dywedant fy mod i'n ffŵl
ac yr wyf yn llawn amheuon.

Rwyf am estyn atat
a cheisio cyffwrdd hyd yn oed ag ymyl dy wisg,
a chyffyrdda fy mysedd â'r brethyn cartref
ac rwyf yn orlawn o iechyd
a throaist a gofyn pwy a gyffyrddodd â thi
a syrthiaf ar fy wyneb
a phlygi di i lawr, i'm codi'n dringar, gan ddweud wrthyf
fod fy ffydd i, y darn bach hwnnw o obaith,
wedi fy iacháu.

Ac rwyt yn fy ngharu
ac y mae fy mywyd i wedi'i gyfnewid. *Amen.*

COFIO AM ERAILL

Arglwydd, tawela ni yn awr, wrth inni osod yn dy ddwylo di y
rhai yr ydym am eu cymeradwyo iti. Gwyddom dy fod yn eu
caru â chariad yn fwy na allwn ni fyth ei amcanu. Rydym yma,
gyda thi, yn y llonyddwch ar eu rhan nhw. Defnyddia ni,
Arglwydd. *Amen.*

357

GWEDDI'R FAM

A rglwydd,
rwy'n cynnig fy mywyd beunyddiol gyda'm plant
fel gweddi
dros holl blant y byd,
yn arbennig dros y rhai sydd
yn ddigariad
yn cael eu cam-drin
yn newynog
yn cael ei bwlio
yn amddifad
neu'n ofnus.

Rwy'n cynnig fy ymdrech ynglŷn â galwadau mamolaeth
fel gweddi
dros rieni eraill,
y rhai sy'n wynebu anawsterau tebyg,
a'r rhai hynny sydd â phroblemau gwahanol.

Rwy'n cynnig fy niléit yn fy mhlant
fel gweddi
dros barau priod di-blant,
rhieni galarus,
rhieni sengl sy'n dyheu am rywun i rannu'r gwaith,
plant mabwysiedig a glywodd y gwirionedd yn rhy hwyr,
gwragedd a gafodd erthyliadau,
a hefyd dros yr holl blant sy'n ddiogel a dedwydd. *Amen.*

DROS GLEIFION A GOFALWYR

I esu ein Hiachäwr,
rhoddwn y cleifion i'th ddwylo tyner.
Ysgafnha eu poen,
ac iachâ y niwed a wnaed iddynt
mewn corff, meddwl neu ysbryd.
Bydd yn eu plith yng nghymorth eu cyfeillion
a thrwy ofal y meddygon a'r nyrsys,

a chynhesa nhw â gwres dy gariad
yn awr a phob amser. *Amen.*

PETHAU MAWRION HEDDIW

Y dydd hwn, Arglwydd, boed imi freuddwydio dy
freuddwydion di,
Y dydd hwn, Arglwydd, boed imi adlewyrchu dy gariad di,
Y dydd hwn, Arglwydd, boed imi wneud dy waith di,
Y dydd hwn, Arglwydd, boed imi brofi dy dangnefedd di. *Amen.*

GWEDDÏWN DROS DY EGLWYS

Arglwydd, iachâ dy Eglwys:
iachâ glwyfau'r gorffennol,
a'r rhai a wnawn i'n gilydd yn awr.
Gwared ni rhag ysbryd ffôl,
a maddau inni pan na wrandawn ar ein gilydd.
Dyrchafa ein calonnau hyd atat,
er mwyn ein llenwi
â'th lawenydd atgyfodol sydd y tu hwnt i bob ymraniad,
a chyda dy ysbryd cariadus
na all un peth ei ddistrywio. *Amen.*

DEFNYDDIA FI

Abba, Dad,
rwyf yma,
i ti,
i fi fy hun,
i'r byd,
i'r foment hon.
Rwyf yma . . . *Amen.*

IESU CYFLAWN, CADW NI

Gariad Iesu, llanw ni,
Lawenydd Iesu, syfrdana ni,
Dangnefedd Iesu, llifa drosom ni,
Oleuni Iesu, gweddnewidia ni,
Gyffyrddiad Iesu, cynhesa ni,
Gryfder Iesu, cefnoga ni,
O Waredwr, yn dy ddioddefaint, maddau i ni,
Yn dy glwyfau, cuddia ni,
ac yn dy fywyd atgyfodedig, cymer ni gyda thi,
er mwyn dy gariad. *Amen.*

PRAWF I NI

Arglwydd, beth fyddem ni wedi'i wneud?
A fyddem wedi syrthio i gysgu ac yna rhedeg i ffwrdd mewn
ofn, fel y disgyblion yng Ngethsemane?
Diolch iti am faddau inni ein gwendidau, pan dynnwn yn ôl a
rhedeg i ffwrdd oddi wrth anghydfod a chost.

Arglwydd, beth fyddem ni wedi'i wneud?
A fyddem wedi gweiddi, 'Hosanna!' un diwrnod, a 'Croeshoelia
fe!' ar ddiwrnod arall?
Maddau i ni am dy siomi di oherwydd mae'n haws dilyn y dorf.

Arglwydd, beth fyddem ni wedi'i wneud?
A fyddem wedi bod yn llym a dyfarniadol fel y Phariseaid?
Maddau inni pan fyddwn yn gyflym i gondemnio, neu i guddio y tu
ôl i ddeddfoldeb.

Arglwydd, beth fyddem ni wedi'i wneud?
A fyddem wedi bod fel y milwyr, yn galed a chreulon, dim ond yn
gwneud eu gwaith?
Maddau i ni pan weithredwn yn ddall a difeddwl heb ystyried
effaith ein hymddygiad ar eraill.

Arglwydd, beth fyddem ni wedi'i wneud?

A fyddem wedi sleifio ymaith mewn cywilydd oherwydd erchylltra Calfaria?

Diolch iti am faddau inni pan gest ti dy siomi ynom, a bod dy gariad yn gryfach na'r holl ddrygioni y gallem ei daflu atat.

Arglwydd, derbyn y gweddïau hyn, a gynigir yn dy enw. *Amen.*

A Service Book for Schools in Wales
OUP (1954)

GWEDDI HWYROL

Cadw ni, O Arglwydd, yn ddiogel drwy'r nos,
rhag pob niwed i'n corff,
a rhag pob meddwl drwg a wna niwed i'n henaid.
Maddau i ni bopeth a wnaethom heddiw oedd ar fai,
Bydd di yn darian ac yn amddiffyn i ni;
gofynnwn hyn yn Enw Iesu. *Amen.*

GWEDDI DROS ANIFEILIAID

Hollalluog Dduw, Creawdwr anifeiliaid y maes
ac adar y nefoedd,
a geidw mewn cof a gofal cariadus hyd yn oed
aderyn y to,
cadw di ni rhag pob creulondeb at dy greaduriaid,
a gwna ni'n gyfeillion i'r anifeiliaid mudion oll:
trwy Iesu Grist ein Harglwydd. *Amen.*

RHO INNI GALONNAU DIOLCHGAR

O Dad, clodforwn di am dy holl ddoniau:
Am yr haul a'r glaw sy'n bywiocáu:
Am y coed a'r meysydd,
Am y blodau a'r adar,

Am yr afonydd a'r môr,
Am y bryniau a'r dyffrynnoedd
Ac am ogoniant y ffurfafen:
Am lygaid i weld, ac iechyd i fwynhau:
Gorfoledda popeth o'n hamgylch:
Pâr i ninnau orfoleddu, a rho inni galonnau diolchgar. *Amen.*

EIN DIOLCH FO I TI, O DDUW

Ein Tad Nefol, bendithiwn dy enw sanctaidd am dy holl drugareddau i ni heddiw, a phob dydd o'n hoes. Diolch i ti am ein bwyd a'n dillad, ein hiechyd a'n nerth, ein ffrindiau a'n perthnasau, ac am dy ddaioni mawr i ni. Yn fwy na'r cwbl, diolch i ti am ein Gwaredwr Iesu Grist, dy Fab di, ein Harglwydd ni. Helpa ni i ddangos mor ddiolchgar ydym, nid trwy eiriau'n unig, ond trwy dy wasanaethu di yn fwy ffyddlon o hyd; trwy Iesu Grist ein Harglwydd. *Amen.*

CYWAIR Y CRISTION

Dyro i ni, Arglwydd, wybod popeth gwerth ei wybod:
Caru popeth gwerth ei garu:
A chasáu popeth sydd ddrwg yn dy olwg di;
Er mwyn Iesu. *Amen.*

. . . MEWN YSBRYD A GWIRIONEDD

O Arglwydd Iesu Grist, helpa ni i gofio lle bo dau neu dri wedi dod at ei gilydd yn dy enw, dy fod ti yn eu canol, ac er na fedrwn ni dy weld, yr wyt ti yma. Bendithia ni, a dyro i ni dy ras i'th addoli mewn ysbryd a gwirionedd. *Amen.*

AM GYMRU'N GWLAD

Ein Tad, diolch iti am Gymru, y wlad hyfryd lle ganed ni. I ti boed mawl am ogoniant tir a môr ac awyr. Rho inni lygaid i weld a chalonnau i fwynhau harddwch mynydd a bryn, dyffryn a choedwig, afon a nant, blodau a meysydd; a chadw ni rhag amharu dim ar y prydferthwch hwn, dy rodd di i'w feithrin gennym. Bendithia bawb sy'n byw yn y wlad a garwn. Megis y rhoddaist yn y dyddiau gynt ddynion doeth a da i'w gwarchod drosot ti, estyn eto mewn cariad a thrugaredd dy nawdd dros Gymru, fel y clodforer am byth dy enw glân mewn gweddi a moliant; trwy Iesu Grist ein Harglwydd. *Amen.*

BENDITH

Yr Arglwydd Hollalluog a thrugarog, Dad, Mab ac Ysbryd Glân a'n bendithio ac a'n cadwo. *Amen.*

Addolwn ac Ymgrymwn
Gweddïau i'w harfer mewn Gwasanaethau a ddarlledir (BBC 1955)

GWEDDI FOREOL

O Dad trugarog, diolchwn i ti am dy ofal drosom yn oriau tywyll y nos, ac am roddi i ni unwaith eto'r cyfle hwn i gyd-weddïo a chyd-addoli. I ti y bo'r gogoniant am yr holl ddoniau yr ydym yn eu mwynhau, gan mai o'th law di y derbyniwn hwynt. I ti y bo'r gogoniant am ein holl fwriadau a'n gweithredoedd da, canys o'th Ysbryd di y deilliant. Dyro inni ras, O Dduw, i'th foliannu heddiw a thrwy gydol ein hoes, gan geisio ym mhob rhyw beth ryngu dy fodd a gogoneddu dy enw. Cadw ni'n bur a glân drwy drigo o'th Ysbryd sanctaidd ynom. Dyro inni nerth a dewrder; bydded inni gadw mewn cof na adewi di mohonom byth, na'n llwyr anghofio chwaith. Na ad i ofalon a gorchwylion y dydd siglo ein ffydd ynot ti. Gofynnwn am bob bendith yn enw ac er mwyn Iesu Grist ein Harglwydd a'n Hiachawdwr. *Amen.*

DECHRAU'R DYDD

O Arglwydd Dduw ein hiachawdwriaeth, ar ddechrau diwrnod newydd, dymunwn gyflwyno ein gofal i ti. Ni wyddom beth a ddigwydd mewn diwrnod. Cadw ni yn wastad ar ganol llwybr barn. Gwyddost ein gwendidau, a hysbys wyt yn ein holl ffyrdd. Cynnal ni â'th ras: dysg ni dy ffordd, Arglwydd, ac arwain ni ar hyd llwybrau uniondeb. Cymhwysa ni heddiw i gyflawni ein dyletswyddau. Na ad i ni ollwng dros gof un amser ein bod yn weision i ti; a chynorthwya ni i gadw ein golwg yn syml, wrth gyflawni gorchwylion cyffredin ein bywyd, ar dy ogoniant, a gwneud pob peth er clod ac anrhydedd dy enw: hyn a ofynnwn yn enw a haeddiant ein Harglwydd a'n Gwaredwr Iesu Grist. *Amen.*

BRWDFRYDEDD Y FOREOL WEDDI

Deuwn, plygwn ac addolwn, ymostyngwn gerbron yr Arglwydd ein Gwneuthurwr. Ti, O Dduw, yw ein Duw ni; yn fore y'th geisiwn; sychedodd ein heneidiau amdanat fel yr hydd am yr afonydd dyfroedd, i weld dy ogoniant a'th nerth, i deimlo cadernid dy fraich, canys gwell yw dy drugaredd di na'n bywyd. Ein gwefusau a'n calonnau a'th foliannant. *Amen.*

Y DUW CYFLAWN

Deuwn ger dy fron, O Arglwydd Dduw, mewn ysbryd ffyddiog a disgwylgar. At bwy yr awn ni ond atat ti? Gennyt ti y mae geiriau'r bywyd tragwyddol. Bendithia ni'n awr yn ein haddoliad, a gwna ni'n gyfryngau bendith yn ein gwasanaeth i eraill, yn enw Iesu Grist, ein Harglwydd. *Amen.*

PWYSO AR DDUW

Cymorth ni, O Arglwydd, yn nhawelwch y munudau hyn yn awr, i sefydlu ein meddwl a'n bryd arnat ti; oblegid ti a gedwi mewn tangnefedd heddychol yr hwn sydd â'i feddylfryd arnat ti, am ei fod yn ymddiried ynot. Gan ddisgwyl yn ffyddiog wrthyt ti boed i ninnau dderbyn dy fendith, drwy Iesu Grist, ein Harglwydd. *Amen.*

GWEDDI AR DDECHRAU'R DYDD

O Dduw, ein Creawdwr a'n Tad, clodforwn di am ryfeddod y tlysni y gosodaist ni i fyw ynddo; am dy gariad sydd yn tywallt arnom bob bore o newydd nerth bywiol dy sancteiddrwydd. Na ad inni dderbyn dirgelwch y cread fel peth cyffredin. Llifed prydferthwch dy sancteiddrwydd drwy ein heneidiau, gan olchi ymaith bob sorod ac aflendid; fel, pa waith bynnag a gaffo ein dwylo i'w wneud, y gwnelom ef er dy anrhydedd a'th ogoniant di. *Amen.*

HELAETHA DERFYNAU DY DEYRNAS

O Dad trugarog, yr hwn o'th fawr gariad a roddaist dy uniganedig Fab, Iesu Grist, fel na choller pwy bynnag a gredo ynddo ef, ond caffael ohono fywyd tragwyddol. Edrych mewn tosturi ar y byd a greaist ac a geraist mor fawr; ac â'th Ysbryd Sanctaidd tywys ddynion a chenhedloedd i wir adnabyddiaeth o'r Arglwydd Iesu yn Frenin y brenhinoedd ac unig Iachawdwr y byd. Helaetha derfynau dy Deyrnas. Amlyga dy nerth o blaid pob gwirionedd ac yn erbyn pob drwg, fel yr adeilader Seion, ac y gogonedder dy enw drwy'r holl ddaear, yn Iesu Grist, ein Harglwydd. *Amen.*

GRISTNOGION, YMWROLWN!

O Grist, ein hunig Iachawdwr,
preswylia felly ynom, fel yr elom allan i'r byd,
â goleuni gobaith yn ein llygaid,
dy Air ar ein gwefusau
a'th gariad yn ein calonnau,
fel y gwnelom ewyllys ein Tad nefol
y dydd hwn ac yn oes oesoedd. *Amen.*

GWERTH GEIRIAU IESU

Gwna ni'n ddoeth i wneuthur elw o'r geiriau pur a leferaist. Dywedaist ti, 'Dedwydd yw rhoddi yn hytrach na derbyn.' Iesu, Fab Dafydd, trugarha wrthym, a gwared ni o bob hunanoldeb. Dywedaist ti, 'Na fernwch, fel na'ch barner.' O Iesu da, gwared ni rhag brysio i gamfarnu eraill, rhag gweld y brycheuyn yn llygad ein brawd, heb weld y trawst yn ein llygad ein hun. Dywedaist ti, 'Pa lesâd i ddyn os ennill ef yr holl fyd a cholli ei enaid ei hun?' O Iesu Grist y Groes, cadw ni rhag colli ein henaid.

Ti, Ysbryd Glân, yr hwn wyt yn tywys at yr holl wirionedd ac yn dwyn ar gof yn barhaus y gwirionedd fel y mae yn Iesu. Diolchwn i ti am bob gair o eiddo'n Harglwydd a fu'n foddion i'n gwaredu, i'n hatal ni rhag drwg, i'n cyfarwyddo ar y groesffordd, i'n cysuro mewn trallodion. Cyflwynwn ein hysbryd i'th arweiniad, a'n henaid i'th gadwraeth; addunedwn ein bywyd i wasanaeth y Deyrnas, ac i ti: y Tad, y Mab a'r Ysbryd Glân y byddo'r clod a'r gogoniant yn oes oesoedd. *Amen.*

GRAS I GYFLAWNI DRWY WEITHREDOEDD

Cynorthwya ni, O Arglwydd ein Duw i'th garu â'n holl galon, ac i ddangos y cariad hwnnw mewn gwasanaeth i'n cyd-ddynion gan garu ein cymydog fel ni ein hunain. Arwain ni i gyflawni dy gyfraith di drwy ddwyn beichiau ein gilydd. Dysg ni ym mhob peth i fod yn ffyddlon i'r hyn a ddysgaist yn dy Fab, fel y byddo ein bywyd fel tŷ wedi ei adeiladu ar graig. Gwna ni'n oruchwylwyr cywir ar yr hyn a ymddiriedaist i'n gofal, a chaniatâ i ni yn y diwedd glywed dy lais yn dywedyd wrthym, 'Da, was da a ffyddlon.' Gofynnwn am ras i gyflawni hyn oll yn enw Iesu Grist, ein Harglwydd. *Amen.*

UNIAETHU Â IESU

Arglwydd Iesu, erfyniwn arnat drwy unigrwydd dy ddioddefaint ar y Groes, bydd yn agos at bawb sy'n unig ac mewn poen neu alar heddiw: a phâr i'th bresenoldeb di droi eu hunigrwydd yn ddiddanwch, yn gysur ac yn gymdeithas sanctaidd â thi, dydi Waredwr trugarog. *Amen.*

Y FRAINT O ADNABOD IESU

Diolch a fo i ti, O Arglwydd Iesu Grist, am yr holl boenau a'r gwewyr creulon a ddioddefaist drosom ni; am yr holl fendithion lu a enillaist ti inni. O sanctaidd Iesu, drugarocaf Iachawdwr, Gyfaill a Brawd, pâr inni dy adnabod yn gliriach, dy garu'n anwylach, a'th ddilyn yn ffyddlonach, byth bythoedd. *Amen.*

LLAWENYDD – BORE'R TRYDYDD DYDD

Hollalluog Dduw, yr hwn yn dy Fab Iesu Grist, ein Harglwydd, a ddrylliaist byrth angau a'r bedd ac a agoraist i ni'r ffordd i mewn i fywyd tragwyddol: mawrygwn dy enw am iddo ef, Dywysog Bywyd, orchfygu pob gelyn drwy rym ei atgyfodiad. Diolchwn i ti am y gobaith gwynfydedig a wawriodd ar fore'r trydydd dydd, i ddwyn dynion o dywyllwch pechod ac euogrwydd i oleuni'r cariad tragwyddol. Llawenhawn yn y sicrwydd y gallwn ninnau fod yn fwy na choncwerwyr drwy'r hwn a'n carodd. I ti, O Dduw, y byddo'r diolch am dy ddawn anhraethol yn Iesu Grist, ein Harglwydd. *Amen.*

GWEDDI DROS YR EGLWYS

O Dduw, ein Tad, yn ufudd ni a atolygwn i ti, bendithia dy Eglwys, a llanw hi â gwirionedd ac â gras. Lle y bo lygredig, glanha hi; lle y bo ar gyfeiliorn, cywira; lle y bo ar fai, diwygia; lle y bo'n uniawn, cryfha a chadarnha; lle y bo'n ddiffygiol, cyflenwa hi; lle y bo rhwyg, iachâ ei rhaniadau, O dydi Sanct Israel. *Amen.*

CRIST, EIN CYNHALIWR

O Dduw, ti a drefnaist nad oes inni yma ddinas barhaus ond a baratoist ddinas inni. Gwared ni rhag cael ein twyllo gan swyn y byd a'i bethau ac ymserchu ynddynt nes anghofio ohonom na wnaed ein henaid ni erioed i garu llwch y llawr, ond i gael meddu'r fraint a roed ynghadw i'n Harglwydd mawr. Cadw yn ein cof mai dieithriaid a phererinion ydym yma ar y ddaear. Rho i ni y ddinasyddiaeth sydd yn y nefoedd. Arwain ni bob cam o'r daith. Gofynnwn hyn yn enw Pen-tywysog a Pherffeithydd ein ffydd, Iesu Grist, ein Harglwydd. *Amen.*

DELED DY DEYRNAS

O Arglwydd, llewyrcha dy wyneb arnom, drwy roddi inni'r tangnefedd hwnnw na all y byd ei roddi, fel y dilëer pob casineb a chreulondeb sydd yn achosi rhyfeloedd, ac fel y delo dynion ym mhob man i oddef ei gilydd mewn cariad, trwy Iesu Grist ein Harglwydd. *Amen.*

YMDDYGIAD CRISTNOGOL YN Y CARTREF

O Arglwydd, ein Tad nefol, bydd gyda ni yn ein cartrefi yn ystod y dydd hwn. Gwna ni'n gariadlon ac amyneddgar yn ein teuluoedd, yn maddau i eraill wrth gofio cymaint yw ein hangen ni ein hunain am faddeuant. Cadw ni rhag colli ein tymer a bod yn ddiystyr o eraill mewn pethau bach. Gwna ni'n barotach i roddi nag i dderbyn, a chaniatâ i ddeddf sanctaidd cariad deyrnasu yn ein calonnau gan ddwyn inni ragflas o'th Deyrnas, lle y bydd dy gariad yn llawenydd diddiwedd i'th bobl yn oes oesoedd, trwy Iesu Grist ein Harglwydd. *Amen.*

CARTREFI'N GWLAD

O Dduw, ein Tad, bendithia gartrefi ein gwlad. Caniatâ i gariad pur deyrnasu ar ein haelwydydd, ac i barch at bethau gorau bywyd ffynnu yno. Arwain bob mam a thad i fod yn esiamplau da i'w plant ac i'w hyfforddi ym mhethau dy Deyrnas di. Gofynnwn hyn yn enw Iesu Grist, ein Harglwydd. *Amen.*

ADNABOD Y TAD DRWY'R MAB

Dyro inni, O Dduw ein Tad, ddeall i'th adnabod di, dyfalwch i'th geisio, doethineb i'th ganfod, a'r ffyddlondeb a all yn y diwedd ymaflyd ynot ti; drwy Iesu Grist dy Fab annwyl.

I Iesu Grist, y Tyst ffyddlon, y Cyntafanedig o'r meirw, Tywysog brenhinoedd y ddaear, a'n Harglwydd ni, y byddo'r gogoniant a'r anrhydedd, yn oes oesoedd. *Amen.*

New Every Morning
BBC (1961)

Cyhoeddwyd gyntaf ym 1936, ailgyhoeddwyd ym 1948. Diwygiwyd y cynnwys ac ychwanegwyd deunydd newydd ar gyfer y trydydd argraffiad hwn.

CYMHWYSA NI, O DDUW

Dragwyddol Dduw, ein Tad ni oll, glanha a chryfha, atolygwn i ti, ein bywyd beunyddiol, fel y byddo gwaith ein dwylo a meddyliau ein calonnau yn dderbyniol yn dy olwg, a'n bywydau yn dwyn anrhydedd i'th enw sanctaidd; trwy Iesu Grist ein Harglwydd. *Amen.*

DYRCHAFWN EIN CALONNAU

Arglwydd Grist, sanctaidd a chadarn, sanctaidd ac anfarwol, Duw o Dduw, Llewyrch o Lewyrch, ganed o wraig, croeshoeliedig, atgyfodedig, dyrchafedig; derbyn addoliad dy bobl.

Uwchlaw ein methiant a'n dryswch, ein pechod, ein hanwybodaeth a'n hofn, dyrchafwn ein calonnau at dy berffeithrwydd.

Dangos inni, O Arglwydd, pa lwybr i'w gerdded, a bydd di yn gryfder yn ein gwendid, oherwydd ynot ti yr ymddiriedwn. *Amen.*

GWEDDÏWN DROS Y RHAI MEWN PERYGL

I'th sicr ofal, O Dduw, y gollyngwn bawb sy mewn angen dybryd o'th nodded; fel y cânt eu hamddiffyn rhag pob perygl a'u cryfhau ymysg temtasiynau lu; trwy Iesu Grist ein Harglwydd. *Amen.*

AR GYFER HEDDIW

O Dad nefol, gofynnwn i ti anfon i'n calonnau ni ac i galonnau pob un ym mhobman, Ysbryd ein Harglwydd Iesu Grist. *Amen.*

CRI'R ENAID

Dangos inni, O Dduw, dy drugaredd a'th ras fel y cynhyrfir ein calonnau i'th addoli a'n bywydau i wybod dy dangnefedd; trwy Iesu Grist ein Harglwydd. *Amen.*

AM WROLDEB

O Arglwydd, yr hwn a'n gelwaist i fod yn dystion i'r holl genhedloedd: trugarha wrthym, gwyddom dy ewyllys ac eto methasom ei wneud. Glanha ni o bob anghrediniaeth a diogi, a llanw ni â gobaith a brwdfrydedd; fel y gwnelom dy waith, a chario dy groes ac aros gyda thi a gweld dy ogoniant, yr hwn wyt gyda'r Tad a'r Ysbryd Glân yn un Duw, yn dragywydd. *Amen.*

CYFEILLACH YR YSBRYD GLÂN

Tyrd, Di Ysbryd Glân:
adnewydda y bywydau a fyddai, hebot ti,
fel pe baent wedi marw;
cynnal y calonnau a fyddai, hebot ti, yn oer a diflas;
goleua'r meddyliau a fyddai, hebot ti, yn dywyll a dall;
llanw'r Eglwys a fyddai, hebot ti, yn greirfa wag;
a dysg ni sut i weddïo. *Amen.*

YR UNIG

Galw heibio, O Arglwydd, gyda phob un sy'n byw ar ei ben ei hun. Mae llawer ohonynt. Rho iddynt gymdogion cyfeillgar, cymorth pan fo taro, a llawenydd cymdeithas yn dy Eglwys. *Amen.*

EIN HESGUSION

O Dduw, ti wyddost ymhlith beichiau a gofidiau bywyd ei bod mor hawdd anghofio amdanat. Ysbrydola ni ag ymdeimlad cyson o'th bresenoldeb, a dysg ni i wrando ac i roi sylw i'th lais; trwy Iesu Grist ein Harglwydd. *Amen.*

GOGONIANT I'R DUWDOD

Bendithia ni, O Dduw, Dad, Mab ac Ysbryd Glân, â gweledigaeth o'th ogoniant, er mwyn ein galluogi i'th adnabod di, y Tad a'n creodd ni, llawenhau ynot ti, y Mab a'n gwaredodd ni, a bod yn gryf ynot ti, yr Ysbryd Glân, yr hwn sydd yn ein sancteiddio; cadw ni yn gadarn yn y ffydd hon, a thyrd â ni yn y diwedd i'th deyrnas dragwyddol, lle rwyt yn cael dy addoli a'th ogoneddu yn wastad, yn un Duw, byth bythoedd. *Amen.*

GWEDDI DROS ATHRAWON

Caniatâ i'th Ysbryd, O Dduw, orffwys ar bawb sy'n dysgu y dyddiau hyn; galluoga nhw drwy air ac esiampl i arwain eu disgyblion i barchu'r gwirionedd, i geisio daioni, ac i ymhyfrydu mewn harddwch, fel, yn deillio o'r pethau hyn, y delo y rhai sy'n cael eu dysgu a'r rhai sy'n eu dysgu i'th adnabod ac i'th addoli di, rhoddwr y cyfan sy dda. *Amen.*

NID DRWY FARA'N UNIG

O Dduw, yr hwn a wnaethost i ni fyw nid drwy fara'n unig ond drwy dy air: bwyda ni, atolygwn i ti, â geiriau bywyd; a chan iti osod yn dy fyd bŵer daioni, gwirionedd, a chariad, caniatâ i ni agor ein calonnau iddynt, a'u cael i weithio ynom, trwy Iesu Grist ein Harglwydd. *Amen.*

DEWIS DOETH

Caniatâ i ni dy weision, O Arglwydd, beidio â gosod ein calonnau ar bethau daearol, ond caru pethau nefol; a gwna i ni, sy wedi'n gosod ymhlith y pethau diflanedig, afael hyd yn oed yn awr yn y pethau tragwyddol; trwy Iesu Grist ein Harglwydd. *Amen.*

GOLAU DUW

Ti yr hwn a yrraist allan y golau ac a wna i'r haul godi ar y da a'r drwg: goleua ddallineb ein meddyliau â gwybodaeth o'th wirionedd; fel y cawn ninnau yn dy olau di, weld goleuni; trwy Iesu Grist ein Harglwydd. *Amen.*

GWEDDI DROS Y GALARWYR

Hollalluog Dduw, Tad yr holl drugareddau a rhoddwr pob cysur: delia'n raslon, atolygwn i ti, â'r rhai sy'n galaru, fel y cânt wrth iddynt daflu pob gofal arnat ti, wybod diddanwch dy gariad; trwy Iesu Grist ein Harglwydd. *Amen.*

Emynau i Ysgolion Cynradd
BBC (1964)

ARGLWYDD, GWNA NI'N DEBYG I TI

O Iesu, cyfaill yr unig.
Cynorthwywr y tlawd,
Iachäwr y claf,
yr hwn a dreuliodd ei fywyd yn gwneud daioni,
cynorthwya ni i'th ddilyn.
Cadarnha ni i wneud yr hyn sy'n iawn:
yn dyner â'r gwan
ac yn garedig wrth bawb sy'n galaru,
er mwyn i ni fod yn debyg i ti,
ein Harglwydd a'n Meistr. *Amen.*

DIOLCH AM DY HOLL RODDION

Hollalluog Dduw,
rhown ddiolch i ti am y byd a'i bethau:
am wawr a machlud bob dydd,
ac am y ddaear o'n hamgylch,
am ein cartrefi, ein cyfeillion a'n cymdogion,
am dy ofal a'th gariad parhaol,
ac, yn fwy na dim,
am anfon i'n plith Iesu Grist,
dy Fab, ein Harglwydd. *Amen.*

CYFOETHOGA NI, O DDUW

O Arglwydd, ein Duw,
agor ein llygaid i weld y prydferth,
ein meddyliau i wybod y gwir,
a'n calonnau i garu'r daioni;
trwy Iesu Grist ein Harglwydd. *Amen.*

373

Eglwys Gadeiriol Cofentri (1962)

Dinistriwyd y gadeirlan hynafol gan fomiau'r Almaenwyr yn yr Ail Ryfel Byd. Pan ailadeiladwyd yr eglwys gerllaw'r adfeilion, cafwyd ymhlith y rhwbel ddarn o bren golosgedig o'r to â'r geiriau, O Dad, maddau. *Ystyriwyd y genadwri – Neges y Cymod, a lledwyd y neges yn fyd eang. Erys yr angen arnom am faddeuant o hyd.*

LITANI'R CYMOD

Gweddi ar blac ar allor Eglwys Gadeiriol Cofentri ac a ddefnyddir yn ddyddiol yn y gwasanaeth amser cinio.

Rydym oll wedi pechu a syrthio'n brin o ogoniant Duw.
Y casineb sy'n gwahanu cenedl oddi wrth genedl,
hil oddi wrth hil, dosbarth oddi wrth ddosbarth,
O Dad, maddau.

Y dyheadau trachwantus gan bobl a chenhedloedd
i feddiannu yr hyn nad ydynt yn berchen arno,
O Dad, maddau.

Y chwant sy'n camddefnyddio llafur dynion,
ac yn gwastraffu'r ddaear,
O Dad, maddau.

Ein heiddigedd o les a hapusrwydd eraill,
O Dad, maddau.

Ein difaterwch ynghylch y carcharedig, y digartref a'r ffoadur,
O Dad, maddau.

Y trachwant a ddefnyddia i bwrpas cywilyddus
gyrff gwŷr, gwragedd a phlant,
O Dad, maddau.

Y balchder sy'n ein harwain i ymddiried ynom ni ein hunain

ac nid yn Nuw,
O Dad, maddau. *Amen.*
GWEDDI O'R CAPEL UNDEB

Dad, gweddïwn dros dy Eglwys ledled y byd,
er mwyn iddi rannu'n gyflawn yng ngwaith dy Fab,
drwy dy ddatguddio i wŷr a gwragedd
a'u cymodi hwy â thi ac â'i gilydd,
fel bo Cristnogion yn dysgu
i garu'i gilydd a'u cymdogion,
fel yr wyt ti wedi'n caru ni,
er mwyn i'th Eglwys adlewyrchu fwyfwy
yr undeb hwnnw sef dy ewyllys a'th rodd;
gweddïwn drwy Iesu Grist ein Harglwydd. *Amen.*

Emynau a Gwasanaethau i Ysgolion Uwchradd Cymru
OUP (1967)

DUW DAD

Ein Tad Nefol, dymunwn dy gydnabod heddiw fel ein Creawdwr mawr a'n Cynhaliwr. Tydi a'n gwnaeth ac nid ni ein hunain; dy blant di ydym a defaid dy borfa. Dibynnwn arnat ti am bob peth; ynot ti yr ydym yn byw, yn symud, ac yn bod; ti sydd yn ein porthi ac yn ein dilladu. Derbyn ein diolch am dy haelioni fel hyn o ddydd i ddydd; a chymer ni i'th ofal; er mwyn Iesu Grist ein Harglwydd. *Amen.*

DUW O'N HAMGYLCH

Diolchwn i ti, O Dduw Hollalluog, am i ti ddatguddio dy hun i ni yn y byd o'n hamgylch; y nefoedd sydd yn datgan dy ogoniant, a'r ffurfafen sydd yn mynegi gwaith dy ddwylo. Arwain ni i weld ôl dy law ar y cwbl oll, fel y deuwn i'th adnabod di yn well fel Cynhaliwr pob peth; er mwyn dy enw. *Amen.*

GEIRIAU EIN HARGLWYDD IESU GRIST

Diolchwn i ti, ein Tad Nefol am fywyd yr Arglwydd Iesu Grist ar ein daear ni, ac am yr hyn sydd ganddo i'w ddysgu i ni trwy ei Air Sanctaidd. Diolchwn i ti am ei eiriau graslon, gan ddysgu i ni y ffordd i weddïo. Pâr i'w eiriau fod yn llusern i'n traed ac yn llewyrch i'n llwybrau. Gofynnwn hyn er mwyn ei enw. *Amen.*

DIOLCH AM GARIAD CYFEILLION

Dirion Dad, yn yr hwn yr ydym yn byw, yn symud, ac yn bod, diolchwn i ti am bob llawenydd a ddaw i ni trwy ein cyfeillion, ac am ysbryd addfwyn a theimladau tyner y rhai sydd yn ein caru. Pâr i gynhesrwydd ein perthynas â'n gilydd ein dwyn yn nes atat ti, yr hwn a'n dysgaist i garu ein gilydd fel y ceraist ti ni; er mwyn ei enw. *Amen.*

AM WASANAETHU

Cymer di ein dwylo, O Dduw, ac arwain ni i'w cysegru i weithio drosot ti. Cymer di ein traed, a'u tywys i rodio yn dy lwybrau di. Bydded i ni dy foliannu â'n gwefusau. Llanw ein calonnau â'r awydd i fod yn weision i ti. Dysg ni i roi heb gyfrif y gost, ac i lafurio heb geisio gwobr. Gofynnwn hyn yn enw dy annwyl Fab, Iesu Grist. *Amen.*

YMGYSEGRIAD

Hollalluog Dduw, yr hwn sydd yn ffynhonnell pob dawn a doethineb, cynorthwya ni i gysegru pob gallu i'th wasanaeth di, ac i'w ddefnyddio er lles ein cyd-ddynion. Arwain ein meddyliau bob amser tuag at y gwir, y pur a'r prydferth, fel y gwnelom yr hyn sydd dda yn dy olwg di; er mwyn dy enw. *Amen.*

GOSTYNGEIDDRWYDD

O Dduw ein Tad, crea ym mhob un ohonom galon a lawenha pan ddelo llwyddiant a hapusrwydd i eraill. Erfyniwn arnat ein glanhau ni o bob balchder ac ymffrost. Dysg i ni dreulio holl ddyddiau ein bywyd yng ngwasanaeth dy annwyl Fab, yr hwn a'i dibrisiodd ei Hun gan gymryd arno agwedd gwas. Cadw ni rhag rhoddi ein bryd ar y pethau a dderfydd, a dyro i ni wneud i eraill fel y mynnom iddynt hwy ei wneud i ni; er mwyn ei enw. *Amen.*

Y CYNHAEAF

Trown atat ti, ein Tad trugarog, y bore newydd hwn i'th gydnabod di yn ddiolchgar am dy ddaioni parhaus tuag atom. Dyro i ni weld mai i ti yr ydym i ddiolch am roddi i ni gnwd y maes a ffrwythau'r coed, gan ddwyn llawnder i ddyn ac anifail. Derbyn ein diolch am i ti ein cynnal a'n cadw. Arwain ni i ddeall mai fel cydweithwyr â thydi y meddiannwn holl gyfoeth dy drugaredd, ac y gogoneddwn dy enw; er mwyn Iesu Grist ein Harglwydd. *Amen.*

Y NADOLIG

Diolchwn i ti, O Dduw, ein Tad, am lawenydd y Nadolig, ac yn bennaf oll, derbyn ein diolch am dy Fab, Iesu Grist, a ddaeth i'r byd i'n hachub oddi wrth ein pechodau. Dysg i ni ei ddilyn yn feunyddiol, ei garu fwyfwy, a'i wasanaethu'n ffyddlon; er mwyn dy enw. *Amen.*

Mawl yr Ifanc – Undeb Bedyddwyr Cymru (1968)

GWEDDI DROS GREADURIAID

Ein Tad Nefol, diolchwn i ti am holl waith dy ddwylo, ac am bob creadur byw. Tydi sydd wedi eu creu i gyd; defaid ac ychen y maes; pysgod y môr ac adar yr awyr; bwystfil y coed, a phob ymlusgiad. Tydi hefyd sydd yn eu porthi oll mor dirion: diodi'r asynnod gwylltion, a chlywi lef y gigfran. Dysg i ni weld dy feddwl daionus ynddynt i gyd – yn y rhai gwyllt a drig yn yr anialwch, a'r rhai gwâr a'n gwasanaetha. Dyro inni hefyd yr anian i fod yn fwyn a charedig wrth bob creadur mud a diamgeledd, er mwyn Iesu Grist. *Amen.*

GWEDDI AM DDEALLTWRIAETH

O Arglwydd, ein Duw, agor ein llygaid i weld yr hyn sydd yn brydferth, ein meddyliau i wybod yr hyn sydd wir, ein calonnau i garu'r hyn sydd dda, drwy Iesu Grist ein Harglwydd. *Amen.*

GWEDDI O DDIOLCHGARWCH

Hollalluog Dduw, diolchwn i ti am y byd ac am dy holl drugareddau, am yr awyr uwch ein pen, a'r ddaear o dan ein traed, am ein cartrefi a'n cyfeillion, am dy allu a'th gariad sydd yn ein gwarchod ac, uwchlaw pob dim, am fywyd ac esiampl Iesu Grist, dy Fab, ein Harglwydd. *Amen.*

GWEDDI AM WYBODAETH A CHARIAD

Dragwyddol Dduw, goleuni'r meddyliau sy'n d'adnabod, llawenydd y calonnau a'th gâr, a nerth yr ewyllysiau a'th wasanaetha, caniatâ i ni felly dy adnabod fel y carom di yn gywir, a'th adnabod yn y fath fodd fel y gwasanaethom di yn gyflawn, tydi y mae dy wasanaeth yn rhyddid perffaith. *Amen.*

DUW EIN CEIDWAD

O Dduw, tydi a'n creaist; ti hefyd a'n ceidw. Ni fyddwn byth yn unig, canys yr wyt ti yn wastadol gyda ni, a diogel ydym yn dy gwmni. Cynorthwya ni i fod yn llwyr ddi-ofn, i fod yn ddewr, ac i ymddiried ynot ti bob amser, drwy Iesu Grist, ein Harglwydd. *Amen.*

SUL Y BLODAU

Bendigedig yw'r hwn sy'n dyfod yn enw'r Arglwydd! Hosanna yn y goruchaf! Tydi, Iesu, a farchogodd gynt i'r ddinas yn ostyngedig, yn eistedd ar ebol asyn, tyred i'n calonnau ninnau'n awr, meddianna hwy, a theyrnasa ynddynt. Tyred i'th etifeddiaeth drwy'r byd i gyd, a theyrnasa drosto mewn heddwch ac mewn cyfiawnder, fel y gwypo'r byd mai tydi ydyw Brenin y brenhinoedd ac Arglwydd yr arglwyddi. *Amen.*

SUL Y PASG

O Dduw, ein Tad nefol, moliannwn di am fore'r trydydd dydd, ac am fawr fuddugoliaeth dy Fab ar bechod a'r bedd. Boed gorfoledd y Pasg yn ein calonnau yn wastadol, drwy Iesu Grist, ein Harglwydd. *Amen.*

GWEDDI DROS YR OFFRWM

O Dduw, cyflwynwn ein rhoddion i ti. Gwêl yn dda i'w derbyn, a ninnau gyda hwy, i'th ogoniant, yn Iesu Grist, ein Harglwydd. *Amen.*

GWEDDI CYN CYSGU

Aros gyda ni heno, O Arglwydd da, a rho inni orffwys gan gredu ac ymddiried yn dy ddaioni, a heb lid na chas yn ein calonnau at neb. Yn y bore gad inni ddeffro yn barod i wneud dy ewyllys a'th waith a chanmol dy enw am dy holl drugareddau. *Amen.*

CYN MYND I'R YSGOL

Ein Tad, yr hwn wyt yn y nefoedd, helpa ni i gofio dy fod di yn edrych arnom bob amser; 'Ti, O Dduw, wyt yn edrych arnaf fi.' Na ad i ddim beri i ninnau dy anghofio di. Dysg inni wrth wneud ein gwersi ac wrth chwarae, yn yr ysgol ac yn ein cartref, gofio mai plant i ti ydym. Cofia, ein Tad, am y plant sydd eto heb wybod amdanat ti ac am y Gwaredwr Iesu Grist. Dy blant di ydynt, fel ninnau, ac yr wyt yn eu caru. Anfon genhadon i ddweud wrthynt dy fod di yn caru'r byd. Gad inni ddod yn agos at Iesu Grist yn yr ysgol heddiw. Gwared ni rhag y drwg, er mwyn dy annwyl Fab, Iesu Grist. *Amen.*

AR DDIWEDD BLWYDDYN

O Dduw daionus, derbyn ddiolch ein calonnau am y flwyddyn hon. Am bob daioni, am bob llawenydd, am bob trugaredd a ddaeth i'n rhan, mynegwn dy glod. Pan ddaw blwyddyn arall, gad iddi fod yn flwyddyn newydd dda i ni ac i bawb. Maddau ein pechodau yn enw Iesu Grist, ein Harglwydd. *Amen.*

AM GARIAD AT EIN CYMDOGION

O Arglwydd, a roddaist i ni orchymyn newydd, sef ar garu ohonom ein gilydd, gwna ni'n dyner ac yn dirion wrth y naill a'r llall, a dysg ni i garu pawb â chalon bur. Rhag pob llid a chas at bobl cadw ni, a rhag bod yn angharedig wrth y rhai na chawsant ein bendithion gwared ni, oherwydd trwy Iesu Grist amlygaist dy gariad at bob dyn. *Amen.*

Y GENHADAETH FYD-EANG

Diolchwn i ti am Iesu Grist, a'i gariad mawr, ac am bob un sy'n gweithio drosto yn ein gwlad.

Diolchwn i ti hefyd am y cenhadon a ddaeth â'r sôn amdano i'n cenedl ni oesoedd yn ôl. Tywyll ac anwar fuasem ni oni bai am oleuni dy garedig Fab.

Ond cofiwn fod miliynau eto heb glywed dim amdano. Diolch i ti am y cenhadon sydd allan yn y gwledydd pell yn cyhoeddi'r newyddion da. Bendithia bob cenhadwr a chenhades ym mhob rhan o'r byd. Gwna ni'n ddyfal yn ein gweddi drostynt, ac yn hael ein cyfraniad at eu gwaith. Gosod eu calonnau hwy a ninnau ar dân dros Iesu Grist a'i farwol glwy; a danfon allan eto weithwyr newydd i'r cynhaeaf; er mwyn Iesu Grist. *Amen.*

AR DDECHRAU BLWYDDYN

O Dad Trugarog, y Duw tragwyddol, derbyn ein diolch am gael gweld dechrau blwyddyn arall. Rho inni dy gymorth i fyw bob dydd er clod i ti, ac mewn gwasanaeth yn ein cartref ac yn ein bro, er mwyn Iesu Grist, ein Harglwydd. *Amen.*

Y NADOLIG

Diolchwn i ti, ein Tad nefol, am anfon dy Fab i'r byd. Helpa ni i gofio am Fethlehem a'r geni rhyfedd yn y preseb tlawd. Dysg inni ganu i Geidwad a Chyfaill holl blant y byd, a phlygu ger ei fron. Dymunwn rodio er ei glod gan roi ein hunain yn gwbl iddo. Er mwyn dy enw. *Amen.*

Llyfr Gweddi Gyffredin yr Eglwys yng Nghymru (1969 . . .)

Mae'r Eglwys yng Nghymru yn parhau i adolygu Y Llyfr Gweddi Gyffredin *fel y dengys y cyhoeddiadau diweddar:*

Y Cymun Bendigaid (1966)
Gwasanaethau Bore a Hwyr (1969)
Trefn y Foreol a'r Hwyrol Weddi (1984*)*
Ffurf Arall ar gyfer y Foreol a'r Hwyrol Weddi (1992)

GWEDDI DROS HEDDWCH Y BYD

Hollalluog Dduw, ffynhonnell pob meddwl o wirionedd a hedd: ennyn yng nghalon pob dyn wir gariad at heddwch; ac o'th ddoethineb pur a heddychlon arwain y rhai sy'n ymgynghori dros genhedloedd y byd; fel yr hyrwyddir dy deyrnas mewn tangnefedd, nes llenwi'r ddaear â gwybodaeth o'th gariad; trwy Iesu Grist ein Harglwydd. *Amen.*

DIOLCHGARWCH AM Y CYNHAEAF

Hollalluog a thragwyddol Dduw, sy'n coroni'r flwyddyn â'th ddaioni, ac yn rhoddi inni ffrwythau'r ddaear yn eu tymor, rho i ni galonnau diolchgar, fel y defnyddiwn dy roddion yn unol â'th ewyllys; trwy Iesu Grist ein Harglwydd. *Amen.*

GWEDDI DROS GLEIFION AC YSBYTAI

Hollalluog Dduw, yr aeth dy fendigaid Fab Iesu Grist oddi amgylch gan wneud daioni a iacháu afiechydon ymhlith dynion, parha'r gwaith grasusol hwn yn ein plith, yn enwedig yn ysbytai'n gwlad; diddana, iachâ a sancteiddia'r claf a'r cystuddiol; rho i feddygon a'r rhai sy'n gweini ddoethineb a medr, cydymdeimlad ac amynedd; a chynorthwya â'th fendith bawb sy'n llafurio i atal dioddefaint ac i hyrwyddo bwriadau dy gariad; trwy Iesu Grist ein Harglwydd. *Amen.*

Y GYFFES

Cyffeswn i Dduw hollalluog,
y Tad, y Mab a'r Ysbryd Glân,
i ni bechu ar feddwl, gair a gweithred.
Gadawsom heb eu gwneud y pethau y dylasem eu gwneud;
a gwnaethom y pethau na ddylasem eu gwneud.
Gan hynny, gweddïwn ar i Dduw drugarhau wrthym.
Trugarhaed yr hollalluog Dduw wrthym,
a maddau i ni ein holl bechodau;
gwareded ni oddi wrth bob drwg,
a'n cadarnhau a'n nerthu ymhob daioni
a'n dwyn i fywyd tragwyddol. *Amen.*

YN ÔL DY EWYLLYS DI , O DDUW

Caniatâ, O Arglwydd, fod yr hyn a ddywedwn â'n gwefusau, yr
hyn a gredwn yn ein calonnau ac a weithredwn yn ein
bywydau, ac o'th drugaredd cadw ni'n ffyddlon hyd y diwedd, er
mwyn Crist. *Amen.*

DYRCHEFWCH EICH CALONNAU (*Sursum corda*)

Dyrchefwch eich calonnau;
Yr ydym yn eu dyrchafu at yr Arglwydd.
Diolchwn i'n Harglwydd Dduw;
Addas a chyfiawn yw gwneuthur hynny.
Cwbl addas a chyfiawn, a'n rhwymedig ddyled,
yw bob amser ac ym mhob lle ddiolch i ti,
Arglwydd, Sanctaidd Dad, Hollalluog, Dragwyddol Dduw.
Gan hynny gydag angylion ac archangylion,
a chyda holl gwmpeini nef, y moliannwn ac
y mawrhawn dy enw gogoneddus; gan dy
foliannu'n wastad a dywedyd;
Sanct, Sanct, Sanct, Arglwydd Dduw'r lluoedd.
Nef a daear sy'n llawn o'th ogoniant;
gogoniant a fo i ti, O Arglwydd goruchaf. *Amen.*

TEULU'R FFYDD

Hollalluog Dduw,
diolchwn i ti am ein cymdeithas
yn nheulu'r ffydd
gyda phawb a fedyddiwyd yn dy enw.
Cadw ni yn ffyddlon i'n bedydd,
a gwna ni felly yn barod ar gyfer y dydd hwnnw
pryd y perffeithir y greadigaeth gyfan
yn dy Fab, ein Gwaredwr Iesu Grist. *Amen.*

CADW NI, O DDUW

Bydd gyda ni, Arglwydd, yn ein holl weddïau,
a chyfeiria ein llwybr tuag at rodd dy iachawdwriaeth;
fel y cawn yng nghanol troeon a chyfnewidiadau
y bywyd marwol hwn,
ein hamddiffyn gan dy gymorth grasol;
trwy Iesu Grist ein Harglwydd. *Amen.*

BYDD GYDA NI, O DAD

Mewn tywyllwch a goleuni, mewn trallod a llawenydd,
cynorthwya ni, nefol Dad, i ymddiried yn dy gariad,
i hyrwyddo dy fwriad, ac i foli dy enw;
trwy Iesu Grist ein Harglwydd. *Amen.*

ANFON DY YSBRYD ATOM

Nefol Dad,
ynot ti yr ydym yn byw, yn symud ac yn bod.
Tywys ni â'th Ysbryd Glân,
fel nad anghofiwn di
yn holl ofalon a galwedigaethau ein bywyd,
ond cofio ein bod bob amser yn cerdded yn dy olwg;
trwy Iesu Grist ein Harglwydd. *Amen.*

CLYW EIN GWEDDI, O DDUW

Hollalluog Dduw, a roddaist i ni ras
i ddwyn yn unol ger dy fron
ein herfyniadau cyffredin;
ac a addewaist pryd bynnag
y bo dau neu dri yn dod ynghyd yn dy enw
y byddi yn caniatáu iddynt eu deisyfiadau:
cyflawna yn awr, O Dduw,
ddymuniadau a deisyfiadau dy wasanaethyddion
fel y bydd orau iddynt,
gan ganiatáu i ni, yn y byd hwn,
wybodaeth o'th wirionedd,
ac yn y byd a ddaw, gyflawnder bywyd tragwyddol. *Amen.*

COLECT BOREOL

Hollalluog a thragwyddol Dad,
diolchwn i ti am ein tywys yn ddiogel
hyd ddechrau'r dydd newydd hwn:
amddiffyn ni â'th allu cadarn
fel y cedwir ni yn rhydd o bob pechod
ac yn ddiogel rhag pob perygl;
a galluoga ni ym mhob peth
i wneud yn unig yr hyn sy'n iawn yn dy olwg di;
trwy Iesu Grist ein Harglwydd. *Amen.*

BYWIOCÂ DY EGLWYS

O Dduw y posibiliadau,
deuwn atat â dwylo agored
gan geisio dy ras
wrth i ni hyrwyddo dy waith
yn y gymuned hon.
Bydd yn ein plith
wrth i ni hybu ein gilydd
yn yr ymdrechion hyn.

Rho i ni ymwybyddiaeth
o'r newydd o'th nerth,
fel awdur popeth sy'n ein cyffroi.
Ysbrydola ein mawl,
trwytha ein trafod,
goleua ein meddyliau,
bywha ein dathlu.
Cymorth ni i fod,
mewn ffyrdd newydd a beiddgar,
yn eglwys yng ngwir ystyr y gair,
gyda'th neges o gariad a gobaith
i'n cynnal a'n cyfeirio;
drwy Iesu Grist ein Harglwydd. *Amen.*

Prayers for Children and Young People
Nancy Martin (1975)

GWEDDI'R DERYN BACH

O Dduw annwyl,
ni wn sut i weddïo'n iawn ar fy mhen fy hun,
ond a wnei di, os gweli di'n dda
warchod fy nyth fach i rhag y gwynt a'r glaw?
Rho dipyn o wlith ar y blodau,
a llawer o hadau yn gyfleus.
Gwna las y nen yn uchel iawn
a'th ganghennau yn ystwyth;
gad i'th olau mwyn barhau'n hwyr uwchben
a llanw 'nghalon â'r fath fiwsig
fel bo rhaid imi ganu, canu, canu . . .
Os gweli di'n dda, Arglwydd. *Amen.*

CRI O'R GALON

Arglwydd, nid gwaith hawdd yw gweddïo,
Y rhan fwyaf o'r amser rwy'n brysur
Yn gweithio neu'n mwynhau fy hun.

Rwy'n ymdopi â bywyd yn eithaf da
Ond yna – yn ddirybudd mae popeth yn mynd o chwith.
Rwy'n cweryla â'm ffrind gorau neu mae un o'r teulu'n glaf.
Teimlaf mor unig, ac mae bywyd yn mynd yn ddiystyr.
Arglwydd, mae'n rhaid dy fod tithau wedi pendroni
uwchben yr holl gamddealltwriaeth rhwng pobl,
yr holl ddioddef diangen yn y byd. Arglwydd,
fe ddysgaist ti i ymdopi, a llwyddaist i ddod drwyddi.
Arglwydd, fe gynorthwyaist eraill i ymdopi hefyd.
Arglwydd, a wnei di fy helpu i? *Amen.*

FY MUGAIL DA

Cofiais amdanat heddiw, Arglwydd Iesu.
Roeddwn yn sylwi ar ryw ddefaid yn cael eu paratoi
ar gyfer sioe amaethyddol.
Roeddent yn nerfus, yn tyrru i ben draw'r lloc
Wrth i was ffarm ifanc geisio'u brwsio.
Yna dringodd y ffarmwr i mewn i'r lloc a siarad â nhw.
Roedd yn rhyfeddol i weld yr effaith ar y defaid.
Ni chrynasant mwy, safasant yn gwbl lonydd;
Gadawsant i'r ffarmwr hyd yn oed dacluso
eu cnu â'i wellau.

Meddyliais am dy eiriau, Iesu:
'Mae gennyf ddefaid . . . ac fe wrandawant ar fy llais.'
Roeddet yn gwybod am beth roeddet ti'n sôn,
Arglwydd,
Pan ddywedaist dy fod yn fugail da.
Agor fy nghlustiau imi adnabod dy lais
pan fyddi di yn siarad â mi, Arglwydd Iesu.
Mae llawer yn rhoi cyngor imi
Ond ni fedraf sicrhau bob tro ei fod yn gyngor da.
Rwy'n mynd yn nerfus fel y defaid hynny.
Ond pan glywaf dy lais yn glir uwchben y gweddill
Mi wn y gallaf ymddiried ynddo,
Am mai ti yw fy mugail da, Arglwydd. *Amen.*

DYSG FI, ARGLWYDD, SUT I FYW

Arglwydd Iesu, ni wn lawer amdanat ti,
Ond rwy'n barod i ddysgu;
Ac rwy'n barod i roi'r cyfan y gwn amdanaf fi
I'r cyfan y gwn amdanat ti;
Ac rwy'n barod i fynd ymlaen i ddysgu. *Amen.*

CYFOETHOGA NI, O DDUW

Caniatâ i ni, O Arglwydd,
mewn meddwl, ffydd;
mewn gair, ddoethineb;
mewn gweithred, ddewrder;
mewn bywyd, wasanaeth:
trwy Iesu Grist ein Harglwydd. *Amen.*

DYSG NI SUT I'TH GANLYN

Drwy weddïau Iesu, dysg ni sut i weddïo.
Drwy roddion Iesu, dysg ni sut i roi.
Drwy ymdrechion Iesu, dysg ni sut i weithio.
Drwy gariad Iesu, dysg ni sut i garu.
Drwy groes Iesu, dysg ni sut i fyw. *Amen.*

Y MÂN BETHAU A'R RHAI PWYSIG

Helpa fi, O Dduw, i roi heibio ofnau plentyndod;
Ofn bod ar fy mhen fy hun, ac ofn y tywyllwch;
Ofn gwneud pethau di-chwaeth, ac ofn fy niweidio fy hun;
Ofn dieithriaid, mynd i leoedd gwahanol, cwrdd â
phobl, gwneud pethau anghyfarwydd;
Ofn methiant.

Dysg fi yn hytrach, O Dduw, i ofni
Cyfaddawdu â'r gwirionedd drwy dawelwch neu air;
Colli'r cetyn enw da sy gennyf;

388

Dod â loes neu gywilydd ar fy nheulu a chyfeillion;
Torri fy ngair;
Bradychu Crist. *Amen.*

Ffenestri Agored
Llawlyfr o Weddïau Cyfoes (1976/97)
goln Harri Parri a William Williams

Y FFÔN

Diolch i ti, Arglwydd,
    Dy fod o fewn cyrraedd bob awr o'r dydd a'r nos,
Ar dywydd mawr ac ar dywydd braf.
Os dringaf i'r nefoedd, yno 'rwyt ti,
Pe cyweiriwn fy ngwely yn uffern, wele di yno;
Pe cymerwn adenydd y wawr
A thrigo yn eithafoedd y môr
Byddai yno lein glir atat ti,
Dim ond imi wasgu'r rhifau iawn.

Ond mae'n rhaid imi gyffesu, Arglwydd,
Mai gofyn am rywbeth gennyt y byddaf braidd bob tro –
Mai 'dyro' yw byrdwn fy sgwrs pan alwaf arnat.
Anaml y galwaf arnat am fod dy sgwrs yn felys.
Mae pob dydd mor llawn, a minnau mor brysur
Fel mai anaml y galwaf arnat ond i'th ddefnyddio.
Maddau imi, Arglwydd trugarog.

A rhyw fin nos yn ddiweddar,
Gwelais yn y newyddion ar fy nheledu lliw
Blant â'u boliau'n chwyddedig gan newyn.
Yna'n sydyn clywais gloch y ffôn yn canu'n wyllt.
Ond 'wyddwn i ddim ar y pryd mai ti oedd yn galw.
Na gwybod mai galwad i mi yn bersonol ydoedd –
Galwad ynghylch y lluniau a'm poenodd yn y newyddion.
O ran hynny,
Gallasai'r gloch fod yn galw ar undyn o amryw ohonom

Sy'n byw dan yr un to ac yn rhannu'r ffôn.
Ac oni ddywedodd rhywrai fod lladron penffordd yn y Trydydd
Byd; ac nad yw pob punt a gyfrennir yn cyrraedd i'r pen draw?
Ac onid yw hyn yn ddigon, mae gen i esgusodion eraill,
Fel y gwahoddedigion hynny yn nameg Iesu
A ddechreuodd o un fryd ymesgusodi.
O Arglwydd, maddau.

A'r tro nesaf y gelwi arnaf, y Tad trugarog,
Dal i ganu'r gloch,
Myn imi ateb, a thrugarhau. *Amen.*

R. Gwilym Hughes

ARIAN

Y mae rhai pobl yn byw i hel arian, ac eraill yn hel arian i fyw. Teimlaf weithiau y byddai'n braf iawn pe gellid dileu arian allan o'r byd yn gyfan gwbl.

Mor hyfryd fyddai gallu byw heb ddyheu am wneud ffortiwn na phoeni am gasglu arian er mwyn gallu byw!
Ond dyna fo – y mae'n rhaid wrth ryw drefn o'r fath yn y byd sydd ohoni. Felly yr oedd hi yn amser Iesu Grist hefyd.

Hyd y gwyddom, nid oedd ef yn gyfoethog, ac ni phryderodd lawer am arian. Yn sicr, nid oes awgrym ei fod yn awyddus i fod yn gyfoethog, ac fe gyhoeddodd yn ddigon eglur y gall chwant am arian wneud dyn yn ddigon anhapus.

O Iesu da, dysg fi sut i drin arian yn y ffordd iawn.
Difa fy malchder.
Difa fy hunanoldeb.
Dyfnha ynof yr awydd i rannu a rhoi.
Dysg imi fyw yn fwy syml er mwyn i eraill,
yn syml, gael byw. *Amen*

Aled Williams

AMSER

Arglwydd, rwyt ti y tu draw i amser.
Nid oes na dydd na nos,
Nac awr nac eiliad yn dy fyd.
Mae heddiw yn dragwyddol.
Bydd yn drugarog wrthym ni sy'n gaeth i amser.
Clywaf dipiadau'r cloc;
A phob munud ac eiliad yn llithro o'm gafael –
Yr amser na ddaw byth yn ôl!
Y ddoe nad oes modd ei ddefnyddio mwy!
Mae bywyd mor brysur, Arglwydd,
A'r amser mor brin!
Maddau, Arglwydd, fy esgusodion gwael.
Yr un faint o amser a roddaist i bawb.
Mae pedair awr ar hugain i bob diwrnod –
Dim mwy,
  Dim llai.
Arglwydd yr Amseroedd,
Maddau'r camddefnydd a wnaf o'm hamser.
Maddau'r amser a gollwyd,
Ac a afradwyd.
Rhoddaist ddigon o amser inni wneud yr hyn y caret
  inni ei wneud –
Amser i weithio,
  i addoli,
    i orffwyso.
Rho ddoethineb inni i ddefnyddio'n hamser yn unol â'th ewyllys.
A phan ddaw fy amser i ben
Dwg fi i'th fyd tragwyddol
Lle nad oes nac awr nac eiliad yn llesteirio bywyd. *Amen.*

J. Pinion Jones

DEFFRO

Agorais fy llygaid, a gwelais y dydd.
A'i oleuni glân yn golchi f'ystafell.
Arglwydd, ti biau'r haul:
  Ti biau'r dydd;

391

Ti biau fy neffro.
O Arglwydd y Wawr Ddifachlud,
Glanha fy meddwl;
Goleua fy ewyllys;
Gloywa fy mrwdfrydedd.
Cysgais drwy'r nos yn dawel yn dy dangnefedd.
Dihunais trwy dy ras.
Maddau mor fynych rwy'n dihuno'n groes,
Ac yn dechrau'r dydd dan gwmwl blin.
Arglwydd, gwna fi'n effro i'r cariad sy'n amgylchynu fy mywyd.
Gwna fi'n effro i anghenion fy nghymydog ac ing dy blant.
Gwna fi'n effro i'th arweiniad di, beth bynnag a ddigwydd heddiw.
Agoraf y llenni, a gwelaf y byd.
Diolch am fedru gweld.
    Y llefrith ar stepan y drws –
Mae rhywun yn gofalu.
    Y llythyrau drwy'r post –
Mae rhywrai'n meddwl amdanaf.
Dysg im ateb pob llythyr â chwrteisi a doethineb.
Dydd newydd.
Cyfle newydd.
Diolch i ti, Arglwydd, amdano.
Beth sydd gan heddiw i'w gynnig, tybed?
Ti yn unig a ŵyr.
Digon i mi, Arglwydd, yw wynebu heddiw gyda thi, a bod yn
EFFRO. *Amen.*

J. Pinion Jones

I DAD Y TRUGAREDDAU

Dad y Trugareddau,
    Diolchwn
I ti am ambell funud
Feichiog o fendith,
Pan gofiwn yng ngofid
A gwewyr cymhlethdod ein cymdeithas gyfoes
Am dy drugaredd,
Sydd yn fwy na dy drugareddau
I gyd gyda'i gilydd.

Diolchwn
Am hirhoedledd dy amynedd
Gydol ein blynyddoedd afrad;
Diolchwn
Am y ffrwd a dardd
O'th gariad digymar –
Y ffrwd a lif
I leddfu ing a gloywi gobaith,
Ac a ylch
Surni a sorod pechod,
Megis y gylch beiston
Gregyn yn llathrwyn ar draeth.
Diolchwn
Am awr anterth y gras
A ddatguddiwyd
Ym mhoen ar drostan.
Diolchwn
Am dridiau ysgarmes
Gethsemane a Golgotha,
Cyn toriad gwawr
Dydd Mab y Dyn.
Gweddïwn
Am i'th ddaioni cyson
Ein gwyleiddio
Ac ennyn ynom
Y meddwl grasol
'Yr hwn oedd hefyd yng Nghrist Iesu.'
Er mwyn ac er gogoniant ei enw. *Amen.*

Ffowc Williams

EIN DIBYNIAETH AR DDUW

O Dduw, ein Tad, grasol a thrugarog, tydi sy'n darpar o hyd at raid dynol-ryw, gad inni beunydd gydnabod ein llwyr ddibyniaeth arnat ti, a dyfnha ein hymddiriedaeth yn dy ofal tadol. Ynot ti, yn wir yr ydym yn byw, yn symud, ac yn bod. Gweddïwn am dy ysbryd i'n cynnal mewn addoliad syml a glân i ti. Caniatâ inni ddod i weld yn gliriach nag erioed fel yr ydym wedi'n hamgylchynu yn ôl ac ymlaen gan dy drugaredd. Gad i ni nesáu

393

atat wrth draed Iesu Grist gyda'r Samariad hwnnw gynt i'th
foliannu yn ostyngedig a diolchgar. O maddau inni ein bod yn
blant mor anniolchgar, a thithau'n Dad mor haelionus. Tydi sy'n
caru'r byd gymaint nes rhoi dy unig Fab, er mwyn i bob un sy'n
credu ynddo ef beidio â mynd i ddistryw ond cael bywyd
tragwyddol, gad i ninnau gydnabod dy drugareddau yn ddiolchgar
wrth ei draed. Rhyddha ni o bryderon ein hanghrediniaeth, a
chydia ni yn dynn wrth alwadau mawr dy Deyrnas heddiw, lle'r
wyt ti'n ein galw i gydweithio â thydi. O Dduw, ein Tad, dyfnha
ein consýrn am drueni a thlodi ac anobaith y trydydd byd. Disgybla
ni â'th Ysbryd i fyw yn syml, fel y gall eraill, yn syml, fyw. A
ninnau yn derbyn cymaint, bydded inni roi llawer mwy na'n harfer
mewn ufudd-dod i'n Harglwydd sy'n ein cymell ninnau heddiw:
'Derbyniasoch yn rhad, rhoddwch yn rhad.' Nertha dy Eglwys i
efengylu cydwybod ein cenhedlaeth. O bydded i'th ofal amdanom
droi yn ofal am ein gilydd. Maddau inni bechod ein
hanniolchgarwch sydd wrth wraidd pob pechod. Derbyn ni mewn
maddeuant (ar dy faddeuant, yn wir, yr ydym yn byw) a chadw
ni'n ddiolchgar wrth draed ein Harglwydd Iesu Grist. *Amen.*

R. Maurice Williams

DIM OND DIOLCH

Diolch i ti, Arglwydd da,
Am bob rhodd a gefais gennyt,
Am fedru gweld a chlywed, a mwynhau dy roddion hael,
Am gartref a bwyd a dillad,
Am swyn a chysur y pethau cyffredin a syml sydd o'm cwmpas o
hyd.
Diolch
Am rieni da a theulu dedwydd a chariad anwyliaid hoff,
Am y gallu i feddwl ac i siarad a chyfnewid fy meddwl a'm barn
ag eraill.
Diolch
Am y gymdeithas y cefais fy magu ynddi,
Am etifeddiaeth o'r gorffennol,
Am fedru mwynhau'r presennol,
Ac edrych ymlaen yn hyderus i'r dyfodol ar sail dy addewidion di.
Diolch

Am gael byw mewn byd mor gyffrous,
Am amgylchfyd sy'n herio dychymyg, ac yn galw am ymroddiad a menter ac ymgyflwyniad fel y byddo manteision bywyd heddiw yn fudd a bendith i fywyd yfory.
Diolch i ti, Arglwydd da,
Am gael sicrwydd dy fod ti yma gyda mi yn wastadol, ac am d'addewid i aros gyda mi bob cam o'r ffordd hyd ddiwedd y daith.
Helpa fi ym mhob dim i ddangos fy niolch, nid yn unig mewn meddwl a gair, ond hefyd trwy weithredu yn ôl y patrwm a roddwyd imi yn Iesu Grist, ac er ei fwyn ef. *Amen.*

Glyn Parry Jones

O LLEFARA . . .

Nefol Dad, deuwn atat fel plant yn awyddus am gael bod yn dy gwmni, gan ddisgwyl yn ffyddiog a hyderus yn dy ŵydd. Dysg ni i sylweddoli dy fod ti'n siarad â ni yn y pethau sy'n digwydd yn ein hanes o ddydd i ddydd ac o foment i foment. Dyro glust inni glywed ac i adnabod dy lais, a chalon i dderbyn dy genadwri a'th arweiniad ar y daith. Credwn fod gennyt genadwri arbennig i ni heddiw; gwna ni, O Dad, yn barod i'w derbyn yn eiddgar, nid yn unig er ein mwyn ni, ond hefyd er mwyn gwasanaethu ein hoes yn unol â'r hyn a ddatguddir inni yn Iesu Grist, ein Cyfryngwr, ac Arglwydd ein holl fywyd am byth. *Amen.*

Glyn Parry Jones

TEMTIO IESU YN YR ANIALWCH . . .

Arglwydd, cafodd dy Fab ei demtio
yn yr anialwch gan ddiafol.
Ei demtio i droi'r cerrig yn fara,
i'w fwrw ei hun o binacl y deml,
i blygu gerbron y diafol i'w addoli.
Cawn ninnau ein temtio, Arglwydd da:
i feddwl yn unig am bethau gweledig,
i anghofio nad ar fara yn unig y bydd byw dyn,
ac anghofio'r Bara a ddaeth i waered o'r nef.
Cawn ein temtio i ddringo i binacl ein gorchestion ein hunain,

ein peiriannau a'n hawyrennau a'n llongau gofod,
gan anghofio mai oddi wrthyt ti y daw
pob dawn a gallu i ddeall a dyfeisio.
Cawn ein temtio i chwennych y byd a'i deyrnasoedd a'i gyfoeth,
ac i ymgrymu i'w allu a'i rwysg,
gan anghofio nad ydym i addoli neb na dim
ond ti, O Arglwydd ein Duw,
nad ydym i wasanaethu neb ond ti.
Cadw ninnau rhag cwympo, O Arglwydd da, fel y cadwyd dy Fab,
trwy dy Air,
trwy dy nerth,
a thrwy ei Ysbryd ef. *Amen.*

Harri Williams

FEL LLYFR

Gwna fy mywyd yn llyfr, Arglwydd – yn un o'th lyfrau di, a thithau'n Alffa ac yn Omega ynddo. Mae'r dydd heddiw yn un o'i dudalennau. Gwna hi'n dudalen deilwng. Dilea'r meflau a'r gwallau ynddi. Sytha'r print lle mae'n gam, a chywira bob camlythrennu.

Darn o'th farddoniaeth di ydwyf, pâr i'm cynghanedd fod yn lân a chytbwys a phersain.

Un o'th nofelau di ydwyf, rho i ramant yr Anwylyd losgi ar bob tudalen.

Dy ddrama di yw fy mywyd, bydded i ti fod yn brif gymeriad yn y ddrama.

Cadw fy llyfr yn lân, bwrw allan bob llygredd ohono, fel y byddo'n gymeradwy gan y Sensor Mawr.

Cadw lyfr fy mywyd rhag bod â thudalennau gwag ynddo, rhag bod fel dyddiadur ag ond hanner ei lenwi, a dyddiau lawer wedi mynd heibio heb ddim i'w gofnodi arnynt. Bydded y dydd heddiw'n dudalen lawn o'th ddigwyddiadau di.

A phan fydd y llyfr yn dod i ben, a'r dudalen olaf wedi ei throi, rho iddo le yn dy Lyfrgell Fawr fel cyfrol deyrnged deilwng i ti dy hun.

Er mwyn Iesu Grist. *Amen.*

D. G. Merfyn Jones

SEFYLL YN Y BWLCH

Ein braint, O Arglwydd, pan ddeuwn ger dy fron gyda'n gilydd, yw diolch i ti am ein hetifeddiaeth ac am y rhai a fu yma o'n blaen yn aredig y tir ac yn gwasgaru'r had. Sylweddolwn yn aml mor ddyledus ydym iddynt, 'Eraill a lafuriasant,' a ninnau a aethom 'i mewn i'w llafur hwynt.'
Cynorthwya ni hefyd, ein tad, i gofio nid yn unig y rhai a fu yma o'n blaenau, ond hefyd y rhai a ddaw yma ar ein holau. Gwyddost ti mor ddigalon y teimlwn ar adegau wrth weld nifer ffyddloniaid y cysegr yn lleihau a sêl dros ordinhadau dy Eglwys yn prinhau yn y tir, ond galluoga ni i gofio y daw eto ddydd pan fydd cenhedlaeth newydd – ein plant neu blant ein plant – wedi blino ar 'doffi a chonffeti ffair' yn holi'r ffordd tua Seion ac yn ymofyn am yr hen lwybrau a'r hen ffynhonnau a'r hen gysegrleoedd. Ac er na welwn ni mo'r dydd hwnnw, o bosibl, fe wyddom – yn ôl dy drefn di o weithio – y daw yn sicr. Cynorthwya ni, gan hynny, O Arglwydd, i baratoi ar ei gyfer ac i sicrhau yr erys erbyn y dydd hwnnw yng Nghymru, ac ym mhob ardal ohoni, allorau lle nad yw'r tân wedi diffodd ac addoldai lle nad yw'r drysau wedi cau.
Gwyddom, Arglwydd, mor hawdd yw bwrw'r baich ar rywun arall, ond cymorth ni i weld mai ni yw'r bobl yr wyt ti wedi eu dewis i sefyll yn y bwlch, mai ni yw'r bont rhwng ddoe a fory, mai nyni sy'n gyfrifol am drosglwyddo trysorau'r tadau i'r plant.
Gwna ni felly, O Dduw, yn bobl gyfrifol yn ein cenhedlaeth fel y gelli di ein defnyddio i gyflwyno gair y dystiolaeth i'r rhai a ddaw ar ein hôl. Er llwyddiant i'th waith ac er gogoniant i'th enw. *Amen.*

Gwilym R.Tilsley

BYD YR ANIFEILIAID

Drugarog Dad, a'n gosodaist ni mewn byd sy'n llawn o greaduriaid eraill heblaw dynion, diolchwn i ti am bob pont a godwyd rhyngom a hwy. Diolchwn am ffyddlondeb a chyfeillgarwch ci a cheffyl, am anwyldeb creaduriaid bach dof, am gynnyrch toreithiog y fuwch a'r ddafad, am y diddanwch a gawn wrth gadw anifeiliaid, adar a physgod.

Diolchwn i ti am hwsmonaeth dyn dros greaduriaid gwyllt ein byd, am y bugeilio gofalus sydd ar rai rhywogaethau ohonynt rhag i'w hil ddiflannu.

Gwna ni'n sensitif, Arglwydd, yn ein hymwneud ag anifeiliaid; gwna ni'n barotach i faddau iddynt na'u beio; gwna ni'n gyflym i edmygu prydferthwch a dawn ynddynt ac i leddfu eu poenau. Cadw ni rhag dibrisio bywyd mewn unrhyw ffurf na'i ddifwyno. Cadw ni rhag edrych ar fywyd fel rhywbeth dibwys, i'w ddiffodd yn ddifeddwl. Rho inni sylweddoli gwerth cynhenid anifail fel bod ar wahân, gwerth nad yw'n dibynnu ar ei ddefnyddioldeb i ni. Gwared ni rhag gweld llwyth o wlân a chig yn unig mewn dafad, neu beiriant cynhyrchu llaeth yn unig mewn buwch. Rho inni barch at y bywyd a'r ymateb sydd mewn anifail. Gad inni sylweddoli mai gweithred ddi-droi'n-ôl yw lladd llysieuyn, neu goeden, neu anifail, pa mor angenrheidiol bynnag; ni allwn ni adfer y bywyd a gollwyd.

Pâr inni gydymdeimlo ag ofn creaduriaid direswm oherwydd sŵn a dieithrwch y bywyd modern, rhuthr y cerbyd modur a rhoch yr awyren a rhu pob peiriant symudol. Cadw ni rhag eu cyffroi'n ddiachos, na bod yn afresymol yn ein triniaeth ohonynt. Cadw ni hefyd rhag difwyno'u hamgylchedd nes gwneud bywyd yn boen a blinder iddynt. Gwna inni fedru meddwl amdanynt fel rhai bach a roddwyd yn ein gofal ni.

Gofynnwn hyn oll yn enw Iesu, Arglwydd dyn ac anifail. *Amen.*

D. G. Merfyn Jones

AR DERFYN DYDD

O Arglwydd, rwyf wedi blino.
Mae bywyd yn anodd a chymaint o densiynau yn ein llethu –
y sŵn a'r berw, y rhuthr diddiwedd, y galwadau di-sens ar amser dyn a'i egni.
Maddau imi am golli fy nhymer gyda phobl,
ac am fod mor bigog ymhlith fy anwyliaid.

Arglwydd fe wyddit tithau am flinder, ond nid oeddit yn rhy flinedig
i fod â chonsýrn am arall. Daeth Nicodemus atat ar derfyn dydd gwaith,

ac er dy fod wedi blino'n lân,
dangosaist iddo'r ffordd i'r bywyd newydd.
Roeddit wedi blino wrth ffynnon Samaria,
ond dangosaist i'r wraig y dŵr bywiol – y bywyd tragwyddol.

Er dy daith flinedig i Jericho, sylwaist ar Sacheus i fyny yn y
sycamorwydden. Mynnaist ei wynebu a gadewaist argraff dda ar ei
gydwybod.

Helpa fi i fod yn amyneddgar gyda phobl,
i dderbyn amgylchiadau yn hytrach na'u beio,
i ddysgu'r ddawn i ddisgwyl wrthyt ti.
Helpa fi i ddefnyddio fy mlinder i helpu eraill,
i agor y drws i rywun neu unioni ei lwybr.

Rho imi gwsg, a maddau bob diffyg.
I'th ddwylo di y gorchmynnaf fy ysbryd.
Arglwydd, nos da i ti. *Amen.*

George Noakes

SŴN

Arglwydd Dduw, cynnal ni yng nghanol dwndwr y byd. Mae
cymaint o sŵn o'n hamgylch: sŵn moduron, sŵn peiriannau,
sŵn siarad, sŵn plant yn yr ysgol, sŵn teledeipiadur, sŵn teleffon,
sŵn radio a theledu. Mae'n byd yn llawn o ddwmbwr-dambar di-
baid.
Ac am hynny, O Dduw, methwn â chlywed lleisiau dy greadigaeth
di. Rydym yn fyddar i'r *llais hyfrytaf tawel.*

Diolch i ti, am ddihangfa oddi wrth sŵn. Diolch am dawelwch –
am lonydd i glywed cân aderyn a siffrwd awel a melodi nant. Cofia
am y rhai na allant ddianc – y rhai na wyddant beth yw
distawrwydd. A maddau i ninnau am na cheisiwn lecynnau tawel
yn amlach. Maddau inni ein prysurdeb trystfawr. Maddau inni ein
bod yn caniatáu i sŵn y byd ein byddaru rhag clywed *y llef ddistaw
fain.* Tosturia wrthym a thywys ni i'th heddwch dy hun. Er mwyn
Iesu Grist. *Amen.*

H. Gareth Alban

399

Y DEYRNAS

Eiddot ti yw'r Deyrnas, Arglwydd,
nid eiddom ni.
Dy rodd rasol ydyw i'r praidd bychan,
i'r addfwyn a'r gostyngedig o galon.

Ni pherthyn iddi rwysg a rhodres y byd:
marchoga ei Thywysog ar gefn ebol asyn,
ac ni fyn ymddyrchafu'n falch.

O Arglwydd, deled dy Deyrnas
i fyd y trais a'r dinistr a'r hunanoldeb dall.
Deled ei chymod gwynfydedig
i uno cenhedloedd y ddaear
ac i wneud dynion yn llariaidd.

Eiddot ti yw'r gallu, Arglwydd,
nid eiddom ni.
Ni allwn ni, â braich o gnawd,
achub a gwaredu.
Megis y disgyblion wrth odre'r mynydd
ni allwn ni fwrw allan yr ysbryd aflan.
Methu yw ein hanes ni,
a chyffeswn ein gwendid.

O Geidwad hollalluog a Gwaredwr yr hollfyd,
Achub, heddiw, yn dy rymuster a'th nerth,
fel y delo plant dynion ym mhob man
o dan gysgod y Groes.

Eiddot ti yw'r gogoniant, Arglwydd,
nid eiddom ni.
Y mae trysor yr Efengyl mewn llestr brau,
ac eiddot ti, Arglwydd, yw'r clod a'r anrhydedd.

Dduw'r Deyrnas, ffynhonnell y gallu,
yr Achubydd cadarn,
derbyn ein mawrhad,
a dod ogoniant i'th enw dy hun,
yn awr ac yn oes oesoedd. *Amen.*

Desmond Davies

Gweddïau yn y Gynulleidfa
gol. Maurice Loader (1978)

NADOLIG

Ein Duw a'n Tad, trown atat yn awr a cheisiwn dy arweiniad i 'dawel lwybrau gweddi'. Ymostwng atom ac agor ein gwefusau i lefaru geiriau a fydd yn dderbyniol gennyt. Deuwn ger dy fron yn wylaidd ac yn ostyngedig am ein bod yn gwybod fod dy feddyliau di yn uwch na'n meddyliau ni a'th ffyrdd di yn uwch na'n ffyrdd ni.

Moliannwn dy gariad mawr am y tymor hwn. Y tywyllwch a orchuddiodd y ddaear, a'r fagdddu y bobloedd. Ond yr Arglwydd a gyfododd, a'r goleuni a lewyrchodd yn y tywyllwch. A'r Gair a wnaethpwyd yn gnawd, ac a drigodd yn ein plith ni, a ni a welsom ei ogoniant ef, gogoniant megis yr uniganedig oddi wrth y Tad, yn llawn gras a gwirionedd. Moliannwn dy gariad mawr am y plentyn a aned ym Methlehem yn nyddiau Herod Frenin. Ac o'i gyflawnder ef y derbyniasom ni oll, a gras am ras.

Gwared ni, O Dduw rhag aros gyda'r addurniadau, y goeden a'r anrhegion. Dyro ras i ni gofio fod y Baban a ddodwyd yn y preseb wedi tyfu a chryfhau yn ei ysbryd, a mynd allan i'r byd i gyflawni gwaith y Meseia. Agor ein llygaid i ddilyn ei rawd o'r crud i'r groes, y dechrau yn sŵn angylion yn cyhoeddi Newyddion Da ar gân, a'r diwedd yn sŵn tyrfa wyllt yn gweiddi, 'Croeshoelier ef.'

Diolchwn na fu dy bobl ddim yn hir cyn clywed Newyddion Da eraill yn torri ar eu clyw. Dangosaist drachefn mor wahanol yw dy ffyrdd di i ffyrdd dynion trwy droi bedd yn grud i fywyd newydd. 'Efe a atgyfododd' oedd y Newyddion Da a newidiodd wedd ein daear. Dymunwn glywed yr Anfonedig a'r Atgyfodedig yn ein cymell i'w addoli.

Arwain ni i ddeall dy feddwl a cherdded dy ffyrdd, y ffyrdd a bair inni ddilyn ôl traed yr Arglwydd Iesu Grist. Gwyddom y gall y ffordd fod yn flin i'w theithio. Dysg ni mai gwell yw bod yng nghwmni Iesu, er garwed y daith, na cherdded y llwybr esmwyth sydd yn arwain i'r wlad bell, gwlad y moch a'r cibau a'r cwmni oriog.

Boed i ysbryd y Nadolig ein gwneud ninnau'n awyddus i roi ein hunain i Grist fel y bo rhyfeddod y geni yn ninas Dafydd yn cael ei adlewyrchu yn ein bywyd ni. Gweddïwn ar i ysbryd yr Ŵyl ledu i bob rhan o'n daear, er gogoniant i'th enw glân. *Amen.*

DIOLCH CYFFREDINOL

Hollalluog Dduw, Tad yr holl drugareddau, a Thad ein Harglwydd Iesu Grist. Ti a folwn, ti a gydnabyddwn yn Arglwydd. Sanctaidd a chyfiawn ydwyt, a gwyddom mai ti yw ffynhonnell bywyd. Deuwn yn awr i ddiolch i ti am holl fendithion y bywyd hwn, a'r gallu a roddaist i ni i'w mwynhau.
Am ein creu ar dy lun a'th ddelw dy hun;
Am fwyd a dillad, am gartref ac anwyliaid;
Am waith i'w wneuthur a nerth i'w gyflawni; Diolchwn i ti.
Am gyfeillion yma, ac am y rhai a aeth o'n blaen;
Am hamdden a hwyl, a chyfaredd byw mewn byd sy'n llawn o ryfeddodau;
Am gymdeithas dy Eglwys, a'r fraint anhraethol o gael ein galw i fod yn ddisgyblion i'th Fab; Diolchwn i ti.
O Dduw daionus a graslon, mor ardderchog wyt!
Llawenhawn mai tydi sydd Dduw ac mai yr un ydwyt o ddragwyddoldeb hyd ddragwyddoldeb. Clodforwn di am ein caru gymaint nes rhoddi dy uniganedig Fab Iesu i fod yn Waredwr i ni, a gorfoleddwn yn ei fuddugoliaeth ef ar bechod ac angau. Diolchwn i ti am faddau i ni ein pechodau, ac am obaith bywyd tragwyddol trwy ei adnabod ef. Diolchwn i ti am gymdeithas yr Ysbryd Glân i'n goleuo a'n sancteiddio a chynhesu'n calonnau.
Nid ydym deilwng o'r rhoddion hyn, O Arglwydd. Euog ydym o adael heb eu gwneud y pethau y dylasem eu gwneud, a gwneud y pethau na ddylasem eu gwneud. Er i ni wybod dy orchmynion, nid ydym wedi eu cadw, ac nid ydym wedi dy garu di â'n holl galon ac â'n holl feddwl ac â'n holl nerth, na charu ein cymydog fel ni ein hunain. Trugarha wrthym, O Dduw.

Dyro ras i ni gofio dy ddaioni i ni beunydd, i edifarhau am ein holl bechodau, ac wrth ddiolch i ti yn awr, ymgyflwyno i'th garu di a charu ein cymydog, fel y gogonedder dy enw. *Amen.*

GWEDDI AM FADDEUANT

Hollgyfoethog a Thragwyddol Dduw, a roddaist i'r byd dy unig Fab er mwyn i bob un sy'n credu ynddo ef beidio â mynd i ddistryw ond cael bywyd tragwyddol, trugarha wrthym, a maddau inni ein holl bechodau.

Diolchwn i ti am ein galw i'th wasanaeth. Cadw ni'n effro i ymateb i'th alwad ac yn ffyddlon i gyflawni dy Air.

Rho inni brofi o fendithion edifeirwch a maddeuant, ac o orfoledd yr iachawdwriaeth yng Nghrist; i'r hwn gyda thi a'r Ysbryd Glân y byddo'r clod a'r gogoniant, byth bythoedd. *Amen.*

Caniedydd yr Ifanc – Undeb yr Annibynwyr (1984)

YMBIL

Grist y Bugail Da, gwylia drosom,
Grist y Ffordd, arwain ni.
Grist y Gwirionedd, cryfha ein ffydd.
Grist y Bywyd, deffro ni.
Grist y Wir Winwydden, rho ynom dy nodd.
Grist y Meddyg Da, iachâ ni.
Grist, Tywysog Tangnefedd, rho in dy hedd.
Grist yr Atgyfodiad, bywha ni.
Grist y Goleuni, llewyrcha arnom.
Grist Mab Duw, O gwared ni. *Amen.*

Y SULGWYN

Ysbryd Glân Duw, grymus ac annisgwyl fel y gwynt, daethost ar ddilynwyr Iesu ar y Pentecost cyntaf gan eu hysgubo oddi ar eu traed, a rhoi iddynt nerth i wneud pethau mawr drosot.

Drwy'r oesau ti sydd wedi tanio pobl â brwdfrydedd i ddweud am newyddion da Iesu, ac i wasanaethu eraill er ei fwyn ef. Ysbryd Glân Duw, grymus ac annisgwyl fel y gwynt, tyrd arnom wrth i ni addoli, a bydd yn rym yn ein bywyd ni. *Amen.*

GWEDDI DROS YR OFFRWM

Dysg ni, Arglwydd, nyni a dderbyniodd gymaint oddi wrthyt, i roi bob amser yn llawen, ac i'th wasanaethu di yn ewyllysgar ac o wirfodd calon. Gofynnwn am dy fendith ar ein hoffrwm, a chaniatâ i ni brofi o lawenydd y rhai a rydd â'u holl galon; trwy Iesu Grist ein Harglwydd. *Amen.*

DYDD GŴYL DEWI

Ein Tad, clodforwn di am saint yr oesoedd, ac yn arbennig am Dewi Sant, nawddsant ein cenedl ni. Boed i ni, fel yntau, fod yn llawen wrth gadw'r Ffydd, a gwneud y pethau bychain a welsom ac a glywsom gan dy weision ffyddlon, er mwyn Iesu Grist ein Harglwydd. *Amen.*

Y NADOLIG

O Dduw, ein Tad, clodforwn dy enw am i ti yn dy ras ymweld â'n daear ni yn dy Fab Iesu Grist. Cynorthwya ni y Nadolig hwn i fynd yng nghwmni'r bugeiliaid a'r doethion at ei breseb, i ryfeddu at dy drugaredd di tuag atom, ac i'w addoli ef a ddaeth yn Waredwr i ni. Helpa ni, O Arglwydd, i wrando o'r newydd ar gân yr angylion, ac i geisio tangnefedd yn ein byd. Gwared ni rhag anghofio, ynghanol ein digonedd, y rhai fydd yn dioddef y Nadolig hwn, a dysg i ni ein cyfrifoldeb tuag atynt. *Amen.*

CYFFES

O Dduw Dad, rwyt yn ein caru. Pechasom yn dy erbyn mewn llawer ffordd, ar feddwl, gair a gweithred. Maddau i ni am fethu dy garu di fel y dylem, ac am fethu caru ein cymdogion fel ni ein hunain. Maddau ein pechodau, a gwna ni'n fwy tebyg i ti dy hun, er mwyn Iesu Grist ein Harglwydd. *Amen.*

DIOLCH

Moliannwn dy enw, O Dduw, am Iesu Grist ein Gwaredwr:
Am ei ddyfodiad i'r byd mewn gostyngeiddrwydd, ac
Am ei ufudd-dod yn ymateb i alwad ei Dad;
Am ei eiriau o gysur a gwirionedd, ac
Am ei weithredoedd o drugaredd a chariad;
Am ei wroldeb yn wyneb dioddefaint, ac
Am ei farwolaeth ar y Groes drosom ni:
Am ei atgyfodiad ar y trydydd dydd, ac
Am ei bresenoldeb yn ein plith,
Diolchwn i ti, O Dduw. *Amen.*

DIOLCH

Diolchwn i ti, O Dad, am holl fendithion dy ddaioni a'th ras; am brydferthwch a rhyfeddod y cread, gwres yr haul, goleuni'r lleuad, ffresni'r glaw a ffrwythlondeb y tir; am y trugareddau a anghofiwn yn aml – iechyd corff a meddwl, cwsg y nos ac adnewyddiad y bore, cartrefi cysurus a gofal rhieni, am y llawenydd o garu ac o gael ein caru, am bawb sy'n iacháu a dysgu, adeiladu a phlannu; am y prydferthwch y mae celfyddyd yn ei greu a'r gwirionedd y mae gwyddoniaeth yn ei geisio.
Uwchlaw pob dim, diolchwn i ti am y datguddiad ohonot yn Iesu Grist, am y sicrwydd o faddeuant pechodau a'r gobaith am fywyd tragwyddol. *Amen.*

MAWL I DDUW

Moliant i Dduw y Tad a'n creodd ni,
Moliant i'r Mab, Iesu, a'n prynodd ni,
Moliant i'r Ysbryd Glân am ei ddoniau i ni,
O Drindod Sanctaidd, cadw a chymorth ni. *Amen.*

405

Georgette Butcher

Bu'n rheolwr ar gangen flaenllaw Scripture Union *yn Llundain ac yn olygydd* Christian Bookseller. *Daw'r gweddïau byrion hyn o'i llyfr*, Moments with God (1985)

RWYT YN EIN CARU NI A NHW

Diolch i ti, O Dduw, am ein galw ni i'th ddilyn. Helpa y rhai hynny oll sy'n ei chael hi'n anodd i ymateb. *Amen.*

FFYDD, YR UNIG AMOD

Dad, rho imi'r ffydd a droedia allan i bob diwrnod newydd yn disgwyl am anturiaeth gyda thi. *Amen.*

BYWYD FEL ANTUR

O Arglwydd, rho imi ddewrder, i ystyried fy mywyd gyda thi fel antur; gwna fi i symud ymlaen yn awyddus, fel y gallaf ddysgu'n barhaol wersi ffydd ac ymddiriedaeth. *Amen.*

MAE DY AIR YN GYSUR

Diolch i ti am gysur dy Air. Gwna fi i barhau â'm hymchwil ohonot ti, fel y gallaf dy adnabod fwyfwy. *Amen.*

AM IESU FY NGWAREDWR

Rwy'n dy ganmol, Dad, am y cyfan ydwyt – dy fawredd sy tu hwnt i ddealltwriaeth dynol. Addolaf di, am dy fod yn haeddu canmoliaeth. Deuaf â'm diolchgarwch i ti – am dy ddaioni a'th gariad ac yn arbennig am Iesu fy Ngwaredwr. *Amen.*

GWERTH GWAITH YR YSBRYD

D iolch i ti, Dad, am y rhodd o'th Ysbryd a'r gwaith y mae e'n ei wneud yn ein bywydau, wrth iddo'n trawsnewid ni a'n gwneud yn debycach i Iesu. *Amen.*

LLAWENHAF AM FY MOD YN FENYW

C reaist fi yn fenyw, llawenhaf yn hyn. Helpa fi i fod y cyfan yr wyt yn ei ddisgwyl oddi wrthyf. *Amen.*

CYFANRWYDD CARIAD DUW

D ad, helpa fi i gofio taw'r byd yr wyt yn ei garu a throsto bu farw dy Fab. Gwna fi'n ddefnyddiol yn y gwaith o ddatguddio newyddion da iachawdwriaeth. *Amen.*

MAE RÔL I'R DDAU RYW

D ad, pan greaist ddyn a menyw, fe wyddet yn iawn yr hyn yr oeddet yn ei wneud. Fe'n gwnaethost ni'n wahanol mewn cymaint o ffyrdd, ond dyna oedd y cynllun. Helpa fi i wneud yr hyn sy'n naturiol a chyfiawn i mi fel menyw, er mwyn cyflawni fy rôl dan dy arweiniad mewn modd sy'n dy ogoneddu di. *Amen.*

BENTHYCIWR WYF, O DDUW

A rglwydd, helpa fi i weld taw dy bethau di yw'r pethau sy gennyf, mewn gwirionedd. Dysg fi sut i'w rhannu neu eu rhoddi i'th bobl â llawenydd llwyr. *Amen.*

DY RODD O FADDEUANT

D iolch i ti, Arglwydd, am y rhodd o faddeuant. Galluoga fi i fyw mewn canmoliaeth a diolchgarwch i ti. *Amen.*

O LLEFARA, ARGLWYDD

Arglwydd, os gweli di'n dda, rho imi galon sy'n gwrando, er mwyn imi fynd drwy bob dydd nid yn unig gan ddisgwyl i ti siarad â mi, ond yn effro i'th glywed di'n sibrwd. Bydded i'm calon fod yn ufudd, ac wedi'i gosod i'th ufuddhau ymhob peth wrth ymateb i'th air. *Amen.*

DIGON YW DY GARIAD, HALELWIA!

Canmolaf di, Dad, Halelwia!
Diolch i ti am dy gariad.
Maddau imi fy mhechod – fy anghrediniaeth.
Galluoga fi i fod yn fwy ffyddlon – i roi pleser i ti.
Canmolaf di – Halelwia! *Amen.*

Y LLAWENYDD O'TH ADNABOD

O Arglwydd, deuaf â moliant i ti, gan ddiolch am y llawenydd o'th adnabod. *Amen.*

Rhagor o Weddïau yn y Gynulleidfa
goln D. Morlais Jones a John Gwilym Jones (1991)

GŴYL DEWI

O Dduw a Thad yr holl genhedloedd, yr wyt wedi bendithio ein cenedl ni. Rhoddaist i Gymru freintiau mawr a gwerthfawr. Dysg i ni fawrhau ein breintiau gan eu gweld oll fel rhan o'n hetifeddiaeth deg. Rhoddaist i Gymru ddynion a oedd yn llawn o'r Ysbryd Glân a doethineb duwiol. Cawsom athrawon i'n cyfarwyddo a'n tywys, ac anfonaist broffwydi i'n bendithio. Diolchwn yn arbennig i ti am anfon Dewi Sant i'n gwlad, ac ymhyfrydwn yn ei lafur a'i esiampl.

Gwared ni, O Arglwydd, rhag i ni ddibrisio aberth ein tadau, gan anghofio mai trwy waed a dioddefaint y cawsom ein breintiau. Yn olyniaeth deg ein nawddsant y mae cenedlaethau o rai a fu'n aberthu i weithio drosot ti er ein mwyn ni. Diolchwn i ti amdanynt, ac am y modd y rhoesant hwy y pethau gorau yn etifeddiaeth inni.

Mawrygwn dy enw am ein hiaith. Trwyddi hi y mynegwn ddyheadau dyfnaf ein henaid. Trwyddi hi yr addolwn, y canwn dy fawl ac y gweddïwn. Arglwydd da, arbed ein hiaith rhag iddi gael ei defnyddio i iselhau dynoliaeth. Gad iddi fod yn llestr ar gyfer yr aruchel a'r anrhydeddus a'r da.

Dyro i ni ysbryd Dewi, a'i egni o blaid daioni. Wrth i ni edrych ar y darn hwn o ddaear y gosodwyd ein cenedl ni arno, pâr i ni weld ynddo bosibiliadau bywyd newydd a gogoneddus. Boed i dangnefedd a heddwch flodeuo yma yng Nghymru. Boed i gariad a thrugaredd dyfu yma. Bydded i ddaioni ganu fel yr adar oddi ar geinciau ein coed.

Dyro dy gymorth i ni oll wasanaethu Cymru yn rhagorach. Wrth i ni gael nerth oddi wrthyt ti i wasanaethu ein hiaith a'n diwylliant, gad i ni gael doethineb hefyd i ganfod pwrpas ein bodolaeth fel cenedl. Pâr i ni weld fel y gall y genedl fod yn llawforwyn i ti ymhlith cenhedloedd daear. Dysg i ni oll, ac i'r genedl gyfan, glywed yr alwad nefol i wasanaethu'r Deyrnas. Planna fywyd yn ein plith a fydd yn rhyfeddod y cenhedloedd ac yn destun diolch yr oesoedd.

Cofiwn anogaeth Dewi i ni gyflawni'r pethau bychain a syml yn ein bywydau. Gwlad fach, gwlad syml ei hoffrwm yw Cymru ger dy fron. Ond derbyn ni yn dy wasanaeth, yn enw dy Fab, Iesu Grist ein Harglwydd. *Amen.*

Y WELEDIGAETH

Diolchwn i ti, ein Tad nefol, am dy ofal cyson drosom ar hyd ein bywyd. Yr wyt ti yn dy ddatguddio dy hun inni drwy nifer o wahanol ffyrdd. Gwelwn dy fawredd yng ngwyrthiau mawr y cread. Gwelwn dy allu yn cynnal y bydoedd. A diolchwn dy fod ti yn caniatáu i'n meddyliau bach ni gael y syniadau hyn amdanat ti er mwyn inni weld darlun ohonot ti o flaen ein llygaid.

Ond diolchwn yn arbennig yn awr i ti dy fod ti yn caniatáu i rai eneidiau dethol gael gweledigaethau arbennig ohonot ti, a'r gweledigaethau hynny wedi bod yn foddion i newid cwrs hanes y ddynoliaeth.

Diolchwn am bob gweledigaeth o'r dwyfol a ddaeth i galon dyn cyn iddo erioed ddysgu dy enw. Diolch am bob profiad syfrdanol a fu'n drobwynt iddo, a'i gyfeirio oddi wrth ei fywyd cul a meidrol at ogoniant tragwyddol yr anfeidrol. Cofiwn am brofiadau'r proffwydi, a gafodd lawer neges gennyt ti. A'r negesau hynny'n arwyddion llachar i dywys y genedl ar ei phererindod atat.

Ond diolchwn yn fwy am y gweledigaethau a ddaeth i'th eglwys ar y ddaear, ac i unigolion a fu'n gwasanaethu dy eglwys ar hyd y canrifoedd. Fel goleuni llachar a disymwth y fellten, felly y gwnaethost ti daro i mewn i fywyd rhai o'th weision o oes i oes. Yn y goleuni sydyn hwnnw fe welwyd gwirioneddau na allai llygaid o gnawd eu hamgyffred. Clodforwn di am i'r gweledigaethau hynny droi yn foddion gras i'th eglwys. Mewn cyffes a gweddi a myfyrdod ac emyn, ie, hyd yn oed mewn cerddoriaeth a dawns, fe fynegwyd i ni gynnwys y datguddiadau hynny nes ein codi i fyd uwchlaw pethau gwag y byd hwn.

Ein gweddi ger dy fron di yw i ti barhau i siarad â phobl yn y dulliau hyn. Os bydd i un ohonom, drwy ryw wyrth, gael y fraint o dderbyn gweledigaeth felly, caniatâ i ni fod yn llestr teilwng i'w dal a'i chyflwyno i eraill. Ond os nad nyni fydd dy lestri dethol, fe hyderwn y cawn yn y dyfodol glywed rhywrai o blith aelodau dy eglwys yn sôn am eu profiadau ohonot ti. Boed i'r datguddiadau a ddaw yfory ac i'r oes sydd i ddod fod yr un mor rymus yn eu heffaith â datguddiadau mawr y gorffennol, a'r un mor fendithiol i ni. Llefara eto Arglwydd, fel y clywo dy bobl, a gofynnwn hynny yn haeddiant dy Fab, Iesu Grist. *Amen.*

Blodau'r Maes
Beverley Parkin *cyf. Huw John Hughes* (1993)

CYMHWYSA FI, O DAD

O Dad, rho i mi sensitifrwydd a doethineb yn fy siarad. Na ad i mi feddwl fy mod yn well na'r hyn ydw i mewn difrif. Rwy'n gallu bod yn galed iawn ar brydiau. Tynera fi pan fyddaf yn troi oddi wrthyt ti ac arwain fi'n ôl atat ti.
Diolch am dy amynedd a'th gariad; trwy Iesu Grist ein Harglwydd. *Amen.*

TESTUN DIOLCH SY GEN I, O DDUW

Diolch i ti, O Dduw, am lannerch o dangnefedd mewn byd o dryblith. Diolch am dy dangnefedd sy'n gallu bod yn eiddo i mi.
Diolch i ti, am y rhai hynny sy'n melysu ein bywyd a chryfhau ein hysbryd. Helpa fi i ddweud diolch wrthyn nhw.
A chynorthwya fi i ddarganfod ffyrdd o helpu eraill, a helpa fi bob amser i ddeall fy mod yn dibynnu'n gyfan gwbl arnat ti; trwy Iesu Grist ein Harglwydd. *Amen.*

DUW FY NGHYNHALIWR

Arglwydd Dduw, rho i mi weledigaeth ysbrydol. Rho imi lygaid i weld a deall dy bwrpas ar fy nghyfer. Boed i'th gariad, dy eiriau a'th nerth fy arwain drwy fy mywyd.

Cynorthwya fi i agor fy nghalon i ddiolch ac i foli. Beth bynnag fo'r amgylchiadau boed i mi geisio dod â hapusrwydd a pherarogl i fywydau pobl eraill. Boed i mi hefyd arddangos dy burdeb di yn fy mywyd bob dydd; trwy Iesu Grist ein Harglwydd. *Amen.*

411

Cynnal Oedfa
Brynley F. Roberts (1993)

GOGONEDDWN DDUW

O Arglwydd ein Duw a'n Tad, cymorth ni i'th ogoneddu yn awr:

> yng ngeiriau ein genau;
>> ym myfyrdodau ein meddyliau;
>> yn nymuniadau ein calonnau;
>> yn nyhead ein heneidiau, ac
>> yng ngwaith ein dwylo.

Cymorth ni i'n cyflwyno ein hunain o'r newydd i ti, fel y bo ein bywyd yn Deml i'th Ysbryd Sanctaidd. Gofynnwn hyn yn enw Iesu Grist ein Harglwydd. *Amen.*

CYSEGRA EIN DWYLO

Cymer ein dwylo, Dad nefol, a gwna hwy'n ddwylo onest a glân. 'Y glân ei ddwylo a chwanega gryfder.' Cymorth ni i barchu diwydrwydd a serch at fanylder; dyro i ni'r amynedd i ymberffeithio ymhob gorchwyl, a'r awydd i gyflwyno holl waith ein dwylo i ogoniant perffeithydd pob crefft a chelfyddyd. Megis y mae'r clai yn llaw'r crochenydd, felly yr ydym ninnau yn dy law di, O Dad. Maddau i ni ein mynych segurdod a'n haml amherffeithrwydd. Glanha ein dwylo a phura ein calonnau, fel y derbyniom fendith a chyfiawnder drwy haeddiant dy unig Fab, Iesu Grist. *Amen.*

GRYM GRAS IESU

A rglwydd Iesu, rwyt trwy dy ras yn gallu troi coch ein tymer,

> oren ein hansicrwydd,
> melyn ein llwfrdra,
> gwyrdd ein hanwybodaeth,
> glas ein digalondid,

indigo ein hanghrediniaeth
a fioled ein galar
yn enfys Duw ar bob cwmwl du.

O Arglwydd clyw ein gweddi, a deued ein llef hyd atat. Salm 39:12

DYHEAD Y PERERIN

O Iesu da, pan fo cysgodion yn crynhoi, pan fo cymylau'n cuddio fy ffurfafen, dyro imi lygad ffydd. Pan fo'r ffydd yn wan a'r awyr yn ddu, rho fwa'r cyfamod o'm blaen. Ar derfyn y daith yng nghysgodau'r Glyn, rho Oleuni yn yr hwyr. *Amen.*

GWEDDI DROS YR OFFRWM

Diolch i ti, O Dduw, am ein cadw a'n cynnal. Diolch am arian i'w ddefnyddio bob dydd. Cynorthwya ni i'w ddefnyddio yn gyfrifol a gwna ni yn rhoddwyr llawen, canys rhoddwr llawen mae Duw yn ei garu. *Amen.*

Preaching the Word (1994)
Moelwyn Merchant (1913–97)

Ysgolhaig, offeiriad, awdur, bardd . . .

Dyfynnir 'Hen weddi o Rwsia', o'r casgliad uchod:

CREADURIAID MAWR A MÂN

Apeliwn atat, O Arglwydd ar ran y bwystfilod gwylaidd sy gyda ni yn dwyn pwysau a gwres y dydd, ac ar ran y creaduriaid gwyllt a wnaethost yn ddoeth, cryf a gosgeiddig; oherwydd addewaist achub dyn ac anifail, a mawr yw dy ofal cariadus, ti Waredwr y byd. *Amen.*

413

365 o Weddïau i Blant
Delyth Wyn ac Aled Davies (1994)

DIOLCH AM IECHYD

O Dduw, diolch am nerth ac iechyd
i chwarae gyda'n gilydd.
Diolch am y gallu i redeg,
neidio, dringo, taflu,
gwthio a gweiddi.
Diolch am greu ein cyrff.
Diolch am y ffordd ryfedd
mae ein cyrff yn gweithio.
Helpa ni i edrych ar ôl ein cyrff.
Helpa ni i beidio â chael
ein temtio i ysmygu, yfed alcohol,
na chymryd cyffuriau.
Helpa ni i osgoi popeth sy'n gallu
gwneud niwed i'n hiechyd.
Gofynnwn hyn yn enw Iesu Grist. *Amen.*

DIOLCH AM EIN HANIFEILIAID ANWES

O Dduw, diolch i ti am anifeiliaid anwes
sy'n rhoi cysur a chwmni i lawer o bobl.
Diolch am fy anifail anwes i.
Helpa fi i'w gadw'n ddiogel
rhag iddo gael niwed. *Amen.*

GWEDDÏWN DROS BOB ANIFAIL

Dad annwyl,
mae anifeiliaid yn rhan
o dy greadigaeth di.
Helpa bawb i ofalu amdanynt
fel yr wyt ti'n gofalu amdanom ni. *Amen.*

DIOLCH AM EIN BWYD

Bûm ar neges i'r siop heddiw.
Gwelais y ffrwythau a'r llysiau wedi
eu gosod yn daclus ar y silffoedd.
Roedd yno afalau coch a gwyrdd,
bananas melyn, orennau, grawnwin gwyrdd a du.
Roedd yno fresych, moron, a thatws hefyd.
Er nad wyf fi'n hoffi bwyta'r rhain i gyd,
Diolch i Dduw amdanynt.
Diolch am bawb sy'n helpu i'w tyfu
ac sy'n dod â nhw i'r siop.
Diolch i ti, Dduw. *Amen.*

DIOLCHWN AM YR EGLWYS

Diolch i ti, Arglwydd, am dy eglwys.
Diolch am yr oedfaon a'r Ysgol Sul,
am y gweinidog a phawb arall sy'n gweithio
yn galed er mwyn i ni gael cyfle i'th addoli.
Bydd gyda'r rhai yn ein byd sy'n methu cyfarfod
i'th addoli, ac sy'n gorfod cuddio eu Beiblau
rhag ofn iddynt gael eu carcharu.
Bydd gyda phawb sy'n byw mewn ofn wrth d'addoli. *Amen.*

DIOLCHWN AM FYD LLIWGAR

Arglwydd, diolch am gael byw mewn byd sy'n llawn lliw.
Diolch am brydferthwch lliwiau. Diolch am ffresni eira gwyn.
Diolch am y meysydd gwyrdd. Diolch am flodau o bob lliw.
Diolch am ddail y coed sy'n newid i frown, coch a melyn. Diolch
am anifeiliaid o wahanol liw a llun. Diolch am liwiau'r enfys:
coch, oren, melyn, gwyrdd, glas, indigo a fioled. Diolch am dy
fawredd di, O Dduw, a greodd y lliwiau i gyd. *Amen.*

O DDUW, CYNNAL EIN GWLAD

O Dad, diolch i ti am Gymru, ein gwlad arbennig ni. Rydym yn falch iawn ohoni, yn falch o'i hiaith a'i thraddodiadau. Diolchwn dy fod ti wedi bod yn rhan mor bwysig yn ei hanes a gweddïwn y bydd pobl ein gwlad yn dal i ymddiried ynot ti am ddyfodol ein gwlad. *Amen.*

DIOLCH AM EIN HIAITH

Diolch i ti, O Dad, am yr iaith Gymraeg. Diolch am lyfrau, cylchgronau, a rhaglenni radio a theledu yn ein hiaith. Diolch am gael mwynhau siarad, canu a darllen yn Gymraeg.
Helpa ni i wneud ein gorau i gadw'r iaith yn fyw. *Amen.*

DIOLCH, O DDUW, AM ANIFEILIAID AMRYWIOL

Diolch i ti, Dduw, am greu anifeiliaid;
miloedd ohonynt â'r fath amrywiaeth:
rhai mawr, rhai bach, rhai tew, rhai tenau,
rhai cyflym, rhai araf, rhai gosgeiddig, rhai trwsgl,
rhai anwes, rhai gwyllt, rhai annwyl, rhai ffyrnig,
rhai tywyll, rhai golau, rhai plaen, rhai patrymog,
rhai clyfar, rhai twp, rhai cyfrwys, rhai diniwed,
rhai prysur, rhai diog, rhai dwys a rhai doniol.
Diolch i ti, Dduw, am greu anifeiliaid;
miloedd ohonynt â'r fath amrywiaeth. *Amen.*

BOED DY FENDITH AR EIN GWLAD

O Arglwydd, diolch am y bobl a ddaeth â'r Newyddion Da am Iesu Grist i'n gwlad.
Diolch am Gymry dewr sydd wedi sefyll dros Iesu Grist.
Diolch am arwyr fel yr Esgob Richard Farrar a John Penri a fu farw dros eu ffydd.

416

Diolch am waith yr Esgob William Morgan a fu'n cyfieithu'r Beibl i'r Gymraeg. Diolch am roi i ni emynau gwerthfawr.

Diolch fod ein hiaith, er yn hen, yn parhau.

Helpa ni i sicrhau ei pharhad i'r dyfodol.

Diolch dy fod yn deall pob iaith a'n bod ni yn medru siarad â thi yn Gymraeg; yn enw Iesu Grist. *Amen.*

DIOLCH AM EIN CARU NI – BOBL Y BYD

O Dduw, byddaf weithiau'n pendroni sut y gelli di wybod popeth am bawb yn y byd hwn. Mae yna gynifer o bobl ac mae llawer yn byw mor bell oddi wrth ei gilydd. Sut wyt ti'n llwyddo i'n gweld ni i gyd ar yr un pryd ac i wrando ar weddïau pawb?

Diolch dy fod yn medru gwneud hyn, er na allaf ddeall sut rwyt yn ei wneud. Diolch dy fod yn caru pob un ohonom am i bawb dy garu di. Maddau i'r rhai sydd ddim am dy adnabod; yn enw Iesu Grist. *Amen.*

Gweddïau i'r Eglwys a'r Gymuned
R. Chapman a D. Hilton
addas. Cymraeg Trefor Lewis (1995)

GWEDDI AR DDECHRAU ADFENT

Erbyn hyn, ein Tad, yr ydym yn dechrau meddwl am Y Nadolig. Anrhegion a chardiau, addurniadau a dramâu'r geni, paratoadau yn y cartref, y capel, yr eglwys a'r ysgol: edrychwn ymlaen oherwydd y mae hyn i gyd yn dwyn hapusrwydd arbennig. Wrth i ni gael ein hatgoffa am enedigaeth Iesu, cymorth ni i ddeall yr hyn a wnawn, ac i weld pwysigrwydd yr hyn sydd y tu ôl i'n gweithgareddau a'n paratoadau. Boed i ni fod yn barod i groesawu'r Nadolig pan ddaw, fel y cofiwn enedigaeth Iesu gyda diolchgarwch mawr, gan glywed eto neges dy gariad; Halelwia! *Amen.*

417

GWEDDI YN YSTOD ADFENT

O Dduw Dad, yr Adfent hwn diolchwn am air ysgrifenedig Y Beibl, sy'n cofnodi'r paratoi hir am flynyddoedd ar gyfer dyfodiad Iesu; yr Efengylau sy'n ein helpu i weld Iesu; stori dechreuadau'r Eglwys. Yn rhy aml anwybyddwn Y Beibl, anghofiwn ei ddarllen, ni thrafferthwn ddarganfod ei ystyr i ni heddiw. Maddau ein hesgeulustra a'n methiant i ddarganfod beth a ddywedi wrthym drwy'r Beibl.

Hefyd, yr Adfent hwn cofiwn ddynion a gwragedd sydd, drwy'r canrifoedd, wedi cyhoeddi neges Iesu. Yn rhy aml buom yn dawedog a chollwyd llawer cyfle i rannu'r neges o gariad a roddodd Iesu i'n byd. Maddau i ni ein tawedogrwydd.

Dduw Dad, yn enw Iesu, a ddaeth i ddangos ffordd newydd o fyw i ni, maddau i ni, a helpa ni trwy dy bresenoldeb i fod yn bobl i ti mewn gair a gweithred. *Amen.*

ANGHENION ADEG Y NADOLIG

Nefol Dad, wrth i ni ddathlu genedigaeth dy Fab, cyflwynwn yn ei enw ef, anghenion yr eglwys a'r byd.
Gweddïwn dros yr Eglwys:

> dros y teulu Cristnogol sy'n dathlu'r Ŵyl hon mewn sawl ffordd wahanol, a'r rhai na feiddiant ddathlu'n agored;
> dros Gristnogion mewn gwledydd lle mae erledigaeth;
> dros Gristnogion yn ein gwlad ein hunain, y rhannwn ein dathlu â hwy;
> dros deulu ein Heglwys.
> Cynorthwya ni i fod yn llon yn dy bresenoldeb ac i lawenhau yn nyfodiad Iesu. Rho i ni y cymorth sydd arnom ei angen i fod yn ffyddlon a theyrngar, gan wybod, gyda'th nerth di, na all dim beri ofn i ni.

Gweddïwn dros heddwch y byd:

> dros wledydd lle mae rhyfel;
> dros y mannau lle mae atgasedd hiliol;
> dros arweinwyr y cenhedloedd.

Trwy dy Ysbryd yn ein mysg bydded i atgasedd a chwerwder gael eu bwrw allan, fel y caiff tangnefedd ac ewyllys da'r Nadolig le yng nghalonnau'r holl bobl.

Gweddïwn dros bawb mewn angen:

> dros bawb sy'n wael eu hiechyd;
> dros yr unig a'r galarus;
> dros y ffoadur a'r digartref;
> dros y newynog a'r tlawd.

Bydd yn agos at y rhai sy mewn gwir angen dy gariad; caniatâ i'th Ysbryd fod gyda'r rhai sy'n gofalu amdanynt, a rho i bob un ohonom yr awydd i helpu pryd bynnag a lle bynnag y gallwn.

Gweddïwn dros ein teuluoedd a'n cyfeillion:

> dros y rhai nad ydynt gyda ni heddiw:
> dros y rhai sydd wedi gofyn am ein gweddïau:
> dros y rhai fydd yn ymuno â ni ym mhartïon ein teulu.

Yn ein dathliadau, yn ein bwyta ac yfed, yn ein rhoi a derbyn anrhegion, ymhob peth a wnawn ar yr adeg hon, bydded i ni gofio yr hwn y dathlwn ei enedigaeth, a rhoi diolch am ei ddyfodiad; er clod i'th enw. *Amen.*

BENDITHION EIN DUW

O Dduw Dad, Creawdwr rhyfeddol, rhoddaist i bob un ohonom dalentau a sgiliau. Dawn rhai ohonom yw cerddoriaeth, gall rhai ddarllen a siarad yn dda ac eglur; y mae rhai'n fedrus â'u dwylo; gall rhai arlunio, neu dynnu llun, neu ysgrifennu'n daclus; gall rhai bwytho, gwau neu goginio; y mae rhai'n fedrus mewn chwaraeon a gêmau. Helpa bob un ohonom i ddarganfod y ddawn a roddaist iddo neu iddi, i ddysgu sut i'w datblygu a'i gwella, ac yna dangos i ni sut i'w defnyddio yn dy wasanaeth; er clod i'th enw. *Amen.*

419

GWEDDI DROS YR OEDRANNUS

O Dduw Dad, a ninnau'n rhan werthfawr o'th deulu, gweddïwn dros yr oedrannus. Meddyliwn yn arbennig am y rhai sy'n llesg a gwan; y rhai sydd â'u golwg yn pallu; y rhai sy'n drwm eu clyw. Meddyliwn am yr unig, gyda llu o atgofion ond ychydig o ffrindiau i lenwi oriau hir y dydd; y rhai sy'n dibynnu ar eraill i'w helpu a hwythau'n dymuno gwneud drostynt eu hunain; y rhai sy'n gaeth i'w cartrefi, neu mewn ysbyty neu gartref preswyl.

Gweddïwn ar ran y rhai sy'n gofalu amdanynt, a gweddïwn na fydd i ni esgeuluso'r cyfle i gynnig cyfeillgarwch a chymorth. Dysg i ni fod yn effro i'w hanghenion ac yn amyneddgar tuag atynt yn eu gwendid a'u llesgedd, gan eu caru a'u gwasanaethu fel aelodau anrhydeddus o'th deulu. *Amen.*

GWYLIAU

A rglwydd, diolchwn am yr adnewyddiad a rydd gwyliau i'n bywydau; am gyffro'r disgwyl a'r cynllunio; am ryddid oddi wrth yr arferol, ac am brofiadau a chyfleon newydd. Rhoddaist fyd rhyfeddol i ni – lle bynnag yr awn fe'n hamgylchynir â phethau sy'n bleser i'r llygaid ac sy'n agor ein meddyliau. Helpa ni i ddefnyddio'n gwyliau i ganfod dy ogoniant yn y greadigaeth. Helpa ni i ddefnyddio'n rhyddid i ddeall, yn gliriach, y cyflawnder bywyd yr wyt yn ei gynnig i ni yn barhaus. Derbyn ein diolch am gyfoeth amrywiol bywyd, dy rodd di i ni, a phan ddaw'r gwyliau i ben, helpa ni i ddychwelyd i'n cartrefi yn ddiogel â gweledigaeth newydd o'th ewyllys ar ein cyfer. *Amen.*

An African Prayer Book
gol. Desmond Tutu (1995)

Rhan o'r Gwasanaeth Diolchgarwch Cenedlaethol, De Affrica, Mai 1994:

EIN RHIANT CARIADUS TRAGWYDDOL

O Dduw, ein Rhiant Cariadus Tragwyddol, canmolwn di â chri uchel o lawenydd! Mae dy nerth llywodraethol wedi bod yn llwyddiant! Am ganrifoedd roedd ein gwlad fel petai'n rhy dywyll i ddisgwyl gwawr, rhy waedlyd i wella, rhy glaf i adfer, rhy fileinig i gymodi. Ond yr wyt ti wedi dod â ni i mewn i olau dydd rhyddhad; rwyt wedi'n hiacháu ni â gobaith newydd; rwyt wedi'n cynhyrfu ni i gredu y gellir aileni'r genedl; gwelwn lygaid ein chwiorydd a'n brodyr yn serennu â'r penderfyniad i adeiladu De Affrica Newydd. Derbyn ein gweddïau o glod a diolchgarwch. . .

Diolchwn i ti am y nerth ysbrydol sy'n rhoi inni enedigaeth newydd. Rwyt wedi rhoi inni y dewrder i newid ein meddyliau, i agor ein calonnau i'r rhai y buom yn eu dirmygu, ac i ddarganfod y gallwn anghytuno heb fod yn elynion. Nid enillwyr a cholledwyr ydym, ond dinasyddion sy'n gwthio a thynnu gyda'n gilydd i symud y genedl ymlaen. Diolchwn i ti am y Newyddion Da y byddi di gyda ni yn wastad, ac y byddi di wastad yn trechu; y bydd cariad yn gorchfygu casineb; goddefgarwch yn gorchfygu gelyniaeth; cydweithio yn gorchfygu gwrthdaro; a bydded i'th Ysbryd Glân fywiocáu ein heneidiau; trwy Iesu Grist ein Harglwydd. *Amen.*

TEBYG YW'N CYNULLEIDFAOEDD I DEULUOEDD MAWR
(Gorllewin Affrica)

A rglwydd, diolchwn i ti am fod ein cynulleidfaoedd Eglwysig fel teuluoedd mawr.
Arglwydd, gad i'th ysbryd cymodlon chwythu dros yr holl ddaear.
Gad i Gristnogion fyw dy gariad.
Arglwydd, molwn di yng nghadeirlannau Ewrop, yn offrymau America.

Ac yn ein caneuon Affricanaidd o foliant i ti.

Arglwydd, diolchwn i ti fod gennym frodyr a chwiorydd yn yr holl fyd.

Bydd gyda'r rhai sy'n creu heddwch. *Amen.*

GWARED FI *(Bara am 'fory Cenia)*

Oddi wrth y llwfrdra na feiddia wynebu gwirioneddau newydd, Rhag y diogi sy'n fodlon ar hanner gwirioneddau, Rhag yr haerllugrwydd sy'n credu ei fod yn gwybod yr holl wirionedd, Arglwydd Da, gwared fi. *Amen.*

GWARED NI RHAG OFN YR ANHYSBYS *(Akanu Ibaim, Nigeria)*

O Arglwydd, erfyniwn arnat, gwared ni rhag ofn yr anhysbys; rhag ofn methiant; rhag ofn tlodi; rhag ofn profedigaeth, rhag ofn unigrwydd; rhag ofn afiechyd a phoen; rhag ofn heneiddio; a rhag ofn marwolaeth. Cynorthwya ni, O Dad, trwy dy ras i'th garu a'th ofni di yn unig, llanw ein calonnau â dewrder siriol a ffydd gariadus ynot ti; trwy ein Harglwydd a'n Meistr Iesu Grist. *Amen.*

Llyfr Gwasanaeth Undeb y Mamau

Dechreuodd y mudiad ym 1876 dan lywyddiaeth Mary Sumner, erbyn heddiw mae dros 3.6 miliwn o aelodau mewn 78 o wledydd

GWEDDI UNDEB Y MAMAU

Rasol a nefol Dad, ffynhonnell pob bendith, rhoddwr pob rhodd dda, addolwn a chanmolwn di a bendithiwn dy enw sanctaidd. Molwn di am dy ddatguddio dy hun yn ein Harglwydd Iesu Grist ac am bob cipolwg a gawn o'th natur.

Bydded i'n cariad a'n haddoliad ohonot lanw ein bywydau
gymaint fel y dangoswn di i eraill.
Canmolwn di am holl lawenydd bywyd
a'r bendithion beunyddiol a gawn gennyt.
Bydded i ni yn ein tro fod yn ffynhonnell bendithion
i bawb wrth fynd a dod bob dydd.
Gofynnwn yn enw Iesu. *Amen.*

GWYN EU BYD Y TANGNEFEDDWYR

Annwyl Dad yn y nef
gad i ni fod yn dangnefeddwyr:
yn barotach i gydnabod pobl fel cyfeillion na gelynion,
yn barotach i ymddiried na drwgdybio,
yn barotach i garu na chasáu,
yn barotach i barchu na dirmygu,
yn barotach i wasanaethu na chael rhai i weini arnom,
yn barotach i dderbyn drygioni na'i anfon ymlaen.
Annwyl Dad yn y nef
gad i ni fod yn debycach i Grist. *Amen.*

AR ENEDIGAETH BABAN

Dad Nefol, creawdwr a rhoddwr bywyd, mae yma lawer o
lawenydd yn ein calonnau o glywed y newyddion am eni
baban,
rhodd arbennig a chyflawn o'th gariad,
bod newydd a rhyfeddod y cread.
Bydd gyda mam a thad y baban bach yma yn eu hapusrwydd a
derbyn eu canmoliaeth hwy a ninnau wrth inni roi diolch i ti, trwy
Iesu Grist ein Harglwydd. *Amen.*

Y CLOD, Y MAWL, Y PARCH A'R BRI

Mae dy enw bendigedig, O Dad, Mab, ac Ysbryd Glân,
yn deilwng o foliant gan bob genau,

423

o gyffes gan bob tafod,
o barch gan bob creadur.
I'th fawrhydi, O Dduw, mae deng mil gwaith deng mil yn ymgrymu a'th addoli,
yn canu ac yn moli'n ddiddiwedd, ac yn dweud:
'Sanct, Sanct, Sanct yw Arglwydd y Lluoedd;
Y mae'r holl ddaear yn llawn o'th ogoniant.
Hosanna yn y goruchaf!' *Amen.*

GOGONIANT I'R DRINDOD

Gogoniant a fyddo i ti, O Dduw, ein Creawdwr,
Gogoniant a fyddo i ti, O Iesu, ein Prynwr,
Gogoniant a fyddo i ti, O Ysbryd Glân, ein Harweinydd a'n Diddanydd,
yn awr a hyd byth bythoedd. *Amen.*

ARGLWYDD, CYNORTHWYA NI

O Arglwydd Iesu, Arglwydd ein bywydau,
cynorthwya ni i'th ogoneddu di
yn holl fwriadau ein meddyliau,
yn holl ddyheadau ein calonnau,
yn holl eiriau ein gwefusau,
yn holl weithredoedd ein dwylo,
yn holl ffyrdd ein traed;
fel sy'n gymwys i'r rhai sy'n ceisio dy ddilyn,
er mwyn dy enw. *Amen.*

AM EIN DUW

Hollalluog a thrugarog Dduw, uwchlaw dy holl roddion o ras, diolchwn i ti amdanat ti dy hunan, am dy sancteiddrwydd, dy gyfiawnder, dy drugaredd, dy allu, dy nerth, dy ogoniant, dy gariad a'th bresenoldeb gyda ni. Diolchwn i ti, O Arglwydd, am yr hyn ydwyt. *Amen.*

UNDOD Y DRINDOD

Canmolwn ac addolwn di, O Dduw, ein Tad.
Ti yw gwneuthurwr pob dim,
a thrwy dy ewyllys
creaist bopeth ac y maent yn dal i fod.

Canmolwn ac addolwn di, O Iesu Grist.
Ti yw'r Gair a ddaeth yn gnawd,
a thrwy dy fywyd di
adnabyddwn y Tad ac ymddiriedwn yn ei gariad.

Canmolwn ac addolwn di, O Ysbryd Glân.
Ti yw rhodd y Tad i ddynoliaeth,
a thrwy dy weithgarwch di-baid
ni wahenir dim oddi wrth Dduw. *Amen.*

GWEDDI DROS EIN CARTREFI

O Dduw, ein Tad, bydd gyda ni yn ein cartrefi heddiw a phob dydd. Helpa ni pan fyddwn yn flinedig i reoli ein tymer ac i feddwl am eraill. Gwna ni'n gariadus ac amyneddgar, yn barod i faddau i eraill gan obeithio y cawn ninnau dderbyn maddeuant; fel y bydded i'th gyfraith deyrnasu yn ein cartrefi; trwy Iesu Grist ein Harglwydd. *Amen.*

DROS YSGOLION A CHOLEGAU

O Arglwydd, ein Duw, gweddïwn dros bawb sy'n gysylltiedig â dysgu: darlithwyr, tiwtoriaid, athrawon, plant a myfyrwyr yn ein hysgolion, colegau a phrifysgolion. Ysbrydola hwy yn eu hastudiaethau i gydnabod a charu'r gwirionedd a galluoga hwy â llawenydd ac amynedd i'w rannu ag eraill. Caniatâ, uwchlaw'r cyfan, iddynt wybod taw 'ofn yr Arglwydd yw dechrau doethineb, ac adnabod y sanctaidd yw deall'; trwy Iesu Grist ein Harglwydd. *Amen.*

Taro'r Sul
Maurice Loader (1996)

Gweinidog gyda'r Annibynwyr, bu'n ddarlithydd ym maes y Testament Newydd yn y Coleg Coffa yn Abertawe, emynydd, golygydd, awdur

AR DROTHWY'R NADOLIG

Dirion Dad, ti yn unig yw gwrthrych ein haddoliad, gwrandäwr cyson ein gweddïau, a gwir destun ein mawl. Derbyn ddefosiwn dy bobl, yma a ledled daear, fel cyfrwng i'th ogoneddu di, a dwyn y neges am Iesu Grist i glyw bro, a chenedl a byd cyfan, fel bo pawb yn cael eu dwyn i adnabyddiaeth lwyrach ohonot ti, ac o'th Fab, Iesu Grist ein Harglwydd.

Ymgysegrwn fel cynulleidfa, ar drothwy'r Nadolig, gan ofyn am dy dangnefedd ar ein haelwydydd, ac ym mywyd ein cenedl a'n byd. Hala o'n mysg y balch a'r trahaus, y treisiwr a'r gormeswr, a rho dy gynhaliaeth i'r addfwyn a'r trugarog, a'th nawdd i'r cariadlon a'r tosturiol, O Dduw ein Tad. Torred gwawr ewyllys da ar ein byd, fel y bydd neges lawen yr Ŵyl yn cyrraedd nid un genedl, ond pob cenedl, gan sancteiddio nid un diwrnod mewn blwyddyn, ond pob diwrnod er dy ogoniant di.

Llewyrched dy oleuni dwyfol, Arglwydd, ym mannau tywyll ein daear. Deued y goleuni hwnnw'n obaith i'r carcharor trwy farrau tywyll ei gell, i'r claf yng nghanol cystudd ei ystafell, i'r unig yn ei gornel cyfyng, i'r tlawd a'r newynog yng nghanol eu byd llwm, ac i'r profedigaethus a'r trallodus yng nghanol anterth y storm sy'n curo arnynt.

Boed yr Ŵyl sy'n nesáu yn achlysur gobaith i'r ddynolryw, ac yn foddion adnewyddiad i fyd ac eglwys fel ei gilydd. Dathlwn mewn llawenydd ddyfodiad Iesu Grist yn y cnawd i drigo yn ein plith, a gorfoleddwn yn y gwirionedd mai drosom ni y daeth, er mwyn i ninnau gael dod yn ddeiliaid i'w deyrnas. Gwisgodd ein gwendid a'n meidroldeb er mwyn cydymddwyn â'n poen a'n helbul.

'Caed baban bach mewn preseb
Drosom ni . . . '

ac yn hyn, O Dad, y mae ein gobaith a'n hyder, ein gobaith am faddeuant a thrugaredd, a'n hyder yn yr iachawdwriaeth sy'n eiddo i ni, trwy Iesu Grist ein Harglwydd. *Amen.*

Gweddïau Cyhoeddus
Gareth Alban Davies, Cyf. 2 (1996)

DECHRAU BLWYDDYN

Wrth droi atat, Arglwydd ein Duw, ein Craig a'n Prynwr, ar ddechrau blwyddyn arall, argyhoedda ni o'r newydd ein bod ni, sydd mor gaeth i amser, yn cael braint wrth agosáu atat ti, y Duw diamser. Na foed inni anghofio fod un diwrnod yn dy olwg di fel mil o flynyddoedd, a mil o flynyddoedd fel ddoe – 'cyn geni'r mynyddoedd, a chyn esgor ar y ddaear a'r byd, o dragwyddoldeb hyd dragwyddoldeb ti sydd Dduw.' Wrth feddwl mai dros amser yn unig yr ydym yn tramwyo'r ddaear, dysg inni gyfrif ein dyddiau, inni gael calon ddoeth.

Derbyn ein diolch am dy gysgod yn y gorffennol. Bu dy ddaioni a'th drugaredd yn ein canlyn. Wrth ddiolch am fendithion bywyd a fu'n ein cynnal, wrth ddiolch am dy haelioni a ddaeth bob bore o'r newydd, cofiwn a meddyliwn am y rheiny sydd, ar ddechrau blwyddyn arall, yn cael anhawster i gredu ynot ti o gwbl. Pobl a'u hamgylchiadau wedi eu chwerwi. Pobl o bob oed a'u gobeithion wedi troi'n lludw. Pobl wedi edrych am bethau gwych i ddyfod, ond croes i hynny wedi digwydd. Pobl wedi gobeithio am y melys ond wedi cael wermod. Gweddïwn yn arbennig dros bobl fel hyn, Arglwydd. Pâr i'r flwyddyn newydd ddod â rhyw orfoledd iddynt, rhyw dangnefedd a chysur o'r newydd na fedr y byd ei roddi. Planna obaith yn eu calonnau.

Wrth inni sylweddoli mai yn dy law di y mae ein hamserau, helpa ni i gofio er hynny dy fod yn gosod cyfrifoldeb mawr arnom ni. Gad inni dreulio'r flwyddyn newydd yn nes atat ti. Diolchwn dy fod yn gwybod ein defnydd ni; yr wyt wedi ein chwilio a'n hadnabod, yn gwybod ein meddyliau o bell. Gwnawn addunedau fil ond methwn â'u cadw. Y flwyddyn hon eto, byddwn yn gwneud y pethau na ddylem, ac yn esgeuluso gwneud y pethau y dylem eu gwneud. Byddwn fel defaid yn troi, bawb i'w ffordd ei hun. Byddwn yn hunanol – yn meddwl amdanom ein hunain yn unig. Arglwydd trugarog, ar ambell adeg o leia yng nghanol ein prysurdeb materol, cod ein meddyliau ni uwchlaw cymylau amser, i geisio meddwl am egwyddorion dy deyrnas di.

Ar ddechrau blwyddyn newydd gweddïwn dros blant ein gwlad. Cyflwynwn hwy i ti. Mae'r dyfodol o'u blaen hwy. Dyfodol, fel pob dyfodol erioed, sydd yn ansicr. Mae yna demtasiynau fil yn mynd i'w hwynebu. Bydd peryglon ar bob llaw. Cadw hwy yn ddiogel, O ein Duw, oddi wrth bob math o gyffuriau sydd mor niweidiol, oddi wrth ddrygioni o bob math. Meddyliwn am blant heb ddiogelwch cariad, na chartref lle mae mam a thad yn ofalus ohonynt. Am blant sy'n cael eu magu mewn tlodi, hyd yn oed mewn gwlad fel ein gwlad ni. O Dduw, cymer drugaredd ar ein dyddiau.

Gweddïwn dros ein pobl ifanc. Llawer ohonynt mewn anobaith oherwydd diffyg gwaith. Llaweroedd yn cael bywyd yn ddiflas a dibwrpas. Gweddïwn dros y rhai sy'n alluog ac yn cael bywyd yn rhwydd, ar iddynt gael eu hargyhoeddi o gymaint sydd ganddynt i'w gyfrannu i gymdeithas.

Ar ddechrau blwyddyn newydd gweddïwn yn arbennig iawn dros yr Eglwys – pob cangen ohoni. O na fyddai'r flwyddyn newydd yn dod â ni'n nes at ein gilydd, i fod yn un. Diolchwn am yr Efengyl – yr Efengyl y daeth dy Fab Iesu Grist â hi i'r byd. Ar ddechrau blwyddyn, diolchwn fod Iesu Grist fel ei Efengyl, yr un ddoe, heddiw ac am byth. Hiraethwn am weld yr Efengyl yn cael ei lle o'r newydd yng nghalonnau a bywydau pobl. O ein Duw, galw eto fyrddiynau ar dy ôl.

Rho dy fendith ar y flwyddyn newydd hon. Cymer ni yn dy law. Gofynnwn y cwbl yn enw ein Harglwydd, ein Prynwr, ein Gwaredwr, Iesu Grist. *Amen.*

John Johansen-Berg
Gweddïau'r Pererin addas. Glyn Tudwal Jones (1996)

Gweinidog gyda'r Eglwys Ddiwygiedig Unedig yn Lloegr, cyn-Lywydd ei Undeb a bu'n Llywydd Cyngor Ffederal yr Eglwysi Rhyddion yng Nghymru a Lloegr, gweithiwr eciwmenaidd diwyd, awdur

CANNWYLL AR GYFER TANGNEFEDD

Rydym yn cynnau'r gannwyll hon, Arglwydd, ar gyfer tangnefedd,
Bydded i'r goleuni wasgaru'r tywyllwch;
Bydded i'r fflam fod yn symbol o obaith;
Bydded iddi losgi fel arwydd o ffydd
yn cysylltu â llu o oleuadau eraill ar gyfer tangnefedd.
Rydym yn cynnau'r gannwyll hon ar gyfer tangnefedd.
Bydded ein bywydau yn fynegiant o lonyddwch tangnefeddus;
Bydded inni ymdrechu i fod yn oleuadau mewn byd tywyll,
yn cyfeirio atat ti, Iesu, Tywysog Tangnefedd,
a'th ddilyn di ar hyd ffordd tangnefedd.
Gad i'r gannwyll losgi, fel arwydd o dangnefedd a gynigir
i Ti. *Amen.*

TYWYS NI, ARGLWYDD

Arglwydd,
dal ein bywyd ni yn dy fywyd di.
Tywys ni yn dy ffordd,
nid yn ôl ein chwantau ni ond yn ôl dy ewyllys di,
nid yn ôl ein gwendid ni ond yn ôl dy gryfder di.
Boed i'r bererindod gyrraedd ei nod
yn dy bresenoldeb, er dy ogoniant. *Amen.*

IESU'R ATGYFODIAD A'R BYWYD

Iesu Atgyfodedig,
ti yw'r atgyfodiad a'r bywyd;

429

pwy bynnag sy'n credu ynot ti ni bydd farw byth
ond caiff fynd i mewn i'r bywyd sy'n dragwyddol.
Dyma'r newydd da yr ydym yn ei rannu â phawb –
nad oes gan farwolaeth afael arnom;
nid diwedd mo marwolaeth ond drws i fywyd newydd.
Agoraist inni lidiardau bywyd
fel y medrwn edrych ymlaen at lawenydd bythol.
Ysbrydola ni i gyhoeddi'r newydd da hwnnw
i bawb sy'n barod i glywed
er mwyn iddynt gredu a chael bywyd tragwyddol. *Amen.*

IESU, MADDAU IMI AM FEIRNIADU

Iesu,
roeddet yn llygad dy le;
mae fy ngolwg yn ardderchog
i weld y brycheuyn yn llygad fy mrawd,
ond heb fod gystal i sylwi ar y trawst yn fy llygad fy hun;
mae fy nghlyw yn ardderchog
i glywed geiriau gwarthus fy nghymydog,
ond yn fyddar i'm mân siarad niweidiol fy hun.
Rwyf gyda'r gorau am godi fy llais
pan fydd rhywun arall yn torri'r rheolau
ond mor dawedog ynghylch fy nghamwri fy hun.
Rho inni bob un ostyngeiddrwydd mawr
a pharodrwydd i gydnabod ein methiannau ein hunain,
a sensitifrwydd uwch a pharodrwydd
i faddau camgymeriadau a methiannau ein cymdogion. *Amen.*

IESU, EIN CEIDWAD

Fugail annwyl,
rwyt yn gofalu amdanom
hyd yn oed pan nad ydym yn ymwybodol ohonot;
rwyt yn ein rhybuddio
am beryglon, maglau a themtasiynau;
rwyt yn hiraethu am ein gweld yn ddiogel yn y gorlan.

Ond mynnwn fynd ein ffordd ein hunain;
ein balchder sy'n peri inni feddwl ein bod yn gwybod
yn well na thi;
rydym yn anufudd i'th gyfarwyddyd cariadlon;
crwydrwn oddi ar lwybr diogelwch a chyfiawnder
a syrthio i beryglon ac i ffyrdd drygionus.
Tywys ni'n ôl yn dyner i gorlan dy ddiogelwch
lle rwyt yn ein hadnabod a'n caru,
fesul un a chyda'n gilydd.
Felly y cawn lawenydd a thangnefedd yn dy bresenoldeb
a byw er gogoniant Duw ein Tad. *Amen.*

DIOLCH, IESU, AM DY BRESENOLDEB

A nnwyl Arglwydd,
cynorthwya ni i lawenhau yn dy bresenoldeb.
Y dydd hwn a phob dydd boed inni lawenhau.
Oherwydd rwyt ti'n agos atom
ac y mae dy bresenoldeb yn dwyn bendith.
Pâr inni fod yn dyner wrth eraill
fel yr wyt ti'n dyner tuag atom ni.
Pâr inni roi heibio bob pryder a gofal
gan ymddiried ynot ti am bopeth,
a dod o'th flaen gyda'n deisyfiadau a'n diolch.
Felly boed inni brofi trwy Grist Iesu dy dangnefedd dwyfol
yr hwn sydd uwchlaw pob deall dynol. *Amen.*

ADNEWYDDA NI, O ARGLWYDD

G reawdwr Arglwydd,
anfon dy Ysbryd Glân ar dy eglwys;
dysg inni dy ddoethineb,
bywha ni mewn addoliad,
cadarnha ni mewn gwasanaeth,
grymusa ni mewn tystiolaeth;
a bydded inni ddangos ffrwyth yr Ysbryd yn ein bywydau
er gogoniant i'th enw. *Amen.*

GRYM A GWERTH CARIAD

Arglwydd atgyfodedig,
llenwaist ein bywydau â llawenydd
trwy rodd werthfawr dy Ysbryd Glân.
Wedi'n llenwi â'r Ysbryd
medrwn ddatgan ein ffydd
mai ti yw Gwaredwr y byd.
Cawn ein gwneud yn un â thi trwy gariad
ac o aros yn y cariad hwnnw cawn drigo yn y Tad.
Mae cariad yn ein perffeithio ar gyfer y cyfrif olaf.
Pan fydd gennym gariad nid oes arnom ofn
oherwydd y mae cariad perffaith yn goresgyn pob ofn.
Fe'th garwn di, ac, yn ufudd i'th ddysgeidiaeth,
ceisiwn garu'n cymdogion.
Dymuniad dy Dad
yw ein bod yn dangos ein cariad tuag ato
yn nyfnder ein cariad tuag at ein gilydd.
Felly boed i'n cariad fod yn arwydd o'th
bresenoldeb. *Amen.*

MEISTR DA, WELE DY WEISION

Iesu'r Gwas,
fe'n dysgaist mor rhyfeddol ydwyt
trwy dy weithredoedd yn ogystal â'th eiriau.
Felly y cymeraist y tywel a'r badell o ddŵr
a golchi traed llychlyd dy ddisgyblion.
Cadw ni rhag ystyried unrhyw dasg yn rhy ddibwys,
unrhyw waith yn rhy fychan, unrhyw swydd yn rhy isel,
i'w cyflawni ar ran dy deyrnas.
Gwna ni felly yn weision
yn barod bob amser i ddilyn ac ufuddhau i ti
ein Brenin Tlawd. *Amen.*

O DDUW, YNOT YR YMDDIRIEDWN

O Dduw'r heddwch,
cynorthwya ni i fynegi'r hyn sydd wir,
i ddymuno'r hyn sydd aruchel,
i ganlyn yr hyn sydd iawn,
i ymhyfrydu yn yr hyn sydd bur,
i lawenhau yn yr hyn sydd hardd,
ac i geisio'r hyn sydd ganmoladwy.
Wrth wneud hynny gad inni weld
dy fod ti'n ein hamgylchynu â'th dangnefedd
o ddydd i ddydd. *Amen.*

YSBRYD GLÂN, YSGOGA NI

Tyrd i lawr, Ysbryd Sanctaidd, y rhodd a addawodd Iesu: tyrd
yn fuan.
Ehanga'n meddyliau, cod ein hysbryd,
agor ein llygaid a'n clustiau, minioga'n synhwyrau.
Tyrd i lawr, Ysbryd Glân.
Tor ni, llunia ni, bywha ni, adfywia ni.
Dyro ynom dy ddoethineb, dy rym a'th gariad
er mwyn inni gael ein defnyddio'n rymus
yng ngwasanaeth ein Tad nefol. *Amen.*

AM GYFOETH Y CREAD

Arglwydd y winllan,
rhown ddiolch iti am geinder gerddi,
am brydferthwch blagur a blodyn,
am hyfrydwch ffrwythau ac aeron,
am y ffynhonnau a'r pyllau adfywiol,
am ogoniant glesni natur,
am gynnwrf lliw mewn gwelyau wedi eu trin,
am gân lawen adar diofal,
am gyfarthiad cŵn chwareus
ac am chwerthin plant.

433

Maddau inni ein bod mor aml yn brin ein diolch
am roddion mor fawr ac amrywiol.
Cymorth ni i orfoleddu yn yr holl olygfeydd a synau
sy'n ein hamgylchynu mewn natur,
ac i rannu ag eraill y pethau da
a dderbyniwn oddi wrthyt ti. *Amen.*

IESU'R MEDDYG DA

Iesu'r Iachawdwr,
cofiwn gyda diolch am y pwll yn Jerwsalem
lle y byddai cymaint o gleifion a rhai heintus yn ymgasglu
i geisio iachâd yn ei ddyfroedd.
Yn dy dosturi bu iti ymestyn at un cloff:
trwy dy gyffyrddiad fe'i hiachawyd
a chariodd ei fatras ei hun.
Rho inni ffydd i gofio dy fod yn iacháu heddiw;
weithiau trwy weinidogaeth meddygon a nyrsys;
weithiau byddi'n iacháu trwy weddïau dy ddilynwyr;
dro arall byddi'n iacháu trwy ddwylo dy weinidogion.
Trwy dy gyffyrddiad dwyfol di yr iacheir ni oll
a rhoddwn iti fawl a diolch
am dy gariad a'th dosturi tuag at gynifer o bobl. *Amen.*

DIOLCHWN AM BRYDFERTHWCH EIN BYD

Greawdwr doeth a chariadlon,
rhown iti foliant a diolch am oleuni ein llygaid,
am yr haul tanbaid ganol dydd,
am dynerwch golau lleuad ganol nos,
am lewyrch sêr mewn awyr dywyll, felfed,
am gynnwrf godidog lliwiau'r machlud
a gogoniant euraidd y wawr.
Cyffeswn inni'n rhy aml gymryd hyn oll yn ganiataol
gan fethu gweld y fraint fawr sy'n eiddo i ni
yn rhodd goleuni.
Atgoffa ni'n barhaus o'th gariad.

Boed inni fynegi'n diolchgarwch
mewn bywydau wedi eu hoffrymu i'th wasanaeth. *Amen.*

DYSG I MI DY ADNABOD, O DDUW

O Dduw, ein Tad,
fe'th geisiais mewn athroniaethau a llyfrau,
fe'th geisiais mewn damcaniaethau a chredoau,
ond dihengaist rhagof.
Fe'th geisiais mewn llyfrgelloedd ac amgueddfeydd,
fe'th geisiais mewn cadeirlannau ac eglwysi,
ond dihengaist rhagof.
Fe'th geisiais mewn banciau a chymdeithasau adeiladu,
fe'th geisiais mewn ffatrïoedd a mannau arddangos,
ond dihengaist rhagof.
Fe'th geisiais ymysg y tlawd a'r toredig ar yr ystadau,
fe'th geisiais ymysg y gweiniaid a'r dirmygedig
yng ngwersylloedd ffoaduriaid,
a chael yno dy groeso;
ac yna deuthum o hyd iti yn y mannau eraill i gyd
wrth imi ymuno ag eraill i ddangos dy dosturi. *Amen.*

COFIWN – MAE ANGEN BWYD AR BAWB

Ysbryd y creu,
diolchwn iti am bawb sy'n ychwanegu at hyfrydwch bywyd
trwy eu sgiliau a'u doniau ym maes coginio a chrasu.
Gweddïwn y cânt ddefnyddio'u sgiliau
er iechyd a lles pawb,
pa un ai wrth baratoi prydau bob dydd
neu ar gyfer achlysuron arbennig a dathliadau.
Wrth inni roi diolch am gymdeithas wrth y bwrdd
cofiwn y newynog a'r anghenus yn y byd.
Caniatâ na fyddwn wedi ymgolli cymaint
mewn bodloni'n chwantau ein hunain
fel ein bod yn anghofio'r rhai sydd heb fwyd a chysgod.
Yn y modd y cawsom ni ein bendithio

gan dy ddarpariaeth ar ein cyfer
gwna ni'n barod i rannu ag eraill
fel arwydd o'n gwerthfawrogiad ohonot
a mynegiant o dosturi ein Harglwydd Iesu Grist. *Amen.*

O DDUW, WELE NI BECHADURIAID

Dad,
pan ddown o'th flaen mewn moliant
llenwir ein lleisiau a'n bywydau â llawenydd;
pan ddown o'th flaen mewn cyffes
gwyddom ein bod yn annheilwng
i ddod i'th bresenoldeb sanctaidd;
pan ddown o'th flaen ac eiriol dros eraill
gwyddom dy fod yn ymateb yn dy ddoethineb a'th gariad;
pan ddisgwyliwn wrthyt mewn myfyrdod
cawn ein dyrchafu i'r seithfed nef mewn cymundeb cyfrin.
Bydded clod i'th enw trwy amser a thragwyddoldeb
am dy faddeuant, dy fendithion a'n hundod â thi
trwy Iesu Grist ein Gwaredwr a'n Harglwydd. *Amen.*

UN BOBL YDYM OLL, O DDUW

Duw ffordd y pererinion,
yn y wlad yr ydym yn ei galw'n gartref inni
rydym yn deulu o bobloedd.
Cafodd rhai o'r teulu eu geni yma
a daeth eraill yma o wledydd gwahanol,
ond rydym yn un bobl, un teulu, plant i ti.
Diolchwn iti am ein hamrywiaeth.
Gweddïwn dros rai sydd newydd gyrraedd yma.
Cyfoethoga ein meddyliau wrth inni rannu eu diwylliant ac wrth
iddynt hwy ddysgu mwy am ein treftadaeth ninnau.
Bydd yn agos i gysuro'r rhai sydd mewn ofn neu sy'n teimlo
gelyniaeth tuag atynt.
Dyro inni oll well dealltwriaeth o'n gilydd.
Arwain ni yn ffordd y cymod.

Pâr inni ystyried ein gilydd yn frodyr a chwiorydd, gan wybod nad
oes yng Nghrist na du na gwyn, cyfoethog na thlawd, Cenedl-ddyn
nac Iddew, ond un bobl ydym oll, yn edrych atat ti, ein Tad, wedi
ein rhwymo gyda'n gilydd trwy dy Ysbryd Sanctaidd. *Amen.*

BENDITH

Bydded i'r Tad gerdded gyda chwi yn ffresni'r ardd,
Bydded i'r Mab gerdded gyda chwi ar lwybr y mynydd,
Bydded i'r Ysbryd gerdded gyda chwi ar ffordd y pererin,
Bendith y Tad, y Mab a'r Ysbryd
a fo arnoch yn wastad. *Amen.*

RHYFEDDOD Y GREADIGAETH

Bensaer Dwyfol,
molwn di am ryfeddod y greadigaeth,
am haul a lloer a sêr.
Cofiwn o'th flaen yr anturwyr hynny
sydd wedi torri llwybrau i'r planedau;
rho ddewrder a ffydd i'r gofodwyr hynny
sydd wedi teithio i'r lleuad
a wynebu peryglon mewn lleoedd pell.
Rho allu a dealltwriaeth
i'r rhai sy'n cynllunio ac adeiladu rocedau.
Wrth i'n dealltwriaeth o'r bydysawd ehangu
boed i'n gwybodaeth ohonot ti ddyfnhau. *Amen.*

MADDAU IMI, O ARGLWYDD

Ar adegau, Arglwydd, mi wn imi dy adael i lawr.
Ond nid wyt yn fy ngadael i;
yng Nghrist rwyt yn cynnig maddeuant imi.
Trwy ei waed fe'n glanheir;
fe'n prynodd yn ôl am bris mawr.
Yn wir rwyt yn ein bendithio'n helaeth,

ymhell y tu hwnt i'n haeddiant.
Rwyt yn gweithio allan dy bwrpas
wrth i hanes oll symud tuag at ei ddiben mawr
pan fyddi'n dod â phob peth yn y nefoedd a'r ddaear
ynghyd yng Nghrist. *Amen.*

TEULU DUW

Annwyl Dad,
    yn dy gariad anfeidrol creaist deulu
        i rannu holl hyfrydwch y byd a wnaethost.
Mae yna'r fath amrywiaeth ymhlith dy blant,
        du, gwyn a melyn; hen ac ifanc; merched a dynion;
        o bob hil, yn siarad mewn tafodau amrywiol.
Rhown ddiolch iti am ein bod yn medru dysgu cymaint
        oddi wrth bawb o'n cwmpas;
diolchwn iti am ein gwahanol ddiwylliannau;
gorfoleddwn yn y gerddoriaeth, arluniaeth a barddoniaeth
        sy'n arbennig i bob cenedl.
Llawenhawn am nad wyt wedi'n gwneud yr un fath
        ond yn fendigedig o wahanol, ac eto mae cymaint
        yn gyffredin rhyngom.
Cyffeswn inni fethu â gwerthfawrogi'n gilydd fel y dylem
        na derbyn ein gilydd fel y dylem.
Rydym wedi difwyno'n byd trwy greu gwahaniaethau;
rydym wedi creithio'n cymdeithas â chenedlaetholdeb a hiliaeth;
gwnaethom ein gwahaniaethau'n achos erledigaeth.
Maddau inni a chynorthwya ni i ofalu am ein gilydd,
i geisio cyfiawnder a heddwch i bawb,
ac i barchu cyfanrwydd y greadigaeth hon
        yr ydym oll yn rhan ohoni,
yn un teulu, yn edrych atat ti, ein Crëwr a'n Tad ni oll. *Amen.*

GWARANT YR YSBRYD

Dduw sanctaidd, moliannwn di
am ein bod wedi clywed gair y gwirionedd;

wedi derbyn newydd da yr iachawdwriaeth.
Rwyt wedi ein dewis yng Nghrist
a thrwyddo ef nid yw ein gobaith yn pallu.
Diolchwn iti am ein bod trwy Grist
wedi derbyn yr Ysbryd Glân a addawyd,
yr hwn yw'n gwarant am wynfyd i ddod,
ein hetifeddiaeth trwy'r un Iesu Grist. *Amen.*

TI A'N CREODD, O DDUW

Arglwydd Dduw,
dy greadigaeth di ydym,
wedi ein gwneud ar gyfer gweithredoedd da;
felly boed inni droi ein dwylo at yr hyn sydd dda.
Dy grefftwaith di ydym, wedi ein creu i gyflawni dy bwrpas;
felly pâr ein bod ar gael i wasanaethu dy deyrnas.
Cynigiwn ein hunain i ti, yn arw fel yr ydym;
llunia ni; mowldia ni'n gelfydd;
gad i'r hunan newydd ddatgan dy glod;
trwy Iesu Grist ein Gwaredwr. *Amen.*

IESU GRIST, EIN HEDDWCH

Arglwydd Iesu Grist, ti yw ein heddwch;
pan fydd drwgdeimlad yn dod rhyngom a'n cymdogion,
pan fydd gwahaniaethau'n difetha cyfeillgarwch,
pan fydd gelyniaeth yn sefyll rhwng cenhedloedd,
rwyt ti'n chwalu'r muriau,
rwyt yn ein huno.
Trwy dy groes rwyt yn ein cymodi â Duw
a'n dwyn i gytgord â'n gilydd.
Arglwydd Iesu, ti yw ein heddwch. *Amen.*

DIOLCH AM LIW'R GWANWYN

Arglwydd y tymhorau,
rhown ddiolch iti am ffresni a lliw'r gwanwyn.

Gwthia blagur drwy'r ddaear galed;
ymwisga'r canghennau mewn gwyrdd
a thorri allan yn flodau amryliw.
Bydd galwad y gog yn croesawu'r gwanwyn
wrth i'r gaeaf farw ac i ddŵr fyrlymu o'r bryniau.
Prancia anifeiliaid yn llon, wedi eu rhyddhau o'u hirgwsg
a bydd dinasoedd yn llawenhau yn y gwanwyn
ar ôl hirlwm gaeaf.
Arglwydd y tymhorau,
rhown ddiolch iti am ffresni a lliw'r gwanwyn. *Amen.*

DIOLCH, O DDUW, AM 'HARDD HAF'

Diolch iti, Dduw, am rinweddau haf.
Dyddiau haf, yn boeth a diog, a murmur gwenyn
ac amrywiol alwadau llu o adar,
y cnydau'n ysblennydd yn y meysydd
a'r ffermwyr yn brysur o gwmpas eu gwaith.
Rhedodd y nentydd yn sych; llosgwyd y rhosydd yn gols;
a'r mwyalch yn ddiwyd yn y llwyni.
Diolch iti, Dduw'r nefoedd a'r ddaear,
am harddwch a gwres yr haf. *Amen.*

AM HYFRYDWCH HWYR HYDREF

Arglwydd,
gwelwn y coed wedi eu gwisgo'n wych yn gynnes-goch,
yn felyn aur, llwytgoch a choch llachar.
Gwelwn y gweunydd yn troi'n hydrefol
a chlywn gân yr adar fel simffoni.
Diflannodd gwres yr haf
ond yn y myllder mae natur yn gwisgo gwisg yr hydref.
Rhown ddiolch a chlod iti, Dduw'r greadigaeth,
am raslonrwydd hydrefol diwrnod arall. *Amen.*

DIOLCH AM BRYDFERTHWCH Y GAEAF

Greawdwr,
diolchwn i ti am fyd mor amrywiol ei brydferthwch;
pelydrau'r haul wedi eu hadlewyrchu ar bibonwy disglair
ac ar wyneb rhewllyd llyn fel drych;
eira'n lluwchio'n ddwfn ar y bronnydd
ac esgyrn eira ar ganghennau'r coed.
Dyma ryfeddod y gaeaf mewn plu eira a rhew.
Dyma harddwch dy greadigaeth, Arglwydd yr eira.
Diolchwn i ti am blaned sy'n llawn harddwch. *Amen.*

IESU, EIN CYFRYNGWR

Down o'th flaen, Dduw sanctaidd, yn hyderus;
nid am fod gennym hyder ynom ein hunain ond fe'n gwneir
yn eofn trwy Iesu Grist ein Cyfryngwr a'n Heiriolwr.
Trwy ei aberth cawn ein hachub;
yn ei wasanaeth y mae ein llawenydd;
yn ei bresenoldeb y mae ein tangnefedd.
Felly fe gyflwynwn i ti ein mawl gan ymbil arnat;
trwy Iesu, ein Harglwydd a'n Gwaredwr. *Amen.*

YMDDIRIEDWN YN Y DRINDOD SANCTAIDD

Dad,
ymgrymwn mewn addoliad
a gweddïwn y byddi di gyda ni,
a'n teuluoedd a'n cyfeillion,
yn ein harwain mewn gwasanaeth a thystiolaeth drosot.

Iesu,
gwyddom fod dy gariad tuag atom yn ddyfnach na'r moroedd;
mae dy gariad tuag atom y tu hwnt i wybodaeth;
trig ynom a chynorthwya ni i drigo ynot ti
er mwyn inni ddychwelyd dy gariad yn ei lawnder.

Ysbryd Glân,
  nertha ni â'th bŵer;
  bydd ynom ac o'n hamgylch er mwyn inni gael ein gwreiddio
  a'n daearu mewn cariad a'n galluogi i fyw er dy ogoniant.

Drindod Sanctaidd,
  llanw ni â mesur dy gyflawnder er mwyn inni fyw
  ynot ti a thithau ynom ni. *Amen.*

YSBRYD SANCTAIDD, AROS GYDA MI

Ysbryd Sanctaidd,
  ar derfyn pob dydd ceisiaf gymuno â thi
    gan edrych yn ôl dros y diwrnod a'i ddigwyddiadau.
Mae yna adegau pryd yr wyf wedi achosi dicter
  neu wedi gadael i eraill fy ngwylltio.
Paid â gadael i'r haul fachlud
  a'r dicter hwnnw'n dal i gronni
    neu'r llid hwnnw'n mudlosgi o'm mewn.
Helpa fi i estyn maddeuant a bod yn barod i'w dderbyn.
Paid â gadael imi dy glwyfo trwy'r hyn ydwyf
  na'r hyn a wnaf neu a ddywedaf: yn hytrach
    boed imi ddangos dy addfwynder a'th gariad i bawb.
Ysbryd Sanctaidd,
  nertha fi ac arwain fi. *Amen.*

CYNNAL NI, O DDUW

Arglwydd Dduw,
  cynnal ni yn y crastir ysbrydol,
arwain ni pan fyddwn wedi colli'n ffordd,
amddiffyn ni yn y frwydr ysbrydol,
adnewydda ni pan fyddwn mewn anobaith.
Arwain ni at graig pan fyddwn yn nannedd y ddrycin ysbrydol,
  rho inni ffydd wedi cyfnodau o amheuaeth,
  arfoga ni â doniau'r Ysbryd ar gyfer y frwydr ysbrydol,
  adfer ein hiechyd, o ran corff, meddwl ac ysbryd;
  trwy Iesu Grist ein Harglwydd. *Amen.*

CREDWN, ARGLWYDD

Iesu Atgyfodedig,
   ti yw'r atgyfodiad a'r bywyd;
  pwy bynnag sy'n credu ynot ti ni bydd marw byth
   ond caiff fynd i mewn i'r bywyd sy'n dragwyddol.
Dyma'r newydd da yr ydym yn ei rannu â phawb –
  nad oes gan farwolaeth afael arnom;
  nid diwedd mo marwolaeth ond drws i fywyd newydd.
Agoraist inni lidiardau bywyd
  fel y medrwn edrych ymlaen at lawenydd bythol.
Ysbrydola ni i gyhoeddi'r newydd da hwn
  i bawb sy'n barod i glywed er mwyn iddynt gredu
   a chael bywyd tragwyddol;
  trwot ti, ein Harglwydd a'n Gwaredwr. *Amen.*

CADARNHA NI YN Y PETHAU DA

Dad cariadlon,
      cynorthwya ni i sefyll ein tir yn erbyn drygioni,
  i ddweud y gwir a gwrthsefyll anghyfiawnder;
  arwain ni i ymwrthod â'r hyn sy'n anghyfiawn ac annheilwng,
  a dewis ffordd cyfiawnder a daioni;
  galluoga ni i ymwrthod â thrais a rhyfel
  ac ysbrydola ni i gyhoeddi neges dy heddwch;
  trwy Iesu Grist ein Harglwydd. *Amen.*

DRWY FFYDD I IACHAWDWRIAETH

O Dduw byw,
   dyro ynom ffydd nad yw'n cyfri'r gost,
ffydd sy'n barod i anturio wrth dy ddilyn,
ffydd sy'n ymateb yn llawen i'th alwad.
Gwna ni'n ddiolchgar am ein hiachawdwriaeth trwy Grist;
trwy'r iachawdwriaeth hon rho inni sicrwydd cadarn
a llawenydd nad yw'n darfod byth;
trwy Iesu Grist ein Harglwydd. *Amen.*

443

Mawl ac Addoliad
Undeb y Bedyddwyr (1996)
D. Hugh Mathews, D. Densil Morgan,
Katie Prichard, Ifor Ll. Williams

EIRIOLAETH

Diolchwn iti, O Dduw ein Creawdwr, dy fod eisoes wedi trefnu ffordd i gymodi dyn pechadurus â thydi dy hun, cyn gosod seiliau'r ddaear yn eu lle. Diolchwn fod y Crist, y Gair creadigol tragwyddol a wisgodd yr un cnawd â ni ac a aeth i'r Groes yn ein lle, yn awr yn eiriol drosom ar dy ddeheulaw. Yn ei enw a'i haeddiannau ef y mentrwn atat a'th alw'n 'Abba, Dad.'

Ond wrth dy alw'n 'Dad' sylweddolwn fod gennym frodyr a chwiorydd ac mai gweddus yw i ni eu cofio ger dy fron ac eiriol drostynt. Clyw ein gweddïau, felly, ar ran y sawl sydd mewn angen am dy ras a'th gymorth. Bydd yn nerth mewn gwendid, yn gysur mewn galar, yn ymgeledd mewn angen, yn noddfa mewn helbul, gan daenu ymwybyddiaeth o'th bresenoldeb ym mhobman, bob amser; trwy Iesu Grist ein Harglwydd. *Amen.*

YR EGLWYS FYD-EANG

Arglwydd ein Duw, mae'r eglwysi y perthynwn ni iddynt yn aml yn peri gofid inni. Digwydd hynny am fod ein gweledigaeth ni yn bŵl a'n ffydd yn wan. Pâr inni gael ein hysbrydoli gan wybodaeth am lwyddiant yr Eglwys Fyd-eang – dy Eglwys di sydd wedi ymestyn i bedwar ban byd ac sydd yn ychwanegu ati ei hunan eneidiau yn feunyddiol.

Gad i'n ffydd gael ei herio gan ffydd Cristnogion gwledydd eraill – yn enwedig ffydd Cristnogion brodorol y trydydd byd a'r rhai hynny sy'n gorfod wynebu dioddefaint ac erlid oblegid eu hymlyniad wrth Efengyl ein Harglwydd Iesu Grist. Diolchwn iti am her esiampl ein brodyr tramor a gweddïwn am barhad a llwyddiant eu tystiolaeth. Brysied y dydd pan 'na byddo mwyach na dial na phoen, na chariad at ryfel, ond rhyfel yr Oen.' *Amen.*

CYFFES A MADDEUANT

Bydd drugarog wrthym, O Arglwydd, yn ôl dy ffyddlondeb; yn ôl dy fawr dosturi tuag atom yn Iesu Grist dy Fab, dilea ein beiau. Maddau inni ein mynych bechodau, am inni mor aml ddiystyru dy ffyrdd, anghofio d'orchmynion, a chefnu mor ddisymwth arnat ti. Rhyfeddwn at dy raslonrwydd tuag atom yn dy Fab, yr hwn, trwy ei ufudd-dod a'i angau drud, a ddatguddiodd ddyfnder diwaelod dy gariad. Caniatâ i ni ysbryd edifeirwch, fel y cefnom wrth brofi o rin dy faddeuant, ar bob annheilyngdod a bai, a derbyn drachefn o orfoledd dy iachawdwriaeth. Hyn a ofynnwn yn enw Iesu Grist. *Amen.*

GWEDDI ADEG CYMUNDEB

Ti, O Dduw, a folwn. Ti a gydnabyddwn yn Arglwydd. Yr holl ddaear sy'n dy foliannu di, O Dad tragwyddol. Canmolwn di am yr hyn ydwyt, yn Greawdwr ac yn Gynhaliwr, am dy sancteiddrwydd, dy gadernid a'th ras ac am i ti dy ddatguddio dy hun inni ym mherson Iesu Grist dy Fab. Diolchwn am iddo ei uniaethu ei hun â ni yn ein hangen a'n gwendid, am iddo fyw yn ufudd i'th Air a'th orchmynion, am iddo farw dros ein pechodau ar groesbren Calfaria, ac am i ti ei atgyfodi yn ogoneddus ar fore'r trydydd dydd. Caniatâ yn awr dy Lân Ysbryd, fel y derbyniwn wrth inni fwyta o'r bara hwn ac yfed o'r gwin, faddeuant o'n holl feiau a chael bywyd newydd ynot ti. Hyn a ofynnwn yn enw Iesu Grist, yr hwn sydd gyda thydi a'r Ysbryd Glân, yn byw yn oes oesoedd. *Amen.*

PLANT MEWN ANGEN

Heddiw, ein Tad, rydym yn cofio ac yn meddwl am blant eraill. Rydym ni'n blant hapus. Mae teulu a ffrindiau o'n cwmpas yn ein gwneud ni'n hapus. Mae cael digon o fwyd yn ein gwneud yn hapus. Mae mynd allan i chwarae gyda'n ffrindiau yn ein gwneud yn hapus. Mae teganau a gêmau, gwylio teledu a gwyliau yn ein gwneud yn hapus.

Wrth i ni fod yn hapus yng nghanol yr holl bethau hyn, a wnei di ein helpu i gofio am blant sydd hebddynt? Gofynnwn i ti gofio am blant sydd wedi colli rhieni a theulu am fod rhyfel yn eu gwlad. Gofynnwn i ti gofio am blant sydd heb fwyd a dillad a chartrefi cysurus.

Wrth i ni sôn am fisgedi a hufen iâ, am greision a sglodion, a wnei di ein helpu i feddwl am y plant sydd â mwy o'u hangen na ni?

Ambell dro cawn gyfle i gasglu arian at blant mewn angen. Os cofiwn ni mai plant sy'n hoffi bod yn hapus fel ni ydynt, gallwn fod yn fwy caredig wrthynt. Gallwn fyw heb wario'n pres poced i gyd a'i roi i helpu'r plant hyn.

A wnei di helpu arweinwyr a phobl bwysig y byd, a'n helpu ninnau blant Cymru, i wneud plant yn hapus gyda theulu a bwyd a chartrefi a ffrindiau? Yn enw Iesu Grist. *Amen.*

DIWEDD A DECHRAU BLWYDDYN

O Dduw, ein Tad nefol,
diolchwn am y flwyddyn a dynnodd i'w therfyn,
am y gwersi a ddysgasom wrth wrando dy Air;
am brofiadau o'th agosrwydd mewn dyddiau dwys;
am y sicrwydd i ti faddau ein camgymeriadau ffôl;
am i ti ein coroni â chariad a thrugaredd.

Ymbiliwn, Arglwydd, ar drothwy blwyddyn newydd
am d'oleuni a'th nerth i ddyfalbarhau;
am ffafr yr Arglwydd Iesu ym mhob ansicrwydd;
am lwydd i ymdrechion pawb sy'n ceisio heddwch;
am gyd-ddealltwriaeth i bawb sy'n arwain mewn byd a betws.

Wrth i ni wynebu yfory yn dy gwmni,
derbyn ein hymgysegriad a chryfha'n ffydd;
cysegra'n dyhead am adnewyddiad ysbrydol;
cynnal ni yn wyneb pob dieithrwch;
cyffwrdd ni â golau a gwres dy Ysbryd Glân,
yn enw Iesu Grist ein Harglwydd. *Amen.*

Gweddïau Cyhoeddus
gol. *Aled Davies, Cyfrol 1* (1997)

GŴYL DEWI

Diolchwn i ti, ein Tad, am greu amrywiaeth yn dy fyd – amrywiaeth cenhedloedd, pobl, ieithoedd, traddodiadau a diwylliant . . .

Diolch am greu Cymru a'i phobl. Diolch fod gennym iaith a diwylliant unigryw, a bod yr iaith a'r diwylliant hwnnw'n gallu sefyll yn gyfochrog ag ieithoedd a diwylliannau eraill . . .

Diolchwn i ti am draddodiad Cristnogol cyfoethog Cymru, ac am y rhai a weithiodd ar hyd y canrifoedd i sicrhau fod Efengyl Iesu Grist yn dod i glyw pobl ein gwlad. Yr ydym heddiw'n cofio ac yn diolch yn arbennig am fywyd Dewi Sant. Diolch am ei dduwioldeb, ei dosturi, ei ddyfalbarhad, a'i sêl dros yr Efengyl. Gwna ni'n debyg i Dewi, yn eiddgar i gyflwyno Iesu a'i neges i bobl Cymru heddiw. Dyro inni'r ysbryd cenhadol oedd mor amlwg ym mywyd Dewi a'i gydweithwyr, yr ysbryd hwnnw a'i gyrrodd ar hyd a lled Cymru i ddweud wrth eraill am Iesu Grist. Cynorthwya ni heddiw i ymateb i alwad Iesu, i fynd a gwneud disgyblion o'r newydd iddo ef.

Ein gweddi, O Dad, yw y bydd Cymru eto'n dir ffrwythlon i'r Efengyl, oherwydd fe wyddom fod ar Gymru a'i phobl angen Iesu Grist, a bod y genedl hon, fel pob cenedl arall, ar ei gorau pan yw'n byw'n agos atat ti. *Amen.*

UNDOD

Ein Tad, yr hwn wyt yn y nefoedd, gweddïwn dros dy Eglwys yn ein hoes ac yn ein dyddiau. Llanw dy Eglwys â'th Lân Ysbryd. Rhoddaist dy gysegr i'th bobl gynt, i'th bobl fedru dy addoli di yno. Fe'i gwnaethost yn breswylfod prydferth i'th bobl a hiraethai ac a ddyheai am dy gynteddau.

Diolch am y rhai sydd wedi canu mawl i ti ar hyd y canrifoedd yn dy Dŷ. Atgoffa ni, serch hynny, nad wyt ti'n preswylio mewn temlau o waith llaw. Yn hytrach, diolchwn i ti am y man cyfarfod. Yr wyt ti wedi trefnu ffordd, oherwydd ein gwendid a'n pechod ni, i ni gael cymdeithas â thi. Diolch am dy addewid mawr – yno y byddaf yn cyfarfod â thi.

Diolch am ffyddlondeb ein Gwaredwr i'r deml ac i'r synagog. Âi yno yn ôl ei arfer. Diolch iddo am ein dysgu mai tŷ gweddi yw dy deml di. Cofiwn, ein Tad, ei dristwch llethol wrth weld camddefnyddio dy gysegr.

Diolch am ei addewid mawr – lle mae dau neu dri wedi dod at ei gilydd yn ei enw, ei fod ef yno yn bendithio. Argyhoedda ein hoes ni o bwysigrwydd y gymdeithas – y cwrdd â'n gilydd yn dy enw di i addoli . . . addoli drwy'r weddi, y gân, y bregeth a'r sacramentau.

Ein Tad, gweddïwn dros dy Eglwys heddiw. Glanha dy Eglwys, yr Eglwys sydd i fod yn halen y ddaear ac yn oleuni'r byd. Pryderwn, ein Tad, am gyflwr dy Eglwys yn ein gwlad ni ein hunain ac yn ein byd. Gofidiwn fod yr Eglwys yn rhwymedig – mor rhwymedig nes bod ei thystiolaeth yn wan. Maddau, Arglwydd, ein bod yn aml yn addoli adeiladau yn fwy na'th addoli di, yr unig wir a bywiol Dduw. Argyhoedda ni, ein Tad, ein bod yn gwastraffu arian ac adnoddau i gadw adeiladau, pan fedrem ddefnyddio'n hadnoddau'n well mewn gwasanaeth i'th deyrnas di. Boed inni fod yn fwy unol, O Dduw ein Tad.

Diolchwn am dystiolaeth ein henwadau yn y gorffennol. Nertha ni i weld cyfoeth ein gilydd, i ddefnyddio ein gwahanol safbwyntiau er gogoniant i ti. Pâr, O Arglwydd, inni fedru gwneud hyn gyda'n gilydd, ac nid ar wahân. Maddau, Arglwydd, mor ystyfnig y medrwn fod. Gofynnwn i ti dosturio wrthym am ein bod hyd yn oed yng ngwaith yr Eglwys yn ceisio plesio pobl. Cofiwn i'th Fab sôn am bobl yr oedd yn ddewisach ganddynt gael clod gan ddynion na gan Dduw.

Ein Tad, argyhoedda'r eglwysi o'r newydd o'u gwendidau. Tywys hwy i geisio arweiniad o'th Air di. Pâr fod dy Air yn llusern ac yn llewyrch. Gwna ni yn ufudd i'th Air, a rho oleuni dy Ysbryd inni fedru deall dy Air a gwybod sut y mae'n siarad â ni heddiw.

Gweddïwn dros drefi ac ardaloedd Cymru sy'n medru bod mor unol ymhob peth ond wrth dy addoli ar dy ddydd. Cymer drugaredd ar ein dyddiau. Tyrd â'th bobl i fod yn un yn Iesu Grist. Er mwyn ei enw ef. *Amen.*

Y PASG

Ein Tad nefol,
Wedi oerni'r gaeaf a chaledi'r tir,
Diolchwn am y gwanwyn sy'n meirioli, yn meddalu
 ac yn meithrin bywyd newydd ym myd natur.
Ein Tad nefol,
Cyffeswn i ti ein gaeaf ysbrydol
A chaledi tir ein calonnau.
Cyffeswn ein hamharodrwydd i adael i'th gariad ein newid.
Diolchwn i ti o'r newydd heddiw
Fod dy gariad yn ddigon cryf i dorri trwodd atom
I'n dadmer a'n deffro.
Diolch dy fod wedi rhoi rheswm inni ddathlu dechrau newydd
 y Pasg hwn.
Ynghanol bywyd newydd y gwanwyn a'i obaith gwyrdd,
Dathlwn y bywyd newydd sydd i ni yn Iesu Grist.
Fel yr atgyfododd Crist i fywyd newydd ar y trydydd dydd,
Gad i ninnau, wedi inni farw i'r drwg sydd ynom,
Godi i fywyd newydd yng Nghrist.
Fel y daeth Crist at ei ddisgyblion digalon ar y ffordd i Emaus,
Dyro i ninnau yn ein hamheuon a'n hanobaith brofi
 presenoldeb Crist fel tân yn ein calonnau.
Fel y daeth Crist i ganol pryder y stafell glo gyda geiriau o gysur,

Gad i ninnau ynghanol ein pryderon glywed ei lais yn
 cyhoeddi: 'Tangnefedd i chwi'.

449

Fel y casglodd Crist ei ddisgyblion, a'u hanfon i gyhoeddi'r
  Efengyl i'r holl fyd,
Anfon ninnau yn nerth dy Ysbryd Glân i gyhoeddi i'n
  byd heddiw fod Iesu wedi atgyfodi,
Fod gennym wir reswm i ddathlu! *Amen.*

DONIAU

Ein Tad, yr hwn wyt yn y nefoedd, deuwn ger dy fron o'r newydd i'th addoli. Deuwn i ofyn am dy arweiniad – hebot ti ni fedrwn ni wneud dim. Diolchwn dy fod yn derbyn rhai fel ni, a gad inni gofio'n barhaus mai ti yw ein gwneuthurwr ni, mai ynot ti yr ydym yn byw, yn symud ac yn bod.

Bendigwn dy enw mawr am y cyfoeth doniau sy'n perthyn i ni. Rydym i gyd yn wahanol, ond mae gan bob un ohonom ei gyfraniad er lles dynoliaeth. Maddau mor hunanol yw ein hoes – llafuriwn er ein lles ein hunain, gan anghofio eraill.

Diolchwn am bobl sydd wedi medru newid cyfeiriad hanes, y rhai hynny sydd wedi cysegru eu doniau i geisio gwneud ein byd yn lle gwell i fyw.

Diolch am y gwyddonydd a'i ddarganfyddiadau; am y ddawn i ddarganfod sut i wella a lleddfu poen; am y ddawn i drin y ddaear; y ddawn i ddod â thechnoleg fodern i afael gwareiddiad. Ond erys y tristwch, Arglwydd, fod camddefnyddio ar ddoniau fel hyn. Gwnawn fwy a mwy o arfau dinistriol; camddefnyddiwn ddefnyddiau crai ein byd; mae ein dyfeisgarwch yn dod â dinistr. Newidiwn ffordd o fyw'r canrifoedd yn y fforestydd, gan wneud y tlawd yn dlotach a'r cyfoethog yn gyfoethocach.

Diolch am feddygon a nyrsys. Bendigwn dy enw am y doniau a gawsant i wella clwyf ac esmwytháu cur. Ond, ein Tad, mae arnom angen dy arweiniad di yn yr oes newydd, pan fod person yn chwarae duw â bywydau. Arbrofi ar groth a defnyddio rhannau o gorff fel darnau o beiriant. Rho d'arweiniad yn ein dyddiau.

Diolch, Arglwydd, am yr athrawon sydd â'r cyfrifoldeb aruthrol o gychwyn plant ar daith bywyd. Athrawon ysgol a darlithwyr coleg sy'n rhoi cyfeiriad i'n hieuenctid. Dyro drefn yn ein dyddiau, dyddiau â chymaint o gwyno am brinder adnoddau.

Diolch am y bardd a'r llenor a'r cerddor. Am y cyfansoddiadau sy'n cyfoethogi ein meddyliau ac yn rhoi blas i oriau hamdden. Diolch am y gerdd a'r gân a'r gynghanedd.

Diolch i ti am arweinwyr gwlad ac ardal. Gad iddynt sylweddoli'r cyfrifoldeb sydd ar eu hysgwyddau. Maddau i arweinwyr y gwledydd gymaint yr anhrefn a'r dioddef y medrant eu hachosi. Sobra hwy i feddwl am eraill, yn hytrach nag am eu buddiannau eu hunain.

Diolchwn am bawb sy'n gweithio â'u dwylo ymhob dull a modd er ein cysuro ni.

Diolch am bregethwyr y Gair, am weinidogion a chenhadon. Diolchwn am y rhai sy'n ymdrechu i daenu'r Efengyl yn ein gwlad ac ymhob cwr o'r byd. Diolchwn am ddoniau'r bobl hyn.

Bendigwn dy enw am y llu aneirif sy'n gweithio heb feddwl am dâl na chlod. Y fam yn ei chartref, yr aelod yn yr eglwys, y rhai sy'n casglu at achosion da, a'r rhai sy'n gofalu am yr unig a'r diymgeledd.

Diolch am dy Fab, Iesu Grist – er iddo fod yn gyfoethog, daeth yn dlawd er ein mwyn ni. Gadael y nef o'i fodd a dod fel gwas. Dod i wasanaethu, nid i'w wasanaethu.

Atgoffa ni, beth bynnag yw ein doniau, mai oddi wrthyt ti mae'r cyfan wedi dod. Beth sydd gennym nad ydym wedi ei dderbyn?

Derbyn ni yn enw Iesu Grist, dy Fab, wedi maddau ein beiau yn ei enw. *Amen.*

451

Y Llawlyfr Gweddïo

(Cyfraniadau o Lawlyfrau 1986, 1993, 1996, 1998, 2000, 2001, 2002)

SÔN AM DY DEYRNAS

O Arglwydd y canrifoedd, yr hwn wyt uwchlaw amser yn trigo yn nhragwyddoldeb ei hun, gwrando arnom wrth inni erfyn arnat am gymorth i sôn yn eofn am y pethau tragwyddol wrth gymdeithas sy'n byw yn ôl cerddediad cloc. Rho inni'r nerth i dystio i neges y Deyrnas sy'n dragwyddol, y Deyrnas lle nad oes marwolaeth na phoen, y Deyrnas lle mae Iesu yn y canol. Cynorthwya bob ymdrech i bregethu'r neges hon i fyd lle mae casineb yn rhemp ac ymddiriedaeth llawer mewn arfau dinistriol. Dyro inni'r gred sicr mai'r unig wir arfau yw cariad a chymod fel y datguddiwyd hwy yng nghoncwest Calfaria a buddugoliaeth yr Atgyfodiad. *Amen.*

GWEDDI'R EGLWYS FORE

O Dduw,
fel y mae'r gwenith a fu ar wasgar ar y bryniau
yn awr yn un bara,
Galw ynghyd dy bobl sydd ar wasgar, ymhlith y cenhedloedd i fod
yn un gymdeithas fawr,
trwy Iesu Grist ein Harglwydd. *Amen.*

EIN HUNDEB YNG NGHRIST

A rglwydd,
diolch am brofiadau bywyd a ffydd sy'n ein huno;
diolch am bob gair a gweithred
sy'n cryfhau ein hundeb yng Nghrist.
Cymdeithas ei Lân Ysbryd a fyddo gyda ni. *Amen.*

452

GWEDDÏO

Hollalluog Dduw, addolwn di a mawrygwn dy enw sanctaidd. Fe ddiolchwn nad wyt un amser nepell oddi wrth y sawl sydd yn dy geisio, a bod pawb sydd yn dy geisio yn dy gael. Gelwaist ni i ymhyfrydu yn dy foliant, canys ti a'n creaist er dy fwyn dy hun, ac ni chaiff ein calonnau orffwysfa hyd oni orffwysant ynot ti. Glanha feddyliau'n calonnau, a sancteiddia ni yn dy wirionedd fel y rhoddwn i ti ogoniant dy enw ac yr addolwn di ym mhrydferthwch sancteiddrwydd. *Amen.*

TYRD YSBRYD GLÂN

Tyrd Ysbryd Glân fel tân a llosg ynom.
Tyrd fel gwynt nerthol a glanha ni.
Tyrd fel goleuni nefol ac arwain ni.
Tyrd fel y Gwirionedd a dysg ni.
Tyrd fel maddeuant a rhyddha ni.
Tyrd fel cariad a chofleidia ni.
Tyrd mewn grym a galluoga ni.
Tyrd fel bywyd a phreswylia ynom.
Barna ni ac argyhoedda ni.
Cysegra ni nes ein bod yn gyfan yn eiddo i ti ac at dy wasanaeth di, yn enw Iesu Grist ein Harglwydd. *Amen.*

GWNA NI'N BOBL DDISGWYLGAR, O DDUW

Ar daith bywyd, O Dduw, gwna ni'n bobl ddisgwylgar. Cofiwn am addewid Iesu Grist, y rhoddir i bawb sy'n gofyn, bydd y sawl sy'n chwilio yn cael, ac yr agorir y drws i'r un sy'n curo.

Pan fydd y daith yn feichus, a ninnau'n digalonni, O Dduw, cynnal ni.

Pan alwn ar dy enw o ganol y tywyllwch, O Dduw, rho i ni dy oleuni.

Pan fo'r llwybr yn diflannu i ganol meithder yr anialwch, O Dduw, arwain ni.

O Dduw, clyw ein gweddi; trwy ein Harglwydd Iesu Grist. *Amen.*

BYDD DI YN DDUW I NI

Arglwydd, deled dy deyrnas i'n plith
fel y gelli di fel Brenin reoli ein calonnau â'th ysbryd nefol;
a ninnau fel deiliaid ufudd gymryd ein rheoli gennyt.
Bydd di yn Dduw i ni,
a byddwn ninnau yn bobl i ti;
bydd di yn Dad i ni, a ninnau'n blant i ti;
bydd di yn Arglwydd, a ninnau'n weision;
ti'n gofyn, a ninnau'n ufuddhau;
ti'n gwahardd, a ninnau'n ymgadw
fel y gwnawn dy ewyllys ar y ddaear
fel y mae'r angylion yn ei gwneud yn y nef;
nid dros dro ond yn dragwyddol;
nid yn ddiog ond yn ewyllysgar,
fel y gogonedder dy enw ar y ddaear
fel y caiff ei ogoneddu yn y nef. *Amen.*

GWERTH Y NADOLIG

Diolch, O Dduw Dad, am ufudd-dod Iesu Grist ac am ei ostyngeiddrwydd fel y Gwas Dioddefus. Trwy ei ddoluriau ef yr iachawyd ni, ac y cawsom esiampl berffaith o fywyd aberthol. Gwna ni'n fwy parod i aberthu'n hunanoldeb er mwyn gwasanaethu Teyrnas Nefoedd yn well. Dysg i bawb ohonom beth yw gwerth y Nadolig yn hytrach na'i bris . . . Gwna ni'n wir werthfawrogol o aberth ein Harglwydd, yn oes oesoedd. *Amen.*

AR DROTHWY'R FLWYDDYN NEWYDD

O Dad, wyt yr un ddoe, heddiw ac yn dragywydd, diolchwn am dy ofal drosom drwy'r flwyddyn a aeth heibio, ac fel y cawsom dy gymorth bob bore o'r newydd i wynebu bywyd. Bydd gyda ni i'n cynorthwyo drwy'r flwyddyn sydd o'n blaen, i fyw yn ôl dy ewyllys di, a helpa ni i fyw yn dy gwmni di, ac i weithio drosot. Er gogoniant i Iesu Grist, ein Harglwydd a'n Gwaredwr, yn oes oesoedd. *Amen.*

Y MAE AMSER I BOB PETH

Diolch i ti, O Dduw, am ddydd y Pentecost
a'i ddatguddiad gobeithiol,
am yr Ysbryd Glân fel gwynt grymus yn rhuthro,
a thafodau tân yn disgyn ar ddilynwyr Crist.
Cyfaddefwn fod angen yr Ysbryd hwn arnom heddiw
i'n hysgwyd o'n difaterwch hunanfodlon
a'n goleuo a'n cynhesu â gweledigaeth newydd
o'r Crist dyrchafedig a gogoneddus. *Amen.*

GORAU GEIRIAU DOETH

O Dduw,
mae geiriau'n offer mor bwerus:
gallant ganmol neu felltithio,
ysbrydoli neu ddigalonni,
calonogi neu fychanu.
Dysg ni i ddefnyddio'n geiriau'n ddoeth:
i glodfori dy enw a chyhoeddi d'ogoniant,
i ddwyn llawenydd a gobaith i eraill,
i gyfarwyddo'n plant mewn cariad,
i adeiladu perthynas.
A phan ddefnyddiwn eiriau byrbwyll sy'n clwyfo,
rho inni ras i gydnabod ein bai
ac i geisio adeiladu pontydd cymod;
trwy Iesu Grist ein Harglwydd. *Amen.*

455

SUL Y BLODAU

Daeth y tyrfaoedd allan i'th gyfarfod di
gyda disgwyliad mawr.
Ond ni ddeallodd y rhai oedd wedi bod gyda thi.
Y mae proffwydoliaeth yn cael ei chyflawni –
ond yn aml mewn ffyrdd annisgwyl.
Cura ar ddrws ein calonnau, Arglwydd,
er mwyn dod i mewn.
Gad i ni dderbyn dy ddyfodiad gwylaidd – ar ebol asyn –
er dy fwyn di.
Rho sylfaen gadarn i ni
a phalmanta ffordd ein dyfodiad i mewn i'th deyrnas.
Dymunwn dy ddilyn i mewn i'r ddinas
a mynd i mewn i'th orfoledd.
Bendigedig ydwyt; yr wyt yn ein hachub.
Ti yw ein Duw. Rhoddwn ddiolch i ti;
dathlwn a dyrchafwn di.
Hosanna, yn y goruchaf! *Amen.*

Frank Topping

*Gweinidog gyda'r Methodistiaid, darlledwr a chynhyrchydd
rhaglenni, awdur toreithiog*

SICRHA FI, O ARGLWYDD

F'Arglwydd a'm Duw,
yr hwn a estynnodd imi
rodd ffydd,
clyw fy ngweddi
'Arglwydd, mae gen i ffydd,
helpa di fy niffyg ffydd.'

Arglwydd, hawdd yw i'm troi i'r neilltu,
i golli'r ffordd a drysu.
Mor aml rwy'n simsanu'n ansicr
ar ymyl anghrediniaeth.

Atgyfodedig Arglwydd,
pan fydd fy ngweddïau yn ymddangos yn atseinio
mewn ceule,
llanw'r gwacter.
Pan wyf ar fy mhen fy hun,
siarada â mi.
Pan wyf mewn tywyllwch
bydd yn oleuni imi.
Pan fydd y ffydd sy gen i
yn dechrau llithro o'm gafael,
sicrha hi imi.
Pan ddechreuaf amau dy gariad,
datguddia dy hun imi
fel y gwnest i Thomas,
ac fel y gallaf gydag ef weddïo:
'F' Arglwydd a'm Duw'. *Amen.*

CARAF DI, O ARGLWYDD

Atgyfodedig, Esgynedig Arglwydd,
deuaf ger dy fron
i ofyn am ddim ond yr hapusrwydd
o ganmol gorfoledd dy gariad.
Trawsnewidia fy niolchgarwch
i emyn o addoliad.
Bydded imi gael fy llanw bob amser
â rhyfeddod dy fodolaeth.
Bydded imi dy addoli,
â medrusrwydd fy nwylo,
â syniadau fy meddwl,
â geiriau fy ngenau,
â dyddiau fy mywyd.
Bydded i'th gariad fyw ynof fi
er gogoniant i'th enw. *Amen.*

Y CYNHAEAF

A rglwydd, mae dy gynhaeaf yn gynhaeaf o gariad;
cariad wedi'i hau yng nghalonnau pobl;
cariad sy'n ehangu
fel canghennau coeden fawr
yn cuddio pawb sy'n chwilio am ei chysgod;
cariad sy'n ysbrydoli ac yn ail-greu;
cariad a blennir yn y gwan a'r blinedig,
y claf a'r rhai ar farw.
Cynhaeaf dy gariad yw'r bywyd sy'n cyrraedd
drwy chwyn pechod a marwolaeth
hyd at heulwen dy atgyfodiad.
Arglwydd, meithrin fy nyddiau â'th gariad,
dyfrha fy enaid â gwlith maddeuant,
fel bo cynhaeaf fy mywyd wrth dy fodd. *Amen.*

Llyfr Gwasanaeth yr Annibynwyr (1962 a 1998)

Y NADOLIG

H ollalluog a Hollgyfoethog Dduw, mawrygwn dy enw am i ti
o'th anfeidrol dosturi lefaru wrthym yn dy Fab Iesu Grist, yr
hwn a aned i'r byd er ein hiachawdwriaeth ni.

Cynorthwya ni i amgyffred dirgelwch ei ddyfodiad ef, ac i wybod
lled a hyd, a dyfnder ac uchder ei gariad. Arwain ni yng
nghwmni'r doethion a'r bugeiliaid i ymgrymu wrth ei breseb
mewn llawenydd a diolchgarwch, ac i ryfeddu at y Gair
hollgyfoethog a wnaethpwyd yn gnawd.

Trwy nerth dy ras, dilea ein hanwireddau ni, a gwna ni'n
gyfranogion o'r duwiol anian, yr hon yw cariad.

Boed i'r cariad hwn a ddatguddiwyd inni yn nyfodiad gostyngedig
ein Harglwydd a'n Gwaredwr, ehangu ein calon a melysu ein
hysbryd, fel y genir Crist ynom o'r newydd, ac fel y carom ein
brodyr trwyddo ef. Unwn ninnau gyda'r côr nefol i gyhoeddi:
Gogoniant yn y goruchaf i Dduw, ac ar y ddaear tangnefedd, i
ddynion ewyllys da. *Amen.*

GWEDDI MEWN GWASANAETH ANGLADDOL

Hollalluog a thrugarog Dad, o'r hwn yr enwir yr holl deulu yn y nefoedd ac ar y ddaear, diolchwn i ti am ein teuluoedd a'n perthnasau a'n cyfeillion. Rhoddaist ni i'n gilydd, y naill i'r llall, er mwyn i ni allu caru'n gilydd a dwyn beichiau'n gilydd. Diolchwn i ti am ein *brawd* ac am y cwbl a roddaist *trwyddo* i'w *deulu* ei hun, i deulu'r ffydd, ac i gymdogaeth. Gwêl yn dda sancteiddio'r atgofion *amdano* ym mhrofiad y rhai sy'n hiraethu ar ei *ôl*. Diddana hwy â geiriau bywyd tragwyddol ac â chymdeithas dy bobl. Rho iddynt nerth dy Ysbryd Glân i gredu, er i angau sarnu aelwyd, na all y gelyn hwnnw na dim yn dy gread cyfan, eu gwahanu hwy oddi wrth dy gariad di, yr hwn sydd yng Nghrist Iesu ein Harglwydd. *Amen.*

DIOLCHGARWCH AM Y CYNHAEAF

O Arglwydd ein Duw, Creawdwr cyrrau'r ddaear, a Chynhaliwr pob peth a greaist, cydnabyddwn yn ostyngedig ein dibyniaeth arnat. Tydi yn y dechreuad a sylfaenaist y ddaear, a gwaith dy ddwylo di yw y nefoedd. Eiddot ti yw'r ddaear a'i chyflawnder, y byd ac a breswylia ynddo. Tydi a ordeiniaist bryd hau a medi, haf a gaeaf, a pheraist i'r haul godi ar y drwg a'r da, ac i'r glaw ddisgyn ar y cyfiawn a'r anghyfiawn. Ni adewaist erioed y byd a wnaethost: o ddydd i ddydd ti a'i cynheli, ac y mae dy enw ar dy holl weithredoedd. Moliannwn di am drefn a chysondeb popeth a greaist, am harddwch y ddaear a'r nefoedd, ac am y Rhagluniaeth sy'n diwallu ein hanghenion. Diolchwn i ti am fendithio llafur dyn a threfnu iddo ddwyn ffrwythau'r ddaear i'r ysguboriau. Gwerthfawr yw dy roddion rhad, a phob bore y deuant o'r newydd. Yr wyt yn cynnal ein calon â bara, ac yn llawenychu ein henaid â digonedd. Gwna ni yn oruchwylwyr ffyddlon dy roddion rhad, a phâr i ni gofio nad ar fara yn unig y bydd byw dyn, fel y ceisiom y bara a bery byth ac y derbyniom ras, ac fel y dygom ffrwythau'r Ysbryd er gogoniant i'th enw; trwy Iesu Grist ein Harglwydd. *Amen.*

GWEDDI AR DDECHRAU GWASANAETH

O Dduw ein Tad, yr wyt ti yn barotach i wrando nag yr ydym ni i weddïo. Yr wyt ti'n rhoi mwy nag yr ydym ni yn ei chwennych na'i haeddu. Y mae'r gallu gennyt ti i wneud yn anhraethol well na dim y gallwn ni ei ddeisyfu na'i ddychmygu. Cyflwynwn ein hunain i'th drugaredd di, ac i ti y bo'r gogoniant drwy Grist Iesu yn y gwasanaeth hwn a byth bythoedd. *Amen.*

GWEDDI AR DDECHRAU GWASANAETH

Arglwydd, deuwn at ein gilydd
i syllu ar dy ogoniant,
i fawrygu dy enw,
i ddiolch i ti am dy ddaioni,
i wrando arnat yn llefaru wrthym,
ac i'n hoffrymu'n hunain
mewn moliant a gwasanaeth i ti, ein Duw.
Derbyn offrwm ein haddoliad a llanw'n bywydau â
rhyfeddod, â chariad ac â chlod. *Amen.*

DROS Y RHAI MEWN PROFEDIGAETH

Clyw ein gweddi ar ran y rhai sydd mewn galar y dydd hwn. O Arglwydd, cynnal y rhai y daeth profedigaeth i'w rhan, boed hynny'n annisgwyl neu wedi hir baratoi ar gyfer awr boenus yr ymwahanu. Gysurwr y weddw, a chyfaill yr amddifad, sych ddagrau dy blant, gwasgara eu hofnau, cynnal eu hysbryd drylliedig a rho iddynt ffydd ddiollwng yn dy ragluniaeth fawr, trwy Iesu Grist ein Harglwydd. *Amen.*

TYMOR YR ADFENT

O Arglwydd Dduw hollalluog, y mae'n bryd i ni ddeffro o'n hir gwsg, oherwydd y nos a gerddodd ymhell a'r dydd a nesaodd. Cynorthwya ni i roi heibio weithredoedd y tywyllwch a'n harfogi ein hunain ag arfogaeth goleuni. Dyro i ni ein gwregysu ein hunain a rhoi olew yn ein lampau, gan ddisgwyl am ddyfodiad ein Harglwydd. *Amen.*

AGOR EIN CALONNAU I DDERBYN Y GWAREDWR

A rglwydd Dduw, yr hwn sydd a'r hwn oedd a'r hwn sydd i ddod, yr Hollalluog, fe'th gyfarchwn ac fe'th addolwn yr Adfent hwn. Llawenhawn nad wyt ymhell oddi wrthym. Yr wyt yn dod atom o ddydd i ddydd gan ein bendithio â'th bresenoldeb sanctaidd.

Daethost yn y dechrau'n deg, â'th Ysbryd yn symud ar
wyneb y dyfroedd gan ddwyn trefn a chreadigaeth.

Daethost yng nghyflawnder yr amser yng Nghrist Iesu
gan ddwyn i'r golau gyfoeth difesur dy ras a'th diriondeb i ni.

Daethost yn dy nerth gan ei atgyfodi o farwolaeth, a
llyncu angau mewn buddugoliaeth, a gosod o'n blaen obaith
tragwyddol.

Yr wyt yn dod atom mewn barn a chyfiawnder, mewn trugaredd a gras. Agor ein llygaid i'th ganfod, O Dduw'r Adfent, ac agor ein calonnau i groesawu yr un a anwyd yn Waredwr i ni, ac yn obaith i'r holl genhedloedd. Yn ei enw ef y cyflwynwn ein gweddi. *Amen.*

Gweddïau ar gyfer Dydd yr Arglwydd
gol. D. Ben Rees (1999)

GWEDDI'R PASG

A rglwydd Gobaith, yn y dyddiau anodd hyn ar dy Achos di, helpa ni i ddal i obeithio. Pan fyddwn ni'n digalonni, yn gweld pwerau'r Drwg yn trechu'r Da, yn gweld y cryf yn bychanu'r gwan, helpa ni i gofio mai ti sy'n llywodraethu, ac nid neb arall. Ti wnaeth y byd, ti sy'n ei gynnal, ti biau'r gair olaf ar yr hyn sy'n digwydd ynddo. Pa mor gryf bynnag yw'r Drwg heddiw, dy ddaioni di fydd drechaf yn y man, canys eiddot ti yw'r deyrnas, a'r gallu, a'r gogoniant, yn oes oesoedd.

Arglwydd Cariad, a'n carodd ni cyn ein geni, ac sy'n dal i'n caru ni bob munud o'n hoes, gwna i ni ryfeddu at y fath gariad a roddaist ti arnom. Mewn byd lle mae cariad yn ymddangos mor brin a chasineb i'w weld mor amlwg, yr wyt ti wedi'n caru ni er ein gwaethaf, ac yn ein gwaethaf. Cofiwn mewn cywilydd am farwolaeth dy unig Fab Iesu Grist ar Groes Calfaria, a gogoniant byth i ti am ei atgyfodiad buddugoliaethus ar y Trydydd Dydd, a thrwy hyn dangosaist dy gariad anfeidrol at blant dynion. Helpa ni i'th garu fwyfwy, ac o'th garu di, i garu'n gilydd, a charu pawb. A boed i eraill trwom ni adnabod cariad Duw. Gofynnwn hyn yn enw ardderchog ein Gwaredwr Iesu Grist. *Amen.*

Y BEIBL FEL GAIR DUW

D iolchwn i ti, Arglwydd, am y Beibl, a llawenhawn yn ei wirionedd a'i fywyd.

Cydnabyddwn y bendithion a ddaeth i ni drwyddo, ein heglwysi a bywyd ein cenhedloedd.

Gweddïwn, Arglwydd, am y rhai yn y weinidogaeth a'r byd cyhoeddi sy'n ceisio datgloi dirgeledigaethau y Beibl mewn ffyrdd sy'n ddealladwy a derbyniol yn niwylliant y byd heddiw a molwn di, mai trwy'r Beibl y dysgwn ni am dy natur ddwyfol a'th bersonoliaeth.

Fe gyflwynwn i ti, Dad Nefol, y rhai hynny a fydd heddiw yn agor y Beibl am y tro cyntaf a dysgu am gyflawnder dy gariad a'th ras achubol yn Iesu Grist. Gweddïwn y daw pob un ohonynt yn ymwybodol o bresenoldeb yr Ysbryd Glân fel eu cymorth a'u harweinydd, fel llu a fydd yn agor eu calonnau a'u meddyliau i Iesu y Gair tragwyddol a ddaeth yn gnawd, ac a drigodd yn ein plith. Gweddïwn y bydd neges y newyddion da i bawb ymhob man yn cael ei dderbyn, ei ddeall a'i weithredu ym mywydau beunyddiol pob un ohonom, gan ddiolch fod Iesu wedi dod i wneud y Gwirionedd yn rhodd i bobl pob oes a diwylliant. *Amen.*

Cymuned Iona

Sylfaenwyd y Gymuned hon ar Ynys Iona, ym 1938, lle bu Columba'n cartrefu gynt, gan George Fielden MacLeod, gweinidog yn Eglwys yr Alban

GWEDDÏWN A GWNAWN . . .

Dyma glwyf agored, Arglwydd:
hanner y byd ar ddeiet,
a'r hanner arall yn newynu;
hanner y byd yn ddiddos yn eu tai,
a'r hanner arall yn ddigartref;
hanner y byd yn hel proffid,
a'r hanner arall yn goddef colled.
Achub ein heneidiau,
achub ein pobloedd,
achub ein hamserau. *Amen.*

PARATOI I WEDDÏO

A rglwydd Dduw,
dysg i mi
beth yw drudfawr amhwysigrwydd gweddi.

Dysg i mi werth
ei guddiad yn fy mywyd cyhoeddus;
ei wastraff yng ngolwg y byd;
ei ddifaterwch ynglŷn â huodledd
os mai ond ochneidio y gall fy ysbryd.

Gad i'm gweddi gael ei llenwi
â'th bleser di
er mwyn dy enw
ac er neb arall. *Amen.*

GWAITH EI DDWYLO EF

Arweinydd:	Yn y dechreuad, creodd Duw y byd:
Gwragedd:	Creodd y byd a bu'n fam iddo,
Gwŷr:	Ffurfiodd y byd a bu'n dad iddo;
Gwragedd:	Llanwodd y byd â hadau ac arwyddion o ffrwythlondeb.
Gwŷr:	Llanwodd y byd â chariad a'i bobl â gallu.
Arweinydd:	Y cyfan sy'n wyrdd, glas, dwfn ac yn tyfu,
Pawb:	**Eiddo Duw yw'r llaw a'u creodd.**
Arweinydd:	Y cyfan sy'n dyner, cadarn, peraroglus a rhyfedd,
Pawb:	**Eiddo Duw yw'r llaw a'u creodd.**
Arweinydd:	Y cyfan sy'n ymlusgo, hedfan, nofio, cerdded neu'n llonydd,
Pawb:	**Eiddo Duw yw'r llaw a'u creodd.**
Arweinydd:	Y cyfan sy'n siarad, canu, wylo, chwerthin neu'n ddistaw,
Pawb:	**Eiddo Duw yw'r llaw a'ch creodd.**
Arweinydd:	Y cyfan sy'n dioddef, cloffi, mewn angen, neu'n hiraethu am derfyn,
Pawb:	**Eiddo Duw yw'r llaw a'ch creodd.**
Arweinydd:	Eiddo'r Arglwydd yw'r byd.
Pawb:	**Eiddo ef yw'r ddaear a'i holl bobl.** *Amen.*

Gweddïau Amrywiol
diwedd yr ugeinfed ganrif

DUW O'N HAMGYLCH

Dad,
bydded i bob peth a wnawn
ddechrau â'th ysbrydoliaeth di
a pharhau â'th gymorth achubol.
Caniatâ i'n gwaith bob pryd gael ei darddiad ynot ti
a thrwot ti gyrraedd cwblhad.
Gofynnwn hyn drwy ein Harglwydd Iesu Grist. *Amen.*

CADARNHA A THRUGARHA

Arglwydd ein Duw,
yn ein pechod rydym wedi osgoi dy alwad.
Mae ein cariad tuag atat fel y niwl,
diflanna yng ngwres yr haul.
Trugarha wrthym.
Rhwyma ein clwyfau
a thyrd â ni yn ôl at droed y groes;
trwy Iesu Grist ein Harglwydd. *Amen.*

AR DDRWS ADDOLDY

Betws, Tŷ Cwrdd, Eglwys, Capel Anwes . . .

Dyma dŷ gweddi, sydd drwy bresenoldeb sacramentaidd Crist,
yn gartref ysbrydol i'r sawl a â i mewn.
Arglwydd, trugarha wrthym a bendithia ni. *Amen.*

YMDDIRIEDWN YN DY GREAD

O Dduw, caniatâ yn ystod heddiw a phob diwrnod, inni fedru derbyn y sioc o ryfeddu at weld pob hyfrydwch newydd a ddaw i gwrdd â ni wrth droedio llwybrau bywyd; a bod inni ddweud yn ein calonnau, pan ymyrra dychryn a hagrwch: 'Gwneler dy ewyllys.' *Amen.*

GWEDDI DROS ANIFEILIAID

Gwrando ein gweddi ostyngedig, O Dduw, dros ein ffrindiau, yr anifeiliaid. Erfyniwn am dy holl drugaredd a'th dosturi wrthynt, ac i bawb sy'n ymwneud â hwy gofynnwn am galon dosturiol, dwylo tyner a geiriau caredig. Gwna ninnau'n gyfeillion cywir i anifeiliaid fel y gallwn rannu ym mendith y rhai trugarog. Er mwyn yr un tyner ei galon, Iesu Grist ein Harglwydd. *Amen.*

BENDITH AR GYFER Y CYNHAEAF

Bydded i Dduw sy'n dilladu'r lili a bwydo adar y nefoedd, sy'n arwain yr ŵyn i borfa a'r carw i lan yr afon, a gynyddodd y torthau a'r pysgod a throi'r dŵr yn win, ein harwain ni, a'n bwydo ni, a'n cynyddu, a'n newid ni i adlewyrchu gogoniant ein Creawdwr drwy holl dragwyddoldeb. *Amen.*

BYDDED I NI DYFU MEWN GRAS A GWIRIONEDD

Bydded i ni ufuddhau fel Mair a gweithio'n galed fel Joseff, a bydded i'r llawenydd diniwed a'r ymgysegriad a chariad Iesu fod gyda ni wrth i ni barhau i dyfu mewn gras a gwybodaeth o'n Harglwydd a'n Gwaredwr, i'r hwn y byddo gogoniant yn awr a hyd byth bythoedd. *Amen.*

Y BENDITHION DWYFOL A'N BENDITH NI

Bydded i fendith y Gwneuthurwr fod gyda chi,
o'ch amgylch,
drosoch
ac ynoch chi.
Bydded i fendith yr Angylion fod gyda chi,
a llawenydd y saint
i'ch ysbrydoli
a'ch anwylo.
Bydded i fendith y Mab fod gyda chi,
y gwin a'r dŵr,
y bara a'r straeon
i'ch bwydo
a'ch atgoffa.
Bydded i fendith yr Ysbryd fod gyda chi,
y gwynt, y tân,
y llef ddistaw fain
i'ch cysuro
a'ch cyffroi.
A bydded ein bendith ni gyda chi,
bendith wedi'i gwreiddio yn ein cyd-bererindod,
bendith cyfeillion.
Bendithied Duw chi a'ch anwylo
a'ch cadw yn sanctaidd,
y dydd hwn, y nos hon,
yr eiliad hwn a hyd byth. *Amen.*

GWERTH Y DRINDOD

O Dduw, Dad, eiliad wrth eiliad rwyt yn fy nghadw i mewn
bodolaeth,
arnat ti rwy'n dibynnu.
O Dduw, dragwyddol Fab, cyfaill a brawd yn fy ymyl,
ynot ti rwy'n ymddiried.
O Dduw, Ysbryd Glân, bywyd a chariad ynof fi,
ohonot ti rwy'n byw. *Amen.*

GRYM CARIAD DUW

O Dduw, atat ti yr wyf yn ymestyn,
dirgelwch tu hwnt i ddealltwriaeth dyn, cariad tu hwnt i'n hamgyffred.
Eto am taw cariad wyt, estynnaist ataf, unaist fi â Christ,
cymeraist fi'n union i galon dy fywyd dwyfol,
tyrd yn agos ataf fel tad a brawd.
A hyd yn oed mwy, rwyt ti dy hun wedi dod i drigo ynof,
felly dy gariad di ynof fi sy'n ymestyn at dy
gariad di y tu hwnt i mi.
O Dduw y tu hwnt i mi, Duw yn fy ymyl i, Duw ynof fi! *Amen.*

DYSG NI, ARGLWYDD

Pwy wyt ti, Iesu, dy fod yn siarad â'r fath awdurdod?
Nid wyt yn debyg i ysgolheigion ac athrawon,
yn ailadrodd ei gilydd, rwyt ti'n llefaru Gair Duw
i ni a phawb sy am wrando.
Mae pŵer Duw sy'n byw ynot yn llewyrchu
drwy bopeth yr wyt yn ei ddweud.

Arglwydd Iesu, cynorthwya ni
i glywed yr hyn yr wyt yn ei ddweud,
i ddeall yr hyn yr wyt yn ei ddysgu,
i synhwyro nerth Duw yn ein bywydau
ac yn y geiriau a lefarwn amdanat. *Amen.*

CANOL DINASOEDD

O'r theatrau, yr oriel a'r siopau
Croeswn yr heol a disgyn y stepiau
I lawr i'r tanffordd bedestraidd
I'r man lle maen nhw'n byw
Mewn cytiau cardbord.
Y digartref.
Yr isddosbarth.

Rwyt ti'n ymddangos ym mhobman yma, Arglwydd.
Ti yw'r proffwyd sy'n sgrechian ar arweinwyr gwleidyddol
Fod digartrefedd yn dinoethi cymdeithas o'i hurddas a'i gwerth.

Ti yw'r offeiriad sy'n mynegi wrth gynulleidfaoedd crefyddol
Fod yn dy blasty nefol lawer o drigfannau.

Ond uwchlaw'r cyfan
Ti yw'r Gwaredwr
A ildiaist dy gartref yn y nef
I'th eni mewn cafn bwyd
A'r hwn yn y wynebau o'm hamgylch i yma
Sy'n bresennol iawn. *Amen.*

DYFODIAD Y DOETHION . . .

O Dduw ein Tad, a arweiniodd y doethion drwy ddisgleirdeb seren lachar i ddinas Dafydd, arwain ninnau drwy olau dy Ysbryd, fel y deuwn ninnau hefyd i bresenoldeb Iesu a chynnig ein rhoddion a'n haddoliad iddo ef, ein Gwaredwr a'n Harglwydd. *Amen.*

NERTHA NI, O DDUW

Dad nefol, rho inni'r ffydd i dderbyn dy Air,
y ddealltwriaeth i ddeall yr hyn y mae'n ei olygu,
a'r gwroldeb i'w weithredu;
trwy Iesu Grist ein Harglwydd. *Amen.*

DERBYN FI I'TH WASANAETHU

Arglwydd Iesu, rhoddaist dy hun drosof fi ar y groes.
Yn awr rhoddaf fy hun i ti:
y cyfan sy gennyf,
y cyfan ydwyf,
y cyfan y gobeithiaf fod.

Rho imi am hyn dy faddeuant,
dy gariad, dy wroldeb,
ac anfon fi allan yn dy enw ac yn dy wasanaeth. *Amen.*

Hwyrol Weddi Cadeirlan Efrog

GOGONIANT I'R DRINDOD

Dragwyddol Dad,
drwy dy Ysbryd yn ymhyfrydu yn y byd,
creaist ni allan o lawenydd ac er llawenydd:
rho inni wybodaeth ddyfnach o'r llawenydd
a berthyn i ni yng Nghrist Iesu,
gan mai yma y gall ein calonnau fod yn falch,
ac yn y byd a ddaw y gall ein llawenydd fod yn gyflawn:
oherwydd gyda'r Mab a'r Ysbryd Glân,
Ti yw ein Duw, yn awr ac am byth. *Amen.*

WRTH EDRYCH YN ÔL

O Dduw, cyffeswn i ni edrych yn ôl yn aml.
Edrychwn yn ôl ar gamsyniadau a wnaethom:
gwaith a adawyd heb ei orffen,
pobl a anafwyd gennym,
esgusion a wnaethom.
Gwelwn y rhain fel pethau y teimlwn yn euog amdanynt.
Gorlwythwn ein hunain â gofid.

Rhyddha ni, O Dduw, oddi wrth hunangondemniad
sydd yn ein haflonyddu.

Caniatâ inni gofio dy fod yn galw arnom i edrych yn ôl :
i gofio'r amseroedd hynny o lawenydd,
i gofio'r bobl a fu'n garedig a thosturiol,
i gofio inni wneud y gorau a fu'n bosibl,

470

i gofio dy fod yn teithio gyda ni bob dydd o'n bywyd.
Bydded inni dyfu mewn gras a gwirionedd,
yn enw Crist. *Amen.*

DROS BYSGOD, ADAR AC ANIFEILIAID

O Dduw cariadus, canmolwn di
  am i ti roi i'r byd
bysgod, adar ac anifeiliaid
ac ymddiriedaeth ynom ni i'w henwi.

Morfilod a ganant o dan y tonnau
sglefrod môr a chrancod
crethyll a siarcod
dolffiniaid cyfeillgar a heigiau o lamhidyddion
brithyllod seithliw a lledod môr
neon llachar a lledod llyfn
carpiaid, penfreision a selacanthod
Dduw bywiol, ti a'u ceraist
a dyma eu henwau.

Bronfreithod yn canu
gwenoliaid yn gwibian
crychyddion yn pysgota
boncathod yn hofran
sgiwenod yn plymio
palod yn ymlusgo
robiniaid yn clebran
Dduw creadigol, ti a'u creaist
a dyma eu henwau.

Eliffantod a gwybed mân
gorilaod a jerbilod
moch daear a draenogod
gwartheg, moch a defaid
cangarŵod a chathod bach
llewod a lemyriaid

471

crocodeilod a mwncïod
Dduw bywiocaol, ti a'u creaist
a dyma eu henwau.

Dduw cariadus, gweddïwn yn awr dros undeb y byd anadlol er mwyn i ni a'th holl greaduriaid fyw ynghyd mewn cytgord a thangnefedd yn enw Iesu. *Amen.*

BYDD GYDA NI, O DDUW

O Dduw, yr hwn sydd gyda ni
yn ein dechreuad a'n diwedd,
bydd gyda ni yn awr,
cynorthwya ni i ddod o hyd i ti
yn nryswch ein bywydau,
gad i'th oleuni lewyrchu yn ein tywyllwch
er mwyn i ni gael ein harwain
i gerdded ar hyd dy ffyrdd di,
holl ddyddiau ein bywyd. *Amen.*

Cyngor Eglwysi'r Byd

Ffurfiwyd Cyngor Eglwysi'r Byd ym 1948 fel 'cymdeithas o Eglwysi sy'n derbyn ein Harglwydd Iesu Grist yn Dduw ac yn Waredwr'. Mae'r gymdeithas yn cynnwys cynrychiolwyr o'r rhan fwyaf o Eglwysi Protestannaidd ond heb y Pabyddion a'r Crynwyr; yng Ngenefa mae'r pencadlys

DY GYFIAWNDER DI

O Dduw,
i'r rhai sy'n newynu rho fara,
ac i ni sydd â bara
rho newyn am gyfiawnder. *Amen.*

472

GWIRIONEDD YR EFENGYL

Tro ni, O Dduw,
  pan demtir ni i wawdio'n gilydd,
pan chwarddwn am obeithion a breuddwydion un arall,
pan dorrwn y gorsen ysig neu pan ddiffoddwn y fflam wan.
Tro ni, O Dduw,
nes inni wybod llawenydd yr olaf yn dod yn gyntaf, a'r cyntaf yn
olaf,
nes inni brofi'r gwirionedd
bod y rheiny sy'n colli eu bywyd er mwyn yr Efengyl yn ei gael ef.
Amen.

PORTHA NI, O ARGLWYDD

Arglwydd, gwneler dy ewyllys ble bynnag y mae dau neu dri
  yn cwrdd yn dy enw; bydded i ni fod yn dystion i'th gariad
achubol drwy ddatgan y newyddion da, gofalu am y rhai sy'n
dioddef, a gweithio am gyfiawnder dy deyrnas ar y ddaear, fel yn y
nefoedd; trwy Iesu Grist ein Gwaredwr. *Amen.*

DUW'R HOLL FYDYSAWD

Dragwyddol Dduw, yr hwn y mae ei lun yng nghalonnau yr
  holl bobl,
Rydym yn byw ymhlith pobloedd sydd â'u ffyrdd yn wahanol i'n
rhai ni,
sydd â'u ffydd yn estron i ni,
sydd â'u hieithoedd yn annealladwy i ni.
Helpa ni i gofio dy fod yn caru pawb â'th gariad mawr,
bod pob crefydd yn ymdrech i ymateb i ti,
bod y dyheadau o galonnau eraill yn debyg iawn i'n rhai ni ac yn
wybyddus i ti.
Helpa ni i'th adnabod di yn y geiriau o wirionedd, y pethau
prydferth, a'r gweithredoedd o gariad o'n hamgylch ni.
Gweddïwn drwy Grist, yr hwn nad yw'n ddieithryn yn fwy i un
wlad na'r llall, ac ym mhob gwlad ddim yn llai na'r llall. *Amen.*

473

EGLWYS GENHADOL . . .

A rglwydd, rho i ni weledigaeth o'th Eglwys wedi ei huno, ei hadfywio a'i harfogi
i gyflawni ei chenhadaeth ac i dystio i ti.
Rho i ni oddefgarwch i dderbyn ein gilydd
fel yr wyt ti wedi'n derbyn ni.
Rho i ni ffydd i oresgyn pob rhaniad ynom
trwy gydweddïo a chydweithio dros dy deyrnas.
Rho i ni'r gobaith sydd ymhlyg yn ein galwad
y gwelwn dy ddiadell wasgaredig yn dod ynghyd
yn un praidd o dan un bugail,
ein Harglwydd a'n Gwaredwr Iesu Grist. *Amen.*

Litwrgi Gwragedd Rhydychen

CLYW NI, O DDUW

G reawdwr Dduw, fe wyddost ein hangen cyn inni sôn amdano. Clyw ein gweddïau a sylwa hefyd ar ein mudandod.
Rho inni nerth,
a chaniatâ inni y pethau hynny na fedrwn ac na feiddiwn eu lleisio.
Gwnawn ein holl weddïau drwy ein brawd Iesu. *Amen.*

Janet Morley

Awdur, cyn gyfarwyddwr Cymorth Cristnogol; Ysgrifennydd Addysg Oedolion yr Eglwys Fethodistaidd

HER I GENHADU'N GYSON

B ydded i'r Duw sy'n dawnsio yn y cread, sy'n ein cofleidio ni â chariad dynol, sy'n ysgwyd ein bywydau fel taranau, ein bendithio a'n gyrru allan â nerth i lanw'r byd â'i gyfiawnder. *Amen.*

474

BENDITH AR GYFER Y PASG

Bydded i'r Duw sy'n ysgwyd nef a daear,
yr hwn na all angau mo'i orchfygu,
sy'n byw i'n cyffroi a'n hiacháu
ein bendithio â nerth i fynd allan
a chyhoeddi'r Efengyl. *Amen.*

CYNHYRFA NI, O DDUW

Ysbryd y gwirionedd
yr hwn ni all y byd fyth ei ddeall,
cyffwrdd ein calonnau
ag ysgytwad dy ddyfodiad;
llanw ni â dyhead
am dy heddwch cyffrous,
a thania ni â hiraeth
am lefaru dy air anorchfygol,
drwy Iesu Grist. *Amen.*

Susan Cuthbert
Lion Treasury of Children's Prayers (2000)

Y TYMHORAU NEWIDIOL

Molwch Dduw am yr holl dymhorau,
Molwch ef am y gwanwyn mwyn,
Molwch yr Arglwydd am haf bendigedig,
Adar ac anifeiliaid a phob dim
Molwch yr Arglwydd, sy'n anfon y cynhaeaf,
Molwch ef am eira'r gaeaf,
Molwch yr Arglwydd, bawb sy'n ei garu ef.
Molwch ef, am yr holl bethau y gwyddom amdanynt. *Amen.*

DIOLCH AM FY SYNHWYRAU

Gall fy nhafod flasu pob math o bethau.
Pob math o bethau! Cymaint o bethau!
Gall fy nhrwyn arogli pob math o bethau.
Diolch i ti, Nefol Dad.

Gall fy nghlustiau glywed pob math o bethau.
Pob math o bethau! Cymaint o bethau!
Gall fy llygaid weld cymaint o bethau.
Diolch i ti, Nefol Dad.

Gall fy nwylo gyffwrdd â phob math o bethau.
Pob math o bethau! Cymaint o bethau!
A gallaf wneud cymaint o bethau!
Diolch i ti, Nefol Dad. *Amen.*

Does Debyg Iddo Ef
Nick Fawcett, addas. Olaf Davies (2002)

Y PASG

Duw Cariad,
diolch am fuddugoliaeth fawr y Pasg –
buddugoliaeth Crist dros ddrygioni, pechod, casineb,
dros dywyllwch a thros angau.
Diolch am y sicrwydd o fywyd newydd a maddeuant.
Felly, yn awr, cyffeswn ein beiau,
cydnabyddwn ein gwendid,
sylweddolwn dy ffyddlondeb,
cyflwynwn ein hunain i ti
gan gredu yn dy gariad a'th nerth adferol. *Amen.*

Y PASG

O Dduw Byw,
moliannwn di am ryfeddod y Pasg –

dydd i ddathlu, rhyfeddu a diolch –
dydd sy'n newid ein ffordd o weithredu,
dydd sy'n newid ein ffordd o fyw,
dydd sy'n newid popeth.
Gorfoleddwn ym muddugoliaeth Iesu Grist,
ei goncwest dros bechod, anobaith a hyd yn oed angau ei hun.
Moliannwn di,
am na all dim mewn bywyd nac angau
ein gwahanu oddi wrth dy gariad di. *Amen.*

HELPA FY NIFFYG FFYDD

Arglwydd ein Duw,
gweddïwn dros bawb sy'n cael ffydd yn anodd,
y rhai sy'n dymuno credu ond yn methu trechu eu hamheuon.
Gweddïwn dros bawb y mae eu ffydd yn gwegian,
ac yn cael ei thanseilio gan bwysau a themtasiynau bywyd.
Gweddïwn dros y rhai a gollodd eu ffydd,
y rhai y mae'r fflam wedi diffodd yn eu bywyd.
Gweddïwn drosom ein hunain,
a ninnau'n ymwybodol y gallai'r fflam ddiffodd yn hawdd yn ein
bywyd ninnau.
Arglwydd, ar ein rhan ni ein hunain a phawb sy'n wynebu nos
dywyll yr enaid, fe weddïwn – 'Y mae gennyf ffydd, helpa di fy
niffyg ffydd'. *Amen.*

DOEDD NEB OHONOM YNO

Arglwydd,
doedd neb ohonom yn y stabl gyda'r bugeiliaid;
doedd neb ohonom ymhlith y deuddeg a ddewisaist;
ni'th welsom di yn iacháu'r cleifion;
doedd neb ohonom yn bresennol yn yr oruwch-ystafell pan
dorraist y bara;
doedd neb ohonom – pan ddioddefaist ar y groes.
Ond yr ydym yn dy adnabod lawn cymaint â hwy,
am dy fod gyda ni nawr, bob amser, yma yn ein hymyl.
Diolchwn i ti, Arglwydd, am dy bresenoldeb bywiol. *Amen.*

YSTYR CARIAD

A rglwydd Iesu,
a grynhoaist y Gyfraith mewn un gair – 'cariad',
maddau i ni am gymhlethu'r Efengyl.
Maddau i ni, er i ni siarad mor aml am gariad,
anaml iawn y byddwn yn ei weithredu.
Cynorthwya ni i edrych arnat ti,
ti yr hwn a ddangosodd i ni gariad ar waith.
Cariad sy'n goddef i'r eithaf, yn credu i'r eithaf,
yn gobeithio i'r eithaf,
ac yn dal ati i'r eithaf.
Helpa ni i sylweddoli – heb y cariad hwnnw
y mae'n geiriau, ein ffydd a'n crefydd yn ofer. *Amen.*

NI ALL DIM EIN GWAHANU

A rglwydd Iesu Grist,
daethost i roi bywyd yn ei holl gyflawnder;
i gynnig gobaith tu hwnt i'r bedd.
Dysg ni mai nid y diwedd yw angau, ond dechrau newydd – porth i
fywyd tragwyddol.
Boed i'r hyder hwnnw lywio ein hagwedd tuag at fywyd
yn ogystal â marwolaeth.
Boed i ni fyw o ddydd i ddydd nid yn unig yng
nghyd-destun y byd a'r bywyd hwn
ond yng nghyd-destun tragwyddoldeb,
gan wybod na all dim
ein gwahanu ni oddi wrth dy gariad di. *Amen.*

GAIR A GWEITHRED

O Dduw grasol,
diolchwn am ddawn geiriau i fynegi'n profiadau.
Diolch am eiriau'r Ysgrythur
sy'n llefaru mor rymus am dy gariad.
Ond uwchlaw pob dim

diolchwn am i ti roi dy eiriau ar waith,
a'u gwneud yn fyw ym mherson Iesu.
Cynorthwya ni yn ein tro,
nid yn unig i ddefnyddio geiriau
ond i weithredu arnynt,
nid yn unig i siarad am ffydd
ond i fyw ein ffydd yn feunyddiol. *Amen.*

GLYWSOCH CHI'R NEWYDD?

O Dduw,
rhoddaist i'r byd
Newyddion Da yng Nghrist.
Helpa ni i glywed y neges o'r newydd,
a'i chydnabod yn Newyddion Da i ni.
Helpa ni i agor ein meddyliau a'n calonnau iddi,
a cheisio ei deall yng nghyd-destun ein byd a'n bywyd ni.
Helpa ni i rannu neges Iesu
fel y daw eraill i sylweddoli
yr hyn a wnaeth drostynt. *Amen.*

Joyce Denham
Circle of Prayer (2003)

Ganed ym Minnesota i rieni o'r Alban. Mae ganddi ddiddordeb enfawr ym mhopeth sy'n ymwneud â'i gwreiddiau Celtaidd: hanes, llenyddiaeth a thwf Cristnogaeth Geltaidd

IESU, GREAWDWR

Iesu,
Gwreichionyn bodolaeth,
Bardd y bydysawd,
Awdur llyfr y greadigaeth,
Egnïwr yr elfennau,
Grym mewnol atomau,

Ffurfiwr moleciwlau,
Anadl einioes,
Sylfaenydd yr oesau,
Gwybodaeth y dirgelion,
Doethineb ei hun,
Delw'r Duw anweledig,
Carwr marwolion,
Maddeuwr pechodau,
Gorchfygwr drygioni,
Concwerwr angau,
Gwaredwr dynion,
Cyfaill dynion,
Fy nghyfaill,
Fy nghyfaill i fy hun. *Amen.*

Leading Intercessions – Arwain Ymbiliau

Raymond Chapman, *cyf. Cynthia Davies* (2003)

Yn y gyfres sy'n dilyn, mae'r gweddïau yn debyg o ran ffurf ond yn wahanol o ran thema. I bob gweddi mae pum rhan: Yr Eglwys, y byd, y gymuned, y rhai sy'n dioddef a Chymun y Saint. Gyda'r enghreifftiau hyn, dilynir calendr y flwyddyn Eglwysig.

DYDD NADOLIG

Gan lawenhau yng ngenedigaeth ein Harglwydd a'n Gwaredwr, gweddïwn y bydd yr Eglwys yn cael ei haileni'n barhaus. Gadewch inni rannu gostyngeiddrwydd y preseb, addoliad y bugeiliaid, a chariad y Teulu Sanctaidd, yng ngoleuni yr hwn sydd yn Oleuni'r byd.

Dyro drugaredd a maddeuant i'r byd hwn sy'n llawn gwrthdaro rhwng cenhedloedd a lle mae drwgdybiaeth a chwerwder yn gwahanu pobl. Iachâ'r rhai nad oes ganddynt heddwch o'u mewn.

Gweddïwn dros y teuluoedd a'r ffrindiau a fydd yn dathlu'r amser hapus hwn gyda ni. Dyro inni wir gariad, dyheadau anhunanol a

480

chalonnau diolchgar. Gweddïwn yn enwedig dros y plant, am iddynt gael profi llawenydd digwmwl yr adeg hon. Crea ynom batrwm o gariad dynol a fydd yn eu harwain hwy at gariad Duw a anfonodd ei Fab i'r byd fel plentyn bach.

Gweddïwn dros y rhai na fedrant deimlo llawenydd y Nadolig am eu bod yn cario beichiau salwch, profedigaeth neu ryw aflwydd arall. Cysura â'th bresenoldeb bawb sydd wedi cael eu gwahanu oddi wrth y rhai a garant. Tyrd â goleuni Crist i'w bywydau trallodus.

Trugarha wrth yr ymadawedig, sydd ar ôl rhannu geni dynol a phlentyndod Crist, hefyd wedi profi marwolaeth y corff fel y gwnaeth ef. Gwna eu llawenydd hwy yn gyflawn, yn y Deyrnas lle nad oes na geni na marw ond helaethrwydd bywyd am byth.

Trwy Grist sy'n obaith y cenhedloedd ac yn llawenydd yr holl bobl offrymwn ein gweddïau i Dduw sydd gyda ni mewn ffordd mor rhyfeddol. *Amen.*

YR YSTWYLL

Fel yr arweiniwyd y Doethion i addoli'r baban Iesu, felly arwain dy Eglwys i'th weld di'n gliriach ac i wneud dy waith ar y ddaear yn ffyddlonach. Dyro inni fwy o barch wrth addoli, i'n galluogi i addoli dirgelwch yr Ymgnawdoliad mewn gostyngeiddrwydd.

Tywys y rhai dylanwadol sydd mewn awdurdod i gydnabod arglwyddiaeth Crist. Dysga'r rhai sydd yn rheoli adnoddau'r ddaear i'w defnyddio yn fwy cyfrifol. Tro galonnau'r rhai sydd yn gweithio er eu lles eu hunain yn unig a dysg hwy i garu eraill yn rhyddid dy wasanaeth di.

Helpa'r rhai sydd yn gweithio yn ein cymuned leol, a'r rhai y gweithiwn gyda hwy, i ddefnyddio eu doniau a'u talentau er budd pawb. Gwna ni'n dystion i'th wirionedd trwy offrymu ein bywydau i ti mewn ffordd dawel.

481

Cymoda deuluoedd a chwalwyd gan anffyddlondeb neu gamddealltwriaeth. Trugarha wrth blant amddifad a phlant sy'n cael eu hesgeuluso. Ymwêl â'r digartref a'r rhai a yrrwyd o'u cartrefi oherwydd rhyfel neu erledigaeth a lleddfa eu poen.

Gweddïwn dros y rhai a fu farw yn eu plentyndod, y gwneir eu bywyd yn gyflawn yn y bywyd tragwyddol. Cysura'r rhai sydd yn galaru amdanynt â'r wybodaeth eu bod yn rhydd o bob poen ac yn agos atat ti am byth.

Bydded i'r gweddïau a offrymwn fod yn gymeradwy i Frenin y gogoniant, a ddatguddir i bawb sydd yn chwilio'n ddyfal amdano mewn ffydd. *Amen.*

SUL Y BLODAU

Gadewch inni ddilyn ffordd Crist a gweddïo ar y Tad drwyddo ef. Dyro wir ostyngeiddrwydd i'th bobl, gan eu gwneud yn fwy teilwng i gyhoeddi dioddefiadau Crist, y cyfiawn dros yr anghyfiawn. Ac fel y doluriwyd ef er ein mwyn ni, cryfha ninnau pan fyddwn ni'n gorfod dioddef gwawd a gwrthwynebiad er ei fwyn ef.

Tro a lliniara'r rhai sy'n cymryd y ffordd gyfeiliornus hawdd pan fydd angen yn dewis. Glanha'r byd o'r llygredd a guddir o dan gochl daioni.

Dyro inni'r awydd i wasanaethu'r rhai y mae eu bywydau'n cyffwrdd â'n bywydau ni. Gadewch inni anrhydeddu ein gilydd er mwyn yr hwn a'i darostyngodd ei hun i'r Groes er ein mwyn ni.

Trugarha wrth y rhai a gondemniwyd gan ddeddfau annheg a chyfundrefnau creulon. Yng nghanol eu dioddefaint bydded iddynt deimlo cariad dioddefus Crist.

Gweddïwn dros y rhai a roddwyd i farwolaeth oherwydd dicter, dallineb, llwfrdra neu drais anghyfiawnder. Dyro iddynt y tangnefedd na chawsant mohono yn y bywyd hwn.

Gan roi ein holl ofalon a'n pechodau wrth draed Crist, bydded i ni gael y gras i'w ganlyn ef hyd y diwedd. *Amen.*

DYDD GWENER Y GROGLITH

Dyro ras i'th Eglwys dreiddio i ddirgelwch trist y dydd hwn. Wrth inni sefyll o flaen Croes Iesu Grist gwna ni'n fwy teilwng i gymryd y groes honno fel arwydd o'n ffydd.

Trugarha wrth fyd sydd yn mynd yn ei flaen heb gofio neu heb wybod am gariad aberthol Crist. Yng ngrym y Groes, bydded i'w wir frenhiniaeth ef gael ei sefydlu.

Fel y gofalodd Iesu am ei fam a'i ffrind hyd yn oed yn awr angau, na fydded i unrhyw beth leihau ein gofal am ein gilydd. Fel y croeshoeliwyd ef yn agos at ddinas, bydded i'w gariad achubol ef ddod i mewn i'n cartrefi ni.

Edrych mewn tosturi ar bawb a gleisiwyd neu a archollwyd gan ddioddefaint. Yn nioddefiadau Crist bydded iddynt hwy gael iachâd.

Gweddïwn dros y rhai y mae eu bywydau daearol wedi dod i ben. Gweddïwn y bydd y farwolaeth sy'n dinistrio marwolaeth yn fywyd iddynt hwy.

Yn awr a phob amser offrymwn ein gweddïau drwy Iesu Grist, a groeshoeliwyd drosom ni. *Amen.*

DYDD Y PASG

Nertha dy Eglwys i fod yn Gorff Crist ar waith yn y byd. Iachâ ein rhwygiadau a'n hamherffeithrwydd, cyfanna'r corff gweladwy hwn er mwyn iddo wir adlewyrchu ei Gorff gogoneddus ef. Dyro ras i weinidogion yr Efengyl wrth iddynt gyhoeddi neges yr Atgyfodiad.

Gweddïwn y bydd llawenydd yr Atgyfodiad yn wybyddus ledled y byd, y bydd y rhai nad ydynt yn adnabod cariad Crist yn teimlo ei bresenoldeb ac yn rhannu ei fywyd atgyfodedig ef. Bydded i bob ymdrech ddynol ddod yn rhan o'r greadigaeth newydd ac o'r bywyd nad oes terfyn arno.

Dyro ras y Pasg hwn i iacháu rhaniadau ymhlith ein teuluoedd, ein ffrindiau a'n cymdogion. Trwy gynnig a derbyn pardwn lle y gwnaed cam, bydded i ni i gyd brofi llawnder bywyd y Pasg.

Dyro i bawb sydd yn dioddef wybod lle y ceir gwir iachâd i feddyliau cythryblus, ac adfer gobaith i eneidiau trallodus a gofidus. Trwy boen y Crist a fu farw arwain bob galar dynol i lawenydd yr Atgyfodiad.

Wrth inni lawenhau yn Atgyfodiad Crist ein Gwaredwr, gweddïwn dros bawb sydd, fel yntau, wedi dioddef marwolaeth y corff. Gweddïwn y bydd y grym a'i cododd ef o'r bedd yn rhoi iddynt hwythau ran yn ei fuddugoliaeth dros angau ac yn ei fywyd atgyfodedig am byth.

Wedi'n codi gyda Christ ac wedi'n llenwi â'r bywyd newydd, gweddïwn fel ei bobl ar y ddaear. *Amen.*

PENTECOST (Y SULGWYN)

O Dduw, trwy'r Ysbryd Glân dyro i'r Eglwys nerth, doethineb a barn. Rhyddha yn dy bobl y gallu i fod yn dystion byw i'r holl fyd, a chyflawni dy orchymyn i garu'r rhai sy'n ceisio dy ddilyn di mewn gwirionedd.

Trugarha wrth fyd lle ceir siarad heb gyfathrebu a pherthynas heb gariad, a lle mae ffiniau hil a chenedl yn gwahanu pobl. Anfon dy Ysbryd Glân i ddangos i ddynion a menywod beth yw eu gwir anghenion ac i'w dysgu i gyd-fyw heb ofni.

Dyro inni farn gywir yn ein teuluoedd, yn ein hymwneud â'n cyfeillion ac yn ein gwaith. Bydded inni deimlo dy bresenoldeb di ym mhob sefyllfa. Dyro inni ras i adlewyrchu dy gariad yn ein gofal am y rhai y rhannwn ein bywydau â hwy.

Tor drwy dywyllwch bywydau anhapus â goleuni dy iachâd a'th arweiniad. Trugarha wrth y rhai nad ydynt erioed wedi dy adnabod di. Gwared ac adfer y rhai sydd wedi colli'r ffydd a oedd yn eiddo iddynt gynt.

Gweddïwn dros y rhai sydd yn llawenhau yn awr yn y wybodaeth berffaith a'r weledigaeth ddigwmwl a ddaw o fod yn nes atat ti. Bydded i ni sydd yn dy adnabod ac yn dy addoli di'n amherffaith yma ar y llawr ddod yn y diwedd i'r un goleuni tragwyddol.

Bydded i'n gweddïau fod yn deilwng i sefyll yng ngoleuni pur yr Ysbryd Glân. *Amen.*

Y CYNHAEAF

Gadewch inni weddïo ar Dduw, sydd yn Arglwydd y cynhaeaf ymhob peth materol ac ysbrydol.

Fel yr wyt ti wedi bendithio'r Eglwys â helaethrwydd o ras, cadw hi'n ffyddlon wrth iddi offrymu'r gair a'r sacrament, gan wybod fod pob peth yn dod oddi wrthyt ti ac yn dychwelyd atat ti. Anfon allan dy weithwyr i grynhoi cynhaeaf y byd, fel bod eraill yn cael adnabod dy gariad.

Gweddïwn dros bawb sydd yn gweithio er mwyn bwydo eraill, a thros y rhai sydd yn casglu cynhaeaf y tir a'r môr. Gweddïwn dros y rhai sy'n gweithio i brosesu a chludo bwyd. Caniatâ y bydd nwyddau'r byd yn cael eu dosbarthu yn fwy teg.

Dyro i ni, ein teuluoedd a'n ffrindiau, galonnau diolchgar am dy holl haelioni, a gofala am anghenion eraill. Bendithia bawb sydd yn llafurio i roi prydau i'r tlawd a'r methedig yn y gymuned hon.

Gweddïwn dros bawb sydd yn newynog ac yn dioddef oherwydd diffyg maeth. Gweddïwn yn arbennig dros blant y mae prinder bwyd yn effeithio ar eu hiechyd. Bendithia'r sawl sy'n gweithio i fwydo'r newynog.

Diolchwn am yr ymadawedig a gasglwyd i'th ofal di. Dyro iddynt lawenydd ffydd sydd wedi cyrraedd ei lawn dwf yn dy deyrnas nefol di.

Offrymwn ein gweddïau gan ofyn am gael bod yn weithwyr ffyddlon yng nghynhaeaf Teyrnas Crist. *Amen.*

Lynette Douglas
Promises from God for Purposeful Living (2004)

CYFFESIAD

O s trodd fy enaid
yn wrthnysig i'r tywyllwch;
Os gadewais ryw frawd
clwyfedig ar y ffordd;
Os bu gwell gennyf
fy nodau i na'th rai di;
Os bûm yn ddiamynedd
a gwrthod disgwyl;
Os ymyrrais â'r patrwm bywyd
a luniwyd ar fy nghyfer;
Os achosais ddagrau
i'r rhai a garaf;
Os murmurodd fy nghalon
yn erbyn dy ewyllys,
O Arglwydd, maddau imi. *Amen.*

TANGNEFEDD DUW

Caniatâ i ni, O Dduw,
dy dangnefedd
sy tu hwnt i ddealltwriaeth,
fel y cawn ymhlith stormydd bywyd,
orffwys ynot ti,
gan wybod ein bod
dan dy ofal
wedi'n rheoli gan dy ewyllys,
wedi'n gwarchod gan dy gariad;
fel y gallom wynebu trafferthion
a themtasiynau â chalon dawel;
trwy Iesu Grist ein Harglwydd. *Amen.*

Rupert Bristow
Prayers for Education (2005)

DECHRAU DIWRNOD YSGOL

Hollalluog Dduw,
Wrth i'r diwrnod ysgol ddechrau, gad i ni gwrdd i'n cyflwyno
ein hunain i ti.
Bydded i'n gobeithion am heddiw adlewyrchu dy obeithion di
ynglŷn â ni.
Cynorthwya ni i wynebu pob her ac i achub ar bob cyfle a ddaw y
diwrnod hwn.
Ac yn yr eiliadau hyn o ddistawrwydd gad inni baratoi ein hunain
ar gyfer y tasgau a fydd o'n blaen . . .
Bydd gyda ni, Arglwydd, ym mhob peth a wnawn ac a ddywedwn,
a rho inni amser i ystyried ein haddysg.
Gofynnwn hyn drwy Iesu Grist ein Harglwydd. *Amen.*

METHIANNAU A MADDEUANT

Hollalluog Dduw, cyfaddefwn ein haml fethiannau ger dy fron ac o flaen ein gilydd.

Fe wyddost y gwahaniaeth rhwng methiant sy'n dilyn diffyg ymdrech a methiant sy'n dilyn llawer o ymdrech.

Gwyddom dy fod yn Dduw maddeugar. Maddau ein gwendidau a chynorthwya ni i wella drwy nodi'n camsyniadau a'n ffaeleddau, a dysgu'n llwyr y pethau pwysig nad ydym yn sicr ohonynt.

Gofynnwn hyn drwy Iesu Grist ein Harglwydd. *Amen.*

Deled dy Deyrnas
Llawlyfr Gweddïo 2004–2005

SUL Y PASG

O Dduw, Achubydd,
wrth i ni ddathlu newyddion da Sul y Pasg,
down i'th addoli ac i ganu dy glod,
i barchu dy ffyddlondeb,
ac i ddathlu dy bŵer gwyrthiol.

Dduw, Rhyddhäwr,
trwy'r Crist atgyfodedig
rwyt yn gwella ein poen,
ac yn adfywio ein ffydd.
Gyda'th Ysbryd Sanctaidd yn gynllunydd a thywysydd,
helpa ni i ddehongli ein breuddwydion
am fyd wedi ei adeiladu ar gyfiawnder a heddwch.

Dduw byw,
wrth i ni ganolbwyntio arnat ti,
rhown ddiolch ein bod ni hefyd wedi ein
dyrchafu i fywyd yng Nghrist,
ac wedi ein trawsffurfio trwy dy bŵer bywiol sydd
yn gwneud popeth yn newydd.

Rho inni ras i ysbrydoli eraill i'th brofi a'th weld yn Ffrind a
Gwaredwr,
ac, wrth i stori'r Pasg ledu o gylch y byd,
gan gyhoeddi neges dy gariad,
cyflyra ni i wahodd llawer mwy i ymateb a dilyn –
i ddod, dathlu a mwynhau!

Oherwydd mae Crist yn fyw, Halelwia! Amen!

DYDD NADOLIG

Arglwydd, fe ddylai fod yno bêr arogldarth,
dylai fod yno'r bydwragedd a'r meddygon gorau.
Dylai fod sidan a lliain gwyn.

Ac eto ym man yr enedigaeth,
yr anifeiliaid roes yr arogl.
Doedd dim gofal meddygol.
Rhoddwyd y baban newydd mewn stribed o gadachau
digon garw oedd yn ateb y diben.

Ond eto ganwyd plentyn,
cyrhaeddodd yr ateb.

Canai'r angylion eu croeso.
Daw bugeiliaid yno i weld.
A'r gwŷr doeth sy'n archwilio'r tragwyddol yn canfod eu hateb
yma;
y feddyginiaeth wedi cyrraedd.

Mae Duw yn archolladwy yn ein plith.
Mae Duw, a oedd gynt yn y pellter,
yn awr yn agos agos.

Iesu, helpa ni i ganfod beth yw ystyr hyn –
cael ein newid gan fychander a godidowgrwydd dy eni.
Rwyt yn archolladwy a phwerus,
Rwyt yn esiampl ac yn her i bob un ohonom. *Amen.*

DIHUNA NI I'TH GYDNABOD, O DDUW

O Dduw gwyliadwrus,
rydym yn cyffesu ein bod lawer yn rhy fynych yn bobl
ddiofal:
    ynglŷn â'n ffydd,
    ynglŷn â'n bywydau,
    ynglŷn â bywydau eraill,
    ynglŷn â grym drygioni.
Y mae dy fyd a'th blant yn dwyn pwysau
a chreithiau diofalwch dynoliaeth.
Cyfarfyddwn â chynifer o ddioddefwyr terfysg,
cynifer o fywydau wedi eu llethu gan anobaith,
nes y teimlwn weithiau ein bod yn cael ein
hamgylchynu gan don ar ôl ton o euogrwydd ac anobaith.

Gweddïwn am i ti faddau i ni
bechodau ein byd a phechodau ein bywydau.
Maddau i ni dy gymryd di a bywyd yn ganiataol.
Maddau i ni hefyd am dybio nad oes gobaith.

Y Duw sy'n ein denu,
yn dy ofynion arnom,
helpa ni i ganfod dy fendithion dyfnaf.
Gan y gwyddom wrth i ni droi atat ti yn ein holl wendid,
euogrwydd ac arswyd,
dy fod yn ein gorlifo â'r fath gariad fel ein bod yn darganfod yn
ddyddiol,
hadau gobaith a gras yr wyt ti yn eu hau ynom.
Dysg ni i gredu ynom ni ein hunain,
a'r pethau da y gallwn ni eu gwneud,
wrth i ni fyw i roi'r gogoniant i ti;
drwy Iesu Grist ein Harglwydd. *Amen.*

DUW'R TRAGWYDDOL BETHAU

O Dduw y cychwyn a'r diwedd.
Dduw y newydd a'r hen.

Dduw y wawr a'r machlud.
Dduw genedigaeth a marwolaeth.
Gwyddom ninnau am y pethau hyn hefyd.
Gwelsom y tymhorau'n newid a'r blynyddoedd yn ehedeg un ar ôl
y llall.
Gwelsom yr eira yn dadmer,
       y blagur yn agor,
       geni plant,
       a'r rhai hŷn yn darfod.
Gwyddom am batrymau bywyd ac am droi ei ddalennau.
Diolchwn i ti am y rheolaidd, yr hyn sy'n drefnus ac yn
rhagfynegadwy.

Ac eto, gwyddom nad dyma'r cyfan sydd.
Y mae angen ysgrifennu ar bob tudalen newydd;
mae pob eiliad o amser yn rhodd newydd,
a phob moment yn gyfle i wneud da neu ddrwg.

Dduw, arwain ni y tu hwnt i dderbyn yr hyn a ddaw o ddydd i
ddydd,
i'w gwerthfawrogi a'u mwynhau,
i ddathlu ein bywyd yn ogystal â'i fyw.

Dduw y cychwyn, bydded i ni gychwyn gyda thi.
Bydded i ni dy weld di yn y newydd a'r sefydlog;
trwy Iesu Grist ein Harglwydd. *Amen.*

Emynau Ffydd 2
Wayne Hughes (2007)

O TYRED, ARGLWYDD IESU

Gostwng dy glust, ein Duw grasol, i wrando ar ein hymbiliau
wrth inni alw i gof addewidion gwerthfawr ein Harglwydd
Iesu Grist i ddod drachefn yn ei ogoniant i'n byd ni. Daeth i'n plith
ni gyntaf yn ddarostyngedig, ar agwedd gwas. Yn ei ailddyfodiad,
fe ddaw yn ei holl ogoniant gyda'r angylion sanctaidd. Y tro

cyntaf, daeth mewn cnawd a hawdd y gellid methu â'i adnabod. Pan ddaw yr eildro, ni bydd amheuaeth pwy ydyw. Deisyfwn arnat i feithrin ynom hiraeth am weld y diwrnod mawr hwnnw'n dod. Amddiffyn ni rhag i atyniadau a phrysurdeb y bywyd hwn bylu'r hiraeth. Y mae'r Arglwydd Iesu wedi ein rhybuddio ni i fod yn barod, fel y morynion yn ei ddameg, gydag olew yn ein lampau pan ddaw'r priodfab i'w wledd. Gwna ni'n bobl barod, oherwydd fe ddaw ei ddiwrnod fel lleidr yn y nos ac ni fynnem fod yn cysgu pan ddaw. A phâr i'r gobaith godidog am ei weld yn dod yn ei holl ogoniant ein diogelu ni rhag pesimistiaeth a digalondid. Os digwydd inni orfod dioddef ein difenwi a'n camfarnu, ein gorthrymu a'n cam-drin, rho ras inni barhau'n ffyddlon hyd yr awr pan ymddangosa'r Brenin. Gyda'r Eglwys trwy'r byd ymbiliwn, 'Yn wir, tyred, Arglwydd Iesu'. *Amen.*

DEUWN YN OSTYNGEDIG I'R WLEDD

Derbyn ein diolch, O Dad trugarog, am i ti weld yn dda i wahodd rhai fel ni at fwrdd y wledd. Dyro inni'r ffydd i ganfod gogoniant dy Anwylyd, ac estyn inni'r gallu i edifarhau am yr holl bethau sy'n peri inni ddibrisio'r fath fraint. Clyw ni, yn haeddiant dy Fab Iesu. *Amen.*

AM DDYDD YR ARGLWYDD

Derbyn ein diolch, drugarog Dad, am holl fendithion tymhorol ac ysbrydol Dydd yr Arglwydd. Cynorthwya ni i dreulio'r diwrnod arbennig hwn mewn modd a fydd o les i ni a phawb arall. Ond yn bennaf oll, tywys ni i dreulio oriau'r diwrnod mewn modd a fydd yn dwyn clod a gogoniant i ti yn Iesu Grist. *Amen.*

GWARCHOD DY EGLWYS, O DDUW

Diolchwn i ti, O Dduw, am dy Eglwys. Helpa ni i gofio mai dy greadigaeth di ydyw, bob amser. Maddau ein tuedd i anghofio amdanat ti sydd i fod yn ei chanol beunydd, wrth ymgolli mewn trefniadau bydol sy'n tueddu i ddiystyru'r ysbrydol. Cadw ni mewn cytgord â'th fwriadau grasol ar ein cyfer, a chadw ni rhag syrthio i'r rhagrith a'r rhyfyg sy'n bygwth ein difa. Gofynnwn hyn i gyd yn enw Iesu. *Amen.*

EIN CYFAILL CYWIR

Derbyn ein diolch, O Arglwydd tirion, am dy gwmnïaeth hyfryd ar hyd taith bywyd. Beth bynnag a ddaw i'n rhan yn ystod oriau'r diwrnod hwn, cynorthwya ni i gofio nad wyt ti byth yn ein gadael yn amddifad. Derbyn ein diolch yn enw ac yn haeddiant dy Fab Iesu. *Amen.*

Blwyddyn gyda Iesu
Selwyn Hughes addas. *Meirion Morris* o *Every day with Jesus*
(2006)

Llyfr o 365 o dudalennau yn adlewyrchu'r teitl; pennawd newydd ar gyfer pob dydd; cyfarwyddiadau Beiblaidd perthnasol; sylwadau treiddgar; cwestiynau ystyriol; a gweddi fer i grynhoi'r myfyrdod

CLEDDYF YR YSBRYDOLIAETH

O Dad, caniatâ hyder llwyr i mi yn y ffaith y gallaf glywed dy lais di yn llefaru wrth i mi agor fy Meibl. Cynorthwya fi hefyd i ddeall dy fod, nid yn unig wedi siarad yn y Beibl, ond dy fod ti yn dal i siarad trwy'r Beibl. Yn enw Iesu. *Amen.*

MYFYRDOD BOREOL

O Dad, caniatâ mai fy meddyliau cyntaf mewn diwrnod a'm meddyliau olaf yn y nos yw meddyliau amdanat ti. Caniatâ i mi gael fy meddiannu fwyfwy gan dy berson di wrth i mi geisio dy wyneb. Caniatâ hyn yn enw Iesu Grist. *Amen.*

EWYLLYSIO UN EWYLLYS

O Dad, rwy'n hiraethu am gyrraedd y lle hwnnw lle y byddaf yn ufudd i'th ewyllys yn gyfan gwbl. Rwy'n hiraethu am y llawenydd sydd yn dod o gyflawni dy ewyllys. Caniatâ i'th ewyllys fod yn destun cân a llawenydd i mi heddiw a phob dydd. *Amen.*

LLYWIO POEN

Arglwydd Iesu Grist, cynorthwya fi i osod pob loes, pob poen, a phob anhawster yn dy law di. Bu i ti droi'r Groes yn goron. Cynorthwya fi i droi'r croesau sydd yn dod i'm rhan yn fuddugoliaethau ysbrydol a hynny yn dy enw bendigedig. *Amen.*

BETH AM Y DYFODOL?

Arglwydd Iesu Grist, fe fu i ti rymuso dy ddilynwyr cynnar, gan eu galluogi i droi'r byd â'i ben i waered. Cyffwrdd â'n bywyd ni yn yr un ffordd. Maddau i ni ac adnewydda ni, a hynny er mwyn dy enw. *Amen.*

'ACHOS' IOAN MARC (Actau 15: 37-39)

Arglwydd, wrth i ni wynebu achosion sydd am ein gwahanu, cynorthwya ni i ddiogelu undod dy gorff di. Caniatâ i'r pethau hyn ein tynnu yn agosach at ein gilydd, er mwyn i'th enw di gael ei ogoneddu yn dy Eglwys. Er mwyn dy enw. *Amen.*

HYSBYS Y DENGYS Y DYN ...

O Dad, cynorthwya fi i garu eraill gyda'r un cariad sydd yn nodweddu fy mherthynas â thi. Diolch nad wyt ti byth yn peidio â'm caru. Arglwydd, cynorthwya fi i ddiogelu cariad, ac os byddaf yn methu, caniatâ fy mod yn gofyn am faddeuant ac yn peidio gadael i'r haul fachlud ar fy nigofaint. Yn enw Iesu. *Amen.*

Yr Enw Mwyaf Mawr
Huw John Hughes (2007)

WELE FI BECHADUR

O Dduw,
paid â gadael i ni fod mor ffôl
â gwrthod dy ddisgyblaeth di.
Paid â gadael i ni fod yn rhy falch
fel na fedrwn ofyn am dy gyngor.
Paid â gadael i ni fod yn rhy hunanfeddiannol
fel na fedrwn dderbyn arweiniad.
Paid â gadael i ni fod yn ddibris o brofiad eraill.
Paid â gadael i ni orlifo o hunanhyder
fel na fedrwn ni dybio ein bod ni'n cyfeiliorni
ac fel na fedrwn dderbyn barn pobl eraill.
Gwna ni'n ddigon call i fedru derbyn ein ffolineb ein hunain,
i gydnabod ein gwendidau
fel y gallwn ddod atat ti,
ffynhonnell pob doethineb a nerth.
Tyrd, Arglwydd, o'r newydd heddiw:
tyrd i'n calonnau i'w glanhau fel y gallwn fod yn bur o galon,
tyrd i'n meddyliau fel y gallwn dy gydnabod yn ffordd, yn
wirionedd a bywyd.
Tyrd pan ydym yn drist, i'n cysuro,
tyrd pan fyddwn wedi blino, i'n hadfywio,
tyrd pan fyddwn yn unig, i'n calonogi,
tyrd pan fyddwn yn cael ein temtio, i'n cryfhau,
tyrd pan fyddwn dan straen, i'n harwain,
tyrd pan fyddwn yn llawen, i ddyblu'r llawenydd.

Pryd bynnag y byddi'n dod,
gobeithio y byddwn yn barod. *Amen.*

CRYFHA'N FFYDD, O DDUW

Mae'n rhaid i ni gydnabod yn hollol onest, Arglwydd,
nad ydym ni yn deilwng o addewidion rhyfeddol y Trydydd
Dydd.
Fel y disgyblion, ar y cychwyn, rydym ninnau hefyd yn
bur amheus a hwyrfrydig i gredu'r dystiolaeth fod y bedd yn wag.
Fel Mair, gweld y garddwr rydyn ninnau bob cyfle.
Fel y ddau ar y ffordd i Emaus, y mae'n calonnau ninnau
yn araf i gredu'r cwbl a lefarwyd gan y proffwydi.
Fel Thomas, mynnu gweld ôl yr hoelion rydyn ninnau.
Felly, Arglwydd, wnei di'n codi o'n hamheuon a'n digalondid
i lawenydd a gorfoledd y bywyd newydd
sydd yn Atgyfodiad dy Fab, Iesu Grist, ein Harglwydd? *Amen.*

CYNNAL A CHADW NI, O DDUW

O Dduw, ein Tad a'n Gwaredwr,
yr wyt ti yn bresennol ym mhob man
yn llond pob lle ac yn diwallu pob peth byw.
Amlyga dy hun i ni
a chymorth ni i agor pob rhan o'n bywyd
i rin a grym dy bresenoldeb.

Cymorth ni i agor ein llygaid,
i weld gwaith dy ddwylo yn y byd o'n cwmpas,
yng ngogoniant dy gread
ac yng nghariad a charedigrwydd cyd-ddyn.
Cymorth ni i agor ein clustiau,
i ymglywed â'th lais yng ngwirioneddau dy Air,
yn nhawelwch ein gweddïau
ac yn awyrgylch dy dŷ.
Cymorth ni i agor ein meddyliau,
i fyfyrio yn dy wirionedd,
i ganfod dy ffyrdd,
ac i dderbyn pob gwybodaeth a gweledigaeth
yr wyt ti am eu cyfrannu i ni.
Cymorth ni i agor ein calonnau,

496

i brofi grym dy gariad yn Iesu Grist
ac i dderbyn gras i estyn ei gariad i'r byd.
Cymorth ni i agor ein heneidiau
i deimlo gwefr dy bresenoldeb
a llawenydd cymundeb â thi.
Cymorth ni i agor holl ddrysau ein bywyd led y pen
i ti gael dod i mewn,
i ti gael teyrnasu ynom
a'n gwneud yn eiddo llwyr i ti dy hun.

Cadw ni, Arglwydd, rhag cau drysau tosturi
ar helyntion y byd ac anghenion dy blant,
ond rho hyder i ni eu cyflwyno i ti:
y rhai sydd wedi eu llethu gan afiechyd
a'u llorio gan lesgedd a gwendid;
y rhai sydd mewn trallod a thristwch
ac unigrwydd yn cymylu eu calonnau;
y rhai sydd wedi eu chwerwi gan anghyfiawnder
a neb i godi llais drostynt;
y rhai sydd yng ngafael tlodi a newyn
ac yn araf nychu o brinder bwyd;
y rhai sydd yng nghanol rhyfel a therfysg
ac wedi colli cartrefi ac anwyliaid:
amlyga iddynt dy gariad a'th dangnefedd
a thywys ni oll i lwybrau cymod a gobaith.

Yn ein hanghenion a'n gofidiau ein hunain,
pwyswn ar dy agosrwydd a'th ras:
yn ein gwendid cynnal ni;
yn ein hunigrwydd amgylchyna ni;
yn ein hamheuon cadarnha ni;
yn ein pechodau pura ni â'th faddeuant.
Gad ni i aros ynot ti –
yng nghariad y Tad,
yng ngras ein Gwaredwr Iesu Grist,
ac yng nghymdeithas dy Ysbryd Glân,
yn awr a hyd byth. *Amen.*

DUW EIN CRËWR A'N CYNHALIWR

O Dduw sanctaidd, ein creawdwr a'n gwaredwr,
yn dy rym creadigol dygaist y byd i fod
a gwnaethost ni ar dy ddelw dy hun
i'th garu a'th wasanaethu.
Gerbron dirgelwch dy gariad
cydnabyddwn mai dy eiddo di ydym.
Gerbron dy fawredd a'th sancteiddrwydd
sylweddolwn ein bychander.
Gerbron dy haelioni a'th ras
gwelwn a chyffeswn ein hannheilyngdod.
Ond er ein beiau a'n diffygion
nid wyt yn ein gwrthod nac yn cefnu arnom,
ond yn dod atom yn dy Fab Iesu Grist,
i faddau i ni ein pechodau
ac i'n harwain i lawnder bywyd.

Waredwr sanctaidd, ein Harglwydd Iesu Grist,
diolchwn i ti am yr hyn a wnaethost drosom
yn dy fywyd, dy farw a'th fuddugoliaeth.
Daethost yn dlawd
er mwyn ein gwneud ni yn gyfoethog.
Fe'th aned i'r byd hwn
er mwyn ein geni ni drachefn i'r bywyd tragwyddol.
Aethost i lawr i ddyfroedd bedydd
er mwyn ein codi ni i edifeirwch.
Yfaist o gwpan dioddefaint
er mwyn i ni yfed o gwpan llawnder a llawenydd.
Gwisgaist goron ddrain
er mwyn i ni wisgo coron gogoniant.
Derbyniaist gosb marwolaeth ar groes
er mwyn i ni dderbyn trugaredd a maddeuant.
Atgyfodaist ac esgynnaist
er mwyn i ni rannu â thi yng ngogoniant y Tad.

Ysbryd Sanctaidd, ein nerth a'n diddanydd,
goleuaist i ni ogoniant ein Harglwydd Iesu
a'i wneud yn weladwy i'n ffydd.

Tywynnaist ar ein heneidiau
i wasgaru y tywyllwch sydd ynom,
ac i roi i ni ffydd i bwyso ar Iesu.
Addewaist drigo gyda'th bobl yn wastad,
i'w diddanu yn eu gofidiau
a'u hysbrydoli yn eu gwaith.
Gwisgaist dy eglwys â grym
i gyhoeddi'r newyddion da
ac i gyflawni ei chenhadaeth yn y byd.

Dad, Mab ac Ysbryd Glân:
am y grym a'n creodd,
am y gras sy'n ein cynnal,
am y cariad sy'n ein cadw;
i ti y bo'r clod a'r gogoniant dros byth. *Amen.*

Adlais

Deunydd defosiynol ar gyfer y flwyddyn eglwysig
Aled Lewis Evans (2007)

GWEDDI FOREOL

O Dduw, mae dy gysondeb tuag atom yn rhyfeddol. Rwyt ti'n ymweld â ni bob bore o'r newydd. Erfyniwn arnat i'th ddatgelu dy hunan drachefn i'n gwlad a'n cyfnod; gwna dy bresenoldeb yn rym perthnasol yn y winllan.

Mae dy bobl yn chwilio am ystyr, yn ceisio pob math o ysbrydoliaeth heb fedru gweld dy fod di yno bob amser, ond heb dy adnabod. Dwyt ti byth yn anffasiynol, ein craig a'n cadernid.

Dy gysondeb di sy'n ein tanio. Ti sy'n gadarn drwy'r cyfan oll, a ninnau mor simsan. Dy wên sy'n dal llygad dy bobl, ac mae dy wenau fel y dydd cyntaf.

Cynorthwya dy blant i sylweddoli dy awydd i fod yn gyfoes ac yn bresennol ar y stryd ac yn y cysegr, ynghanol helbul bywyd go iawn, yn ogystal â'r sacramentau, yn y torri tir newydd yn hytrach na'r hen gyfundrefnau.

Dy rym sydd ym mhobman. Nid oes un man nad yw dy gariad yn cyrraedd. Ti yw enfys liwgar ein gobaith ymhob cwmwl du, ein bod ymhob storm ar y môr.

Wrth i ni ddod atat mewn diolchgarwch, cynorthwya ni i ddeall beth yw bod yn wir ddiolchgar, mewn byd â chymaint o fryd ar yr hunan. *Amen.*

GWEDDI BLWYDDYN NEWYDD

Diolchwn i ti am flwyddyn newydd sbon i ni ei mwynhau – cyfnod arall yn ein bywydau yn ymestyn fel eira gwyn heb ôl troed yn dangos eto. Diolch i ti am dy gwmni hyd yma yn ein bywydau, a gad i ni ymddiried yn llwyr yn dy Gariad a'th ddaioni ar gyfer y flwyddyn sydd o'n blaenau. Buom yn dathlu gŵyl Emaniwel, Duw gyda ni, a Duw yn faban bach; boed i heddwch yr ŵyl aros gyda ni wrth i ni gofio am ei eni i'n bywydau.

Yn ystod y flwyddyn newydd daw llawer cyfle a dewis. Boed i ni ddewis yn ddoeth gan fod yn driw i ni ein hunain i hyrwyddo dy Deyrnas. Diolch am amrywiaeth y dystiolaeth i ti yn ein byd. Cadw'r dylanwadau drwg draw eleni – ffalster, cenfigen a rhagrith sy'n bwyta pobl yn fyw ac yn hunanddinistriol.

Dduw, cyffyrdda â'n bywydau ni oll â'th Ysbryd Glân gan droi ein tir diffaith ninnau yn ardd i ti. Gad i ni wynebu'r flwyddyn newydd mewn gobaith a ffydd, a gwna ni bob un yn ein ffordd ein hunain yn gyfryngau dy dangnefedd di – mewn capeli ac eglwysi, ond hefyd ar balmant y dref ac ar y dibyn, lle mae bywyd yn torri i'r garw ar hyn o bryd. Boed i ni fod fel eli yn lleddfu loes i eraill.

Blwyddyn Newydd Dda. *Amen.*

Dathlu ein hamrywiaethau yn Nuw – *Daily Devotion 2008*
Council for World Mission (CWM)

Mae CWM yn gymuned fydeang o eglwysi Cristnogol a ddaeth i fod ym 1977, ac yn corffori Cymdeithas Genhadol Llundain (1795), Cymdeithas Genhadol y Gymanwlad (1836), a'r rhan Saesneg o Fwrdd Cenhadaeth y Presbyteriaid (1847).

BYDDWN DDIOLCHGAR AR DDECHRAU'R FLWYDDYN

Arglwydd annwyl, rwyt wedi'n bendithio a gofalu drosom drwy holl ddyddiau ein bywyd. Diolchwn i ti am y rhoddion di-rif yr wyt wedi eu rhoi i ni. Maddau ein holl bechodau a'n gwendidau. Bendithia ni wrth i ni ddechrau'r flwyddyn newydd, llanwer hi â'th drugaredd a'th fendith. Helpa ni i fynegi dy ddaioni drwy'n hoes. *Amen.*

GRYM Y GAIR

O Dduw annwyl, ein Tad cariadus, diolchwn i ti am dy gariad diamod sy'n gallu'n cymryd a'n derbyn ni unrhyw amser y dychwelwn atat. Diolch i ti am y rhodd o weddi sy'n hybu cysylltiad â thi, unrhyw bryd ac yn unrhyw le. *Amen.*

DIM OND Y GORAU, O DDUW

Hollalluog Dduw, wrth inni gydweithio i gynnwys pob un yn dy gorlan, helpa ni i beidio gwanhau dy ewyllys a'th ddisgwyliadau yn ein bywydau. Helpa ni i fynd â'r newyddion da adref: dy fod yn caru pob pechadur ond nid eu pechodau. Helpa ni i newid ein harferion drwg sy'n peri trafferthion i ni ac i eraill. *Amen.*

501

Mil a Mwy o Weddïau

TI, EIN NEWYDDION DA

O Dduw hollalluog, diolchwn i ti am dy gariad wrth i ti gymryd ffurf ddynol i'n hachub ni. Ti yw ein newyddion da. Helpa ni i daflu allan ein balchder a throi atat. Trig gyda ni yn ein cartrefi er mwyn i ni fyw mewn tangnefedd a llawenydd. *Amen.*

YN DEILLIO O DDYDD GWENER Y GROGLITH

Iesu, buost farw drosof fi er mwyn i mi fyw erot ti. Helpa fi i fyw er dy fwyn di heddiw drwy fy ngeiriau a'm gweithredoedd. *Amen.*

GRYM YR YSBRYD

Symud ni a symud ynom ni, O Ysbryd Glân, er mwyn i ni ddod ynghyd i wneud dy ewyllys. Cryfha ni ac arwain ni yn ein holl waith a'n hamdden. *Amen.*

ARGLWYDD, UNA NI

Arglwydd Dduw, una ni gyda thi a gyda'n gilydd yng Nghrist fel y gallwn ddod yn offerynnau dy undod yn y byd. *Amen.*

GOGONIANT Y SECEINA

Arglwydd Iesu, beth bynnag fydd dy ddilynwyr yn ei wynebu heddiw, bydded iddynt brofi dy bresenoldeb a'th nerth. *Amen.*

GWNA BAWB YN DDISGYBLION I TI

O Dduw, helpa ni i wrando ar dy lais, i wneud yr holl genhedloedd yn ddisgyblion i ti er mwyn iddynt dyfu yn eu ffydd eu hunain, pa un ai byddant yn Gristnogion, Hindwiaid, Moslemiaid, Bwdistiaid, Siciaid neu Iddewon. *Amen.*

FAINT A RODDWN YN Y CASGLIAD?

O Dduw, helpa ni i roi yr hyn sy'n iawn ac nid o'r hyn sydd ar ôl gennym. Heria ni i roi i ti yr hyn sy'n deilwng ohonom fel y gallwn gyflawni dy ewyllys di. *Amen.*

CYDGERDDA GYDA NI, O DDUW

Hollalluog Dduw, diolchwn i ti am dy bresenoldeb parhaol yn ein bywydau, am dy nerth ar adegau trist ac am dy gariad ar adegau poen. Parha, O Dduw, i gydgerdded gyda ni ar daith bywyd. *Amen.*

O DDUW, AGOR EIN LLYGAID

O Dduw grasol, helpa ni fel na fyddwn ddall i weld dy bresenoldeb cyson yn ein plith. *Amen.*

CREDWN A CHYHOEDDWN

O Arglwydd bywyd newydd – rho inni fywyd i fyw, rho inni ddewrder i bregethu'r newyddion da amdanat ti. *Amen.*

CENHADU – GWAITH POB CRISTION

O Dduw, ein Creawdwr, diolchwn i ti am waith Cymdeithas Genhadol Llundain a John Williams, apostol De'r Môr Tawel. Diolchwn i ti am gyrraedd teulu estynedig Samoa. Cynorthwya genhadon o CWM sy'n gweithio mewn gwahanol rannau o'r byd. Galluoga ni i gyhoeddi'r newyddion da i unrhyw un sy heb glywed sôn amdano. *Amen.*

Gofyn Bendith cyn Bwyta

*Ar bob bord mewn un bwyty yn ddiweddar, gosodwyd soser fach
â'r llinell, 'Trowch fi drosodd i ddarllen mwy.' Dyma'r neges:*
Beth am ofyn bendith cyn bwyta?

GOFYN BENDITH CYN BWYTA

Bydd wrth ein bwrdd, O Frenin ne';
Boed iti fawredd ym mhob lle;
Bendithia 'nawr ein hymborth ni,
A gad in wledda gyda thi. *Amen.*

I Dad y trugareddau i gyd
Rhown foliant, holl drigolion byd;
Llu'r nef, moliennwch ef ar gân:
Y Tad, y Mab a'r Ysbryd Glân. *Amen.*

O Dad, yn deulu dedwydd – y deuwn
Â diolch o newydd,
Cans o'th law y daw bob dydd
Ein lluniaeth a'n llawenydd. *Amen.*

W.D. Williams

Diolch i ti am y byd,
Diolch am ein bwyd bob pryd,
Diolch am yr haul a'r glaw,
Diolch, Dduw, am bopeth ddaw. *Amen.*

Arglwydd, bendithia'r bwyd hwn i'n cynnal, ninnau i'th
wasanaethu, a chynorthwya ni i gofio am anghenion pobl
eraill. *Amen.*

Am y rhoddion hyn, O Dduw,
deuwn â'n diolch –
a ni ein hunain. *Amen.*

Derbyn ein diolch, O Dduw,
am bawb sy'n hau a chynaeafu,
am bawb sy'n coginio a gwasanaethu,
ac wrth inni fwyta o'u llafur, bendithia ni. *Amen.*

Am bryd o fwyd a diod
O Dad, fe roddwn glod. *Amen.*

Am yr holl fwyd sy ar y bwrdd,
A'r cwmni da sy yma'n cwrdd;
Ein diolch fo i ti ein Duw:
Y Tad, y Mab a'r Ysbryd byw. *Amen.*

Diolch i ti, ein Tad a'n Duw,
Am fwyd, a dillad o bob lliw,
Am drugareddau rhif y gwlith
Diolchwn iti eto'n syth. *Amen.*

Bydd, Arglwydd Iesu'n rhan o'n gwledda,
A'r pryd bwyd hwn yn awr bendithia. *Amen.*

O Dduw, rhown ddiolch iti'n llon,
Am yr holl fwyd sy ger ein bron. *Amen.*

O Dduw, ein Cynhaliwr,
fe roddi di fwyd i ni
a rhoddwn ni'r clod i ti. *Amen.*

Mil a Mwy o Weddïau

Am fwyd a diod, Arglwydd Mawr,
Diolchwn iti, yma 'nawr;
A gwna in gofio'r Trydydd Byd
Sy'n dal i ddisgwyl maeth o hyd. *Amen.*

Am weithwyr lu, fu wrthi gynt,
Yn wyneb haul, a glaw, a gwynt
Tra'n tyfu'r bwyd a gawn yn awr:
Rhown ddiolch iti, Arglwydd mawr. *Amen.*

Yn y distawrwydd cyn i ni fwyta;
Tyrd Iesu i'n hymyl a'n bendithia. *Amen.*

Am heddiw, ddoe a 'fory 'sbo,
Am robin goch a jac-y-do,
Am ginio'r Sul a'i bwdin reis,
Diolch, O Dduw, am bopeth neis. *Amen.*

Diolch i ti, O Arglwydd Dduw,
Am borthi'r brain a phopeth byw;
A'r hwn a'u porthodd hwy cyhyd
A'n gwnelo ninnau'n frain i gyd. *Amen.*

Arglwydd grasol, rwyt yn rhoi
Bara beunydd i ni gnoi,
Ac os daeth gwlypin ar yr ŷd
Ti roist y tatws i ni i gyd. *Amen.*

Arglwydd annwyl, dyma fwyd,
Cawl sur a bara llwyd;
Caws a menyn sy'n y llaethdy
Arglwydd annwyl, anfon rheiny. *Amen.*

Caws gwyrdd a bara llwyd,
Wele Arglwydd, dyma'n bwyd,
Tato sych a sweden ddu –
Rhag poen gwylder, gwared ni. *Amen.*

AR GYFER SWPER YR ARGLWYDD

Arglwydd, dyma dy wledd, wedi'i pharatoi gan dy hiraeth, a'i gosod yn ôl dy orchymyn, a'i phresenoli yn ôl dy wahoddiad, wedi ei bendithio gan dy Air, a'i rhannu â'th law dy hun, y coffadwriaeth anfarwol o'th aberth ar y groes, y rhodd gyflawn o'th gariad parhaol. Arglwydd, dyma Fara'r nefoedd, Bara'r bywyd, fel na fydd y rhai sy'n ei fwyta, byth yn newynu eto. A dyma gwpan maddeuant, iachâd, llawenydd, cryfder, fel na fydd y rhai sy'n ei yfed, byth yn sychedig eto. *Amen.*

Bendithiadau

Ewch nawr, â chwerthin yn eich llygaid,
a gwên ar eich gwefusau,
cân yn eich calon
a llawenydd yn eich enaid,
a rhannwch y gorfoledd mae Crist wedi ei roi i ni. *Amen.*

I Dduw, sydd o hyd yn maddau,
o hyd yn caru,
ac o hyd yn cynnig cychwyniad newydd,
bydded yr anrhydedd a'r gogoniant,
y moliant a'r diolchgarwch,
heddiw a hyd byth. *Amen.*

I'r hwn sydd â'i ddaioni yn ddigymar,
a'i gariad tu hwnt i gymhariaeth,
a'i drugaredd tu hwnt i bob deall,

a'i rym tu hwnt i eiriau,
bydded y moliant a'r gogoniant,
yr addoliad a'r diolch
nawr a hyd byth. *Amen.*

Bydded i'r nos
eich adfywio â chwsg.
Bydded i'r dydd
eich herio â gwaith.
Bydded i'ch cymdeithion
ddod â llawenydd cyfeillgarwch i chwi,
a rhodded Duw dangnefedd yn eich calon. *Amen.*

Fel y bydd disgleirdeb yr haul yn dwyn gogoniant.
Fel y bydd sêr y nos yn gwasgaru'r tywyllwch.
Fel y bydd llewyrch y lleuad yn dwyn gobaith inni.
Felly, bydded i oleuni Duw lenwi eich calon,
a'ch meddwl a'ch bywyd. *Amen.*

Bydded i'r Tad eich bendithio â dawn ffyddlondeb.
Bydded i'r Mab anadlu ynoch rinwedd addfwynder.
Bydded i'r Ysbryd eich nerthu i ymarfer hunanddisgyblaeth.
Bydded i Dduw: Dad, Mab ac Ysbryd, eich bendithio y dydd hwn
ac yn wastad. *Amen.*

Bydded i arogl y rhosyn ddwyn bendith i chwi.
Bydded i sŵn y gwenyn ddwyn bendith i chwi.
Bydded i hediad y gwenoliaid ddwyn bendith i chwi.
Bydded i lais Duw: Dad, Mab ac Ysbryd, ddwyn bendith i chwi.
Amen.

Tangnefedd Duw a fyddo gyda chi.
Tangnefedd Crist a fyddo gyda chi.
Tangnefedd yr Ysbryd a fyddo gyda chi

a chyda'ch plant,
o'r dydd sy gennym yma heddiw
tan ddydd olaf eich bywydau. *Amen.*

B oed i'r byd barhau i'n rhyfeddu,
i gariad barhau i'n synnu,
i fywyd barhau i'n hudo,
i ffydd barhau i'n cynnal,
a boed i Dduw barhau i deithio gyda ni,
yn awr a hyd byth. *Amen.*

A wn mewn tangnefedd,
a byddwn fyw yn ôl y Gair
gan gyhoeddi: Newyddion Da
ein Harglwydd Iesu Grist,
yn enw'r Tad a'r Mab a'r Ysbryd Glân;
a gras ein Harglwydd Iesu Grist,
a chariad Duw,
a chymdeithas yr Ysbryd Glân
a fyddo gyda ni oll. *Amen.*

T angnefedd Duw, yr hwn sydd uwchlaw pob deall, a gadwo
eich calonnau a'ch meddyliau yng Nghrist IESU; a bendith
Duw Hollalluog, y Tad, y Mab a'r Ysbryd Glân, a fo i'ch plith ac a
drigo gyda chwi yn wastad. *Amen.*

C ariad yr Arglwydd Iesu
a'n tynno ato'i hun,
Gallu'r Arglwydd Iesu
a'n nertho yn ei wasanaeth.
Llawenydd yr Arglwydd Iesu
a lanwo ein heneidiau,
A bendith Duw,
y Tad, y Mab a'r Ysbryd Glân
fo arnom yn awr ac am byth. *Amen.*

A bydded i Dduw, Ffynhonnell gobaith,
eich llenwi â phob llawenydd
a thangnefedd wrth ichwi arfer eich ffydd,
nes eich bod, trwy nerth yr Ysbryd Glân,
yn gorlifo â gobaith. *Amen.*

T rwyddo ef,
gydag ef,
ynddo ef,
yn undeb yr Ysbryd Glân,
bydded yr holl ogoniant a'r anrhydedd i ti,
Dad Hollalluog, yn oes oesoedd. *Amen.*

I 'r bendigedig Dduw, a'r unig Bennaeth,
Brenin y brenhinoedd, ac Arglwydd yr arglwyddi,
Nas gwelodd un dyn ac ni ddichon ei weled:
Iddo ef y bo anrhydedd a gallu tragwyddol. *Amen.*

A rglwydd, bydded i'th dangnefedd ein hamgylchynu, dy gariad
ein cyfoethogi, a'th bresenoldeb ein hysbrydoli, y dydd hwn a
hyd byth. *Amen.*

B ydded bendith Duw, ewyllys da tragwyddol Duw, *shalom*
Duw, gwylltineb a gwres Duw, yn ein plith a rhyngom ni, yn
awr ac am byth. *Amen.*

O Dduw'r Tad, bendithia ni;
Dduw'r Mab, amddiffyn ni;
Dduw'r Ysbryd, cadw ni
Yn awr a hyd byth bythoedd. *Amen.*

A r ei drugareddau
Yr ydym oll yn byw;
Gan hynny dewch, a llawenhewch,
Cans da yw Duw. *Amen.*

BENDITH AR GYFER Y NADOLIG

Bydded i lawenydd yr angylion,
bawydd y bugeiliaid,
dyfalbarhad y doethion,
ufudd-dod Joseff a Mair,
a thangnefedd y baban Iesu
fod gyda chi y Nadolig hwn.
A bendith Duw hollalluog, y Tad, y Mab a'r Ysbryd Glân, a fyddo
i'ch plith, ac a drigo gyda chwi yn wastad. *Amen.*

CYNORTHWYA NI, O DDUW

O Dduw y bywiol air,
rho inni'r ffydd i dderbyn dy neges,
y doethineb i ddeall ei gynnwys
a'r dewrder i'w weithredu;
trwy Iesu Grist ein Harglwydd. *Amen.*

YN WYNEB ANAWSTERAU

Pan fydd y cyfan yr ydym a'r cyfan a wnawn
yn cael eu hamau a'u cwestiynu,
caniatâ inni urddas a chyfeiriad,
rho inni amynedd;
Iesu, bydd yno. *Amen.*

YMDDYGIAD Y CRISTION

Caniatâ inni, Iesu, fod y cariad tyner, annistrywiadwy hwnnw
sy'n gofyn pardwn i'w ddienyddwyr
ac sy'n rhoi gobaith i'r lleidr ar y groes,
yn ein cadw ni'n dosturiol pan fo'r ffordd yn anodd,
ac yn dirion gyda'n gwrthwynebwyr. *Amen.*

511

AR DDIWEDD OEDFA

Bydded i Dduw hollalluog,
yr hwn a anfonodd ei Fab i'r byd i achub
pechaduriaid,
ddod atoch â'i faddeuant a'i dangnefedd
yn awr a hyd byth bythoedd. *Amen.*

GALW NI I BERERINDOTA

O Dduw cariadus a thrugarog,
Luniwr gwawr a machlud godidog,
tyrd atom rhwng drysau caeëdig
ein meddyliau dryslyd a'n gofidiau.
Yn ddirybudd, tyrd i'n plith
a chydgerdda â ni
drwy ein hofnau a'n gobeithion
i'n cynnal a'n bywiocáu.
Ymyrra â'n ffyrdd a'n ffaeleddau
a'n gwaith a'n gwyliau.
Cysegra ein cartrefi a'n cyrddau,
a chyffwrdd â'n holl fywyd.
Arfoga bob un ohonom â'th ras a'th nerth
ac ysbrydola ni i bererindota;
trwy Iesu Grist ein Harglwydd a'n Gwaredwr. *Amen.*

CWESTIWN

Beth ydym, a beth sy gennym
yn ein byd ni,
na roddwyd inni gynt,
Dad, gennyt ti?

*Geiriau Karl Barth wrth ddechrau
ei hunangofiant, Ionawr 1966.*

MYNEGAI I DEITLAU'R GWEDDÏAU

ac i eiriau cyntaf pob 'Emyn Gweddigar'

Sôn am y cwmwl tystion 167

Sul Cymorth Cristnogol 266

Sul o flaen Adfent 64

Sul y Beibl 65, 267

Sul y Blodau 343, 379, 456, 482

Sul y Pasg *gw*. Pasg

Sulgwyn (Pentecost) 71, 234–5, 312, 403, 484

Suliau wedi'r Drindod 66

Sursum corda (Dyrchefwch eich calonnau) 383

Sut i weddïo 192

Sŵn 399

Sychedwn amdanat, Arglwydd 168

Symlrwydd daioni 226

Tangnefedd 330

Tangnefedd Duw 487

Tân y Cariad Dwyfol 205

Tarddiad y gwir lawenydd 89

Te Deum laudamus 19

Tebyg yw'n cynulleidfaoedd 421

Teilwng wyt, ein Duw 11

Teilwng yw'r Oen 11

Temtio Iesu yn yr anialwch 395

Testun diolch sy gen i, O Dduw 411

Teulu Duw 341, 438

Teulu'r ffydd 384

Ti a'n creodd, O Dduw 439

Ti Dduw, a folwn 19, 176, 293

Ti ein Newyddion Da 502

Ti O Dduw, a'th Ewyllys Da 194

Ti, O Dduw, foliannwn 135

Ti sydd Dduw 322

Ti yr hwn wrandewi weddi 138

Ti yw'r tragwyddol Un................... 15

Tri ym mhobman, Y 28

Trig gyda ni 57

Trosom ein hunain 96

Trwy lygaid ffydd 207

Tu hwnt i bob disgwyl 176

Tudalen flaen papur newydd.......... 342

Tŷ Gweddi preifat 210

Ystafell 1: Cadarnhad o Bresenoldeb Duw 210

Ystafell 2: Addoliad a Moliant 211

Ystafell 3: Cyffes a Maddeuant ... 211

Ystafell 4: Ymlaciad 211

Ystafell 5: Deisyfiad 212

Ystafell 6 : Eiriolaeth 212

Ystafell 7: Myfyrdod 213

Tŷ'r enaid 23

Tydi a wnaeth y wyrth, O Grist, ... 155

Tydi sy deilwng oll o'm cân 131

Tynged pob un ohonom 22

Tymor yr Adfent 64–5, 461

tymhorau newidiol, Y 475

Tyn ni at ein gilydd, O Dduw 183

Tyrd atom ni 155

Tyrd i'n plith 335

Tyrd o'n blaen, Arglwydd 68

Tyrd Ysbryd Glân 113, 192, 453

Tyred, IESU, i'r anialwch 125

Tystiolaeth 296

Tywys ni, Arglwydd 429

Un bobl ydym oll, O Dduw 436

Un cais a geisiaf, Arglwydd glân ... 137

Un Eglwys sanctaidd, apostolaidd... 222

Un fendith dyro im 146

Un o'th greadigaethau mawr a mân 181

Un peth a ddeisyfais 146

Undod 447

Undod y Drindod 43, 425

Uniaetha ni â'n Harglwydd 87

MYNEGAI I AWDURON, FFYNONELLAU A THESTUNAU

Mil a Mwy o Weddïau

DIOLCHIADAU

Diolchaf

i Gymdeithas y Beibl am ganiatâd i ddyfynnu o gyfoeth *Y Testament Newydd;*

i'r Dr Brynley F. Roberts am ei gymorth parod ynglŷn â'r gweddïau cynnar yn *Gwassanaeth Meir* ac am gynnig enghreifftiau ychwanegol o *Llawysgrif Llanstephan 156*;

i aelodau staff llyfrgelloedd Caerfyrddin a Llanelli am eu gwasanaeth cyson yn casglu ffynonellau ymhell dros Glawdd Offa;

i'r Parchedig Aled Davies, y Golygydd Cyffredinol, am gynnig yr her imi; a bu ei gonsýrn a'i amynedd yn ddi-ball fel arfer;

i Mrs Eirlys Harries am ei diddordeb mawr yn y gwaith o deipio a gosod y llawysgrif mor ddestlus.

LLYFRYDDIAETH

A Prayer for all Seasons, Prayer Book Society (1999)

A Service Book for Schools in Wales OUP (1954)

Adam, David *Power Lines* (1992)

Addolwn ac Ymgrymwn, BBC (1955)

Alban, H. Gareth 'Sŵn', *Ffenestri Agored* (1976/97)
                     Gair y Ffydd (2005)

ap Gwilym, Gwynn gol. *Gogoneddus Arglwydd, Henffych Well!* (1999)
                     Salmau Cân Newydd (2008)

ap Nefydd Roberts, Elfed *Yn Ôl y Dydd (1991)*
                     O Fewn Ei Byrth (1994)
                     Y Duw Byw (1995)
                     Gweddïau Ymatebol a Chynulleidfaol (2000)
                     Amser i Dduw (2004)

Appleton, George *The Practice of Prayer* (1979)
                     gol. *The Oxford Book of Prayer* (1985)

Ashwin, Angela *A Little Book of Healing Prayer* (1996)
                     A Book of a Thousand Prayers (2002)

Ayris, P. & Selwyn, D. goln *Thomas Cranmer: Churchman and Scholar* (1993)

Baillie, John *A Diary of Private Prayer* (1936) cyf. Trebor Lloyd Evans

Bore a Hwyr (1985)

Baker, A. E. *William Temple and his Message* (1946)

Barclay, William *The Plain Man's Book of Prayers* (1959)
                     *More Prayers for the Plain Man (*1962)
                     *Prayers for Young People (*1963)
                     More Prayers for Young People (1977*)*
                     Epilogues and Prayers cyf. Olaf Davies (1995)

Batchelor, Mary *The Lion Prayer Collection* (2001)

Beibl Cymraeg Newydd, Y (1988)

Beibl Cysegr-Lân, Y (1960)

Beibl yng Nghymru, Y Llyfrgell Genedlaethol Cymru (1988)

Best of John Bunyan, The gol. Robert Backhouse (1996)

Blackie, W. G. *The Life of David Livingstone* (1903)

Bonhoeffer, Dietrich *Letters and Papers from Prison* gol. Eberhard Bethge (2001)

Boulding, Rachel gol. *The Church Times Book of 100 Best Prayers* (2006)

Bristow, Rupert, *Prayers for Education* (2005)

Butcher, Georgette, *Moments with God, Prayers and Readings for Women* (1985)

Caneuon Ffydd Pwyllgor y Llyfr Emynau Cydenwadol (2001)

Caniedydd, Y Undeb yr Annibynwyr (1960)

Caniedydd yr Ifanc Undeb yr Annibynwyr (1984)

Castle, Tony gol. *The Hodder Book of Christian Prayer* (1986)

Colquhoun, F. gol. *Parish Prayers* (1967)

gol. *Contemporary Parish Prayers* (2005)

Counsell, Michael gol. *2000 Years of Prayer* (1999)

Cristion (Hydref 1992)

Cwmwl o Dystion gol. E. Wyn James (1977)

Cymun Bendigaid, Y Yr Eglwys yng Nghymru (1996)

Chapman, R. & Hilton, D. *Gweddïau i'r Eglwys a'r Gymuned* cyf. Trefor Lewis (1995)

Chapman, Raymond *Leading Intercession – Arwain Ymbiliau* cyf. Cynthia Davies (2003)

Church Times Book of 100 Best Prayers, The gol. Rachel Boulding (2006)

Daily Devotion (2008) Dathlu ein hamrywiaethau yn Nuw C.W.M.

Davies, Aled gol. *Gweddïau Cyhoeddus* Cyf. 1 (1997)

Davies, Cynthia gol. *Gweddïau Enwog* (1993)

Davies, Delyth Wyn ac Aled *365 o Weddïau i Blant* (1994)

Davies, Gareth Alban *Gweddïau Cyhoeddus* Cyfrol 2 (1996)

Davies, Noel A. *Myfyrdod a Defosiwn* (1990)

Davies, Olaf *Gair a Gweddi* (1995) addas. o *Epilogues and Prayers* William Barclay

Does Debyg Iddo Fe addas. o *No Ordinary Man,* Nick Fawcett (2002)

Davies, Pennar *Cudd fy Meiau* gol. R. Tudur Jones (1998)

Davies, Saunders *Y Daith Anorfod - Themâu o Efengyl Luc* (1993)

Davies, T. J. *CIP* Sgyrsiau a gweddïau myfyrdodol (1982)

Denham, Joyce *Circle of Prayer* (2003)

Douglas, Lynette *Promises from God for Purposeful Living* (2004)

Duncan, Anthony *Celtic Christianity* (1992)

Emynau a Gwasanaethau i Ysgolion Uwchradd Cymru (1965)

Emynau i Ysgolion Cynradd BBC (1964)

Evans, Aled Lewis *Adlais* (2007)

Evans, D. J. *Gweddïau Cyfoes* (1997)

Evans, D. Tecwyn gol. *Gweddïau* (1945)

Evans, Trebor Lloyd *Bore a Hwyr* (1985) cyf. o *A Diary of Private Prayer* John Baillie (1960)

Evans, W. J. Byron, *O'r Cysgodion* (1997)

Fawcett, Nick *A Calendar of Classic Prayer* (2007)
   Prayers for all Seasons: Gweddïau'r Pedwar Tymor cyf. Denzil Ieuan John (2006)

Ffenestri Agored Llawlyfr o Weddïau Cyfoes goln Harri Parri & William Williams (1976/97)

Ffordd Newydd, Y: Y Newyddion Da yn ôl Mathew, Marc, Luc a Ioan, Y Gymdeithas Feiblaidd Frytanaidd a Thramor (1969)

Ffurf Arall ar gyfer y Foreol a'r Hwyrol Weddi (1992)

Great Christian Prayers goln Louise & R. T. Kendall (2001)

Greene, Barbara & Gollancz. Victor *God of a Hundred Names* (1962)

Gweddïau yn y Gynulleidfa gol. Maurice Loader (1978)

Gwasanaethau Bore a Hwyr Yr Eglwys yng Nghymru (1969)

Hammarskjöld, Dag *Markings* (1964)

Haycock, Marged gol. *Blodeugerdd Barddas o Ganu Crefyddol Cynnar* (1994)

Herbert, George *The Complete English Poems,* gol. John Tobin (1991)

Hughes, Huw John *Yr Enw Mwyaf Mawr* (2007)

Hughes, Selwyn *Blwyddyn gyda Iesu* addas. Meirion Morris o *Every day with Jesus* (2006)

Hunt, Cecil *Uncommon Prayers* (1963)

Hymns for Primary Schools (BBC 1973)

Johansen-Berg, John *Gweddïau'r Pererin* addas. Glyn Tudwal Jones o *Prayers for Pilgrims* (1996)

John, Denzil Ieuan *Gweddïau'r Pedwar Tymor* cyf. o *Prayers for all Seasons* Nick Fawcett (2006)

Jones, D. Morlais a Jones, John Gwilym goln *Rhagor o Weddïau yn y Gynulleidfa* (1991)

Jones, Glyn Tudwal, *Gweddïau'r Pererin* (1996) addas. o *Prayers for Pilgrims,* John Johansen-Berg

Jones, I. W. gol. *Lewis Valentine : Dyrchafwn Gri* (1994)

Kendall, Louise & R.T. *Great Christian Prayers* (2001)

Law, Philip gol. *A Time to Pray* (1997)

Lewis, C. S. *Miracles* (1947)

        Letters to Malcolm: Chiefly on Prayer (1964)

Lewis, Edwin C. *Duw ar Waith - Y Newyddion Da yn ôl Marc* (1990)

Lewis, Trefor *Gweddïau i'r Eglwys a'r Gymuned* cyf. o *Prayers for Church and Community* Chapman, R. & Hilton, D. (1995)

Lion Treasury of Children's Prayers gol. Susan Cuthbert (2004)

Loader, Maurice gol. *Gweddïau yn y Gynulleidfa* (1978)

        Taro'r Sul (1996)

Llawlyfr Gweddi Deuluaidd (1926)

Llawlyfr Gweddïo (1986, 1993, 1996, 1998, 2000, 2001, 2002, 2004–5)

Llawlyfr Moliant Newydd, Y goln Jones, E. Cefni ac Hughes, John, Undeb y Bedyddwyr (1955)

Llawysgrif Llanstephan 156 (tua 1630) Llyfrgell Genedlaethol Cymru

Llyfr Emynau a Thonau: Atodiad Y Methodistiaid Calfinaidd a Wesleaidd (1985)

Llyfr Gwasanaeth Undeb y Mamau/Mothers Union Service Book (d.d.)

Llyfr Gwasanaeth Undeb yr Annibynwyr Cymraeg (1962, 1998)

Llyfr Gweddi a Mawl i Ysgolion Llyfrau'r Dryw (1958)

MacCulloch, Diarmaid *Thomas Cranmer: A Life* (1996)

Maclean, Alistair *Hebridean Altars* (1937)

Macleod, George F. *The Whole Earth shall Cry Glory* (1985)

Martin, Nancy *Prayers for Children & Young People* (1975)

Mawl ac Addoliad Undeb y Bedyddwyr (1996)

Mawl yr Ifanc Undeb y Bedyddwyr (1968)

Merchant, Moelwyn *Preaching the Word* (1994)

Micklem, Caryl *More Contemporary Prayers* (1970)

Milner-White, E. a Briggs, G. W. *Daily Prayer* (1959)

Morgan, D. Densil gol. *Arglwydd, dysg i ni weddïo* (1997)

Morgan, Enid *Cyfoeth o'i Drysor: Gweddïau Hen a Newydd* (1992)

Morgans, Delyth G. *Cydymaith Caneuon Ffydd* (2006)

Nicholas, W. Rhys *Cerdd a Charol* (1969)
                Oedfa'r Ifanc (1974)
                Cerddi Mawl (1980)
                Gweddïau a Salmau (1989)

O Ddydd i Ddydd, Cyfres (Ebrill, Mai, Mehefin; Hydref, Tachwedd, Rhagfyr 1990)

Owen, Goronwy Wyn *Cewri'r Cyfamod – Y Piwritaniaid Cymreig 1631–1660* (2008)

Parkin, B. *Blodau'r Maes* cyf. Huw John Hughes (1993)

Parri, Harri a Williams, William *Ffenestri Agored* (1997)

Prys, Edmwnd *Salmau Cân* (1621)

Quoist, Michel *Prayers of Life* (1963)
                Meet Christ and Live (1973)
                Pathways of Prayer (1989)

Rees, D. Ben *Gweddïau ar gyfer Dydd yr Arglwydd* (1999)

Roberts, Brynley F. gol. *Gwassanaeth Meir* (1961)
                Cynnal Oedfa (1993)

Rhyddiaith Gymraeg 1547–1618 gol. Thomas Jones (1956)

Rhys, Robert *Chwilio am Nodau'r Gân* (1992)

Snowden, Rita *A Woman's Book of Prayers* (1968)
                A Good Harvest (1988)

SPCK Book of Christian Prayer, The (1995)

Taith y Pererin addas. Edward Tegla Davies (1931) o *The Pilgrim's Progress* John Bunyan (1678)

The Hodder Book of Christian Prayer gol. Tony Castle (1986)

Turchetta, Olwen gol. *A Treasury of Prayer* (2006)

Tutu, Desmond *An African Prayer Book* (1995)

2000 Years of Prayer gol. Michael Counsell (1999)

Tyst, Y Cyf. 141, Rhif 39, (25 Medi 2008)

Williams, Meurwyn *Am Funud: Sgyrsiau a Gweddïau* (1988)

Wynne, Ellis *Rheol Buchedd Sanctaidd* (1701) cyf. o *Holy Living and Holy Dying* Jeremy Taylor (1650) adargraffiad Gwasg Prifysgol Cymru (1928)

Gweledigaetheu y Bardd Cwsc (1703): Rhagymadrodd Aneirin Lewis, Gwasg Prifysgol Cymru (1976)

Y Foreol a'r Hwyrol Weddi (1984) – *Y Llyfr Gweddi Gyffredin* Yr Eglwys yng Nghymru

Soli Deo Gloria